상위교육의
이론과 실제

상위교육의 이론과 실제

류영룡 지음

The
Theory and Practice
of Meta Pedagogy

◆ 머리말

상위교육은 교육하는 과정(process)에서의 역량을 강화하여 할수록 교육을 잘하는 것'이다. 이제는 '교육'의 본연의 모습을 찾아야 한다. 지금의 교육과정(curriculum)은 각 학문영역의 기득권을 보장하려는 교과의 지식만을 교육의 소재로 구성하고 있다. 이러한 교육과정에서는 '교육'을 교육의 소재에서 외면하고 있다. 이를테면, 학교교육에서는 각 학문영역의 지식을 위주로 교육과정을 구성하고, 이를 교육과정이라고 하고 있다. 즉, 학교교육에서 '교육'은 없고 지식과 문화를 전수하는 것을 교육이라고 치부하고 있다. 교육 연한이 늘어가고 상급 학교에 진급할수록 '교육'을 잘해야 한다. 그런데 어떻게 하기에 할수록 교육이 어렵고 힘들다고 하는가? 그간 학교교육은 '교육'을 외면하고 선발 기능과 업적주의를 정당화하는 교육의 수단적 가치에 충실해왔기 때문이다. 이제부터, 우리는 이러한 교육관에서 벗어나 '교육하는 과정에서 교육을 잘하는 능력'을 길러 교육의 본질과 가치를 실현하는 '교육'을 실천해야 한다.

이 책에서는 상위개념을 이론화하고 그 실천방안을 제시하여 교육주체가 교육하는 과정에서 필요한 역량을 길러서 자신들의 비전을 성취하는데 도움을 주고자 하였다. 첫째, 이 책은 상위교육론, 협동교육론, 개별적 학습전략, 학교생활에 부적응하는 학생에 대한 대책과 교육적 배려, 창의·융합 교육 방안, 수월성교육을 위한 전략, 정서와 인지적 문제의 해소 방안, 학업적 부적응 학생에 대한 교육적 처방 등을 다양하게 수록하였다. 이 책에서 다루는 상위교육의 이론과 실제는 교육의 상황과 교육적 맥락에 적합한 교육적 실천(educative praxis)을 위한 전략을 마련하고 운용하는 지침이 된다. 둘째, 이 책은 교육공동체와 개인의 교육역량을 증진하기 위한 교육활동에서 모두 적용 가능한 실천방안을 담고 있다. 교육공동체의 교육활동(거꾸로 교실, 배움 중심 소모임 학습, 또래 멘토-멘티 학습 등)에서 교육활동의 규칙을 마련하고 실천지침을 마련하는데 필요한 교육 내용, 개별 맞춤식 교육방법과 그 실천사례를 함께 제시하였다. 따라서 이 책은 제반 교육활동이 교육놀이의 차원으로 발전할 수 있도록 교육역량을 강화하는 전략 및 실천 방안을 마련하는데 많은 도움을 줄 것이다. 셋째, 이 책이 담보하고 있는 다양한 교육 내용 및 교육방법은 하면 할수록 교육을 잘하는 새로운 교육론의 이론적 토대와 교육하는 과정에서 개인과 공동체의 교육역량을 강화할 것이다. 결과적으로 이 책의 내용은 학교의 교육과정이 제시하는 창의·융합적 글로컬(glocal) 인재상을 구현하는 역량을 강화하여 개인의 미래비전을 성취하는데 도움을 줄 것이다.

이 책의 개발 목적은 교육을 하면 할수록 잘하는 역량을 강화하는 교과목이 각 학교에서 교과목이나 교육프로그램 형태로 활용될 수 있도록 하는 것이다. 첫째, 이 책은 형식적 교육과정 및 비형식적 교육과정에서 모두 교육역량을 강화하는 교과로 활용될 수 있다. 이 책은 각 학교가 제시하는 인재상의 구현 및 핵심역량 강화에 도움을 주기 때문에 미래 사회에 적응하는 능력을 배양하는데 지침이 될 수 있다. 둘째, 이 책은 학생들에게 효율적인 이론 및 실천지침을 제공하여 교육활동의 전문성을 함양하는 교과목으로 쓰일 수 있다. 이 책의 내용은 상위교육의 개념화, 실천 전략의 이론적 배경, 실천사례, 그리고 그 효과성을 검토하여 마련하였기 때문에 교수-학습활동, 개인적 학습 활동에 유용하다. 이 책은 교육의 고유한 원리, 교육의 본질과 가치, 교육의 실천성을 모두 담보한다. 셋째, 이 책은 교수효능감 및 학업적 효능감을 기르는 교육활동의 요인에 따른 실천방안을 마련하고 제시하였기 때문에 교육현장에서 실제적으로 사용될 수 있다. 넷째, 이 책은 학업 및 학교 부적응 학생에 대한 대책을 마련하고 진로 설정 및 적성의 발견에 어려움을 겪는 학생들을 위한 교육적 처방을 내리는데 도움을 줄 수 있다.

많은 분들의 수고와 마음 덕분에 이 책이 빛을 보게 되었다. 교육적 영감과 안목을 길러준 이용남 스승님, 염시창 교수님, 염민호 교수님, 마음챙김으로 비전을 보게 해주신 고형일 교수님, 교육학의 연구전형을 개척하는 호남교육선진학회의 선진들, 학문적 열정을 함께 응원하는 동학 김정호 선생님, 정성배 선생님, 이 책을 쓰도록 권면한 조기태 선배님께 감사드린다. 좋은 책을 만드는 학술정보의 채종준 대표님, 양동훈님, 모든 직원 분께 감사의 뜻을 보낸다. 끝으로, '하면 할수록 교육을 더 잘하는 역량강화'를 담은 이 책을 통하여 교육에서 소외되고 있는 많은 분들께서 희망과 위로를 얻기를 간구한다.

◆ 목차

제1장

교육이란 무엇인가?

교육이란 무엇인가? 이것은 교육이 본질과 가치의 측면에서 연구해야 할 영역이다. 지금까지 교육이 무엇인가를 파악하기 위해서 교육의 어원을 통해 그 의미를 찾고 교육적 메타포를 통해 그 이미지를 그려보는 방법을 써왔다. 그렇기는 하지만 교육이 갖는 속성 내지는 본질이 무엇인가를 궁구하려면 구조주의적 관점에서 교육이 무엇인지를 규명해보아야 한다. 교육은 유기체와 같이 실천하는 과정에서 그 구조를 형성하며 변화해간다. 교육구조를 파악하려면 그 구조를 이루는 요소들의 정합성을 준거로 유기적 관계를 형성해 가는 과정을 인식론적으로 탐색해보아야 한다. 이와 함께 교육의 하위요소들이 교육활동에서 그 가치를 어떻게 발현하는가 하는 차원도 검증해야 한다. 교육구조는 인식론적 탐색과 실천 과정의 변증법적인 합일에 의해 조망되어야 한다.

지금까지는 타학문의 개념을 차용하여 교육의 정의로 대체해왔다. 이러한 차원을 넘어 교육구조를 그려보기 위해서 기존의 어원, 교육적 메타포의 분석, 교육소설의 분석, 교육의 본질 및 가치의 의미를 분석한다. 교육의 구조는 생명력을 유지한 채 깊고 넓은 구조를 이루며 질적으로 비약하며 변화한다. 교육구조의 요소들은 인간의 다양한 생활양식 가운데 중첩되고 복잡하게 얽혀 있다. 그것들을 주요 변인으로 간주하여 교육구조의 안쪽을 이루는 요소를 내재변인으로 하고 교육의 바깥쪽을 이루는 요소들을 외재변인으로 분류하는 것은 실제적으로 쉽지 않다. 하지만 우리는 인식론적으로 교육의 변인을 구분하는 작업을 해야 한다. 교육은 그 자체로 스스로의 가치를 유지하는 실천 기제를 갖추고 있으며 인간에게는 교육적 욕구와 욕망이 생득적으로 내재되어 있다. 또한 교육은 정치, 경제, 사회, 문화, 예술, 종교, 심리 등의 생활양식에 혼재되어 있다. 그렇지만 교육이 그러한 여타의 생활양식을 위한 도구에 비유되어서는 안 된다.

인간은 교육하는 인간(educating person)이다. 인간은 교육적 DNA를 지니며 교육하는 행위 자체가 좋아서 주체적으로 교육에 참여한다. 이러한 교육은 유기체와 같은 생명력을 지닌다. 교육하는 인간은 교육적 진화와 교육적 반전을 이룬다. 교육은 인간의 열망에 부응하여 존재의 가치 실현을 돕는다. 이장에서는 교육이란 무엇인가를 그려보는 논의의 토대를 마련한다.

1

교육의 의미

education은 라틴어의 e-(밖으로)와 duco, ducare(끌어내다)가 합해진 것으로 무엇을 밖으로 끌어낸다는 것인데 아이의 잠재능력을 끌어낸다는 뜻이다. pedagogy는 그리스(헬라어)의 paidos(아동), agogos(이끌다), y(학문)이 결합하여 아동을 이끄는 학문을 뜻한다. 보통 교육학을 the studies of education 또는 pedagogy로 쓰는데, 최근에는 educology 또는 educationlogy라는 용어를 쓰기도 한다. 이처럼 동서양에 있어 교육의 어원은 교육의 주체인 성인과 아동의 상호작용에 의해 아동을 착하게 기르고 잠재력을 끌어내어 잘 이끈다는 것을 의미한다. 이들 교육의 어원에서 교육의 주체와 교육의 목적이 드러나 보이기는 하지만 교육의 본질이 그 무엇이라고 짐작하기는 어렵다.

교육(教育)은 『맹자』의 진심장 상편에 처음으로 나타난다. 이 책에서 맹자는 군자삼락 가운데 세 번째 즐거움으로 '득천하영재이교육지'라 하였다.[1] 이때 교(教)는 윗사람이 하는 바를 아랫사람이 본받는 것이고, 육(育)은 자식을 양육하여 착한 사람이 되게 한다는 뜻이다.[2] 한편, 공자는 교육은 일종의 고역(苦役)이라 하였다. "공자께서 말씀하셨다: 보고 듣고 배운 것을 묵묵히 외는 것과, 배움에 임하여 싫증을 내지 않는 것과, 다른 사람을 가르침에 있어서 지치지 않는 것, 이 가운데 무엇이 나에게 갖추어져 있는가?[3] 이것은 공자의 겸허한 교학 태도와 교육적 열정을 엿볼 수 있는 말이다."(엄태동, 2003, p. 296; 이용남 외, 2012, P. 513). 또한 교육가(educator)는 교육을 하는 과정에서 인내하고 정묵치도(靜默治道) 해야 함을 깨닫게 하는 말이기도 하다. 석가는 평생을 '위로는 진리를 구하고 아래로는 사람을 가르치는 일(上求菩提 下化衆生)'에 헌신하였다. 이렇듯이 교육은 교육하는 즐거움과 보람을 가질 수도 있지만, 열정과 헌신을 통해 자임(自任)을 다하는 것이다.

공부(工夫)에서 工은 天과 地를 1로 연결한다는 것이고 夫는 二(하늘과 땅)을 연결하는 주체가 人(인간)이라는 것이므로 인간이 하늘과 땅의 이치를 깨닫는 것을 의미한다. 신용복(2015)에 의하면 인간과 세계에 대한 올바른 인식을 키워서 세계를 변화시키고 자신도 변화시키는 것이 공부의 의미이고, 고생을 통해 오래되고 낡은 인식의 틀을 깨뜨리는 구도(求道) 즉, 고행의 총화가 공부이다. 퇴계는 지식을 알게 됨으로써 마음의 도덕적 특성인 경(敬)을 재발견하고 실천을 통해 지식을 내면화하는 활동(行)으로 공부를 바라보았지만, 듀이(Dewey)에 의하면, 공부는 개인을 둘러싼 세계에 참여하는 과정에서 편재된 지식을 개인이 필요하여 선택하고 탐구활동을 거쳐 의미 있게 내면화하는 것이라고 한다. (박선영, 김회용, 2012). 학습(學習)은 『논어』의 학이편의 첫 구절에 나온다. 이 책에서 '학이시습지불역열호 유붕자원방래불역낙호 인부지이불온불역군자호'라 하였다.4) 신용복(2004)에 의하면 학습(學習)에서 學은 배움 또는 책을 읽음을 뜻하고 習은 하얀(白) 어린 새가 날개 짓 하는 모양(羽)을 나타내는데 복습(復習)이 아닌 실천(實踐)을 의미한다. 붕(朋)은 친우(親友), 수평적 인간관계, 뜻을 같이 하거나 적어도 공감대가 있는 인간관계를 의미한다. 시(時)는 '때때로'의 의미가 아니라 여러 조건이 성숙한 '적절한 시기', open이 아닌 timely를 의미한다. 스승과 제자의 관계는 『예기』의 '사군-유은유범(事君-有隱有犯), 사친-유은무범(事親-有隱無犯), 사사-무은무범(事師-無隱無犯)'을 미루어 알 수 있듯이 서로 허물없고 친밀한 관계이다.

한편, 엄태동(2006)은 학(學)은 미지의 품위를 대면함, 습(習)은 미지의 품위를 자신의 것으로 점유하는 실천, 붕(朋)은 친구가 아닌 제자, 시(時)는 '마땅히, 언제나, 시간을 내어서'의 의미를 지닌다고 본다. 그리고 그는 이 글을 '배우고 때때로 익히면 기쁘지 아니한가? 멀리서 친구가 찾아오면 즐겁지 아니한가? 세상 사람들이 알아주지 않아도 성내지 않으면 군자라 할 만하지 않은가?'로 하는 종래의 해석에 대하여 이와는 다르게 교육학적으로 해석한다.

> 무엇인가를 배울만한 것을 접하면 마땅히 시간을 내어 이를 자신의 것으로 익혀야 하며, 이 일이 어찌 기쁘지 않겠는가? 멀리서 제자가 찾아와 가르침을 청하면 내가 배워 익힌 것을 그에게 가르칠 수 있으니 이 또한 (배워 익히는 일 못지않게) 즐거운 일이 아니겠는가? 이처럼 배워 익히고 가르치는 일의 가치를 세상 사람들이 몰라준다고 하더라도, 그동안 자신이 실천해 온 교육적인 삶에 여한이 없다면 이 또한 군자가 아니겠는가?(엄태동, 2006, p. 163)

이러한 의미에서 학습은 스승이나 책을 통해 배워서 익히고 또한 배운 것을 벗들과 함께 나누어 가지는 교육적인 실천을 하는 것이다. 교육적으로 실천하는 삶이 바로 군자의 삶이자 자족적(自足的)인 삶인 것이다. 인간은 교육적 소재와 품위 수준에 따라 언제나 스승과 제자의 관계를 맺고 서로 가르치고 배우는 교류교육(交流敎育)을 할 수 있다. 『예기』에서 붕의 의미는 스승과 제자는 수평적인 인간관계를 가지고 있다는 것이다. 사제는 서로의 품위에 관계없이 공감대를 형성하며 허물없고 친밀한 교육적 관계를 형성할 수 있다.

한편, 교수와 학습(instruction/teaching & learning)은 교육방법론 측면에서 심리학적 개념이라고 할 수 있다. 교수는 학습행위를 유발시키려는 체계로서 교육과정에 내포된 내용을 가르치는 일이다. 학습은 학습자의 지식, 행동, 태도의 변화이지만 학습은 교수한 것과 일치하지 않을 수 있으며 교사의 가르침이 없이도 일어날 수 있다. 이처럼 교수-학습은 교육의 개념이라기보다 가르치고 배우는 방법으로서의 정의이다. 가르침과 배움이라는 일상어와 교수-학습이란 용어는 인간이 추구하는 가치와 무관하거나 가치와 위배되는 내용도 쉽게 습득하도록 전달하는 활동을 의미한다. 그렇다고 하더라도 이것은 교육의 의미로 대치되거나 교육의 본질과 가치를 함의하는 그 어떠한 의미도 담보하지 못하고 있다고 할 수 있다. 심리학적 개념으로 환원하고 나면 교육의 고유한 그 무엇이 남는가?

교육의 어원을 통해서 본 교육의 의미는 무엇인가? 교육은 윗사람이 하는 것을 본받아 아랫사람을 착하게 자라게 하는 것이고, 아이의 잠재적인 능력을 끌어내는 것이다. 공부는 세계에 대해 재발견하고 경험을 통해 지식을 내면화하여 자신의 낡은 인식의 틀을 깨고 자신과 세계를 변화시키는 것이다. 학습은 미래의 품위를 배우고 실천하는 것이다. 교수-학습은 학업동기를 유발시켜 학습자의 행동을 변화시키는 것이다. 이들의 의미는 각각 다소 차이가 있으나 그 실천에 있어서는 미지에 대한 당혹감, 고역, 구도, 겸손, 몰입, 보람, 기쁨 등을 공통적으로 수반한다고 할 수 있다. 어떻게 하면 각각에 우호적인 여건과 긍정적인 정서를 만들어 낼 수 있을까? 그것은 각각의 결과에 대한 좋은 평가를 얻는 것이 교육이라는 관점을 유보하고, 이제는 교육하는 과정에서 얼마나 충실한 활동이 이루어졌는가에 대해 관심을 가지고 따져 보아야 할 때이다.

교육학은 심리학에서 교육의 방법을 가져오고 윤리학에서 교육의 목적을 가져와서 태동했다. 이러한 이유로 타학문의 개념을 빌려와서 그것을 교육의 정의, 교육의 목적, 교육의 방법, 그리고 교육의 개념으로 둔갑시켜 사용해왔다. 이것은 교육학의 태생적인 한계에서 기인한다고 할 수 있다. 이와 함께 서구중심의 교육이론의 도입 과정에서 한국의 전통적인 교육론 또는 동양의 교육론이 배제되었다. 그 결과 19세기 초엽의 부국강병에 기초한 교육의 도구주의적 관점이 한국 교육의 뿌리로 자리 잡고 있다.

교육은 한 문장으로 정의할 수 있거나 몇 개의 개념으로 개념화되는 것이 아니다. 교육은 인간의 발전과정과 함께 성장해오고 있는 하나의 유기체이다. 오늘의 교육은 어제의 그것이 아니다. 인간의 배움의 과정 또한 지난 배움을 오늘의 배움 속에서 초극하는 것이다. 개인의 교육적 진화 과정 또는 성장 과정 또한 교육을 연구하고 교육하는 인간에 의해 규명되어야 한다. 교육의 구조 또한 교육학자에 의해 그 요소들이 발견되고 구성되어야 한다. 물론, 교육의 요소들이 모순되지 않고 정합적으로 결합해가는 과정을 통해 교육구조를 형성해간다. 다음 소절에서는 교육적 소설과 교육적 메타포를 통해 교육의 이미지와 교육의 하위활동을 통해 교육의 본질과 가치에 대해 살펴보기로 한다.

2

교육의 이미지

교육의 이미지는 무엇인가? 이것에 대한 답을 구하는 과정은 인간의 삶의 양상에서 겪게 되는 다양한 경험들을 어떻게 자신의 품위로 만드는가와 관련이 있다. 우리는 다양한 삶의 양상에 처하고 있어도 자신의 존재를 교육적 열망의 실현을 통해 실현하고자 한다. 교육주체가 역사·사회·문화적 배경에도 불구하고 그 시절을 살아가는 인간으로서 자신의 삶의 과정에서 어떻게 교육을 이해하고 실천해왔는가를 추적해보아야 한다. 하지만, 이 절에서는 동서양의 교육적 소설과 교육적 메타포를 통해 교육적 이미지(educative imagery)를 추출하고 교육적 준거를 토대로 해석하고자 한다. 이를 위해서는 다양한 교육의 여건 내지는 상황과 교육적 맥락을 반영하고 있는 소설에서 교육적 이미지를 일차적으로 추출해야 한다. 이때의 이미지는 독자가 소설을 통해 상상으로 그려지는 일차적인 것일 수 있다. 이 절에서는 소설이 함의하는 교육적 의미를 교육의 본질과 가치를 준거로 하여 교육과 인간과의 관계를 해석하고, 분석하고, 종합하고, 그리고 교육적 소설에서 현시되는 교육의 이미지와 교육을 통한 등장인물의 삶의 변화 과정을 살펴본다.

교육소설은 교육하는 과정에서 인간으로서 교육적 열망을 실현하는 과정이 녹아들어 있는 것이다. 우리는 소설을 읽으면서 때로는 감동과 감화를 받는다.

교육소설들은 그것들이 교육의 본질, 원리, 가치를 반영하고 있어야 한다. 소설은 어떠한 인물이 자신의 바람을 이루기 위해 오랜 기간 절취부심하고 고난, 역경, 그리고 컴플렉스를 힘차게 물리치고 행복한 성취를 이루어 많은 사람들에게는 감동을 주는 픽션인 것이다. 하지만 그것이 교육소설이려면 그 이상의 이미지가 있어야 한다. 그렇다면 어떠한 소설이 교육적인가? 그것은 교육적이고 교육적 이미지를 그려볼 수 있는 것이어야 한다. 동서양의 소설에서 몇 편의 소설을 분석하고 종합하여 소설에 나타난 교육적 이미지를 보기로 한다.

첫째, 이용남(2009)은 교육소설의 원조이자 전형으로 기억하는 Rousseau의 『에밀』보다 먼저 쓰인 『텔레마코스의 모험』(김중현, 최병곤 역, 2007)의 의의 및 한계를 분석하였다. 오늘날에도 대중적으로 읽히는 교육소설인 에밀에서는 배우자감인 소피아에 대한 구체적인 언급을 통해 교육받은 사람(educated person)의 품성을 이야기하고 있다. 하지만 이보다 훨씬 오래전에 루소의 에밀에 직접적인 영향을 준 소설은 작가 Fénelon의 텔레마코스의 모험이다. 이 소설은 교육과 오락이 겸비된 에듀테인먼트(edutainment) 소설로서, 공부를 하기 싫어하는 어린 부르고뉴 공작을 가르칠 목적으로 쓰여져 읽을거리가 있는 것이다. 요즈음에도 훌륭한 스승의 의미로 사용되고 있는 멘터(mentor)라는 용어의 어원이 이 소설의 텔레마코스의 스승인 멘토르(Mentor)에서 유래하였다. 멘토르는 가르치는 노예인 교복(教僕, pedagogos)이나 Platon의 대화편 가운데 사랑, 즉 에로스와 필리아의 문제를 논하는 『뤼시스』편의 대화에 나타나는 교육자 집단보다 그 역할이 더 많았다. 멘토르가 하는 역할은 교복이나 다른 선생들에 비해 텔레마코스를 제왕으로 기르기 위해 그에 필요한 지혜, 용기, 성실, 건강, 전략, 전술 등을 가르치며 단순한 선생으로서만이 아니라 영감의 제공자, 안내자, 조력자, 친구, 상담자 등 다양한 역할을 하는 스승의 모습을 취한다. 이 소설에 나타나는 교육의 개념은 국가 건설에 요구되는 인간상의 구현을 위해 제왕으로서 자질과 배워야 할 내용으로 이루어져 있다. 이 소설에는 훌륭한 사람 만들기로서의 교육이라는 생각이 담겨져 있다. 하지만, '교육은 인간형성의 학문이다'라는 명제는 어떠한가? 이것은 교육이 인간형성의 충분조건이지 필요조건이 아니다. 즉, 교육의 부가적인 결과로서 인간형성이 있는 것이다.

둘째, 교육소설로 오이겐 헤리겔(Eugen Herrigel)의 『활쏘기의 선』(정창호 역, 2004)을 들 수 있다. 이 소설은 선(禪)과 활쏘기와의 연관을 통해 '위대한 가르침(Grosse Lehre)'에 대한 담론을 활쏘기 수업과정을 통해 제시하고 있다. 이 소설에서는 선의 본질을 그 근본이 되는 해탈(Erleuchtung)이 아닌 활쏘기의 기예를 통해서 밝히고자 한다. 그렇다면 활쏘기의 기예를 통해 선에 이르고, 선을 통해서 변화를 겪으며 '진리의 불'을 통해서 깨달음을 얻는 것은 교육적으로 무엇을 의미하는가? 이 책에서는 기예를 연습과 자기 망각의 기예를 통해서 '어린 아이다움'을 얻은 다음 즉, 정신적인 발전 단계인 인생의 선의 대가(대가, Meister)에 도달했을 때, 합자연적(合自然的)인 사고를 하게 되고 위대한 작품을 창조한다고 한다. 이것은 궁극적인 단계로서 '위대한 가르침'의 완성이 아닌 시작이자 과정이다. 아래의 글은 이를 명시적으로 대변한다.

> 곧 기예가 기예 아님이 되고, 쏨은 쏘지 않음으로 또는 활과 화살이 없는 쏨으로 된다. 스승은 다시 제자가 되고, 명인이 초심자가 되며, 끝이 시작이 되고, 또 시작이 완성이 된다(p. 16). 이때의 스승의 임무는 길 자체를 알려주는 것이 아니라, 궁극 목표를 향한 길이 어떤 것인지를 스스로 찾아가도록 하고, 또한 그에 따라 스스로 책임지는 것이다(정창호 역, 2004, p. 102).

그렇다면 이 소설에 나타나는 대가로 가는 길은 어떠한가? 대가로 가는 길은 가파르며 오직 스승에 대한 믿음을 통해서만 간신히 수련을 계속할 수 있다. 먼저, 스승은 일차적으로는 모방을 통해서 시작하게 하지만 제자가 스승보다 더 먼 데까지 가도록, 그리고 스승의 어깨에 올라서도록 진심으로 요구한다. 이 소설은 선과 활쏘기의 기예를 다루고 있지만, 그 과정에서 무심, 무아지경, 자기 몰입 등이라는 교육에서의 가치 및 교육계의 최대의 경사인 교육적 진화뿐만이 아닌 교육적 반전까지도 제시하고 있다. 이는 나중 된 자가 먼저 된다는 말을 새삼스럽게 음미하지 않더라도 교육에 있어서 청출어람을 이룰 수 있도록 후진을 격려하고, 배려하고, 인내하며 스스로 궁극적 목표를 찾아가도록 지원하는 것을 교육의 원리로 삼아야 한다는 것을 새삼 깨닫게 한다.

셋째, 교육소설로 카스타네다의 『돈 후앙의 가르침』(김상훈 역, 1998), 『초인수업』(김상훈 역, 1971), 그리고 『인디언 옥수수』(박상준 역, 1990)를 들 수 있다. 이 책들은 저자가 인류학 필드워크의 수행과정에서 야키 인디언 주술사(sorcerer)인 돈 후앙 마투스의 고대 멕시코 샤먼들의 '인지(cognition)'의 과정과 그 원리를 내면화하는 행위에 대해서 탐색하고 있다. 여기서 인지는 일상생활의 의식(意識)을 책임지고 있는 심적 과정을 의미하며 기억, 지각, 경험, 그리고 해당언어의 능숙한 사용을 포함한다. 이 책에서는 도제식 교육에 의해 빛의 세계를 '보는 법'을 전수하여 인간이 자신의 안에서 자신을 참으로 변화시키는 것을 보여주고 있다. '보기(seeing)'의 첫걸음이 '세계를 멈추게' 하는 것이다. 우리가 아는 실재 또는 세계는 하나의 그림, 설명에 지나지 않기에 '세계를 멈추게 하는 기술'의 수업을 통해 우리는 하나의 새로운 설명 혹은 그림을 어엿하게 배우고 익혀서 새로운 세계의 인식을 이끌어 낼 수 있어야 한다. 샤먼들은 보는 과정을 통해 '유기적 존재(organics beings)'와 '무기적 존재(inorganics beings)'를 투시하였다. 돈 후앙 마투스와 같은 샤먼들은 무기적 존재가 되는 것이 그들 여정의 궁극적인 목적인 것이다. 그들의 인지체계에서는 무기적 존재는 생명체가 깃들지 않았지만 스스로를 자각하며 응집력을 가진 하나의 단위로 행동할 수 있는 에너지 존재인 것이다. 이러한 존재는 극한까지 강화된 개인의 자각의식(awareness)을 유지하는데, 그것은 그들이 '완전한 자유'라고 부르는 자신들의 인지체계이다.

이들 소설은 '인간 존재의 유일한 목적인 <무한(infinity)>과의 만남'이 우주에 흐르는 에너지를 직접 지각하기 위한 투시 작업인 보기를 수행하다가 도달하게 되는 결론인 <에너지적 진실(energetic truth)>을 자신의 품위로 어떻게 구조화하는가에 관심을 가진다. 인간은 에너지를 직접 지각함으로써 빛을 발하는 공모양의 에너지장 복합체이다. 개개인은 이러한 광구(光球)가 개별적으로 연결되어 있고, <에너지의 바다>는 에너지의 집합으로 되어 있다. 그 둘이 연결되는 밝은 지점에 인간의 지각이 존재하며, 그 지점이 바로 <조합점(Assemblage Point)>이다. 인간은 이 점에서 어떻게 빛을 발하는 실(filament)들을 규명하여 무한의 세계로 나아가는가? 그 연결고리가 조합점이라면 그와 유사한 교육의 상황 또는 교육적 맥락은 협업적 문제해결 과정이다. 어두운 인식의 바다에 초점을 맞추어 투시하면 빛을 발하는 실들과 실 다발인 의도(intent)에 주의를 기울여서 우주의 무한대로 뻗어나가 궁극적인 지성에 도달하는 것은 주의집중과 몰입감이 충만한 교육활동이다. 이와 같은 샤먼들의 인지 과정과 그 원리를 탐색하는 소설에는 '인간 존재가 빛을 보는 법의 인지적 도제교육을 통해 극한에 이르는 에너지를 자각하고 완전한 자유를 누릴 수 있게 하는 것이 교육이다'라는 교육적 이미지가 담겨져 있다.

넷째, 교육소설로 스즈키 다이세츠의 『가르침과 배움의 현상학』(서명석 역, 2001)을 들 수 있다. 역자는 그간의 서구 편향적인 교육학에 대한 대안으로서 이 소설에서 펼치고 있는 선문답(禪問答)을 통하여 동양적인 가르침과 배움의 위대한 전통을 부활시키는 교육적 담론을 펼치고 있다. 선(禪, Zen)은 이전에 배운 배움을 완전히 버리고 새로운 세계로의 비상을 위해 도약하는 것으로 '날기의 배움'의 중요한 전통의 하나이다. 스승과 제자의 선문답은 문답의 형태로 진행하는 대화로서 지적 추론을 넘어선 '무엇'이다. 선문답은 마음공부의 통로로서 상대와의 대화를 통하여 깨뜨려가면서 즉, 자기를 초극(超克)하면서 껍질(ego)을 깨고 참자기(Self)에 직면하는 깨달음에 이르는 길이다. 배움, 곧 질문함은 앎에의 의지(Wissen-wollen)로서 있는 것의 열어-보임(A-letheia) 속에 서 있고자 하는 해-결됨(解-決 · Ent-schloβenheit)이다.[5]

그렇다면 이러한 선문답으로 진실한 깨달음을 얻어 진리를 구하여 절대의 경지로 나아가려면 어떻게 해야 하는가? 일찍이 소크라테스는 문답법과 산파법을 통하여 인간이 무지를 자각하고 당혹감을 느끼게 하여 진리탐구에 대한 호기심을 유발하고 계속된 질문을 통하여 절대적인 진리를 회상시킬 수 있다고 하였다. 키에르케고르는 '예수가 신인(神人)이 되어 인간의 수준으로 하강하여 진리를 깨닫게 하는 간접전달'의 방법을 설파하였다. 이 방법은 질문 수준을 달리하여 계속 질문을 하는 소크라테스와는 달리 먼저 가르치고자 하는 대상을 수준 차이를 전제하고 가르치는 것이다. 하지만 선문답은 상대방과 함께 치열한 대화를 통해 상대를 딛고 서지만 서로가 진정한 참자아를 찾아가는 깨달음의 과정이다. 이것은 호혜적 배움이면서 상대성을 이용한 초극의 과정이다. 이러한 의미에서 선에서의 깨달음은 통찰(insight) 학습에서 부분과 부분, 수단과 목표, 부분과 전체간의 이해를 통한 개인의 우연한 발견과는 다르다고 할 수 있다.

다섯째, 교육소설로 들 수 있는 것은 리처드 바크의 『갈매기의 꿈』이다. 이 소설에서 조나단 리빙스턴 시갈은 은빛 날개를 가진 두 마리의 갈매기를 따라 갔는데, 거기에서 노숙한 갈매기를 만나 하늘을 치솟아 '높고 멀리 나는 법'을 터득하였다. 이 후에, 먼저 한 일은 '사랑을 실천'하는 방편으로 자신을 추방한 갈매기 사회로 돌아가 동료들에게 그것을 함께 나누려는 교육적 체험이었다. 이 소설에서는 '교육하는 존재로서의 인간(the human being of educating person)'을 간파할 수 있다.

『가르침과 배움의 현상학』과 『갈매기의 꿈』에서 나타난 교육의 이미지는 교육은 위로 향하는 동시에 아래로 향하는 향상향하(向上向下)해야 한다는 것이다. 아래로는 뭇 제자에게 가르침을 베풀려고 [下化衆生]하고, 위로는 자신이 깨달은 자 되기를 간절히 구하는 [上求菩提]것이다. 이러한 과정을 통해 언어와 문자를 넘어서 있는 '진실로 그러한 것'을 체험하고 '돌연한 비약(quantum jump)'을 통하여 새 존재로 거듭난다. 교육적 욕구를 가진 사람이 자신의 삶의 과정에서 지체되거나 유예할 수밖에 없는 지난 기간을 단절하고, 자신이 가진 교육적 열망을 실현하기 위한 반전이 필요하다. 그렇게 하기 위해서는 개인들이 경험을 재구성하고 질적인 비약을 이루는 상향적인 과정을 거쳐서 품위가 상승하였다는 것을 느끼는 단계에 이르러야 할 것이다.

여섯째, 교육소설로 바슐라르의 『초의 불꽃』(민희식, 1993)을 들 수 있다. 이 소설은 교육적 메타포가 함의되어 있다. 먼저 바슐라르에 의하면 불꽃은 가장 강한 영상작용을 의미한다. 우리가 보는 것은 불꽃 앞에서 하는 몽상에 비해 아무것도 아니다. 불꽃은 몽상가를 잠재적인 시인으로 만들고 우리를 눈뜬 채 꿈의 의식세계로 이끌어 가는 것이다. 시인은 언어의 불꽃을 통해 꽃의 불꽃과 일치시켜 꽃을 피우고 완성하여 현실에서의 초극을 완성해 간다. 불꽃은 이처럼 몽상을 통해 세계의 비밀을 가르쳐주는 생명력을 가지며 모든 인간의 내적인 힘을 상징한다. 타오르는 촛불의 수직성은 스스로 처한 현실에서 그것을 초월하려고 노력하는 인간의 정신세계를 의미한다. 불꽃의 수직성은 인간이 너무나 고독할 때 자기를 초월하려는 것처럼 똑바로 올라가는 임시적이고 방해받기 쉬운 것이다. 여기에는 인간의 초월적인 요구가 분출한다. 불꽃은 인간이 속세에서 벗어나 하늘을 지향하여 천국에 이르는 비약의 꿈을 꾸어서 비로소 꽃이 되게 한다. 즉, 불꽃은 자신의 질료를 소모하여 자기 자신을 초월하려는 행위를 통해 창조자가 된다.

촛불에서 흰 부분은 그 밑이 파랗게 되어 초의 심지 끝에 붙어 있고, 빨간 불꽃은 자기가 태우고 있는 물질과 연결되어 있다. 촛불에서 수동적인 것과 움직이게 하는 것, 움직이는 것과 움직이게 하는 것, 그리고 타는 것과 태우는 것은 과거분사와 현재분사의 변증법으로 많은 것을 의미한다. 이 촛불 앞에서 우리는 존재와 무의 변증법을 사색할 수 있다. 흰 꽃은 변화를 싫어하는 다른 색깔의 불꽃에 대한 반가치이며 가치와 반가치의 투쟁에 의해 자신을 태워 조잡한 불꽃을 근절하는 사회적 투쟁과 비교되는 것이다. 인간의 이상은 사회에 만연하는 갖가지 부정을 태우는 흰 불꽃에 의해서 실현된다. 이 소설에서 나타난 촛불의 수직성, 초월적 욕구의 분출, 반가치에 대한 투쟁은 '인간이 낡은 인식의 틀을 깨뜨리고 나서서 스스로 변화를 추구하고 자신이 처한 현실을 초극하여 자아를 실현해가는 과정으로서의 혁신적인 교육의 이미지'를 떠올리게 한다.

한편, 교육의 이미지는 동서양의 교육적 메타포를 통해 그려질 수 있다. 이용남, 류영룡(2014)은 교육적 메타포를 우리의 교육적 경험이 몸에 무의식적으로 범주화된 다층적 개념체계로 정의한다. 교육적 메타포를 조사하고 의미를 분석하여 새로운 교육의 의미와 교육의 구조적인 측면을 생성할 수 있다. 이를 위해서 재귀적인 교육활동으로 교육적 메타포를 교육의 개념화에 적용하는 시도를 하였다. 그 결과 교육적 메타포가 지니는 교육적 의미를 네 가지의 주제 문장으로 정리하였다(이용남, 류영룡, 2014).

"빛을 보고 돌아와서 전하다." 첫째, '빛'과 '어둠'은 진리와 무지로서 교육의 가치인 혁신과 보수의 이미지이다. 플라톤의 대화편인 ≪국가론≫의 한 부분인 소크라테스의 '동굴의 비유'(Platon, /2009; Nettleship, 1925/2010)의 개요는 '어둠'의 세계에서 '빛'의 세계로 나아갔다가 다시 동굴로 돌아와서 자신이 보았던 '빛'을 '어둠의 자식들'에게 전하여 '빛의 자식들'(고린도전서 2,9; 고린도후서 6,14; 베드로전서 2,9; 요한 1,5; 3,19-20; 8, 12; 12, 35-36)로 거듭나게 한다는 것이다 [교육의 이미지, 이타-자리]. 여기에서 '빛'은 진리로서 '하나님의 빛'(다니엘, 2, 22; 요한, 1,1-3, 12,35-36; 요한일서 1,6; 2,9-10)이다. 석가는 어둠[無明]에서 벗어나 빛 [光明]의 세계로 나가는 것이 일체 생명의 실상(實相), 즉 자신의 품위를 깨뜨릴 때에만 볼 수 있는 신세계이고 해달의 경지에 이르는 것이라고 설법하였다(청화선사, 1989/1993).

둘째, 교육은 선전이나 교화가 아니라 진리를 향한 인식의 변혁의 과정이다. 교육적 인식은 하나의 학문방법론으로 교육을 통하여 잠정적인 합의에 이르러서 진리를 검증하는 것이다. 교육이란 장님의 눈에 시각을 넣어주는 것이 아니라, 눈이 빛을 향하도록 해주는 것과 같은 일이다. 그것은 몸 전체를 돌려놓아야만 가능한 그런 일이다(Nettleship, 1925/2010). 이는 후진이 자발적이고 주체적인 품위 상승을 위한 과정에 참여할 수 있도록 선진이 하강하여 후진의 순차적인 교육활동을 보장해야 함을 의미한다. '빛'을 보고 깨달은 사람은 자신의 몸에 일어난 인식에 대한 질적 변화에 다행스럽게 여기는 한편 아직도 동굴 속에 있는 친구들을 가엽게 생각하여 돌아와 다시 하화하려고 한다(Platon, /2009).

셋째, 교류교육(交流教育)에서 교육적 교섭을 통해 나뉜 선진은 유교무류(有教無類)의 입장을 견지해야 한다. 선진은 교육목표를 성취하기 위해서 후진의 무지를 꾸짖기보다 성취동기를 유발하기 위해 비계설정(scaffolding)을 통해 안내 해야 한다. 이는 쉽지 않을 수도 있고 매우 어려운 국면을 맞이할 수도 있다. 동굴우화에서 빛 [眞理]를 체득한 후 동료 죄수들에게 그러한 사실을 알리려 하면 어떤 사람들은 비웃으며 협조하는 대신에 심지어 죽이려한다(Nettleship, 1925/2010). 그래도 죽음을 무릅쓰고 돌아가서 가르치려 한다.

이렇듯이 빛의 메타포에 나타난 교육의 이미지는 진리를 향해 나아가기 위해서 패러다임의 변혁인 '몸의 돌려놓음'을 통해 인식 수준의 비약을 이룬 선진이 후진에 대한 동정심으로 고통과 인내를 감당하며 하화하는 과정이다(이용남, 류영룡, 2014, p. 161). 여기서 진리를 의미하는 빛은 이전과는 달리 인식의 수준이 높아져 내면이 환하게 깨어남을 의미하고, 기꺼이 자신의 변혁적인 의지로 점유한 진리를 동료들과 나누어 갖기 위해 죽음까지도 무릅쓴다는 것을 의미한다. 이것은 곧 인간은 교육적인 유전자를 생득적으로 가지고 있다는 것이다.

"낡은 생각의 틀을 깨고 새로운 세계를 보다." 첫째, 교육은 낡은 패러다임의 인식을 깨뜨리고 새롭고도 질적으로 비약된 패러다임으로 전환하는 과정이다. 『장자』의 추수편에는 '우물 안 개구리(井底之蛙)'와 '무너진 우물 안의 개구리(埳井之蛙)'의 메타포가 있다. "우물 안의 개구리에게는 공간의 구속으로 바다에 대한 이야기를 들어도 알지 못하고 있기 때문이다. 여름 벌레에게 얼음에 관한 이야기를 해도 알지 못하는 것은 시간의 제약을 받고 있기 때문이다. 당신은 홀로 무너진 우물 안의 개구리 얘기를 듣지 못하였소? … 무너진 우물 안의 개구리는 그 얘기를 듣고 나자 소스라치게 놀라서 멍하니 스스로를 잃었소(장자, 추수 편, /2010, pp. 393-415).[6)] 김학주(2010)에 의하면, 이러한 메타포들은 눈앞의 대상에 집착하는 감각적 인식의 잘못을 깨우치고 있으며, 제한된 자기 주위의 일 밖에 모르고 일시적인 이익이나 취하는 지혜가 모자라는 사람이 많음을 의미하고 있다(pp. 394-415).

둘째, 교육적 패러다임의 변혁은 자기 초월이라는 변화과정을 통해 인간으로서의 현실세계의 속박을 벗어나 자유를 누리게 한다. 인간은 현실의 세계에 속박되거나 안주하여 자유를 누리지 못하고, 자신의 존재의 자각하지 못하고, 그리고 세계를 올바르게 조망하지 못한다. 이를 초극하는 존재로서의 인간이 되기 위해서는 자신의 낡은 품위, 과거의 품위를 변화해야 한다는 것이다. 그런데 그것은 교육이라는 과정을 통해서만 이루어질 수 있다. 니체는 산에서 10년 동안 공부한 후에 하산하여 짜라투스트라를 내세워 자신이 깨달은 결과를 대중에게 다음과 같은 메타포들로 설파한다. "나는 그대들에게 초인을 가르치노라. 초인은 바다이다. 초인은 대지의 의미이다. 인간은 짐승과 초인 사이에 놓인 밧줄이다. 인간이란 초극되어야 할 그 무엇이다. 나는 번개의 예언자이며, 먹구름으로부터 떨어져 내리는 무거운 빗방울이다. 초인에 대한 전망과 함께 두려움으로 나타난 것이 영겁회귀(ewige Wiederkehr)이다"(강대석, 1997, p. 366 ; Nietzsche, 1887, /1989, pp. 13-20). 여기서 니체가 말하는 '초인'은 세계의 본질을 이루고 있는 '권력의지'를 실현해가는 현세 중심의 인간이며, '대지'는 현실세계의 상징이다. 이러한 의미에서 초인은 무한한 변화를 의미하는 권력의지로 '변화의 무죄'를 실현하는 인간이다. "진리는 없다. 모든 것은 허용된다. 영겁회귀는 초인이 제시하는 새로운 사상, 번갯불처럼 비치고 지나간 사상이다(강대석, 1997, p. 371)."

교육의 주체인 인간이 현실 세계의 속박과 자신의 의지로부터 벗어나지 못하고 오히려 구속되는 것은 새로운 가치와 이상을 실현할 수 없음을 의미한다. '정저지와', '함정지와', 그리고 '초인'의 메타포들이 주는 의미는 인간의 현실적 제약을 통해 나타나는 한계를 극복하기 위해서는 새롭고 넓은 세계의 자각을 통한 변화가 필요하다는 것이다. 낡은 인식론으로는 세계를 올바르게 조망할 수 없기 때문이다. 장자와 니체는 대중들로 하여금 변화를 이루어 현실에 대한 올바른 깨달음을 통해 자유를 누리도록 하기 위해 교육적 메타포를 통해 하화하고 있는 것이다. 낡은 생각의 틀을 깨고 나와야만 새로운 세계를 볼 수 있다(이용남, 류영룡, 2014, pp. 161～162).

"교육적 메타포로 품위를 변혁하다." 첫째, 교육적 메타포에는 품위 수준의 상승에 관련한 이미지를 함의되어 있다. 교육하는 과정에서 선진은 후진의 품위 수준을 잘 파악해서 그에 적절한 교육적 처방을 해야 한다. 그래야만 후진이 마음과 몸을 돌려 교육적 소재와 처방을 기꺼이 소리 내어 기쁘게[열, 說] 수용하고 회득(comprehension)하여 새로운 품위를 형성할 수 있다. 비유로 가르치는 이유에 대한 제자의 물음에 예수는 '제자들은 하늘나라의 신비를 알지만, 가난한 사람들은 그렇지 않기 때문이다. 그들은 마음이 무디고 귀를 막고 눈을 감은 탓에 듣기는 들어도 깨닫지 못하고 보기는 보아도 알지 못한다. 그들이 눈으로 보고 귀로 듣고 마음으로 깨달아 돌아서서 나에게 고침을 받기를 진정으로 원하였기 때문이다(마태 10, 10-15)'라고 대답하였다.

둘째, 교육적 메타포는 품위의 재구조화와 관련하여 후진의 소질과 적성에 적합한 교육활동을 내포하고 있다. 석가모니는 제자의 근기(根機)에 따라 서로 다른 내용의 가르침을 주기 위해 "대기설법(對機說法)"을 사용하였고, 공자는 같은 질문에 대해서도 제자에 따라 다른 해답을 주는 '수인이교(隨人異教) 혹은 인재시교(因材施教)'를 사용하였다(장상호 1997, p. 366). 이것들은 상구자의 소질과 적성에 따르고, 어떠한 문제의 구체적인 상황에 맞추어 해결책을 제시하는 '대증하약(對症下藥)'인 것이다. 어떻게 변화해가는 상구자의 품위 수준에 맞추어 하화를 할 것인가? 이들 메타포가 주는 교육적 의미는 체험의 재구조화에 의한 품위의 상향이다. 이들 메타포가 지니는 함의는 순차적인 상구 유도, 품차의 양해를 위한 존우, 심열성복(心悅誠服)에 의한 자증 등이다.

"메타교육으로 교육공동체를 건설하다." 첫째, 교육의 가치 실현은 교육을 통해 교육이 진화와 발전을 이루어 가는 것이다. 메타교육은 교육을 교육하는 것으로 교육적 진화를 이루어서 교육의 가치를 발현하게 한다. 메타교육은 개체가 일생동안 교육주체로서 교육계에 자율적으로 적응할 수 있도록 교육하는 과정이다(장상호, 2009a). 4대 스승들은 메타교육을 하화하였다. 그들은 낮은 수준의 품위를 가진 제자의 하화교육에서 적절한 메타포를 언급하였다. 이러한 메타포에는 상구를 전제로 하는 하화교육을 일컫는 석가의 '줄탁동시(啐啄同時)(잡 1,275)', 소크라테스의 '어른 앞에 선 어린 아이(Platon, /1965)', 예수의 '사람을 낚는 어부 (마태 4,18-19; 마가 1,16-17)' 등이 있다(장상호 2009a, pp. 336-366).

둘째, 교육적 메타포는 교육방법을 제시하고 있다. 메타교육 방법에 관한 메타포를 생성할 수 있는 것들은 다음과 같다. 학문의 상구방법에 관한 퇴계의 『자성록(自省錄)』, 『언행록(言行錄)』, 『성학십도(聖學十圖)』의 '경재잠(敬齋箴)과 숙흥야매잠(夙興夜寐箴)(이황, /2013)', 상구의 자세를 하화한 율곡의 『격몽요결』의 '입지(立志), 낡은 습관을 고침(革舊習), 배우는 자세(持身), 배움의 방법(讀書)(이이, /2012)', 다산의 강진 강학과 제자교학을 위한 '단계별, 전공별, 맞춤형, 실전형, 토론형, 집체형의 여섯 가지 교육 방침(정민, 2011)'이 있다.

셋째, 교육적 메타포는 인간의 본성이 교육적이라는 것을 이해하기 쉽게 한다. 이에 관한 메타포들에는 『논어』의 '학이시습지 불역열호(學而時習之 不亦說乎)(공자, /1983)', '부처는 스스로 깨닫고 남도 깨닫게 해주는 것이다 [自覺覺他](석가, /1993).', 그리고 스승과 제자 사이의 교육적 열정을 묘사한 소크라테스의 '아직은 덕이 모자라는 사람을 보다 덕 있는 사람으로 만들 목적으로 유익한 사람들이 느끼는 사랑(장상호, 2009a)' 등이 있다. 교육적 메타포는 인간이 결국 교육 안에서만 품위의 증득과 자증의 과정을 통해 자신의 존재를 실현할 수 있다는 것을 의미한다. 교육적 메타포에는 상구의 하화뿐만 아니라 하화의 상구 필요성도 함축되어 있다. 4대 스승들은 메타교육을 통해 겹제자를 양성하였다. 그들은 결국 메타교육으로 겹제자를 확보하고 교육공동체의 건설을 통해 자신들의 교육적 이상이 시공간을 넘어 실현될 수 있음을 간파하고 실천하였던 것이다. 그들의 제자들은 지금 이 순간에도 가정에서, 거리에서 소수인 몇 명이 모인 자리에서도 교육공동체의 이상을 실현하고 있다(이용남, 류영룡, 2014, pp. 163～164).

이렇듯이 교육적 메타포는 교육공동체를 형성하여 교육의 교육을 실천해야 교육이 지속될 수 있고 발전할 수 있다는 것을 보여주고 있다. 4대 성인의 교육공동체에서는 메타교육을 가르치고 배웠는데, 이것이 지금도 지속되어 그 생명력이 지속되고 있다. 지금까지 살펴본 교육적 메타포의 해석은 교육의 이미지를 파악해가는 시도이지 정형화하는 작업이 아니다. 그렇기는 하지만 위에서 드러나는 교육의 이미지는 잠재적 진리를 내면적으로 점유하여 [內化], 인식의 틀을 깨고 세계를 변혁하는 교육공동체를 만들어가는 '과정'으로 파악된다. 이러한 교육을 다음 개념체계 교육론에서 소개되는 장상호(2009a)의 협동교육구조의 요소와 관련하여 논의하였다.[7] 교육적 메타포가 함의하거나 시사하고 있는 교육의 이미지는 무엇인가? 교육은 교육을 실천하는 공동체를 형성하여 그 생명력을 유지하고 키워가는 유기체이다. 교육은 인간이 교육을 하는 과정(educating process)을 통하여 체득한 '진리(truth)'를 죽음의 위협과 추방에 의한 소외에도 불구하고, 그것을 다시 동료 인간에게 전해야만 진정한 깨달음을 얻어 해방을 얻는 존재로 거듭나게 하는 것이다. 교육적 인간(educative person)이란 무엇인가? 한마디로 교육의 하위활동을 통해서 교육의 본질과 가치를 실현하는 인간이다. 인간은 자신이 어떠한 삶의 양상에 처해 있더라도 교육을 통해서만 삶의 질과 가치를 고양할 수 있음을 매일의 삶의 과정에서 실천적으로 보여주고 있다. 즉, 인간은 교육적인 삶의 양태에 적응하고 자신들을 변화시켜 삶의 수준을 높이는 교육적 진화와 교육적 반전을 이룬다. 이렇듯이 인간은 교육에 의해 자신의 존재를 실현한다. 인간은 생득적으로 교육적 유전자를 가지고 태어난다. 그렇기는 하지만 인간은 인내와 결단을 통하여 자신이 회득한 품위를 공유하고자 한다. '동굴의 벽화'에서 동굴 밖에서 알게 된 진리를 죽음의 위협을 무릅쓰고서도 지하의 동료 죄인들에게 전하려 한다. 『갈매기의 꿈』에서 같은 부족에게서 추방당한 조나단 갈매기가 체득한 비행술을 동료들에게 전하려고 귀향한다. 그리고 선종(禪宗)의 제2조(第二祖)인 혜가(慧可)가 달마대사(達磨大師) 앞에서 팔을 자르면서까지 법을 구하려 하였다는 설중단비(雪中斷臂)의 사례는 인간이 얼마나 교육적인 존재인가를 현시하고 있는 것이다. 그러한 인간의 교육적 특성 즉, 교육적 열정, 개방적 정신에 의한 체험, 청출어람의 추구 등은 어떻게 점차적으로 소진되어 가는가? 교육을 하는 과정에서의 가치보다는 결과 중심의 업적이 우선 시 되기 때문이다. 교육주체가 교육에서 몰입, 보람, 기쁨을 느껴서 계속해서 참여하고 싶은 마음을 느끼게 해야 한다. 인간은 교육을 하는 과정에서 상호주관성을 높여 서로 합의하고 회득한 '진리(truth)'를 죽음의 위협과 추방에 의한 소외에도 불구하고, 그것을 다시 동료 에게 전달해야만 비로소 자신도 해방을 얻는 존재로 거듭난다.

지금까지 살펴본 다양한 교육적 이미지와 교육적 메타포는 교육이 무엇인가를 탐색하는 데에 많은 시사점을 준다. 우리는 매일의 생활 속에서 교육을 실천하여 기쁨을 얻고, 그것을 가지고 그것을 그 누구에게 다시 교육한다. 한글문해 교육을 받은 후에 고마움을 선생님과 평생의 반려자에게 표현하며 눈시울을 붉히는 것을 가끔 본다. 그것은 바로 교육의 이미지를 대표한다. 교육은 바로 나는 누구인가를 깨닫게 하고, 서로를 보듬어 안게 하는 공감과 배려의 창이다. 교육은 비전을 눈과 마음으로 보고 느끼게 한다. 교육은 항상 우리 곁에서 우리와 함께 하며 우리를 일으켜 세우고 있다. 우리는 이러한 교육을 숨을 쉬듯이 하면서도 잊고 살고 있다.

3

교육의 본질과 가치

교육이란 무엇인가? 엄태동(2006)과 류영룡(2020)은 교육이란 무엇인가에 대한 탐색을 위해 교육의 본질과 가치를 교육의 하위 활동과 관련하여 논의하였다. 교육은 실천적 과정이다. 따라서 인간은 다양한 삶의 과정에서 자신의 현존재를 자각하고 실현하는 교육의 과정을 필연적으로 선택한다. 교육은 인간의 다양한 삶의 양식과 혼재되어 있다. 인간은 교육적 욕구를 생득적으로 가진다. 교육은 인간의 삶에서 일어나는 경험을 재구성하는 과정이다. 교육은 몇 개의 개념으로 정의되는 것이 아니다. 교육은 생명력을 지니는 유기체인 것이다. 그렇기 때문에 교육이 무엇인가를 밝히려면 요소들의 정합적인 관계와 요소들의 총합을 따져보는 구조주의적인 관점에서 살펴보아야 한다. 이러한 요소들이 한데 어울려 이루는 교육구조가 교육의 고유한 속성 또는 교육의 본질을 어떻게 특정하고 있는지를 밝히는 것이다. 이에 관해서는 제2장의 개념체제 교육론과 상위교육에서 다루기로 한다. 여기서는 교육이 지니는 고유한 본질과 가치를 교육의 하위활동과 관련하여 따져보기로 한다. 교육의 가치는 교육이 실제로 펼쳐지는 각각의 하위활동에서 드러나기 때문이다.

존재하는 어떤 사물이나 대상 X에는 그것의 고유한 속성 또는 본질이 내재되어 있다. 그것은 X의 겉으로 드러나는 모습이거나 존재하기에 갖게 되는 결과와는 다르다. 존재하는 대상 X(being-X)의 본질은 그것이 실제로 어떠한 상황과 맥락에서 작동될 때 고유한 가치를 드러낸다.

낚시는 물고기를 잡기 위한 활동이지만, 낚시에는 여러 가지 하위활동이 있다. 낚시(X)란 무엇인가라는 물음에 답하기 위해서는 X자체가 우리에게 제공하는 고유한 가치를 드러내야 한다. 이를 위해서 그러한 가치를 추구하기 위한 하위활동들(X_1, X_2, X_3)의 규명해보는 방식 즉, 하위활동들의 내적 원리를 따르는지를 이야기 하는 방식을 채택해야 한다(엄태동, 2006). 낚시를 처음 시작하는 초심자(初心者)에게 낚시(X)는 낚시를 하는 행위를 함(doing)으로써 물고기를 잡는 기능(function)을 하는 것으로 이해할 것이다. 하지만, 얼마간 낚시에 빠져 지내면 이윽고 익숙해지고 낚시에 적응하며 낚시가 가지는 속성과 낚시의 가치에 주목하게 된다. 초심자는 처음에는 물고기를 잡으려는 목적으로 낚시를 하지만 하면 할수록 낚시를 잘하기 위해서 낚시의 여러 하위활동에 충실하려고 한다. 이렇게 하다보면 어느 순간에 물고기를 잡는 것보다 낚시 자체를 추구하는 단계인 ‘기능적 자율화(functional autonomy)’(Allport, 1961)를 이루게 된다(류영룡, 2020). 처음에 물고기를 잡는 목적으로 하는 낚시가 그 하위활동이 지니는 고유한 가치인 몰입, 손맛, 내적동기 등을 느끼는 낚시로 바뀌어가는 것이다. 이 단계에서는 더 이상 낚시(X)가 가져다주는 물고기가 목적이 아니고 낚시를 하는 각각의 하위활동에서 맛보게 되는 낚시의 가치를 더 중요하게 생각하게 된다.

‘교육이란 무엇인가?’는 교육의 고유한 가치가 무엇인가를 규명해 보는 과정을 통해 그 본질과 속성을 드러낼 수 있다. 즉, 교육의 하위활동들이 가지는 고유한 가치가 무엇인가를 밝히는 것이다. 교육에 대한 답변을 두 가지로 나누어 생각보기로 한다. 그 하나는 기능적인 답변으로 ‘낚시는 낚시를 하는 사람이 물고기를 잡는 활동이다’라는 답변과 같다. 즉, ‘교육은 교육받은 사람(educated person)이 누리게 될 도구적 가치를 갖게 하는 것이다’라는 답변이다. 여기에는 ‘낚시하는 사람(fishing person)과 교육하는 사람(educating person)’, 그리고 ‘낚시하는 과정(fishing process)과 교육하는 과정(educating process)’ 즉, ‘활동의 주체’와 ‘활동의 과정’이 빠져있다(류영룡, 2020). 두 번째는 낚시의 활동들이 가져다주는 고유한 가치에 주목하는 것이다. 즉, 교육의 하위활동이 가져다주는 고유한 가치가 무엇인가를 따져보는 것이다. 듀이(Dewey, 1916)는 '총을 쏘는 사격 활동'을 예로 들어 어떠한 활동이 가져오는 결과와 기능과는 구별되는 활동 자체의 특질을 강조하였다. 과녁에 정확히 맞추기 위해 총을 쏘는 하위활동들에서 가시적 목표(ends-in-view)를 정하여 하나씩 이루어 가는 과정은 총 쏘는 활동의 내재적 가치를 경험하게 한다. 강이나 바다에서 낚싯대를 드리우고 있으면 어느 순간 자연과 합일되고 무아지경에 이르거나 시간은 저만치 물러가고 공간에도 제약되지 않고 낚시에만 집중하게 된다. 교육에서도 교육활동 자체에서 비롯하는 내재적 가치에 주목해서 교육의 본질을 엿볼 수 있다. 교육의 내재적 가치는 교육활동 자체에서 체험하는 가치이다. 교육의 내용이나 학문적 위계에 따른 계열화의 우선순위와 무관하게 충실한 교육활동이 이루어져 교육의 동질성이 확보되는 교육적 맥락에서 교육주체는 기쁨, 보람, 성취감, 만족감, 교육적 열정, 체험에 의한 품위 향상을 느낀다. 여기서 교육의 동질성은 교육의 내용, 품위 수준, 대상과 무관하게 교육활동이 교육의 내재율을 잘 지키면서 이루어져 교육의 내재적 가치를 누리게 되는 한 교육의 질은 모두 같다는 것이다.

어떤 행위가 가져다주는 것을 외재적 가치 또는 도구적 가치라고 하고, 행위 자체가 주는 것을 내재적 가치라고 한다. 교육가(educator)가는 외재적 가치에만 주목하는 것을 경계해야 한다. 교육가에게는 교육이 종속변수가 아닌 독립변수이어야 한다. 교육가의 교육목적은 교육 그 자체 이어한다. 즉, 교육을 전경이 아닌 배경으로 삼고 교육의 기능에 치중하여 교육목적을 교육 자체가 아닌 다른 데에서 찾으려하는 우를 범하지 말아야 한다. 교육목적으로서 '잘삶(well-being)' 과 '행복한 삶'은 교육받은 사람의 교육목적이다. 하지만 교육하는 사람의 교육목적은 교육 자체가 지니는 고유한 가치를 실현하는 것이다. 교육을 수행하는 과정에서 교육의 가치가 발현되어 모두가 만족하는 것을 교육목적으로 삼아야 한다.

예측 불가능한 미래 세계를 담보로 하고 현재의 안녕을 희생하여 교육의 결과로서 얻는 잘삶이 교육목적이 될 수는 없다. '인간은 미래의 불확실성으로 인해 교육을 통해 미래를 위한 잘삶 준비하려 한다'는 것과 '교육목적은 미래의 잘 삶을 위한 그 무엇이다'라는 것은 '교육목적은 그 무엇이다'의 충분조건일 뿐이지 필요조건은 아니다. 즉, 전자와 후자는 동치 명제가 아니다. 잘삶을 위한 교육이 학생들의 미래에 다가올 성공적인 삶을 준비시키는 교육이 진정 설득력이 있으려면, 오늘의 교육은 오늘의 학생의 삶이 잘 사는 삶이 되게 하는 것이어야 한다(류영룡, 2020).

그렇다면 무엇이 교육목적이어야 하는가? 첫째, 교육주체가 교육하는 과정에서 교육의 고유한 가치를 열망하고 실현하는 것이다. 둘째, '교육의 동질성'을 실현하는 것이다. 교육주체는 교육활동에서 보람, 희열, 성취감, 만족감, 자아존중감, 몰입 등을 느끼고자 한다. 그리고 교육이 이루어지는 '지금-여기서 교육을 더 잘하게 되는 것'을 열망한다. 즉, 교육하는 사람(educating person)은 교육활동에서 다름 아닌 눈에 보이고 손에 잡힐 듯 말 듯 하는 가시적 목표를 하나씩 성취해가고 알면 알수록 교육에 재미를 더해가면서 보람과 기쁨을 누리기를 바란다. 그렇다면 '하면 할수록 교육을 더 잘하는 교육'과 '교육의 교유한 원리와 교육의 내재적 가치가 충분히 발현되어 교육의 동질성이 확보되는 교육'이 교육목적이어야 한다. 우리는 이러한 교육의 사례를 상위교육(meta education)에서 찾을 수 있다. 상위교육은 교육의 교육이다. 이것은 메타인지(meta cognition)와는 차원이 다른 것이다. 메타인지를 알기 쉽게 '아는 것과 모르는 것을 구분하는 것'으로 설명한다. 그렇기는 하지만 메타인지는 인지를 모니터링하고 컨트롤하는 것이다. 즉, 이것은 인지의 인지로서 개인이 인지의 과정을 인지하는 것이다. 또한 메타학습은 학습과제를 해결하고 평가하는 데에서 좋은 점수를 얻기 위한 전략을 의미한다.[8] 상위교육은 교육활동에 참여하는 교육당사자가 교육역량을 강화하여 교육을 하면 할수록 잘 할 수 있는 교육을 교육하는 것이다.

교육의 본질은 무엇인가? 교육은 그 자체가 목적(purposes)을 가지는 것은 아니다. 교육활동을 하는 주체에 따라 교육목적이 다를 수 있다. 하지만 교육의 본질은 실천(praxis)이기 때문에 '교육목적(educative goals)'은 교육의 실천과정인 하위활동과 관련하여 설정해야 한다. Groome(1983)에 의하면 'practice'와 구별하여 'praxis'를 '반성적 실천'과 '실천적 앎'의 상호 순환적 개념으로 사용한다. 'practice'는 "이론을 실행으로 옮긴다"라는 개념이다. 이에 비해 'praxis'는 이론과 실천의 이분법화로부터 떠나서 그 둘이 변증법적인 연합을 이루어 이론은 실천에 있어 성찰의 순간이 되고, 실천으로부터 생긴 이론은 다시 실천이 된다(김보선, 2010). 이러한 실천에 의한 교육의 목적은 교육의 내재율이 잘 지켜지고 교육의 소재와 관계없이 충실한 교육활동이 이루어져 교육의 동질성을 확보하는 것이 되어야 한다. 교육의 가치를 외재적 가치와 내재적 가치로 나누기도 한다. 교육의 외재적 가치는 교육의 결과로 얻게 되는 부가적인 산출물이다. 예컨대, 교육받은 사람은 입신양명하고 자아실현을 해야 한다는 것이다. 교육의 내재적 가치는 교육 자체가 주는 것이다. 교육을 하면 할수록 할 맛이 난다는 것이 그것이다. 이러한 교육의 두 가지 가치를 모두 중시해야 한다고 한다. 그러나 현실은 어떠한가? 교육의 내재적 가치보다 교육을 도구로 하여 교육받은 사람이 어떻게 하면 성과물을 더 얻을 것인가에 치중하고 있다. 교육의 목적과 교육의 목표가 꼭 교육의 결과로 얻게 되는 산출물이어야 하는가? 하면 할수록 더 잘하게 되는 것이 교육의 목적일 수는 없는가? 듀이(Dewey, J.)는 교육목적이 청소년들의 능력을 이끌어내고 조직하는 데에 필요한 환경과 구체적인 교육의 절차를 마련하는 데에 도움이 되어야 한다고 하였다. 그는 '고정된 목적'은 교육을 받는 사람들의 구체적인 활동을 도외시 한 채 고정된 결과를 얻는 데에만 직접 도움이 될 뿐이라고 하였다(이홍우 역, 2021).

교육의 가치는 무엇인가? 교육의 가치는 '교육목적'을 이루기 위한 과정에서 열정, 몰입, 보람, 기쁨, 배려, 존중 등을 체험하는 것이다. 교육을 하면 할수록 그 과정이 즐겁고 몰입할 수 있어 지루하지 않고, 순간순간 함께하는 동료가 서로 고맙고, 그래서 다시 그들과 함께 하고 싶은 생각이 들고, 또 다시 교육활동에 참여하고 싶어지는 그러한 교육이 항상 있으면 얼마나 좋을까? 이를 위해서 어떠한 교육양상과 교육의 양태를 생각해야 하는가? 그것이 이루어지는 교육은 상위교육이다. 상위교육은 '교육의 교육'으로 교육을 하면 할수록 잘하고, 교육활동에서 교육의 가치를 실현하는 것이다. 이러한 상위교육은 무엇인가? 이를 밝히기 위해 이어지는 다음 장에서는 개념체제교육론으로 교육을 개념화하고 상위교육의 의미와 그 실천 사례에 대해 알아본다.

제2장

상위교육은 무엇인가?

교육하는 과정에서 필요한 역량은 무엇인가? 교육하는 사람(educating person)은 교육하는 과정에서 교육을 하면 할수록 잘하는 역량을 원하고 있다. 2015 교육과정에서 요구하는 여섯 가지 핵심역량은 역량기반 교육과정이 추구하는 교육의 총체적인 결과를 의미한다. 2022 개정 교육과정은 '모두를 아우르는 포용 교육 구현과 미래 역량을 갖춘 자기주도적 혁신 인재 양성'을 비전으로 하고 있다. 이를 위해서는 결과 위주의 교육역량 강화보다 과정에서 요구되는 교육역량을 강화하는 교육을 해야 한다. 교육은 교육주체가 경험 또는 지식을 재구성하는 과정이다. 교육을 하는 과정에서 교육을 하면 할수록 잘하게 되는 힘을 어떻게 길러줄 것인가 하는 문제가 이제부터 깊이 있게 다루어져야 한다.

최근에 교육현장에서는 교육과정 재구성, 교수-학습 모형, 과정중심평가의 삼위일체의 이론화 및 실제적인 적용방안이 현실적인 문제로 대두되고 있다. 이러한 교육계의 혁신적인 노력은 교육의 본질과 가치로서의 자기혁신을 실현하고자 하는 열망이 숨어있다는 것을 의미한다. 교육정책 입안자 또는 교육행정가는 성과와 업적 위주의 관점에서 교육의 가치를 평가한다. 하지만 교육을 실천하는 교사 또는 교육연구자는 교육주제의 교육적 진화와 교육 자체의 자기혁신의 메카니즘을 탐색하고 이를 교육하는 과정에서 실천하고 평가한다.

'상위교육'은 교육을 하면 할수록 교육을 잘하는 것이다. 이것은 메타교육(meta education)으로 교육의 교육이다. 우리가 학교교육을 생각할 때 지식과 인성을 가르치고 배우는 것을 머릿속에서 떠올리게 된다. 학교교육에서 우리의 관념대로 지식과 인성의 교육은 존재한다고 수긍한다. 하지만 학교에서 하면 '할수록 잘하는 교육'을 받은 적이 있냐고 물으면 대부분 고개를 갸우뚱 거린다. 학교교육에서는 교육의 소재로서 지식과 인성의 교육은 있지만 학교의 책무성인 '상위교육'을 받은 적이 없기 때문이다. 이제부터 학교교육은 교육의 교육 즉, '상위교육'을 해야 한다.

상위교육은 '하면 할수록 잘하는 교육'이다. 이 장에서는 본질과 가치를 탐색하는 개념체제교육론을 전개하고, 이를 토대로 상위교육의 의미와 4대 성인의 상위교육 실천사례를 분석한다. 상위교육의 개념화와 실천가능성의 검토를 통해 '교육을 교육한다는 것'의 의미를 살펴보기로 한다.

1

개념체제 교육론

교육의 개념은 무엇인가? 교육은 왜 개념체제로 재개념화해야 하는가? '사람 만들기로서의 교육'의 정의들 즉, 성년식(Peters, 1966), 의식화(Freirre, 1970), 조작적 조건화(Skinner, 1974), 인간행동의 계획적 변화(정범모, 1968), 자아실현(Rogers, 1983), 행동양식의 내면화를 통한 사회적 존재의 형성(Durkheim, 1925) 등은 타학문의 개념을 차용한 정의들로서 교육의 현상이나 본질을 파악하고 이해하는 방편이 되지 못한다. 교육의 개념 부재는 학교태(學校態, schooling)와 교육 간의 용어의 혼란으로 학교에서 일어나는 모든 일은 교육이고 학교 밖에서 일어나는 교육적인 일은 사회나 경제의 일이 되고 만다. 이처럼 교육문제가 교육의 여건 또는 교육 밖에서 원인을 찾는 해결 방안은 근본적 치유방안이 아닌 임시적 처방에 불과할 수 있다. 따라서 교육의 독자성과 자율성에 모순되는 개념 및 이론을 교육문제 해결에 적용해서는 안 된다. 교육의 실천과정에서 발현되어 근본적으로 처방하고 치유하는 대책을 강구해야 한다. 이를 위한 작업은 먼저 교육을 재개념화하는 것으로 시작할 수 있다.

교육은 정치, 경제, 사회, 문화, 종교, 예술 등과 같은 삶의 양상가운데 하나이다. 물론 교육은 인간의 다양한 삶의 양상과 미분화되어 혼재되어 있다. 그렇다고 하더라도 교육 이외의 제반 삶의 양상과 비교하여 그 차이를 드러냄으로써 교육의 의미를 탐색할 수 있다. 다음 그림은 이러한 의미에서 교육을 인식론적으로 구분한 것이다.

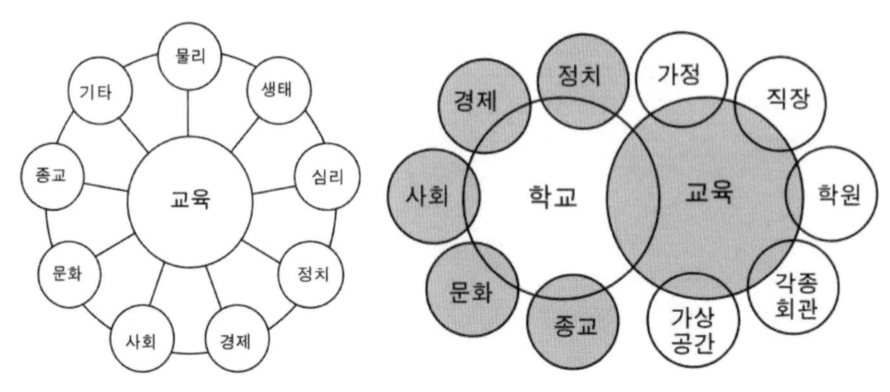

[그림 2-1] 교육의 환경(장상호, 2009b) [그림 2-2] 학교와 교육의 범주구분(장상호, 2009a)

위의 [그림 2-1]과 [그림 2-2]는 '교육'의 위상을 여타의 삶의 양상과 대등하게 간주할 필요가 있음을 강조한 것이다. '학교에서 일어나는 사태(schooling) 즉, 학교태(學校態)'와 '교육'을 구분하여 교육이란 무엇인가에 답을 탐색하는 일차적인 작업이다. 실제로 교육은 여타의 제반 삶의 영역과 미분화된 상태로 혼재되어 있다. 하지만 우리는 교육 자체를 그것들과 인식론적으로 분리하여 전경(前景)으로 삼고, 교육 이외의 정치, 경제, 사회, 문화, 심리, 종교, 예술 등과 삶의 영역 즉, 교육의 환경을 배경(背景)으로 삼아 차이와 배제를 통해 교육의 안쪽과 바깥쪽을 구분할 수 있다. 이때 교육의 독자성 또는 자율성이 점진적으로 드러난다. 교육의 자율성은 제반 사회체제의 존속과 유지, 그들의 가치의 실현을 위한 그 무엇 즉, 도구나 기능이 아닌 외부적 간섭 없이 고유한 가치를 실현하며 그 나름의 원리에 의해 항상성을 유지하면서 운용되는 것을 의미한다.

교육이 독자적이고 자율적인 영역으로 인식되지 않으면, 교육의 의미와 본질, 그리고 교육의 가치를 드러내기 어렵다. 뒤르켐(Durkheim, E.)이 간주한대로 '교육이 하나의 사회적 사실'이라면, 교육은 사회를 유지하고 존속하는 도구와 기능을 하는 사회의 하위 영역에 불과하게 된다. 이로써 교육은 교육 자체의 자율적인 연구의 영토가 없게 되고 만다. 교육만의 고유한 그 무엇을 어떻게 발견하고 그 본질적 가치를 실현할 수 있는가? 그리고 '교육이란 무엇인가?'에 대한 물음에 답하기 위해서는 제반 삶의 양상들과 교육을 인식론적으로 분리하고 교육인 것과 교육이 아닌 것을 구분해보는 작업이 필요하다. 그런 다음에 교육의 안쪽을 이루는 고유한 요소를 교육의 상위 범주에 딱 들어맞게 유기적으로 연결해보는 것이다. 교육의 개념을 더 이상 타학문의 개념을 차용하거나 대치시키는 행태에서 벗어나기 위해서는 '새 술은 새 부대에 담아야 한다.' 이렇게 우리는 그간의 낡은 교육의 정의와 개념을 해체하고 교육을 새롭게 재개념화해야 한다.

교육본위론(敎育本位論)은 교육을 본위화(本位化) 즉, 교육을 전경으로 삼고 여타의 삶의 양상을 배경으로 삼은 것으로, 이에 근거하여 교육을 인지하고 인식하여 교육을 재개념화하는 것이다. 이를 위해서 인식론적으로 세계를 세속계, 수도계, 교육계의 세 가지로 구분한다. 첫째, 세속계는 사회적 존재인 개인이 사회적 삶을 영위하기 위한 관습, 제도, 규칙으로 운영되는 것으로 개인은 이를 수용하여 적응하는 사회화를 한다. 이때 개인은 세속계의 기준에 외양적인 동조나 기능적 순응이지 내면적인 이해나 진정한 수락 여부가 아니라고 할 수 있다. 이 세계는 제한적인 사회적, 경제적, 정치적 가치를 부여받기 위해 경쟁하는 세계인 것이다. 둘째, 수도계는 인간의 내면에 잠재되어 있는 가능성을 주체적으로 실험하고 실현시켜 나가는 일과 관련된 세계이다. 학문, 도덕, 예술, 다도, 서도 등은 참여하는 주체를 통해서만 실체성을 접할 수 있다. '학문에는 왕도가 없다'는 것처럼 수도계는 그 위계가 다층적으로 설정이 되어 있고 최고의 품위가 최고의 가치로 인정된다. 즉, 수도계에 속하는 개인은 질적으로 변화하는 세계를 경험하며, 정점의 자리만이 수도계의 진면목을 대표한다고 할 수 있다. 셋째, 교육계는 수도계와 공존하면서도 구분되는 목적과 활동의 수행 방식 등을 갖는 자율적인 세계이다. 수도계에 속하는 개인은 품위(品位)를 점차적으로 상향해 가는데, 이때의 품위는 행동(behavior)과 다르게 질적인 측면과 함께 구조적인 차이를 갖는 위계, 구조성, 인격성을 함축한다.

교육구조의 탐구모형으로 교육본위론의 교육의 예비적 구조를 들 수 있다.

이것은 교육을 이해하는데 있어 몇 마디로 정의하는 기존의 방식에서 벗어나 신조어(新造語)로 교육을 개념화한 탐구모형의 하나이다. 이의 예로, 장상호의 교육의 '예비적 구조'인 일명 수레바퀴 모형(2009a)과 좀 더 진화된 모형(장상호, 2020)을 들 수 있다. 교육을 상구와 하화라는 범주로 나누고, 그 속성을 나타내는 하위 개념들을 의존하는 관계로 복속시키고, 또한 상대적으로 대칭시켜 12가지 또는 14가지의 개념들이 서로를 견인하면서 명증(明證)하고 있다.

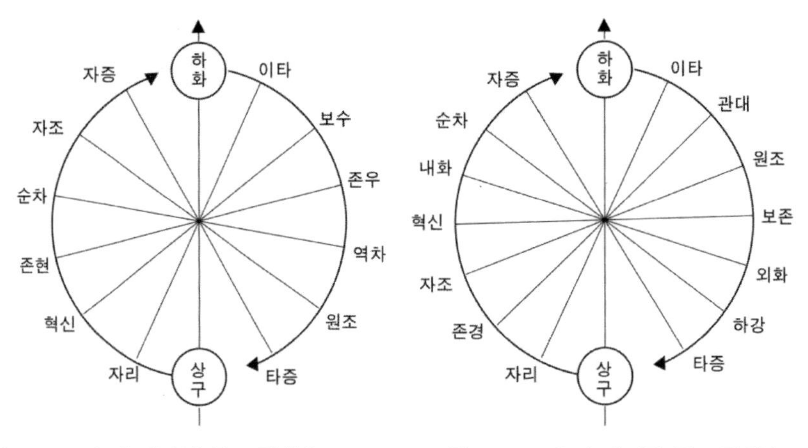

[그림 2-3] 교육의 예비적 구조(장상호, 2009a) [그림 2-4] 교육의 예비적 구조(장상호, 2020)

이 두 수레바퀴 모형은 교육의 구조를 드러내는 데 있어 상구와 하화를 교육의 바깥쪽과 안쪽을 구별하는 변인으로 하였다. 그 안쪽을 이루는 변인인 12가지의 요소들은 어떠한 하나의 구조가 갖는 정합성, 대칭성, 주기성, 응집성 등을 갖고 있으며, 상구교육과 하화교육이 서로 조응하여 다시 순환하는 주기성을 갖고 있다(이용남, 류영룡, 2014). 이 두 모형은 교육의 본질적 속성인 실천 과정을 함축하고 있다. 좌우로 대칭적인 상구와 하화의 하위요소들이 실천 과정에서 잘 지켜지고 교육의 고유한 가치를 드러내는 한 교육의 내재적 원리 즉, 교육의 내재율이 된다.[9] [그림 2-3]의 교육의 예비적 구조는 상구라는 개념(A)의 하위개념인 자리(A1), 혁신(A2), 존현(A3), 순차(A4), 자조(A5), 자증(A6)으로 이루어져 있고, 하화라는 개념(B)의 하위개념인 이타(B1), 보수(B2), 존우(B3), 역차(B4), 원조(B5), 타증(B6)으로 이루어져 있다. 이 그림은 상위개념에 정합적인 하위개념을 복속시켜 그 개념이 갖는 본질적인 속성을 상의관계와 대위관계로 드러낸 것이다(류영룡, 2016). [그림 2-3]은 협동교육의 두 축을 나타낸 것이다. 이타, 보수, 존우, 역차, 원조, 타증을 하화의 요소로 하고, 자리, 혁신, 존현, 순차, 자조, 자증을 상구의 요소로 하여 각각의 내적 요소들이 서로 의존하면서 그 상위 개념에 복속되어 결합하고 있다. 또한 교육을 여섯 가지 측면에서 행위의 동기를 이타-자리, 변형의 방향을 보수-혁신, 품차의 양해를 존현-존우, 단계의 배열을 역차-순차, 협동활동의 형식을 원조-자조, 품차의 입증을 타증-자증의 요소로 대비시켜 교육의 개념 모형을 상정하고 있다.

한편, [그림 2-4] 장상호의 교육의 예비적 구조(2020)는 그의 2009년의 모형에서 환경과의 교섭 즉, 내화(內化)와 외화(外化)가 추가되어 14가지의 요소가 되었다. 이것은 내재율의 미결정적인 부분을 해소하여 통일성의 원칙에 부응하려고 하였기 때문이다. 이것은 내재율에 '환경과의 교섭'을 추가함으로써 듀이가 교육을 통하여 철학의 재건을 시도한 것처럼 인간과 환경과의 상대성을 수용하여 교육학의 차별화를 꾀한 것이다. 예비적 구조의 요소들은 교육활동에서 실제로 지켜져서 발현되면 그것들은 곧 내재율이 된다. 그런데, 장상호(2020)는 이들 내재율의 명칭을 최근에 의미가 분명한 용어로 대체하였다. 존현을 존경으로 바꿈으로써 현재의 자신의 품위를 깨닫고 선진을 높이는 태도를 일컫게 하였고, 존우가 후진의 우매함을 존중한다는 의미로 해석되기에 후진의 어리석음을 용인하는 관대로 대체하여 본래의 의미를 바로잡았다. 보수를 보존으로 대체한 것은 기존의 품위를 고수하는 것이 아니라 후진의 혁신을 위한 방편적 수단이라는 의미를 함축하기 때문이다. 역차 또한 하강으로 대체했는데 이는 후진의 차상품으로부터 출발한다는 의미가 분명하기 때문이다(교육원리학회 추계학술대회 질문공탁 답변, 2021).

개념체제 교육론은 교육이란 무엇인가에 대한 답을 궁구하기 위해 그 고유한 요소를 유기적인 개념체제로 구조화하는 작업의 과정이다. 즉, 그것은 교육에 대한 일의적인 정의(definition)와 타학문에서 개념의 차용이 아니라 교육의 안쪽을 구성하는 요소들의 이론화 작업과 함께 교육적 경험의 이론적 환원을 통해 개념체제 교육론(the pedagogy of conceptual system)을 확립해가는 것이다.

이의 과정은 다음과 같다. 먼저, 교육의 속성을 다른 몇 개의 개념으로 분류하여 개념의 틀을 구성하고, 이것들에 무모순적인 기본 개념을 기반으로 "교육"의 요소들을 정하고, 이에 하위 개념을 복속시키고, 그리고 이러한 개념들 간의 횡적, 종적 결합을 이루게 하여 정합적이고 유기적인 개념체제를 드러내는 것이다.

교육을 구조주의적 관점에서 조망하는 것은 구조를 이루는 요소들의 정합성을 준거로 요소들끼리 모순됨이 없는 것을 따져보는 것이다. 교육은 그것을 이루는 다양하고 다층적인 개념들이 모여 모순됨이 없이 서로 얽혀서 하나의 유기체를 이룬다. 그것들이 교육에서 발현되면 그것은 곧 교육의 요소이고 내재율이 된다. 교육의 구조를 탐구하는 방법은 그것을 구성하는 요소들을 이해하고 하나로 묶는 것이다. 이것은 현상학과 해석학에서 찾을 수 있다. 현상학에서의 괄호치기와 판단중지를 통하여 교육을 이루는 요소를 본질직관으로 추출할 수 있다. 교육적 경험을 통해 드러나는 교육의 요소를 추출하고 요소들의 정합성을 따져 요소 간의 관계 및 전체와의 관계를 회득(會得, comprehension)하여 해석하는 것이다. 그리고 우리가 경험하는 교육을 이론적으로 환원하여 교육의 자율화를 이루기 위해 구조주의적 관점을 취하는 것이다. 이것은 구조를 이루는 요소들이 무모순적이고 유기적으로 결합하여 하나의 통일성을 이루게 하는 작업이다. 물론 모든 것은 변화하므로 우리가 발견한 교육의 예비적 구조도 변한다. 다만 이전의 것이 이후의 것으로 완전히 복속하기도 하고, 이후의 것이 이전의 개념으로 포함되기도 하면서 변전하는 과정을 통해 교육 그 자체도 진화해간다.

교육본위론은 구조주의에 입각하여 교육이 무엇인가에 대한 탐색적 모형으로 교육의 예비적 구조를 이론화하였다. 즉, 교육의 안쪽을 이루는 요소들이 유기적으로 결합하여 하나의 구조로서 완결성과 통일성을 이룰 수 있다는 것을 밝히고자 하였다(장상호, 2009a, 2020). 이들 요소가 교육에서 실천되면 그것이 곧 교육의 내재율이 된다. 또한 교육의 내재율이 상구의 내재율과 하화의 내재율로 나누어 탐색되었다(엄태동, 2006). 이를 토대로 다양한 개념들을 교육의 주체, 교육의 목적, 교육적 인식, 품위 및 메타교육의 범주로 나누고 개념체계화하여 하나의 교육구조 모형이 만들어졌다(이용남, 류영룡, 2014). 물론 이것 또한 정반합에 의해 변화하고 진화를 거듭해 갈 것이다. 교육은 인간의 다양한 삶의 양상과 혼재되어 있기 때문에 인식론인 단절과 차이를 통해 구별할 수밖에 없으며, 인간은 교육적 DNA를 지니고 태어난 유기체이기에 늘 변화를 추구하기 때문이다. 교육의 예비적 구조의 하위 범주에 속하는 다양한 요소들은 교육주체에 의해 쉼 없이 실천되고 검증하는 과정을 거치면서 복속되고, 생성되고, 소멸하면서 진화를 거듭하는 유기체를 형성할 것이다.

다음의 두 그림은 그 가능성과 방법을 도식으로 표현한 것이다(이용남, 류영룡, 2014). [그림 2-5]는 A와 B의 고유한 속성을 드러내거나 보충하는 개념체제의 조합을 나타내고 있다. B는 A의 완전성을 위한 필요조건이고, A에 무모순적인 충분조건이고, A1, A2, A3, …와 B1, B2, B3, … 등의 개념은 물론 A 와 B의 각각에 무모순적인 유기체들인 것들이다. [그림 2-6]은 B가 A의 개념체제가 드러내는 속성을 완전하게 포괄하여, 결과적으로 A에 무모순적인 B의 개념체제가 A를 상대적으로 포괄하는 관계를 유기적인 연결 구조로 나타낸 것이다(류영룡, 2016, p. 53).

A의 개념 B의 개념 B의 개념이 A의 개념을 포괄

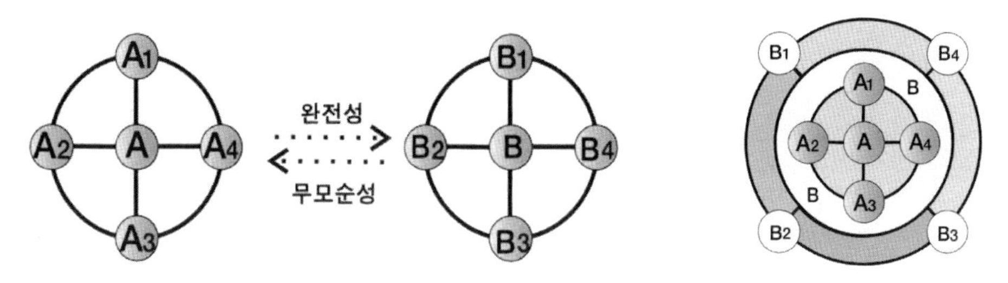

[그림 2-5] 일차적 개념 모형

[그림 2-6] 개념체제에 의한 개념화 모형

그렇다면, 어떻게 이러한 방법으로 교육의 개념체제를 만들어 갈 수 있는가? 먼저, 선행연구나 이론을 검토하여 교육의 구조를 이루는 '큰 구조'를 상정하고, 또 그 구조에 무모순적이고 정합적으로 복속되는 '작은 구조'를 상정해 가는 것이다. 이의 과정에서 반드시 지켜져야 할 원리는 교육과 여타의 삶의 양

상들 간의 배제에 의해 차이를 드러내고, 교육의 고유한 내적 요소를 먼저 규명해가는 것이다. 그다음으로 지켜져야 할 것은 학문공동체에서 교육적 인식론에 의해 상호주관성을 확대하면서 검증하는 것이다. 교육에 의해 교육의 개념이 검증되고 점유되는 것이다. 교육적 인식론에 의해 교육의 개념화 작업을 검증하는 것이다. 교육의 구조를 이루는 일차적 하위 범주에 정합적인 개념을 대응시켜 교육의 주체-교육적 인간, 교육의 목적-교육의 가치, 교육의 방법-교육적 인식, 그리고 교육의 소재-품위/메타교육을 상정하였다(이용남, 류영룡, 2014). 이 일차적 범주의 개념들 각각에 여러 개의 하위 범주들을 재 범주화하였다. 다음 그림은 그 가능성을 알아보기 위해 도식으로 표현한 것이다.[10] 이 교육구조 모형은 교육주체, 교육목적, 교육방법, 교육의 소재에 대응되는 범주를 상정하였고, 각각의 범주에 정합적인 하위요소를 복속시켜 구조화 한 것이다. 각각의 범주는 장상호(2009a, 2020)의 평가 대상과 부합한다. 그가 제시한 교육평가 대상은 교육과 인간(교육주체, 교육적 인간), 교육활동(교육방법, 교육적 인식), 메타교육(교육의 소재), 교육환경, 교육 자체(교육목적, 교육의 가치), 교육여건, 교육 기능이다. 괄호 안은 평가 대상에 부합하는 범주와 그에 대응되는 개념이다.

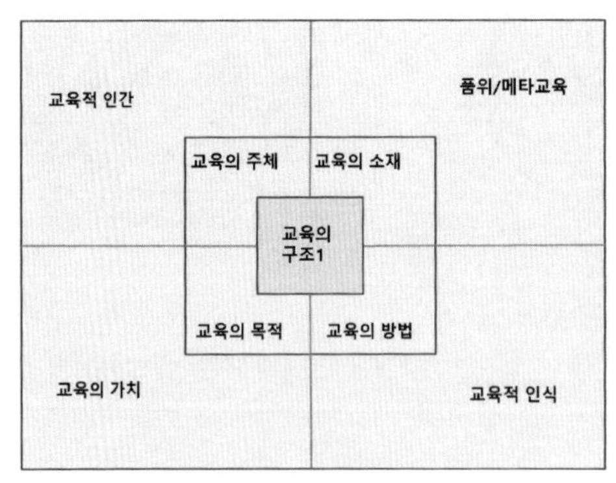

[그림 2-7] 교육의 구조1

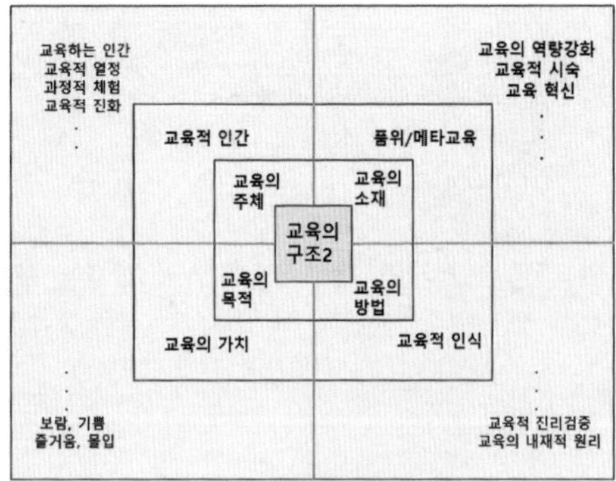

[그림 2-8] 교육의 구조2

[그림 2-7]에서 교육구조의 4가지 측면 가운데 교육의 주체로서 교육적 인간을 상정하였다. 교육의 대상이 자연인 인간이 아니라 교육을 실천하는 주체로

서의 인간이라는 것이다. 교육의 목적은 교육의 부가적 산물인 '교육받은 사람'이 갖게 되는 사회적 가치의 소유가 아니라 '과정이나 교육놀이'로서 교육의 고유한 가치가 드러나게 하는 것이어야 한다는 것이다. 교육방법으로 교육적 인식론을 들 수 있다. 이것은 진리를 선진과 후진이 함께 교육을 통하여 상호주관성을 확대하고 진리를 검증하여 잠정적으로 수용하는 것이다. 교육의 소재로서 품위는 후진의 현재의 품위보다 한 단계 높은 것이고, 메타교육은 교육을 더 잘하기 위해서 교육을 통해 교육을 개선해가는 것이다.

[그림 2-8]은 지금까지 교육을 본위로 두는 관점에서 탐색되어 이론화한 것을 토대로 교육의 예비적 구조의 하위요소들을 교육의 주체, 교육의 목적, 교육적 인식, 품위 및 메타교육을 준거로 정합성 및 통일성을 따져서 복속시킨 것이다. 첫째, 교육적 인간의 준거이다. 이의 하위 요소로서 교육하는 인간, 교육적 열정, 청출어람, 과정적 체험을 들고 있다. 교육적 인간이란 교육의 과정을 통해서 자신의 존재를 입증하고 실현하는 교육과 인간이 하나 된 유기체이다. 교육하는 인간은 세속적인 가치보다 교육의 과정에 자신의 존재 기반을 두고 교육을 좀 더 잘하기를 열망한다. 즉, 교육적 인간은 교육의 과정에서 체험을 통하여 자신의 세계를 구성한다.

둘째, 교육의 목적의 준거이다. 후진은 선진의 안내로 교학상장을 하지만 청출어람을 이루어 교육적 진화 또는 교육적 반전을 한다. 그렇다고 하더라도 인간은 그 과정에서 교육의 가치 실현을 목적으로 한다. 교육의 결과에서 맛볼 수 없는 가치들이 있다. 보람, 기쁨, 즐거운, 몰입, 참여의지, 내적동기, 자아존중감, 자기효능감, 학습된 무기력의 극복, 낙관성의 학습, 자기개념 및 비전의 구체화는 교육하는 과정에서 맛볼 수 있는 교육의 가치들이다. 교육이 진행되는 과정에서 교육의 가치가 실현되어야 하는데, 이것은 교육이 지속 가능하고 참여하는 주체의 교육적 열망에 부응해야 하기 때문이다. 진정한 교육은 일종의 놀이로서 즐겁고, 기쁘고, 계속해서 몰입하고, 보람을 느낄 수 있다.

셋째, 교육적 인식의 준거이다. 이것의 하위요소는 교육적 진리검증, 교육의 내재적 원리이다. 교육적 인식론은 진리검증 방법으로서 선진의 권위나 억압에 의해 진리를 내면화(internalization)하는 것이 아니라 교육의 과정에서 잠정적으로 합의하여 진리를 검증하여 점유(appropriation)하는 것이다. 그리고 교육의 내재적 원리는 교육하는 과정에서 교육주체가 복종하고 그 활동을 지속시키고 강화하는 것이다. 따라서 교육의 내재적 원리를 발견하고 그것을 교육의 규칙으로 삼아야 할 것이다.

넷째, 품위와 메타교육의 준거이다. 이것의 하위요소는 수준의 상승과 하강, 적극적 점유, 교육혁신, 교육역량 강화이다. 선진은 후진의 수준을 진단하여 하강하고, 후진은 선진과 동료의 안내와 조력으로 수준을 상승해간다. 이때 후진은 공적 지식과 인격적 지식을 적극적으로 점유하려고 애쓰며, 교육을 좀 더 잘하기 위해 교육을 통해 교육을 혁신하면서 교육역량을 강화한다.

[그림 2-7]과 [그림 2-8]은 네 가지 측면에서 교육구조의 하위요소를 네 가지의 준거로 범주화하였다. 교육을 구조적인 관점에서 재개념화하는 것은 교육을 이루는 요소들의 정합성을 따져가면서 내재변인으로 삼는 것이다. 그것들은 물론 하위요소들 간의 정합성과 실천성을 따져가면서 복속시키는 작업이다. 이러한 작업을 통해 교육의 구조도 진화하거나 변전해갈 수 있음을 도식으로 표현한 것이다. 역으로, 이것은 교육의 개념체제를 구조적인 관점에서 큰 기둥을 먼저 세우고, 그에 정합적인 요소를 선행연구나 이론적 측면에서 탐색하여 복속시킬 수 있는 가능성을 나타낸 것이기도 하다. 그리고 이것은 교육을 통해서 검증되는 과정에서 서로가 상호주관성을 확대하여 요소들의 정합성을 검토한 후에 교육주체들에 의해 비로소 점유될 것이다. 그리고 이들 교육의 요소들이 교육의 양상과 교육의 양태에서 내재율로서 실제적으로 작용할 수 있는지도 경험적 연구를 통해 검증할 수 있을 때 이론적으로 일반화할 수 있을 것이다. 따라서 교육의 구조를 이루는 하위 개념들은 '교육이란 무엇인가?'를 탐구하는 과정에서 고착화되는 것이 아니라 그 개념들이 이론적 재개념화와 함께 경험적 연구를 통한 일반화 작업으로 더욱 진화하고 변전을 지속할 것이다.

우리는 왜 교과 교육을 통해서만 미래를 준비하는 특정 핵심역량을 길러주어야 한다는 인식에서 벗어나지 못하는가? 미래를 준비하는 교육은 하면 할수록 교육을 잘하는 역량을 길러주는 것이어야 한다. 이러한 교육은 어떠한 것인가? 이어지는 소절에서는 이러한 교육의 의미와 실천 사례를 찾아보기로 한다.

2

상위교육의 의미

상위교육(meta education)은 교육을 교육하는 것이다. 메타교육을 메타연구, 메타인지, 메타학습과 혼동하거나 유사한 개념으로 생각하는 경우가 있어 상위교육이란 용어로 쓰기로 한다. 상위교육은 교육주체가 교육할 수 있는 능력 즉, 교육역량강화를 교육 안에서 해결하는 교육의 교육이다. 상위교육은 내재적인 고유한 원리 즉, 교육의 내재율에 의해 자율적으로 교육을 보존하고 혁신하는 교육이다. 이것은 교육의 고유한 가치에 해당한다. 인간이 교육을 통해서 자신의 존재 가치를 실현하기 때문에 교육을 하면 할수록 더 잘하게 되고, 그래서 또다시 하고 싶게 해야 한다. 이를 위해서 무엇을 해야 하는가? 교육주체는 상위교육을 통해서 교육을 보존하고 혁신해야 하는 것이다. 교육이 자율성을 갖는 유기체라고 한다면, 교육은 자체적으로 타 영역에 의해 간섭받거나 그것들의 도구가 되는 것으로 벗어나는 것은 물론 교육 자체의 가치를 보존하거나 개선해가야 한다. 교육관 수준을 높이고 교육을 하면 할수록 더 잘하게 되는 교육역량 강화에 대한 인식의 지평을 확대함은 물론 실천을 해야 한다.

메타교육과 혼동해서 사용하는 용어로서 메타인지나 메타학습이 있다. 메타인지는 보통 '아는 것과 모르는 것을 구별하는 것'의 의미로 쓰이고 있다. 이와 함께 메타인지는 학습자가 인지의 과정을 전반적으로 인지하고 통제하는 것이다. 메타학습은 학업전략이나 제시된 문제를 해결하는 발견술 등을 뜻한다. 이에 비해 상위교육은 교육하는 과정에서 교육주체의 교육역량을 키워 교육을 더 잘하게 하는 것이다. 따라서 이러한 상위교육의 하위 요소는 물론 교육역량을 기르는 필요충분조건이 되어야 할 것이다. 즉, 상위교육은 개인의 학업능력의 증진 및 교육공동체의 유지 및 발선을 위해서 교육역량을 강화하는 것이므로, 이를 위해서는 교육하는 과정에서 교육을 하면 할수록 잘하는 힘을 길러주는 하위 요인을 탐색할 필요가 있다. 어떻게 하면 교육에서 소외되지 않고 참여할 수 있는가? 교육을 지속시키고 강화시키는 교육의 규칙은 무엇인가? 교육의 상황과 맥락에서 어떠한 교육어의 구사가 의사소통을 효율적으로 하게 하는가? 교육하는 과정에서 교육을 반성적으로 성찰하여 개선하고 발전시킬 수 있는가? 협동교육 공동체를 어떻게 조직하고 운영하는가? 어떻게 다양한 교육의 양상에 적응하고 적극적으로 참여할 수 있는가? 이러한 물음과 답을 이론적 가설로 정하고 메타교육을 실천함으로써 상호주관성을 확대면서 메타교육의 하위 요소와 실천역량을 검증하고 일반화해야 할 것이다(장상호, 2009b). [그림 2-9]와 [그림 2-10]은 각각 메타교육과 1차 소재 및 메타교육과 2차 소재를 나타낸 것이다. 어느 교육의 상황에서나 그 안에는 특정한 소재 X의 품위뿐만 아니라 교육의 품위(品位)도 작용한다. 일반메타교육은 교육의 품위가 1차 소재가 되는 교육이고, 특수메타교육은 '소재 X의 교육'이 다시 교육 자체의 소재가 되는 교육이다(장상호 2009b).

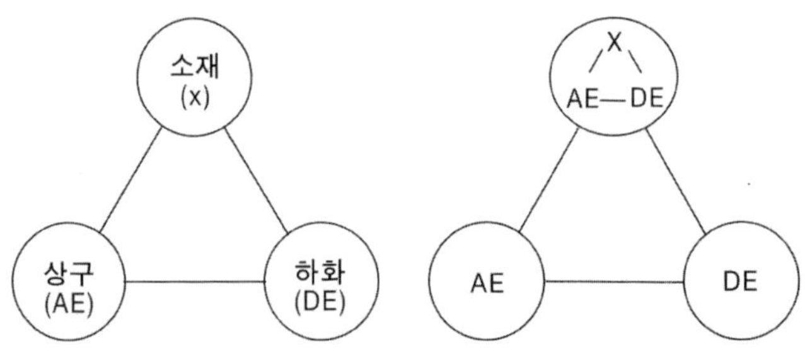

[그림 2-9] 메타교육과 1차 소재 [그림 2-9] 메타교육과 2차 소재

메타교육의 여러 양상은 다음의 <표 2-1>과 같이 소재 4가지와 활동 3가지

에 따라 12가지로 생각해볼 수 있다. 메타교육의 소재는 X(특정 수도계), A(상구교육), D(하화교육), A-D(협동교육)이다. 이 가운데 X는 1차 소재이고, 그 나머지인 A, D, A-D 모두가 메타교육의 2차 소재이다. 이 각각을 소재로 하는 활동 역시 A, D, A-D로 나눈다(장상호, 2009b, p. 330). 교육활동의 초기에는 1차 소재인 X로 교육활동을 하지만, 교육활동을 진행하는 과정에서 A, D, A-D 모두가 교육활동의 2차 소재가 될 수 있다는 것이다.[11] 이를테면, 메타수학교육은 수학교육 활동에서 수학적 지식이 1차 소재이면서 수학교육을 2차 소재로 교육한다는 점에서 특수메타교육이라고 할 수 있다.

<표 2-1> 메타교육의 여러 가지 양상(출처: 장상호, 2009b)

소재 / 활동	(X)	(A)	(D)	(A-D)
A(상구교육)	A(X)	A(A)	A(D)	A(A-D)
D(하화교육)	D(X)	D(A)	D(D)	D(A-D)
A-D(협동교육)	A-D(X)	A-D(A)	A-D(D)	A-D(A-D)

위의 표에서 첫줄은 (X), (A), (A-D)를 소재로 하는 상구교육이다. 이를테면, A(X)는 소재 X를 상구하는 교육, A(A)는 상구교육을 상구하는 교육, A(D)는 하화교육을 상구하는 교육, A(A-D)는 협동교육을 상구하는 교육을 의미한다. 이처럼 메타교육은 괄호 안의 교육을 교육하는 교육이다. A(X)는 소재 X를 배우는 것이고, D(X)는 소재 X를 가르치고, 그리고 A-D(X)는 소재 X를 서로 가르치고 배우는 것이다. A(A)는 배우는 것을 배우는 것이고, D(A)는 배우는 것을 가르치는 것이고, 그리고 A-D(A)는 배우는 것을 서로 함께 가르치고 배우는 것이다. A(D)는 가르치는 것을 배우고, D(D)는 가르치는 것을 가르치고, 그리고 A-D(D)는 가르치는 것을 서로 함께 가르치고 배우는 것이다. A(A-D)는 가르치고 배우는 교육 즉, 협동교육을 배우고, D(A-D)는 협동교육을 가르치고, 그리고 A-D(A-D)는 협동교육을 가르치고 배우는 것이다.

3

상위교육의 실천사례

상위교육의 실천사례는 4대 스승, 퇴계, 율곡의 사례에서 찾아볼 수 있다. 그런데 이들의 공통점은 자신들이 상구하여 얻은 품위를 바탕으로 제자를 모집하여 교육공동체를 이루어 품위를 공유하고 교육적 진화를 이루어간 간 것이다. 이때 그들은 교육의 내재율이 잘 지켜지는 상위교육을 사용하였다는 것이다. 첫째, 석가의 사례는 '줄탁동시(啐啄同時)', '때를 안다', '대기설법'에 잘 나타나 있다. 껍질을 쪼는 줄(啐)과 이것을 감지한 어미 닭이 병아리가 밖으로 나오도록 쪼는 탁(啄)이 잘 맞아들어야만 한다는 것으로 스승과 제자가 함께 시의적절하고 성숙의 시기를 기다리며 협력하는 것을 말한다. 대기설법 또는 차제설법(次第設法)은 제자의 근기 즉, 품위수준이나 성격에 따라 적절한 교육을 한다는 것이다. 석가는 교육의 내재율인 단계별 진전의 중요성을 바로 '때를 안다'로 강조하였다. 둘째, 공자의 사례는 '수인이교(隨人異教) 또는 인재시교(因材施教)'[12]의 내재율에 따라 상위교육을 하였다는 것이다. 또한 상구자의 '품위의 상대성과 겸손한 태도'를 자공에게 충고하였다. '육폐(六蔽)(양화8)'는 상구태의 6가지 폐단을 지적한 것으로 높은 품위라도 개선의 여지가 있음을 강조한 것이다. 군자불기(君子不器)(위정12)'[13] 또한 상구교육에 있어 품위 수준을 질적으로 높여야 한다는 것이다. 이러한 공자의 상위교육은 겹제자에 의해 또 그의 제자에 의해 이루어지고 있다. 셋째, 소크라테스의 사례는 대화편 ≪향연≫의 에피소드에 나타나는데, '지혜가 물처럼 덜 가진 사람에게 흘러들어간다는 통념'의 오류를 지적한 것으로 이의 해결방식이 바로 산파의 개념이다. 지혜나 지식의 전달은 외부의 강요나 주입이 아니라, 그것은 깊은 심연에서 사람들이 본성에서 이미 알고 있는 것을 '회상(recollection)'하는 것이다. ≪메논≫에서는 강요가 아닌 산파술을 통해 메논의 사고를 유도하고 자신에 대한 답에 대해 메논의 공감을 확인하면서 '무지에 대한 자각 '을 통해 자신의 한계와 상구교육의 열망을 불러일으킨다. ≪변명≫과 ≪프로타고라스≫에서는 특정 주제에 관해 교육적 교섭과 관계 맺음을 통해 선진과 후진을 결정하는 교육의 내재율이 있다. 넷째, 예수의 '죄 없는 자 돌로 치라', '눈 속의 티와 눈 속의 대들보', '천국과 어린아이' 등에는 자리와 이타의 내재율은 나타나 있다. '사람을 낚는 어부'에서는 예수의 12제자에 대한 메타교육이 나타나 있는데, 그는 제자와 동행하며 하화에 대한 하화를 하였다. 다섯째, 퇴계의 『언행록』에서는 상구의 상구가 나타나 있으며, 『성학십도』를 통해 품위수준에 맞는 교육적 소재의 필요성을 알 수 있다. 율곡의 『격몽요결』에는 상구하는 자세와 더불어 상구의 하화가 잘 나타나 있다.

석가의 사례는 교육적 시숙을 보여 준다.[14] 또한 교육의 내재율 가운데 시의적절한 원조(援助)와 자조(自助)의 실천을 통해 스승과 제자의 하화와 상구라는 협동교육, 그리고 상향적 점진화와 하향적 점진화 등이 잘 나타나 있다. 공자의 사례에서도 순차와 역차의 단계적 배열, 교육적 진화와 선진에 대한 존현(尊賢)과 상구의 태도 [上求態]를 갖추는 것, 그리고 상구교육의 목표인 청출어람 등이 나타나 있다. 소크라테스의 사례에서는 강요나 주입에 의한 지식전달이 아닌 하화자의 산파적 질문으로 무지에 대한 자각을 통해 동기를 유발하는 타증(他證), 주제에 따르는 품위 수준의 질적 차이를 교육을 통해 확인하는 교육적 인식과 그로 인한 교류교육(交流教育)[15]의 가능성 등이 나타나 있다. 우리나라의 선현인 퇴계와 율곡의 저서 가운데에서도 상위교육의 사례가 잘 나타나 있음을 확인할 수 있다. 이처럼 4대 스승의 사례는 교육의 내재율을 지키면서도 교육을 하면 할수록 잘하는 역량을 길러주는 상위교육을 실천하였음을 보여준다.

위의 사례들에 잘 나타나 있듯이, 교육의 내재율이 잘 지켜지는 상위교육은 교육공동체의 발전이나 개인의 교육적 진화를 이루어간다. 학생들이 소그룹 교육공동체를 구성하여 교육활동을 통해 교육목적과 교육목표를 달성하기 위해서는 먼저 교육의 내재율과 합의된 규칙을 잘 지켜야 한다. 그리고 그 활동 과정에서 순간순간 변화하는 맥락과 상황에 적절히 대처하면서 교육의 문제점을 발견하고 개선해가는 활동을 해야 한다. 이를 위해서는 상위교육을 교육하는 프로그램을 통해 교육역량을 길러야 한다.

상위교육은 교육에 의한 교육역량을 강화하는 교육이다. 이것은 교육의 고유한 원리가 교육활동에서 잘 지켜져 교육의 가치가 발현되는 교육이다. 이러한 상위교육이 교육활동에서 잘 이루어지려면 어떠한 것이 필요한가? 상위교육을 교육하는 교육프로그램이 당연히 있어야 한다. 그렇다면 어떻게 상위교육 프로그램을 마련해야 하는가? 이는 학문적 탐구와 더불어 교육을 실천하는 과정에서 역시 검증되고 점유되어야하기 때문에 먼저 프로그램을 마련하고 실행하고 송환하면서 개선해가야 할 것이다. 그리고 교육에서 상위교육이 엄연히 실체적으로 존재하고 있는데 교육가들은 왜 인지하지 못하는가? 아니면 인식하고도 실천하지 않는 것인가? 이 의문에 답하기에 앞서 우리는 교육에 대한 관점 즉, 교육관의 수준을 제고하기 위한 방편으로 교육에 대한 재개념화, 그리고 교육이 결과적 목표의 성취만이 아닌 하면 할수록 잘하는 교육의 실천 과정이라는 데에 일차적으로 합의해야 한다. 이와 더불어, 우리는 교육에 대한 인식의 전환을 왜 해야 하는가? 교육주체의 실천 과정에서 후진의 교육역량을 제고하고, 그들 자신이 교육하는 과정을 통하여 교육적 존재로서 자각을 하게끔 하며, 교육에 적극적으로 참여하는 '교육하는 인간'으로 항상 위치할 수 있도록 할 필요가 있기 때문이다. 교육에서 소외되지 않고 언제 어디서나 교육이 필요한 경우에는 언제든지 교육적 교섭을 벌이고 교육적 관계 맺음을 통하여 자신의 교육적 이상을 실현할뿐더러 세속계를 살아가는 개인으로서도 자신의 삶의 양상과 삶의 질을 바꿀 수 있어야 한다. 이러한 문제들에 대해서 다음 장에서 핵심역량의 의미와 상위교육의 핵심역량을 주제로 다루기로 한다.

제3장

상위교육의 핵심역량은 무엇인가?

우리는 하면 할수록 교육을 잘하는 역량을 길러야 한다. 교육을 받는 인간은 교육을 하면 할수록 어려움에 처한다고 한다. 교육의 소재 또는 교육내용이 나선형을 이루면서 구조화되고 위계를 이루고 있기 때문에 그렇게 느낄 수 있다. 자신의 품위 수준을 높이기 위해 더욱 수준이 높은 스승을 찾아 나서고 교육적 열망을 채우려고 하기 때문일 수도 있다. 교육적 어려움을 극복하기 위해서 우리는 어떠한 노력을 해야 하는가? 교육가는 '하면 할수록 교육을 잘하지 못한다'는 후진의 생각을 외면해서는 안 된다. 교육을 하면 할수록 잘하는 역량을 교육해야 한다.

교육을 하는 인간으로서 갖추어야 할 역량은 무엇인가? 이것은 상위교육의 핵심역량이다. 이것은 교육활동의 과정에서 실제로 활용되는 능력이다. 때에 따라서는 교육적 교섭을 벌이고 특수교육목적을 성취하기 위해 서로에게 필요한 능력을 요구하기도 한다. 하지만 우리는 일반적으로 활용되는 교육역량이 무엇인가에 대해 생각한다. 교육의 핵심역량은 교육을 잘하는 보편적인 능력이다. 교육은 다양한 상황과 맥락이 순간순간 작동하기 때문에 이에 대응하는 상위교육의 핵심능력이 교육의 과정과 교육목표 달성에 중요한 변인이 된다.

그렇다면 우리는 어떻게 이러한 교육역량을 강화하고 교육주체가 열망하는 교육목표를 달성할 것인가? 그것을 위해서는 상위교육의 핵심역량을 먼저 이론화해야 한다. 메타교육의 5UP의 핵심역량과 다양한 이론적 배경을 토대로 교육활동 과정에서 활용 가능한 역량을 상위교육의 핵심역량을 추출하고, 그 하위요인과 세부역량을 상정하여 실천 가능성을 논의하고자 한다.

상위교육의 여섯 가지 핵심역량은 기초학업능력, 교육원리 수행력, 교육혁신능력, 교육양태 적응력, 미래성장 문해력, 교육활동 운용능력이다. 이들은 각각 뿌리, 줄기, 열매를 의미하는 역량들이다. 이들은 서로를 견인하여 상위교육의 역량으로 묶어세우는 하위요인들이다. 메타교육의 5UP 핵심역량을 토대로 핵심역량기반 교육과정을 분석하고, 이것을 열두 가지의 준거로 상위교육 역량기반 교육과정과 서로 비교하여 상위교육 핵심역량의 하위요인과 세부역량을 구조화한다. 논자는 지금부터 이 책의 각각의 장에서 이들 핵심역량과 세부요인에 대해 개념정리, 사례분석, 대안제시의 형태로 제시한다.

1

역량의 의미

교육에 있어 역량이란 무엇인가? 교육의 결과로서 부가되는 것은 교육의 산출물이지 교육역량은 아니다. 교육역량은 교육주체가 교육을 수행하는 과정(process)에서 교육활동을 지속·강화하는 역동적 에너지이다. 역량(competency)은 주어지거나 목표한 과업을 이룰 수 있는 다차원적인 것이다. 이는 총체적(holistic)인 것으로 인간 특성 가운데 하나의 구조로 가동되는 상태를 강조하는 능력인 수행성, 특정 맥락 속에서 효과적인 기준을 알리는 맥락성, 역량이 지향하는 가치 지향성, 그리고 이 모든 역량이 학습 가능할 수 있다는 학습가능성이다(이근호, 2013). 역량은 학업을 수행하는 개념으로 지적, 인지적, 사회적, 정서적, 심동적 특성 혹은 지식, 기능, 가치, 태도 등과 같은 인지적·비인지적 특성 등의 총체적인 것이다. 학교 교육의 맥락에서 역량의 정의는 수행이 강조되는, 지식, 기능, 가치 및 태도를 포함하는 총체적인 개념이다(백남진, 온정덕, 2016, pp. 38-39). 연구자들은 역량에 관한 다양한 정의를 내린다. 박민정(2009)은 '단순히 지식을 소유하고 있는 상태가 아니라 과제 수행을 위해 자신이 갖고 있는 지식이나 기술, 전략 등을 재조정하고 능동적으로 운용할 수 있는 능력'이라고 한다. 이미미(2014)는 '지식, 기능, 태도를 단순히 축적한 상태 이상의 것으로, 지식, 기능, 태도가 실제 상황에서 통합적으로 발현되어 나타나는 능력'

이라고 하고, Remy(1978)는 '무엇인가를 잘하는 능력이라고 한다. 다음 <표 3-1>은 학교교육의 맥락에서 역량의 정의를 표로 나타낸 것이다.

<표 3-1> 학교 교육의 맥락에서 역량의 정의 (출처: 백남진 외, 2016, p. 39)

연구자	역량의 정의
박민정(2009)	단순히 지식을 소유하고 있는 상태가 아니라 과제 수행을 위해 자신이 갖고 있는 지식이나 기술, 전략 등을 재조정하고 능동적으로 운용할 수 있는 능력
이미미(2014)	지식, 기능, 태도를 단순히 축적한 상태 이상의 것으로, 지식, 기능, 태도가 실제 상황에서 통합적으로 발현되어 나타나는 능력
Remy(1978)	무엇인가를 잘하는 능력이며, 능력은 정도를 함축하고 이는 개인의 과제 수행을 통해서 드러남.
McAshan(1979)	학습자를 위해 설정된 인지, 정의, 심동적 영역의 학습 결과를 의미함. 역량은 목표(ends)로서 여겨질 수 있음.
Haste(2008)	단순한 기능의 조합이 아니라, 문제에 접근하는 방식에 어떤 능력을 요구하는 것임. 역량은 21세기에서 기능하는데 요구되는 인지적·윤리적으로 창의적인 차원과 관련된 것임.
New Zealand Educational Institute and Flockton(2009)	통합적이고, 총체적이고, 복합적인 것으로, 과업의 요구에 부합하는 지식, 기능, 태도 및 가치를 포함함. 역량은 수행에 기반한 것이며 특정 맥락에서 개인의 행동, 활동, 선택으로 나오는 것임.
Alberta Education(2011)	성공적인 학습과 삶을 위해 특정한 맥락에 적용되는 상호 연결된 지식, 기능, 태도
OECD(2013a)	지식과 기능의 이상의 것으로서, 주어진 상황에서 인지적, 비인지적 자원을 동원하는 능력

한편, '핵심역량(key competency)'은 보편적인 공동체의 능력이다. 이것은 삶을 살아가는데 필요한 능력들을 학습하고, 일하고, 공헌하는데 필요한 능력이다. 즉, 이는 교육과정이 추구하는 인간상을 구현하기 위해 교과교육을 포함한 학교 교육 전 과정을 통해 중점적으로 기르고자 하는 것이다(교육부 2015a). 다음 <표 2-2>에서 제시된 바와 같이 핵심역량은 주로 사회적 상호작용과 개인의 내적인 능력으로 이루어져 있다.

<표 2-2> OECD DeSeCo 프로젝트에서 핵심역량(출처: 윤현진 외, 2007, p. 3)

범주	선정 이유	핵심역량
1. 도구를 상호작용적으로 활용하는 능력	· 새로운 기술을 가져야 할 필요성 · 도구를 자신의 목적에 맞게 선택할 필요성 · 세계와 적극적으로 대화할 필요성	1-1 언어, 상징, 텍스트를 상호작용하도록 활용하는 능력 1-2 지식과 정보를 상호작용하도록 하는 능력 1-3 기술을 상호작용하도록 사용하는 능력
2. 사회적 이질집단에서 상호작용하기	· 다원화 사회에서 다양성을 다룰 필요성 · 공감의 중요성 · 사회적 자본의 중요성	2-1 다른 사람들과의 관계를 잘하는 능력 2-1 협동하는 능력 2-3 갈등을 관리하고 해결하는 능력
3. 자율적으로 행동하기	· 복잡한 세계에서 자신의 정체성과 목표를 실현할 필요성 · 권리를 행사하고 책임을 다할 필요성 · 자신의 환경과 그 기능을 이해할 필요성	3-1 넓은 시각(big picture)에서 행동하는 능력 3-2 인생의 계획과 개인과제를 설정하고 실행하는 능력 3-3 자신의 권리, 관심, 한계, 욕구를 옹호하고 주장하는 능력

<표 3-3> 핵심역량의 범주(출처: 한국교육과정 연구원, 연구보고 RRE 2016-10).

연구진 /프로젝트	범주	핵심역량
OECD DeSeCo (OECD, 2005, pp. 10-15)	도구를 상호작용하기	· **언어, 상징, 텍스트를 상호 활용하는 능력** · **지식과 정보를 상호 활용하는 능력** · 기술을 상호적으로 사용하는 능력
	사회적 이질집단에서 소통하기	· **다른 사람들과의 관계를 잘하는 능력** · **협동하는 능력** · **갈등을 관리하고 해결하는 능력**
	자율적으로 행동하기	· 넓은 시각에서 행동하는 능력 · 인생의 계획과 개인적인 과제를 설정하고 실행하는 능력 · 자신의 권리 · 관심 · 한계 · 욕구를 주장하는 능력
ATC21S (Binkley et al, 2012, p. 3)	**사고방식**	· 창의성과 혁신 · 비판적 사고력 · 문제해결력 · 의사결정력 · 메타인지
	작업방식	· 의사소통 · 협업(팀워크)
	작업수단	· 정보문식성 · ICT 문식성
	세상에서 사는 법	· 지역 및 세계 시민성 · 삶과 진로 · 개인적 사회적 책임감-문화적 인식 및 역량

연구진/프로젝트	범주	핵심역량
이광우 외 (2009, p. 126)	**개인적 역량**	· 자기관리능력 · 기초학습능력 · 진로개발능력
	사회적 역량	· **의사소통능력** · 시민의식 · 국제사회문화이해 · **대인관계능력**
	학습 역량	· 창의력 · 문제해결능력 · 정보처리능력
이근호 외 (2012, p. 79)	**인성 역량**	· 도덕적 역량 · 자아정체성 · 자기인식 · 자존감 · 개방성 · 이해심 · 배려와 윤리
	지적 역량	· 창의적 사고능력 · 학습역량
	사회적 역량	· 사회생활능력: 공동체에서 개인의 삶과 관련된 역량 · 직무수행능력: 인적자본으로서 직업생활에 필요한 역량
Soland et al (2013;이상하 외, 2014, p. 18에서 재인용)	**인지 역량**	· 학문적 역량 · 비판적 사고력 · 창의성
	개인 간 역량	· 의사소통 및 협업 · 리더십 · 글로벌 의식(global awareness)
	개인 내 역량	**· 성공 마인드(growth mindset)** **· 학습하는 방법의 학습** **· 내적 동기** · 근성

ATC21S가 제안하는 핵심역량은 사고방식(Way of Thinking), 작업 방식(Way of Working), 작업 수단(Tool for Working), 사회성(Way of Living in the World)이다. 사고방식의 하위역량은 창의력과 혁신, 비판적 사고력, 문제해결력, 의사결정, 학습하는 방법의 학습, 메타인지, 자기주도학습 능력이다. 작업방식의 하위역량은 의사소통력과 협동력이다. 작업수단의 하위역량은 정보분석력, ICT 문해력이다. 사회성의 하위역량은 시민의식(지역/글로벌), 인생 및 진로 개척 능력, 개인적 · 사회적 책임의식이다.[16] 이들 하위역량은 교육하는 과정에서 하면 할수록 잘하는 교육을 위해 모두 필요하고 활용되는 역량이다.

위의 <표 3-3> 핵심역량의 범주에서 제시하는 역량과 교육의 역량은 다음과 같이 수렴된다. 첫째, 각 연구진과 프로젝트의 핵심역량의 범주는 개인적 역량과 사회적 역량으로 나뉘어져 있다. 개인적 역량은 개인 내적 역량으로서 학업적 역량으로 수렴된다. 그 가운데 자기주도적 학습능력, 개인의 과제를 실행하는 능력, 문제해결력, 비판적 사고력, 창의성, 기초학습능력, 정보처리능력, 학문적 역량, 메타인지, 학습하는 방법의 학습, 세상에서 사는 법, 인성 역량, 지적 역량 등은 교육활동과 직접적으로 관계하는 역량이다. 또한 사회적 역량가운데 개인 간 역량으로 도구를 상호적으로 활용하기, 의사소통 및 협업 능력, 사회적 이질집단에서 소통하기, 대인관계 능력, 사회생활 능력, 직무수행 능력 등은 교육활동에서 필요하고 활용되는 능력이다. 둘째, 위의 표에서 제시된 각각의 역량은 교육의 결과로 나타나는 핵심역량이지만, 표에서 고딕과 밑줄로 표시한 항목은 '교육하는 과정에서 요구되고 활용되는 능력'이다. 즉, 그것들은 '교육을 수행하는 과정에서 실천되어야 할 핵심역량'이다.

2015 개정 교육과정은 미래사회에 적응하는 능력을 기르기 위해 6가지 핵심역량을 제시하고 있다. 물론 교육은 개인의 진로를 개발하고 미래사회의 적응능력을 길러서 직업을 얻고 자아실현을 하는데 도움을 주어야 한다. 그렇지만 미래사회 역량을 기르기 위해서는 교육하는 과정에서 그러한 역량이 실제로 활용되고 실천되어야만 한다. 미래사회에 적응하는 핵심능력을 6가지로 제시하고 각 교과 영역에서 그러한 능력 가운데 어떠한 능력은 특정 교과에서 기를 수 있다고 가정하고, 그것을 각 교과의 핵심역량으로 제시하고 있다. 이것은 교육행정가 또는 교육정책입안가의 발상이지 교육실천가 또는 교육학자의 발상이 아니다. 교육은 경험을 재구성하는 과정이다. 과정 없이 결과만 있는가? 듀이는 일찍이 활쏘기의 비유와 가시적 목표의 개념을 통해 과정에서 하나 둘씩 목표를 이루어가는 과정으로서의 교육을 개념화하였다. 그는 '교육적 과정의 결과는 그 이상 더 교육을 받을 능력을 가지게 되는 데에 있다'고 하였다. 결과주의적인 핵심역량의 강화를 강조하는 교육은 '교육이 과정이다'는 명제와 모순된다. 또한 과정 없이 결과가 산출되고 행동의 누적으로만 새로운 질적 변이가 일어난다는 것이 전혀 모순이 아니게 된다. 다음 두 소절에서는 결과 중심의 기존의 '핵심역량기반 교육과정'을 논자가 개념화한 '상위교육 역량기반 교육과정'과 비교하고 '하면 할수록 잘하는 교육의 핵심역량'을 제시한다.

2

핵심역량 기반 교육과정

핵심역량기반 교육과정

교육과정은 교육주체의 요구와 욕구를 모두 반영하는 것이 옳다. 하지만, 교육과정은 통시적이고 공시적인 교육의 본질과 가치가 그 토대가 되어야 한다. 핵심역량 기반 교육과정(competency based curriculum)의 목적은 '교육받은 사람(educated person)'의 미래사회 적응 능력을 기르는 것이다. '교육하는 사람(educating person)'의 교육과정은 교육하는 과정에서 역량을 키워서 하면 할수록 교육을 더 잘하게 하는 역량을 기르는 것이다.

2015 개정 교육과정 총론에서 제시한 핵심역량은 자기관리 역량, 지식정보처리 역량, 창의적 사고 역량, 심미적 감성 역량, 의사소통 역량, 공동체 역량이다(한국교육과정 연구원, 연구보고 RRE 2016-10, p. 4). 이는 자기관리 역량의 기초학습능력 및 자기주도 학습능력, 지식처리 역량의 문제해결 능력, 창의적 사고 역량의 과제 집착력 및 융합적 사고, 심미적 감성 역량의 공감 및 타인 존중, 의사소통 능력의 언어 표현 및 타인의 이해 능력, 공동체 역량의 협동과 협업 능력 및 나눔과 배려 등이다. 하지만, 이것들은 특정 교과에 의해서만 핵심적으로 길러지는 역량이라고 말 할 수 없다. 가드너(Gardner, H., 1983)의 다

중지능이론(multiple intelligence theory)[17]에 의하면, 상이한 8가지 요인들이 서로 유기적인 작용한다. 특정교과에서 특정 역량의 하위요소들이 독립적으로 또는 우선적으로 길러진다고 주장하는 것은 맞지가 않다. 예를 들면, 음악교과의 수업에서 가드너의 8가지 요인들을 함양하는 교육과정 구성, 수업 모형, 과정중심평가를 설계하여 실시할 수 있다. 특정 교육과정을 운영하는데 있어 그 결과로 산출될 것이라고 기대되는 핵심역량의 요소들을 정하여 그것을 위해 교과 교육을 실시한다고 하더라고 그것이 학습자 개인의 교육의 목적일 수는 없다. 아이들마다 미래 사회에서 자신이 바라는 비전이 다를 수 있으므로 특정 교과를 똑같이 받더라도 그 교과를 통해 자신이 이루고자 하는 것이 다를 수 있다(류영룡, 2020). 학교교육의 목표 또는 교육과정 상의 교육목적에 따라 교육과정이 이루어진다면, 아이들은 자신의 비전에 도움이 되는 핵심역량을 어떻게 기를 수 있을 것인가? 교사는 교육과정 문해력을 길러서 아이들의 수준과 진로비전에 알맞은 역량들을 교과 교육 내용과 함께 재구성해야 한다. 학습자의 진로비전에 적합한 역량을 기르기 위해서는 어떻게 교육과정을 재구성할 것인가? 2015 개정 교육과정에서 제시하는 교육과정의 핵심역량은 6가지로 그것의 의미와 하위요소는 다음과 같다. 이는 자기관리 역량, 지식정보처리 역량, 창의적 사고 역량, 심리적 감성 역량, 의사소통 역량, 공동체 역량이다.

<표 3-4> 2015 개정 교육과정 핵심역량의 의미와 하위 요소(출처: 온정덕 외, 2015)

역량	의미	하위요소
자기관리 역량	자신의 삶, 학습, 건강, 진로에 필요한 기초적 능력 및 자질을 지속적으로 계발·관리하고, 변화하는 사회에 유연하게 적응하며 살아갈 수 있게 하는 능력	자아정체성의 확립, 자신감의 획득, 자기통제 및 절제, 기본 생활 습관 형성, 자신의 감정 조절, 건강관리, 기초학습능력 및 자기주도 학습능력, 진로 개발 능력, 합리적 경제생활, 여가 선용 등
지식정보 처리 역량	학습과 삶 등에서 직면하게 되는 문제를 해결하게 위하여 다양한 정보와 자료를 수집·분석·평가·선택하고, 적절한 매체를 활용하여 지식과 정보와 자료를 효과적으로 처리함으로써 합리적으로 문제를 해결할 수 있는 능력	논리적, 비판적 사고를 통한 문제 인식, 지식 정보의 수집·분석·활용 등을 통한 문제 해결 방안의 탐색, 해결 방안의 실행 및 평가, 매체 활용 능력
창의적	다양한 영역에 대한 폭넓은 기초 지식과 자	창의적 사고의 기능으로 유창성, 융통성, 독

역량	의미	하위요소
사고 역량	신의 전문 영역에 대한 깊이 있는 지식을 바탕으로 새롭고 독창적인 아이디어를 산출해내고, 다양한 분야의 지식·기술·경험을 융합적으로 활용할 수 있는 능력	창성, 정교성, 유추성 등이 하위 요소로 포함됨. 정의적 측면에서 창의적 성향으로서의 민감성, 개방성, 독립성, 과제집착력, 자발성 등이 포함됨. 서로 다른 지식과 기술을 융합하여 의미 있고 새로운 것을 산출하는 사고 능력으로서의 융합적 사고도 하위 요소로 포함됨.
심미적 감성 역량	다양한 가치에 대한 개방적 태도와 반성적 성찰을 통해서 자신과 타인과 사회 현상들을 공감적으로 이해하고, 문화적 소양과 감수성을 통해 삶의 의미와 사물들의 아름다움과 가치를 발견하고 향유하며, 질 높은 삶과 행복을 누릴 수 있는 능력	문화적 소양과 감수성, 문화적 상상력, 타인의 경험 및 인간에 대한 공감 능력, 다양한 가치에 대한 존중, 정서적 안정감, 의미 있고, 행복한 삶의 추구와 향유
의사소통 역량	다양한 상황에 적합한 언어, 상징, 텍스트, 매체를 활용하여 자신의 생각과 감정을 효과적으로 표현하는 능력, 타인의 말과 글에 나타난 생각과 감정을 올바르게 이해하는 능력, 다른 사람의 의견을 경청하고 존중하며 갈등을 효과적으로 조정하는 능력	언어 및 비언어적 표현능력(말하기, 듣기/경청, 쓰기, 읽기, 텍스트 이해 등), 타인의 이해 및 존중하는 능력, 갈등 조정 능력
공동체 역량	지역·국가·지구촌의 구성원으로서 요구되는 가치와 태도를 수용하고 실천하는 능력, 지역적·국가적·세계적 차원의 다양한 문제 해결에 책임감을 가지고 적극적으로 참여하는 능력, 다양한 사람들과 원만한 관계를 가지고 협업하고 상호작용하는 능력, 다른 사람들을 배려하며 함께 살아갈 수 있는 능력	시민의식, 준법정신, 질서의식, 공정성과 정의감, 참여와 책임의식, 협동과 협업능력, 나눔과 배려 등

<표 3-5> 2015 개정 교육과정의 교과역량(한국교육과정 연구원, 연구보고 RRE 2016-10, p. 5)

<table>
<tr><th>교과</th><th colspan="2">교과역량</th></tr>
<tr><td>국어</td><td colspan="2">비판적·창의적 사고 역량, 자료·정보활용 역량, 의사소통 역량, 공동체·대인 관계 역량, 문화향유 역량, 자기성찰·계발 역량</td></tr>
<tr><td rowspan="2">사회</td><td>사회</td><td>창의적 사고력, 비판적 사고력, 문제 해결력 및 의사 결정력, 의사소통 및 협업 능력, 정보 활용 능력</td></tr>
<tr><td>역사</td><td>역사사실 이해, 역사자료 분석과 해석, 역사 정보 활용 및 의사소통 능력, 역사적 판단력과 문제해결 능력, 정체성과 상호 존중</td></tr>
<tr><td>도덕</td><td colspan="2">자기 존중 및 관리 능력, 도덕적 사고 능력, 도덕적 대인관계 능력, 도덕적 정서 능력,</td></tr>
</table>

<table>
<tr><th>교과</th><th colspan="3">교과역량</th></tr>
<tr><td></td><td colspan="3">도덕적 공동체 의식, 윤리적 성찰 및 실천 성향</td></tr>
<tr><td>수학</td><td colspan="3">문제해결, 추론, 창의·융합, 의사소통, 정보 처리, 태도 및 실천</td></tr>
<tr><td>과학</td><td colspan="3">과학적 사고력, 과학적 탐구 능력, 과학적 문제 해결력, 과학적 의사소통 능력, 과학적 참여와 평생 학습 능력</td></tr>
<tr><td rowspan="3">실과
(기술·가정/
정보)</td><td rowspan="2">기술·가정</td><td>가정생활 영역</td><td>실천적 문제해결 능력, 생활자립 능력, 관계형성 능력</td></tr>
<tr><td>기술의 세계 영역</td><td>기술적 문제해결 능력, 기술시스템 설계 능력, 기술 활용 능력</td></tr>
<tr><td>정보</td><td colspan="2">정보문화소양, 컴퓨팅 사고력, 협력적 문제해결</td></tr>
<tr><td>체육</td><td colspan="3">건강관리 역량, 신체수련 능력, 경기수행 능력, 신체표현 능력</td></tr>
<tr><td>음악</td><td colspan="3">음악적 감수성, 음악적 창의·융합 사고 역량, 음악적 소통 역량, 문화적 공동체 역량, 음악정보처리 역량, 자기관리 역량</td></tr>
<tr><td>미술</td><td colspan="3">미적 감수성, 시각적 소통 능력, 창의·융합 능력, 미술 문화 이해 능력, 자기 주도적 미술학습 능력</td></tr>
<tr><td>영어</td><td colspan="3">영어 의사소통 역량, 자기관리 역량, 공동체 역량, 지식정보처리 역량</td></tr>
</table>

*중학교 교육과정 편제를 중심으로 정리함.

이와 같이 특정 교육과정에 따라 핵심역량이 선정되어 교육과정의 지침이 된다. 공표되어 시행되는 교육과정은 시대적이고 역사문화적인 요구를 반영한다. 그렇지만, 주어진 교육과정을 수용하면서도 학습자의 진로비전에 적합한 요구에 따라 교육과정을 재구성할 필요가 있다. 교육내용에 맞는 교수-학습 모형을 개발해야 한다. 그리고 과정중심평가를 도입해야 한다. 이를 위해서는 교사의 교육과정 문해력을 갖추어야 한다. 즉, 교사는 교수과정 설계 문해력, 수업 문해력, 평가 문해력을 갖추고 삼위일체화를 실현하는 교육과정을 운영해야 한다. 다음은 수학과 교과를 예를 들어 그 실천 방안을 살펴본 것이다.

핵심역량기반 교육과정의 실천 방안

핵심역량 교육과정의 의미와 그에 따른 세부역량 및 실천방안을 어떻게 마련할 수 있는가? 이에 대한 해답을 마련하기 위해 수학과 교과 역량의 의미를 분석하고, 이를 토대로 수학과 교과의 하위요소와 수학과 교과의 세부역량을 도출한다. 수학과 교과의 역량은 문제해결, 추론, 창의・융합, 의사소통, 태도 및 실천이다. 이들의 구체적인 의미는 각각 다음 <표 3-6>>과 같다.

<표 3-6> 수학과 교과 역량의 의미(김인숙, 2019)

교과 역량	의미
문제해결	해결 방법을 알고 있지 않은 상황에서 수학의 지식과 기능을 활용하여 해결 전략을 탐색하고 최적의 해결 방안을 선택하여 주어진 문제를 해결하는 능력
추론	수학적 사실을 추측하고 논리적으로 분석하고 정당화하며 그 과정을 반성하는 능력
창의・융합	수학의 지식과 기능을 토대로 새롭고 의미 있는 아이디어를 다양하고 풍부하게 산출하고 정교화하며, 여러 수학적 지식, 기능, 경험을 연결하거나 수학과 타 교과의 실생활의 지식, 기능, 경험을 연결・융합하여 새로운 지식, 기능, 경험을 생성하고 문제를 해결하는 능력
의사소통	수학적 지식이나 아이디어, 수학적 활동의 결과, 문제 해결 과정을 신념과 태도 등을 말이나 글, 그림, 기호로 표현하고 다른 사람의 아이디어를 이해하는 능력
태도 및 실천	다양한 자료와 정보를 수집・정리・분석활용하고 적절한 공학적 도구나 교구를 선택・이용하여 자료와 정보를 효과적으로 처리하는 능력

<표 3-7> 수학과 교과 역량의 하위요소

교과역량	하위요소
문제해결	문제해결의 이해 및 전략 탐색, 계획 실행 및 반성, 협력적 문제해결, 실생활 문제 상황을 수학적으로 분석하고 상황에 맞게 해석하는 수학적 모델링, 문제의 변형과 새 문제 만들기
추론	관찰과 추측, 논리적 절차 수행, 수학적 개념, 원리, 법칙을 분석, 수학적 사실을 증거에 의해 정당화, 추론 과정의 비판적 분석과 반성
창의・융합	문제 상황에서 새로운 아이디어, 해결전략, 해결방법을 찾아내거나 새로운 관점에서 문제를 제기하는 독창성, 유창성, 융통성, 정교성, 수학적 내적 연결성, 수학적 외적 연결성
의사소통	수학적 표현의 이해, 수학적 표현의 개발 및 변환, 자신의 생각 표현, 타인의 생각의 이해
정보처리	자료의 정보와 수집, 자료의 정보 및 분석, 정보의 해석 및 활용, 공학적 도구 및 교구 활용
태도 및 실천	가치인식, 자주적 학습 태도, 난관 극복을 위한 용기 있는 태도, 타인을 존중하며 배려하고 협력적 태도, 합리적 의사결정 태도 등의 시민 의식

<표 3-7>에서 제시한 하위요소는 수학교육의 결과로 얻게 되는 수학교과의 핵심역량을 얻는데 요구되는 학습자의 능력이다. 이들 역량들은 문제해결을 위

한 능력으로 수렴된다. 의사소통 역량에서 글, 그림, 기호로 표현하고 다른 사람의 아이디어를 이해하는 능력이 추가되었다. 또한 태도 및 실천 역량에서 다양한 자료와 정보를 수집・정리・분석하여 활용하고 적절한 공학적 도구나 교구를 선택・이용하여 자료와 정보를 효과적으로 처리하는 능력을 포함하였다. 이는 수학과 교과의 역량에 디지털 리터러시, ICT 문해력, 교육과정 문해력이 새롭게 요구됨을 의미한다.

교사의 교육과정 문해력은 어떻게 형상시킬 수 있는가? 과정중심평가를 성공적으로 실천하기 위해서는 교사의 교육과정 문해력을 향상시켜야 한다. 이를 위해서는 교사의 교육과정 문해력 교육을 위한 현장연수 및 교사 교육이 실시되어야 한다. 교사의 교육과정 문해력은 교육과정 설계 문해력, 수업 문해력, 평가 문해력으로 나눌 수 있다. 교육과정 문해력은 국가, 지역, 학교교육과정에 대한 해석, 국가, 지역, 학교교육과정을 반영한 재구성 방향 설정, 성취기준 분석 및 재배치, 교육과정-수업-평가 연계 조망을 요소로 한다. 수업 문해력은 성취기준과 수업 관계 이해, 성취기준 도달을 위한 수업 내용 선정 및 조직, 평가와 연계한 수업을 위한 수행과제 선정, 피드백을 위한 수업 내용 선정 및 조직을 요소로 한다. 평가 문해력은 성취기준에 대한 성취수준 확인을 위한 평가요소 선정, 평가방법 및 평가도구, 평가시기 선정, 평가 기준안 수립을 요소로 한다.

<표 3-8>은 수학교과 역량인 문제해결, 추론, 창의・융합, 의사소통, 정보 처리, 태도 및 실천에 따라 수학교육 활동 과정에서 역량강화를 목적으로 수행되어야 할 세부능력을 재구성하였다. 문제해결(problem solving)은 사고력(thinking)이다. 특히, 협력적 문제해결이 중요한데, 수학교과에서는 추론 능력, 추론 방법(연역적 추론, 귀납적 추론), 발견술 등이 필요하다. 창의・융합은 수학교과에서 배운 내용을 실생활 관련문제에 적용하여 해결하거나 수학적 지식의 유용성 찾기 및 개선하기, 새로운 것 발견하기, 의미 있게 재구성하기 등의 새로운 지식을 생산하는 것이다. 이때 창의력은 전문적 지식에 의한 기능적 자동화(functional autonomy)에 의한 문제해결력을 얻게 된 이후에 새로운 문제에 직면하여 기존의 지식을 융합하여 해결하는 것을 의미한다. 즉, 창의력과 융합능력

은 서로 조응하는 개념이다. 수학교육에서 의사소통은 교육어 및 수학교육어를 이해하고 활용하기, 수학적 언어수준을 서로 향상하기, 시각적 사고를 이용한 개념노트 작성하고 공유하기, 서로 아는 것 설명하기, 모르는 것 말하기 등을 통하여 수학교육활동에서 참여자의 상호주관성을 높이는 것이다. 수학에서 정보 처리의 세부능력은 컴퓨터적 사고, SW교육역량, ICT문해력, 정보처리 과정의 이해 및 적용, 시각적 사고력, 디자인 싱킹의 적용 등이다. 태도는 수학교과태도, 수학교사 태도, 학교 태도, 수학학습 태도로서 수학학습에 대한 태도의 형성 및 변화가 필요하다. 수학학습에서 실천은 개인별 학습전략, 공동체 학습전략의 마련 및 실제적인 수행이다. 여기에는 수학적 쓰기, 일지쓰기, 오답노트 작성, 비전학습에 의한 5단계 학업수준의 향상이 해당한다.

<표 3-8> 2015 개정 교육과정의 수학교과역량의 세부역량

수학교과 핵심역량	세부역량
문제해결	problem solving=thinking, 유네스코의 협력적 문제해결, 발견술, 문제의 재정의, 문제의 의미 및 유형 분석, 문제의 풀이법, 알고리즘의 숙달, 숙달 학습자 및 수행 학습자, 특수적이고 구조화된 영역인 수학에서의 사고력 향상
추론	발견술, 추론하는 방법, 연역적 추론, 귀납적 추론, 구성적 관점 채택하여 발견과 귀납적 추론의 발견학습, 전달적 관점을 채택하여 설명과 연역적 추론 과정을 거치는 유의미 언어학습
창의 · 융합	교과 내용의 실생활 관련문제 해결, 유용성 찾기 및 개선하기, 새로운 것 발견하기, 의미 있게 재구성하기, 창의력의 정의, 전문적 지식에 의한 기능적 자동화(functional autonomy)의 문제해결력 이후에 얻게 되는 새로운 문제해결력
의사소통	의사소통, 교육어 이해하고 활용하기, 수학적 언어수준의 향상, 시각적 사고 이용한 개념노트 작성하고 공유하기, 서로 아는 것 설명하기, 모르는 것 말하기, 정보 처리, 컴퓨터적 사고, SW교육역량, ICT문해력, 정보처리 과정의 이해 및 적용, 시각적 사고, 디자인 싱킹,
태도	학습태도, 교과태도, 교사태도, 학교태도, 태도형성, 태도변화
실천	학습전략, 개인별 전략, 공동체 전략, 실천 방안 및 방법, 수학적 쓰기, 일지쓰기, 오답노트 작성, 비전학습

상위수학교육은 '수학(X)의 교육'이 다시 교육자체의 소재가 되는 특수상위교육이다. 따라서 이것은 '수학을 소재로 하여 가르치는 수학교육'을 다시 교육의 소재로 하여 교육하는 것이므로 수학교육을 하면 할수록 수학교육을 더

잘하게 하는 교육이다. 이의 결과로 수학(X)를 더 잘하게 된다는 것은 자명해야 할 것이다. 메타수학교육의 5가지 핵심역량의 범주와 하위요소는 다음 <표 3-9>와 같다.

<표 3-9> 메타수학교육 5UP핵심역량의 차원에 따른 범주와 하위요소(류영룡, 2020)

메타수학교육 5UP핵심역량	공동체 차원 / 개인적 차원	각 하위요소
수학교육어 활용 능력	수학 교육어	개념전달, 이야기 사고, 에피소드 체험, 구성적 활동, 재발명 절차, 아이디어 발견, 반성적 사고, 패러다임 분류, 수준 진단, 사고 탐색, 형식적 재발견
	수학적 언어	구체적 언어, 관계적 언어, 관습적 언어, 함수적 언어
수학교육 원리 실천	수학교육 원리 공유	상호교수, 사고의 언어화, 시각적 사고, 형식적 재발명, 기능적 자율화(functional autonomy), 존경의 원리
	실천적 원리	순차적 원리, 상향적 점진화, 관대의 원리, 하강, 간접전달
수학교육 혁신능력	수학교육 개선	과정의 성찰, 개선 매뉴얼, 과정의 개선, 과정의 평가, 역동적 상호작용, 협력적 문제해결, 팀별 협동교육, 상호교수
	사적 지식의 공유	체험 과정의 공유, 문제해결의 절차와 방법, 재발명 및 형식적 언어화, 상징적 표상, 인격적 지식과 암묵적 지식의 도제교육
수학교육 양태에 적응	개인 간 양태	협동교육 지침의 교육, 하화의 하화, 하화의 상구
	개인 내 양태	독행상구(獨行上求) 능력, 상구의 상구, 상구의 하화
수학교육공동체 조직과 운영	메타교육 프로그램	교육활동 지침의 교육, 활동매뉴얼의 숙지
	개인적 맞춤전략	메타교육 전략 검사, 개인적 활동전략 마련

지금까지 핵심역량기반 교육과정의 실천방안을 수학과 교과 역량제고 전략과 상위교육 역량제고 전략에 비추어 살펴보았다. 수학과 교과의 역량은 문제해결, 추론, 창의융합, 의사소통, 태도 및 실천이다. 이들 하위역량의 의미에 비추어 수학과 교과 역량의 하위요소들과 2015 개정 교육과정의 수학과 교과역량의 세부역량을 표로 구조화하여 제시하였다. 그리고 메타수학교육의 5UP 핵심역량의 실천가능성을 공동체 차원과 개인적 차원으로 나누어 그 실천 가능성을 제시하였다. 이를 토대로 '교육의 소재(X)'가 다시 교육의 소재가 되는 '상위교육'의 실천 방안에 대하여 논의하였다. 그리고 기존의 핵심역량기반 교

육과정은 결과 중심의 교육과정을 강조하기 때문에, 과정중심의 교육과정이 충분히 이루어질 수 있음을 메타수학교육 및 상위교육의 전략을 예로 들어 강조하였다. 그렇다면 수학과 교과를 넘어 일반적인 교과의 교육에도 일반화하여 적용할 수 있는 '상위교육의 핵심역량'은 무엇인가?

상위교육과정의 실천 방안

핵심역량기반 교육과정의 실천 방안에서 제시한 메타수학교육 5UP핵심역량의 차원에 따른 범주와 하위요소를 토대로 '하면 할수록 잘하는 상위교육의 전략을 제시하면 다음과 같다. 첫째, 의사소통 능력의 극대화를 위해서는 교육어의 수준을 향상시키는 것이다. 의사소통을 위해 교육어 수준을 향상한다는 것은 교육활동에서 맥락에 적절한 언어수준을 구사하는 것을 의미한다. 교육활동에서 교육어는 선순환구조(virtuous circle)를 갖는데, 교육어의 기능적 발현에 의해 학생의 지적 변혁의지의 원리→자발적 참여촉진의 원리→교육활동 지속·강화의 원리→지식의 수준조절의 원리→지식의 내면화의 원리→지적 변혁의지의 원리의 순서로 순기능적 순환을 반복한다(류영룡, 2012).

둘째, 협동교육을 잘 하기 위한 교육공동체의 고유한 원리를 회득하고 실천하는 것이다. 이를테면, 상위교육에서는 교육원리 가운데 먼저 학습자의 상향적 점진화의 원리와 순차의 원리가 잘 지켜져야 한다. 그리고 이론의 원리와 개념을 쉽게 수용하고 점유할 수 있도록 상호교수와 사고의 언어화(think aloud), 이중부호화와 인지도(cognitive map)에 의한 시각적 사고(visual thinking)를 체험하면서 공유하는 원리를 실천해야 한다.

셋째, 교육하는 과정에서 교육혁신 능력을 기르는 것이다. 이를 위해서는 다양한 상황과 맥락에서 교육을 개선하는 것이 가능하도록 활동을 체계화하고 매뉴얼을 작성하여 배움 공동체의 교육활동 과정에서 활용하게 해야 한다. 예를 들어, 문제의 분석 방법, 문제 해결의 실마리 찾기, 알고리즘 찾기, 문제해결의 논리적 전개, 문제에 적합한 답 찾기와 같은 문제해결 절차와 방법에 관한 매뉴얼을 만들어 활용하는 것이다. 또한 아이들이 공부를 하면서 어려운 난관에 부딪혔을 때, 타인이 가진 비법이나 선발달자의 경험, 성공과 실패의 사례를 통해 교육을 개선해가는 매뉴얼도 만들어 제시해야 한다.

넷째, 상위교육의 다양한 양상에 적응하는 것이다. 학습자는 교육의 상황에서 개념의 획득이나 문제해결 과정, 학습자 동료들 간의 상호교수 과정, 그리고 개인 혼자서 교육하는 과정에서 필요한 교육적 맥락에 대한 지침이나 방법 등을 마련해서 실제적인 교육활동에서 활용하게 한다.

다섯째, 교육공동체를 조직하고 운용하는 능력을 체득하는 것이다. 상위교육 전략을 마련하기 위한 각종 검사를 실시하고 적합한 맞춤형 전략을 마련해서 시행착오를 줄이는데 도움을 주어야 한다. 즉, 교육공동체에 최적화한 상위교육 전략과 실천방안을 마련하여 교육해야 한다. 이를 통해 상위교육을 준비하고 시행하는 과정에서 효과가 있도록 송환하고 수정하는데 도움을 주어야 한다. 이를 위해서는 상위교육을 위한 전략검사를 개발하고, 이에 적합한 교육프로그램을 설계해야 한다.

이러한 5가지의 교육의 핵심역량은 '하면 할수록 교육을 잘하는 힘'을 기른다. 학교교육은 교과 교육만을 소재로 가르치지 말고 상위교육을 소재로 교과와 함께 교육해야 한다. 이제는 소재(X)의 교육과 함께 '소재(X)의 교육'이 다시 교육의 소재가 되어야 한다. 교육을 잘하려면 소재(X)만을 교육의 소재로 하여 교육하면 안 된다. 상위교육은 '교과의 지식'과 '교과의 교육'을 함께 교육의 소재로 하여 교육하는 것이다. 교육을 잘하는 교육을 가르치고 배우는 것이 상위교육이다. 이것은 하면 할수록 교과 학업뿐만이 아니라 교육을 더 잘하게 하는 교육이다. 따라서 상위교육의 결과로 교육의 소재인 교과(X)를 더 잘하게 된다는 것은 자명한 것이다. 상위교육에는 교육의 소재로서 교과 교육이 있고, 이외에 교육을 하면 할수록 교육을 잘하는 교육이 함께 포함되어 있기 때문이다. 일반 교과에도 적용될 수 있고, 교육을 할수록 잘하는 보편적인 능력은 무엇인가? 다음 소절에서는 기존의 교육과정과 핵심역량기반 교육과정을 비교하고 그 특성과 문제점을 파악한다. 이러한 문제의 극복방안으로 상위교육의 역량을 개념화하고 상위교육의 핵심역량을 구조화한다.

3

상위교육의 핵심역량

기존 교육과정과 역량기반 교육과정의 비교

2015 세계 경제포럼은 21세기 인재가 갖추어야 할 핵심능력 16가지를 아래의 그림과 같이 제시하였다. 기초 문해력은 다른 역량 및 인성과 더불어 중요한 능력이다. 즉, 다른 여러 능력의 기초가 되고 영향을 미치는 능력이다.

[표 3-10] 21세기 인재가 갖추어야 할 핵심능력 16가지

핵심능력	세부능력
기초문해력	문해력, 수리력, 과학 문해력, ICT문해력, 문화·생활정치 문해력
역량	비판적 사고 및 문제해결 능력, 창의성, 소통력, 협동력
인성	호기심, 주도성, 끈기, 적응력, 리더십, 사회적·문화적 각성

이근호 외(2012)에 의하면, 핵심역량(key competency)은 학습되는 지적능력, 인성(태도), 기술 등을 포괄하는 다차원적 개념이다. 이는 미래의 직업과 비전을 성공적으로 이루는데 요구되는 능력이다. 윤정일 외(2007)를 인용하여 이근호(2012)는 핵심역량의 5가지 차원을 5가지로 다음 <표 3-11>과 같이 정리하였

다. 핵심역량기반 교육과정(competency based curriculum)은 기존의 교육과정에서 중시되어 되어 왔던 일반적·개념적·학문적 지식(learning to know)뿐만 아니라 작동적·절차적 지식(learning to do), 지적 조작을 수행하기 위한 지식(cognitive know, know-how and skills), 대인관계를 위한 지식(learning to live together or social skills), 가치 및 태도(learning to be), 경험, 개인의 성격적 특성, 신체적 능력, 문화 등을 망라한 다양한 요소들로 구성된다(이근호 외, 2013).

<표 3-11> 핵심역량의 5가지 차원(이근호, 2013)

핵심역량 차원	내용
총체성	인간의 다양한 측면을 포괄하는 총체적인 능력
가동성(수행성)	인간 특성 가운데 하나의 구조로 가동되는 상태를 강조하는 능력
맥락성	구체적인 맥락 속에서 효과적인 기준의 존재
가치지향성	지향하는 가치를 포함
학습가능성	학습 가능한 능력

다음의 <표 3-12> 기존 교육과정과 역량기반 교육과정의 비교에서 역량기반 교육과정은 기존 교육과정과 달리 교육의 결과 즉, 능력(competencies), 지식, 지향(orientations)에 초점을 두고 있어 궁극적으로 추구해야하는 가능한 결과(enabling outcomes)들을 하향식으로 설계하는 것이다(Spady, 1994, Spady, 1995; 백남진, 온정덕, 2016, 재인용). 즉, 역량기반 교육과정은 결과중심 교육의 특징인 교육과정 설계, 수업, 평가, 등급화 등에서 '최종 결과(end-result)'와 집단 간의 교육과정 구조, 학습, 평가 등에서 '포섭적인(inclusionary) 성공 지향', 모든 학생의 학습 성공을 조장하는 '협력적 학습지향' 등을 기반으로 하향식 설계(design-down)를 한다(Spady & Marshall, 1991).

<표 3-12> 기존 교육과정과 역량기반 교육과정의 비교(출처: 최승현 외, 2011)

기존 교육과정	역량기반 교육과정
교수목표 중심	역량 중심
투입과정 중심(가르쳐야 할 것)	산출과정 중심(성취해야 할 것)
단기적 목표	장기적 목표
학습한 것의 축적과 재생산	학습한 것의 창출과 적용
단편적(정해진 수업 시간에 요구되는 결과)	총체적(최종 단계에서 요구되는 결과)
고립적(단일교과 중심)	통합적(범교과 중심)

교육하는 과정에서 '메타교육의 5UP 핵심역량'은 교사의 교육역량과 학생의 교육역량을 증진하여 교육이 자율적인 메카니즘에 의해 작동되게 하는 것이다. 이를 위해서 초기에는 메타교육 5UP 핵심역량을 강화하기 위한 프로그램이나 협동교육 매뉴얼을 만들어 교육함으로써 차츰 기능적 자율화를 이루게 한다. 핵심역량 기반 교육과정에서의 핵심역량 강화는 교과통합 교육으로 그 하위 역량을 기르는 것을 목적으로 한다. 마찬가지로 메타교육의 5UP 핵심역량 강화도 교과 통합적으로 할 수 있다. 핵심역량 기반 교육과정에는 협동, 협력, 의사소통, 타인의 이해와 존중, 문제해결, 창의 및 융합, 나눔과 배려 등의 요소들이 있으나, 이것들은 교과 교육을 통해 산출되거나 성취되는 것으로서 교육하는 과정에서 교육의 원리나 가치와는 다른 의미로 쓰이고 있다. 즉, 이것들은 핵심역량 기반 교육과정의 교육목표들로서 교육하는 과정에서 발현되어 교육을 협동적으로 이끄는 역량을 개발하는 것이 아닌 교육의 결과로서 얻게 되는 개인 내적인 역량이다. 한편, 메타교육의 5UP 핵심역량은 교육하는 과정에서 교육의 원리에 따라 교육활동을 하면서 교육을 혁신하고, 상이한 교육의 양태에 적응하는 능력을 기르며 교육공동체를 주체적으로 조직하고 운용하는 능력을 길러주는 것이다. 즉, 이것들은 교육을 통해 교육을 혁신하고 교육을 발전시키는 능력이다.

상위교육 역량기반 교육과 핵심역량 기반 교육

교육을 수행하는 과정에서 하면 할수록 잘하는 교육을 하기 위해서는 ‘상위교육의 역량(the competency of meta education)’을 개념체계(conceptual system)로 구조화해야 한다. 이러한 구조화된 개념체계를 토대로 교육역량을 강화하는 계획을 세워야 한다. 학생들은 교육을 하면 할수록 잘하게 되는 상위교육의 역량을 필요로 한다. 이것은 교육을 받은 학생의 결과적 성취로서의 산출물이 아니라 교육을 수행하는 과정에서 스스로의 교육역량을 성찰하고 개선하여 교육을 더 잘 수행하는 능력을 의미한다. 즉, 상위교육의 역량은 교육의 결과로서 성취해야 하는 핵심역량을 산출하기 위한 과정에서 발현되는 총체적인 능력이다.

자기주도학습(self-directed learning) 혹은 자기조절학습(self-regulated learning)은 중요한 교수・학습 개념으로 교육 전반에 자리 잡고 있다(고호경 외, 2016). 또한 핵심역량 기반 교육 역시 미래 사회에 적응하는 능력을 기르는 교육목표를 실행하고 있다. 자기주도학습은 학습자가 스스로 자신의 학습요구의 진단, 학습목표 설정, 인적・물적 자원의 확보, 학습 전략의 실행, 성취한 학습 결과의 평가를 총체적으로 하는 과정이다(Knowles, 1975). 자기조절학습은 학습자 스스로가 인지적 측면에서뿐만 아니라 메타인지・동기・행동적으로도 적극적으로 참여하는 과정이다(Zimmerman, 1989). 학습자의 학업능력을 검사하는 초등학생용 척도의 상위차원의 요인은 인지요인, 동기요인, 행동요인이다(홍기칠, 2014). 중학생용 자기주도학습 지각도의 구성요인은 주도적 학습능력, 자율적인 학습전략, 메타인지, 학습동기, 긍정적인 자아개념, 성취동기, 가정 및 학교의 환경적 지원이다(이윤옥, 2009). 중고등학생용 척도의 요인은 학습동기, 학습능력, 학습전략 및 기술이다(정옥분 외, 2012). 이들 척도의 구성요인은 자기주도학습의 학습전략, 동기유발, 자아개념의 세 가지이다(노국향, 1999). 한편, 21C 대학생역량 척도는 Partnership for 21st century skills(P21, 2011; Trilling, & Fadel, 2009)가 제시한 “21st century skills”을 바탕으로 창의성과 혁신, 비판적 사고와 문제해결, 의사소통과 협력, 정보 및 미디어(IMT), 정보통신공학(ICT), 삶과 진로, 주도적 학습 및 자기주도성, 사회성 및 다문화 상호작용, 생산성 및 책무성, 리더십과 책임의 10개 하위요인을 포함하고 있다(이명숙, 양애경, 2018). 이러한 선행연구들은 학습자의 사회변화와 함께 대두되는 교육의 변화에 따라 학생들이 어떠한 능력 및 역량을 갖추어야 교육을 수행하는 과정에 적응하는가에 대한 과제에 많은 시사점을 주고 있다.

교육의 패러다임의 변화에 따른 인식의 변화와 함께 학습자의 '교육역량'을 강화하는 연구도 시급하다. 4차 산업혁명이 낳은 급속한 변화는 교육계에도 이미 영향을 미치고 있다(김성연, 2019; 이주호, 2017; 인종배, 2017; 조난심, 2017). 이를테면, AIWBES(Adoptive Intelligent Web Based Educational System)와 같은 교육시스템(Educational System)은 하나의 교육적 패러다임으로 자리 잡고 있다(김신애, 2018). 이러한 교육 시스템은 인공지능(AI), 가상현실(VR)과 하이퍼미디어·멀티미디어, 인터넷 간의 유기적 결합으로 새로운 교육의 상황과 교육적 맥락을 만들고 있다. 이에 적응하려면 학습자의 새로운 역량이 필요하다. 인간과 유사한 교육인공지능(AIE: Artificial Intelligence in Education)은 하나의 교육양태로 발현하여 지속가능할 것이다. 이에 창의적으로 적응하고 주도적으로 AIE를 이용하기 위해서는 이에 적합한 능력과 윤리의 준수라는 책임이 수반되어야 한다(UNESCO, 2019). 2022 개정 교육과정의 고교학점제 운영, 온라인 공동교육과정 운영, 거꾸로 교실(flipped learning; Bergman & Sams, 2015)과 블렌디드 러닝(blended learning)의 새로운 도입(정찬필, 2015; 장혁, 백경영, 2020)은 이러한 교육계의 변화와 관련이 있다. Covid-19 상황은 교육격차 내지는 학습결손의 문제를 깊이 생각하게 한다. 이러한 변화와 상황에서 어떻게 학습자가 자신의 교육역량을 강화해서 변화하는 교육계의 문제에 대처하는가에 대해 탐색할 필요가 있다.

역량 기반 교육과정(competency based curriculum)은 궁극적으로 추구해야하는 가능한 결과(enabling outcomes)의 설계를 강조한다(백남진, 온정덕, 2016). 이것은 범교과 중심의 통합적인 것으로 최종 단계에서 요구되는 결과(end-result)를 창출하고 적용하는 것이다(최승현 외, 2011). 한편, 상위교육은 교육의 교육인 메타교육(meta education)의 실천 가능한 변혁성에 역량의 개념을 더하여 정의한 것이다. 역량은 총체적 개념으로 인지적, 비인지적 특성을 모두 포괄하며,

이들이 통합적으로 발현되는 능력이다(백남진, 온정덕, 2016). 메타교육은 교육에 대한 교육 또는 교육을 소재로 하여 전개되는 교육이다(엄태동, 2003). 이것은 교육을 통하여 교육을 개선함으로써 종국적으로 교육의 발전을 가져오는 한 가지의 길이다(장상호, 1997). 상위교육은 교육의 예비적 구조와 가치를 토대로 교육을 수행하는 과정에서 몰입을 실현하여 교육주체의 교육역량의 발견과 교육을 변혁하는 과정적 체험을 목표로 한다.

상위교육 역량 기반 교육은 핵심역량 기반 교육과 차이가 있다. 아래의 <표 3-13>은 상위교육 역량기반 교육과 핵심역량 기반 교육을 다양한 준거로 비교하여 분석하여 정리한 것이다. 상위교육의 핵심역량은 학습자 중심의 교육역량 강화를 통해 학급이나 학교 밖의 배움공동체 활동뿐만이 아니라 학급 및 학교 내의 배움 활동에 모두 적용되는 교육역량이다.

<표 3-13> 상위교육 역량기반 교육과 핵심역량 기반 교육의 비교(류영룡, 2020)

준거	상위교육 역량기반 교육	핵심역량 기반의 교육
가치 실현	교육의 내재적 가치	교육의 외재적 가치
교육의 중점	교육활동 과정	교육활동 결과
교육 목표	점진적 상향화	업적의 성취
강화 역량	교육주체의 교육역량	개인적·사회적 적응역량
교육의 양상	협동적 교육	경쟁적 교육
시간적 배경	교육하는 과정(현재, 지금-여기서)	미래사회 적응(미래, 담보 잡힌 현재)
공간적 배경	언제-어디서나(anytime-anywhere)	학교, 사회공동체, 국가
교육 평가	과정중심 평가, 역동적 평가, 교육 자체를 평가	결과 중심 평가
교육의 소재	교육 활동	교육 내용
교육 방법	교류교육(交流教育)	일반적 교육
교육적 교섭	자아실현교육(교육하는 갑과 을)	의무교육(교사-학생)
교육공동체	협동교육 공동체, 배움공동체	단위학급, 단위학교

상위교육의 교육과정(教育課程, curriculum)은 상위교육의 핵심역량이다. 이 교육과정은 교육하는 과정에서 일어나는 다양한 요소와 교육역량을 포괄한다. 이것들은 제반 활동의 규칙, 교육적 소재, 학습자의 수준, 학습자의 정서변화, 교육활동의 전략, 교육의 상황과 교육적 맥락, 교육 자체의 목적 실현, 교육활

동에서 노정되는 문제점의 극복, 교육의 가치의 실현, 교육의 동질성 회복, 교육공동체의 협업능력을 극대화하는 요소의 인지 및 적용 등이다. 교육주체는 이러한 요소와 역량들을 매순간 알아차리고, 서로 함께 공유하고, 그리고 교육의 강점과 약점을 평가하면서 협력적으로 교육을 개선해 가는 것이다.

교육은 과정이며 많은 것을 포함한다. 또한 교육은 그 자체로 실천(praxis)이다. 교육은 유기체와 같이 늘 변화하고 생명력을 지닌다. 따라서 교육은 하면 할수록 더 잘해야 모순되지 않는다. 이를 위해서 상위교육과 관련된 선행연구를 분석하여 유기적인 개념체계를 만들어 구조화한다. 2015 개정 교육과정 핵심역량 기반 교육의 핵심역량은 교육받은 사람(educated person)이 갖추어야 하는 역량으로서 자기관리 역량, 지식정보 처리역량, 창의적 사고역량, 심미적 감성역량, 의사소통역량, 공동체 역량이다. OECD DeSeCo(Definication and Selection of Key Competences) 프로젝트(1997~2003)의 논의에서 미래 사회에서 개인이 갖추어야 할 3대 핵심역량의 범주로 '도구의 지적 활용(Use toos interactivity)', '사회적 상호작용(Inter act heterogeneous groups)', '자율적 행동(Act autonomously)'을 제시하였다. 21C 대학생역량 척도는 사회적 상호작용에서의 책임 및 리더십, 문제해결, 의사소통 및 협력, IMT 및 ICT 능력뿐만 아니라 주도적 창의성과 혁신, 주도적 학습 및 자기주도성을 구성요인으로 들고 있다(이명숙, 양애경, 2018). 이러한 역량기반 교육에서는 교육받은 사람이 갖추어야 할 교육목표로서 미래역량의 성취에 중점을 두고 있다. 하지만, 이들 역량들이 실제로는 개인의 학습과정이나 공동체의 교육활동에서 그 목표에 도달하는데 사용된다는 점을 간과하고 있다. 자기주도학습 척도에서는 인지적 측면에서 인지적 전략과 통제가 포함되며, 학습자의 정의적 측면인 동기, 흥미, 자기인식, 자기감정, 자기보고 등이 내포되며, 학습자의 행동적 측면인 행동통제(노력과 끈기)와 수행을 포괄한다. 그렇지만, 자기주도학습 척도의 대부분의 구성요인은 학습과정이 이루어지는 동안에 일어나는 학습자의 내적 사고 변화과정과 교육자의 특성 및 교육자와 학습자간의 상호작용에 대한 설명이 충분치 않다고 볼 수 있다(이윤옥, 2009).

학습이 수행되는 과정에서 학습행동을 스스로 조절하고, 통제하고 자기반성을 하며 개선할 수 있는 능력은 메타인지이다. 이것은 교육활동에서 유용한 능력이다. 이와 함께 교육을 수행하는 과정에서 교육의 상황과 교육적 맥락에 따라 적응하며 교육을 개선하는 상위교육 능력도 길러야 한다. 여러 연구에서 제시하고 있는 핵심역량의 범주와 세분화 내용(김영은 외, 2018; OECD DeSeCo, 2005; ATC21S, 2012)을 분석한 결과, 이들 범주에서 세분화된 비판적 사고 및 문제해결 역량, 자기관리 및 학습역량, 협업 및 의사소통 역량, 혁신역량, 사회적 상호작용 및 공동체 역량은 교육을 수행하는 과정에서 필요한 역량이다. 즉, 이들 각각의 역량은 교육의 결과를 산출하는 조건이기도 하지만 교육을 수행하는 과정에서 교육활동을 조율하고 강화하는 상위교육의 핵심역량이라고 할 수 있다. 상위교육의 핵심역량은 학생들의 교육활동을 강화하는 역량의 토대가 되는 것이다. 상위교육(上位教育)은 메타교육의 실천 가능한 변혁성에 역량의 개념을 결합하여 교육현장에서 실제로 활용할 수 있는 과정중심의 교육이다. 메타교육은 '교육을 소재로 하는 교육'(엄태동, 2003)으로 '교육주체가 교육할 수 있는 능력을 교육 안에서 해결하여 교육을 개선하는 교육'(장상호, 2009)이다. 상위교육은 메타교육의 개념에 내재하는 실천적 변혁성이 교육하는 힘을 기르는 교육의 역량을 견인한다는 측면을 함축하고 있다.

지금까지 핵심역량 기반 교육, 21C 대학생역량 척도, 자기주도학습능력 척도 등을 분석한 결과, 이들 척도는 학습과정에서 효율적인 학습에 도움이 되는 행동의 강화 및 학습자의 변화 과정보다 학습의 결과로서 갖게 되는 역량이나 능력에 치중하고 있다. 하지만, 논자는 그러한 능력을 갖기 위해 과정에 충실한 교육역량도 더욱 중요하다고 여기고 이러한 역량에 대해 탐색해왔다. 교육활동을 촉진하고 강화하는 기능을 하는 교육어의 탐색, 특정 교과의 진단 및 교육활동 전략을 마련하기 위한 척도의 개발, 교육하는 과정에서 교육활동의 최적화를 위한 내재율의 고찰, 교육의 유기적 구조 및 교육의 고유한 가치 실현을 위한 교육혁신 방안, 교육공동체와 개인의 교육역량 강화 방안 등의 선행연구를 수행하였다. 이를 통해 메타교육의 5UP 핵심역량의 요인으로 교육어 활용 능력, 교육원리 실현 능력, 교육혁신 능력, 교육양태 적응 능력, 교육공동체 운용 능력을 도출하였다. 이것들은 교육을 진행하는 과정에서 몰입과 개선을 통해 교육의 가치 실현과 교육활동이 지닌 자체의 목표를 달성하는 하위역량을 공동체 및 개인적 차원의 범주와 하위요소로 구성하였다.

<표 3-14> 메타교육의 5UP 핵심역량과 공동체 및 개인적 차원의 범주와 요소(류영룡, 2020)

상위교육 핵심역량	공동체 차원 / 개인적 차원	각 하위요소
교육어 활용	교육활동 촉진어	맥락과 상황 적시어, 절차적 안내어, 집단의 수준 진단어
	교육내용 점유어	개념전달어, 이야기 사고어, 아이디어 발견어, 수준 진단어
교육원리 실현	교육의 규칙 공유	교육활동 규칙, 환열설복, 6가지 교육의 내재율
	교육의 규칙 체험	체험적 교육활동, 심열성복, 6가지 교육의 내재율
교육혁신 능력	과정적 혁신	반성적 사고, 재발명 안내, 과정의 평가와 혁신
	체험적 지식 공유	인격적·암묵적 지식, 사적 지식, 스토리텔링
교육양태에 적응	협동교육에 적응	협업능력, 수준의 진단, 공동체 덕목, 교류교육
	독행상구 적응	점진적 상향, 개별탐구 능역 및 교육역량 강화
교육공동체 운용	조직과 운영	협동교육 매뉴얼, 협동교육 프로그램
	참여자의 책무	교육적 자임(自任), 자율적 수범, 상호작용 강화

상위교육의 핵심역량은 메타교육의 5UP 핵심역량을 토대로 하여 재구성하였다. Covid-19로 인한 현재의 교육적 맥락과 미래 교육의 가변적인 상황은 교육적 패러다임을 변화시켜 여러 교육문제를 노정한다. 교육 불평등으로 인한 교육격차, 학습결손으로 인한 학업 성취도 차이, 기초 문해력과 미래성장 능력의 결손을 가져온다. 이를 극복하기 위해서는 아이들에게 학업적 문제 해결 및 교육격차의 간극을 해소하기 위한 대책과 방안이 마련하여 교육해야 한다. 이를 위해서, 이 연구에서는 상위교육의 핵심역량을 상정함에 있어 기초학업능력 제고의 방안으로 기초 문해력과 교육어 활용 능력을 세부능력으로 포함하였고, 하위요인으로 미래성장 문해력을 추가하였다. 2022 개정 교육과정에서는 4차 산업혁명과 인공지능 기술의 발달에 의해 교육의 패러다임이 변화하였기 때문에 미래 사회의 변화에 적응하는 인재의 양성을 교육목표로 하고 있다. 이러한 상위교육의 핵심역량은 결과적으로 교육에 의한 교육의 기능적 자율화를 지향한다. 다음의 [그림 3-1]은 이러한 상위교육의 핵심역량을 시각적 사고로 구조화 하였다. 상위교육의 핵심역량은 기초 학업능력, 교육원리 수행력, 교육혁신

능력, 교육양태 적응 능력, 미래 성장 문해력, 교육활동 운용 능력이다.

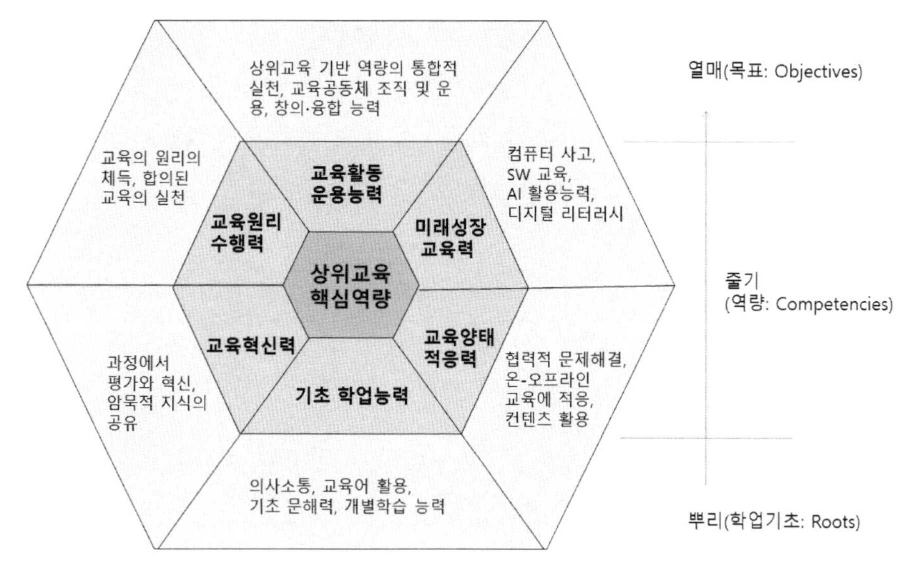

[그림 3-1] 상위교육의 핵심역량의 하위요인과 역량 세분화

학업적 기초(Academic Roots)는 교육활동에서 의사소통의 활성화, 교육활동의 조율과 강화, 지식의 점유와 체득의 기능을 하는 뿌리이다. 이러한 기초학업 역량을 토대로 교육하는 힘을 길러주는 역량(Competencies)은 줄기에 해당한다. 이들은 교육활동을 수행하는 과정에서 교육주체들의 합의된 규칙 및 교육의 고유한 내재율을 지키는 교육원리 수행력, 교육활동에서 교육을 성찰하고 평가하여 개선하는 교육혁신력, 협력적으로 문제를 해결하고 온-오프라인 교육을 적극적으로 활용하고 적응하는 교육양태 적응력, 미래를 창의적으로 선도하는 능력을 기르는데 필요한 컴퓨터적 사고, SW교육, AI활용 능력, 디지털 리터러시를 세부 역량으로 하는 미래성장 교육력이다. 그리고 이들 네 가지 줄기들은 교육활동을 효율적으로 운용하여 목표(Objectives)인 열매를 맺게 하는데 광합성 작용을 하는 하위요인들이다. 열매인 교육활동 운용능력은 뿌리인 학업적 기초와 줄기의 역량을 모두 통합하여 회득(comprehension)하게 한다. 이것은 교육활동을 적절하게 운용하여 공동체의 교육목적과 공동체의 가치를 실현한다.

우리는 하면 할수록 교육을 잘하는 역량을 어떻게 길러야 하는가? 상위교육의 여섯 가지 핵심역량을 길러야 한다. 이것들은 교육을 하는 과정에서 문제점을 발견하고 수정하면서 교육활동의 맥락을 조율하고 강화하여 어려움을 극복하는 자율적인 메카니즘을 갖게 할 것이다. 이를테면, 처음에는 봉사활동의 차원에서 하는 악기 연주가 하면 할수록 잘하게 되어 연주를 하는 것 자체가 즐거움이 되는 것과 같다. 학년이 올라가고 학교를 진학해 갈수록 교육이 어려워진다고 한다. 이것은 교육의 소재가 자신의 품위 수준보다 더 높아지기 때문이기도 하지만 교육역량이 늘지 않았기 때문이다. 이를 극복하기 위해 우리는 청소년들에게 '하면 할수록 교육을 잘하는 교육의 역량'을 길러주어야 한다. 즉, 상위교육의 핵심역량을 길러주어야 한다. 역량의 개념은 총체적이고 다차원적 개념이다. 교육은 이보다 훨씬 복잡한 구조를 이루는 개념이다. 교육의 개념에 자율성 및 개혁성이 포함되어 있기 때문에 하면 할수록 교육을 잘하게 되는 것은 마땅하다. 그런데 어찌하여 교육을 하면 할수록 더 어려워진다고 느끼는가? 교육이 복잡한 구조성을 갖기 때문에 이해하고 적응하려면 그만큼 어려워진다고 느끼는 것인가? 이러한 질문에 대해 교육을 하면서 몰입과 기쁨을 한 번이라도 느껴본 사람은 절대적으로 동의하기 어려울 것이다.

교육하는 인간으로서 갖추어야 할 역량은 무엇인가? 이것은 교육활동의 과정에서 요구되는 능력이다. 교육하는 인간은 교육적 교섭을 벌이고 자신들의 교육목적을 성취하기 위해 자신들에게 필요한 능력을 갖추기를 원한다. 그래서 우리는 일반적으로 활용되는 교육역량이 무엇인가에 대해 생각해볼 필요성을 느낀다. 역량은 총체적이고 다차원적인 개념이다. 핵심역량은 보편적인 것이다. 교육활동에서 다양한 상황과 맥락이 순간순간 작동하기 때문에 이에 대응하는 참가자의 능력이 교육과정 적응과 교육목표 달성에 있어 중요한 변인이 된다. 상위교육의 핵심역량은 교육활동 과정에서 실제적으로 요구되고 활용 가능한 역량이다. 이것은 상위교육 프로그램을 통해서 그 하위요인과 세부역량을 강화할 수 있다. 그리고 교육활동 과정에서 각각의 역량을 마음에 구성하고 하나씩 실천하면서 습득해가는 것이다. 상위교육의 여섯 가지 핵심역량은 뿌리인 기초학업능력, 줄기에 해당하는 능력인 교육원리 수행력, 교육혁신 능력, 교육양태 적응력, 미래성장 문해력, 그리고 열매인 교육활동 운용능력이다.

제4장

어떻게 기초학업능력을 기를 것인가?

상위교육의 핵심역량가운데 뿌리는 기초학업능력이다. 이것의 요소는 의사소통, 교육어 활용, 기초 문해력, 개별학습 능력이다. 이 장에서는 교육어 활용 능력과 문해력 향상 요인 및 문해력 프로그램을 위주로 다룬다. 첫째, 교육에 있어서도 전문적인 교육어를 구비하고 활용해야 한다. 교육은 언어주의에 입각해서 하면 안 된다. 도제적 체험을 통해 품위를 구조화할 수 있어야 한다. 교육활동의 밀도를 높이고 지속하며 강화하기 위해서는 교육적 언어(educative language)가 필요하다. 이때 교육적 언어는 단순히 의사소통의 매개나 수단만이 아니다. 이것은 교육활동의 규칙으로서 교육 자체가 지니는 고유한 내재율을 포함하는 것이다. 이것을 줄여 '교육어'라고 칭한다. '교육어'는 교육의 상황과 교육적 맥락에 적합한 언어로서 언어의 화용론적인 실천성을 담보하고 교유한 원리를 가지고 있기 때문에 교육활동을 촉진하고 조율하는 기능을 하는 것이다.

둘째, 문해력을 길러 기초학업능력을 향상시켜야 한다. 기초 문해력은 의사소통과 직결되며 교과 학습의 기초가 된다. 기초 문해력은 다른 역량 및 인성과 더불어 중요한 능력이다. 기초 문해는 읽기 및 쓰기와 관련된 뇌 부위의 신경세포와의 연결과 결합을 통해 이루어진다. 이것은 뇌 가소성에 의해 발달한다. 2015 세계 경제포럼은 21세기 인재가 갖추어야 할 핵심능력으로 기초 문해력을 제시하였다. 이것의 세부능력은 문해력, 수리력, 과학 문해력, ICT 문해력, 문화・생활정치 문해력이다. 이러한 기초 문해력은 다른 여러 능력을 활성화하고 다른 문해력에 영향을 미치는 능력이다.

셋째, 문해력 증진을 위해서는 다양한 방법을 익히고 실천해야 한다. 교육적 독서토론은 일반적인 독서토론에 교육적 요소를 도입한 교육역량 강화토론이다. 이것은 상호작용을 통해 협력학습을 하는 것으로 교육의 규칙과 교육적 배려를 토론의 방법으로 사용한다. 그 방법은 짝 그룹토의, 조별 토론, 전체 토론의 순서로 이루어진다. 이 과정에서 참가자들은 토론을 통해 서로에게 도움을 주는 비계설정을 하여 비판적인 안목을 갖게 된다. 이와 함께 이장에서는 문해력 증진을 위한 뇌기반 독서법, 문해력 증진을 위한 글쓰기, 문해력 교육프로그램을 함께 수록하여 이해와 실천성을 강조하고자 한다.

1

교육어 활용 능력

상위교육의 핵심역량에서 기초학업능력의 요소는 의사소통, 교육어 활용, 기초 문해력, 개별학습 능력이다. 이러한 능력들은 학습자의 개인 간의 차이와 개인 내의 차이를 반영하여 여러 장으로 나누어서 다루기로 한다. 이 장에서는 교육어 활용 능력과 문해력 향상 요인 및 문해력 프로그램을 위주로 살펴보기로 한다. 교육어는 교육의 상황과 교육적 맥락에 적합한 기능적 언어로서 교육의 상황과 교육적 맥락에 적합한 언어로서 교육활동을 촉진하고 조율하는 기능을 하는 것이다.

교육적 교섭을 통해 관계를 맺고서 교육의 주체가 된 갑과 을은 어떠한 언어를 사용해야 교육적인가? 처음에는 일상어를 사용하여 가르침과 배움을 청할 것이다. 그리고 이내 둘은 교육상장(教育相長)의 전제와 조건을 자신들의 수준을 반영하는 언설(言說)로 드러낼 것이다. 그 다음은 그 둘은 무엇을 해야 하는가? 수준을 진단하고 가시적 목표 및 교육목표를 정하고 교육에 돌입할 것이다. 이때 교육을 수행하는 과정에서 교육의 소재를 정하고, 교육활동에서 상황과 맥락에 따라 조율하고 촉진하는 기능을 하는 교육가의 전문적인 언어가 필요하다.

어떠한 언어가 교육의 상황과 맥락에 더 적합한가? 교육활동에서 어떠한 언어를 사용해야 몰입감과 밀도를 높이는가? 각종 운동 경기는 고유한 규칙과 고유한 언어를 가지고 있다. 이러한 점 때문에 운동경기는 재미가 있고 하는 사람이나 보는 사람 모두 빠져드는 것이다. 교육활동에도 이러한 규칙과 언어는 없는 것인가?

『논어』의 학이시습지 불역열호(學而時習之 不亦說乎)에서 열(說)사는 설(說)자로 뜻은 열(悅)로 읽는다. 귀곡자(鬼谷子)에 의하면, 이것은 '설이 열해야 한다'는 것으로 일종의 레토릭(retoric)이다. 즉, 이는 말씀을 듣는 대상이 마음만이 아니고, 소리를 내면서까지 크게 기뻐할 만큼 교육어를 사용해야 한다는 것이다. 그런데, 소크라테스의 '너 자신을 알라'는 무지와 당혹감을 이끌어 내는 것으로 이와 같은 언어유희와 다르다. 플라톤의 ≪메논편≫에서 소크라테스와 노예 소년인 메논의 대화가 이어진다. 이 대화는 산파법으로 끊임없이 이어지는데, 이는 질문을 통해 소년에게 무지에 대한 자각과 당혹감 및 지적 호기심을 자극하여 새로운 탐구를 하게 하는 것이다. 하지만, 여기에는 과연 기쁨(說)이 과연 있는가? 이와는 대비되는 것으로 키에르케고르의 간접전달(Kierkegaard's indirect communication)'이 있다. 이것은 '예수(Jesus)'가 평범한 열두 제자와 대중을 위하여 천국의 비밀과 자신의 가르침을 깨우치도록 하는 방법이다. 절대적 차이에 놓여있는 인간과 신 사이에서 신은 그의 권능을 사용하여 인간을 신적인 경지로 끌어올릴 수 있다. 그럼에도 불구하고 예수 자신이 신인(神人)이 되어 인간의 모습으로 하강(下降)하여 자신을 외면하는 인간에게는 알 듯 말 듯한 '비유적 언어'를 썼다. 예수는 대중으로 하여금 호기심을 갖게 하고 자신에게 향하게 하였다. 예수의 하강에 의한 비유적 표현은 대중이 천국의 비밀을 깨우쳐서 회개하고 결국 천국의 소망을 갖도록 하는 교육어의 실천이었다. 이 외에도 교육활동에서 교육의 주체, 교육의 상황, 그리고 교육적 맥락에 따라 시의적절하고 교육활동에 적합한 언어 사용의 사례는 석가의 대기설법, 공자의 인재시교와 수인이교 등이 있다.

'교육어(educative language)'는 교육활동의 상황과 맥락에서 교육활동을 지속시키고 강화하는 기능 또는 교육활동을 조율하고 촉진하는 역할을 한다. 이것은 교육활동에 참여하는 주체의 측면에서는 상호작용의 수단이자 의사소통의 매개인 동시에 고등정신 기능을 수행하는 것이다. 이러한 교육어는 다음과 같은 고유한 기능을 발현하는 선순환 구조를 갖는다.

> 교육어(educational language)는 선순환구조(virtuous circle)를 갖는데, 교육어의 기능적 발현에 의해 학생의 지적 변혁의지의 원리→자발적 참여촉진의 원리→교육활동 지속·강화의 원리→지식의 수준조절의 원리→지식의 내면화의 원리→지적 변혁의지의 원리의 순서로 순기능적 순환을 반복한다. '교육어'는 교육활동의 상황과 맥락에서 교육활동을 지속시키고 강화하는 기능 또는 교육활동을 조율하고 촉진하는 역할을 한다. 교육활동에 참여하는 주체의 측면에서는 상호작용의 수단으로서 의사소통의 매개인 동시에 지식을 구성하는 심리적 도구로서 고등정신 기능을 수행하는 기능을 한다(류영룡, 2012).

이러한 측면에서 교육어를 사용하는 언어적 의사소통은 단순한 개인 간의 의사소통의 수단만이 아니라 <표 4-1>과 같은 실천적 성격을 가진다. 교육가가 활용하는 기능적 언어로서 교육어를 상정하고 그 효율성과 효과성을 극대화하기 위해서는 '교육의 상황'과 '교육적 맥락'을 정의하고, 이에 적합한 교육어의 하위요소와 교육어의 매트릭스를 제시하고 활용할 필요가 있다. '교육의 상황(the context of education)'은 교육의 기본요소인 교사, 학생, 교육과정이 이들을 둘러싸고 있으면서 다양한 여건과 영향을 주고받는 것이고, '교육적 맥락(educational context)'은 교육의 상황에서 구체적이고 핵심적인 교육활동의 조건이나 교육활동에 유리한 국면이다(류영룡, 2020). 상황과 맥락의 차이를 좀 더 쉽게 이해하기 위해 예를 들면, 교육주체들이 교육적 교섭을 통해 어떠한 교육양태 즉, 선진과 후진의 협동교육, 전문성에 기초하는 교류교육, 혼자서 탐구하는 독행상구 가운데 어떤 것을 선정하고 교육활동을 하는 것은 교육의 상황이다. 그리고 교육의 상황에서 순간순간 일어나는 변화와 문제를 알아차리고 적응하는 것은 교육적 맥락이다. 교육어는 이러한 교육의 상황과 교육적 맥락에서 개인 간 기능과 개인 내적인 기능을 하는 언어이다. 이러한 교육어는 다음과 같은 언어의 화용론적인 실천성에 비추어 볼 때 교육주체에게 중요한 의미를 가진다.

<표 4-1> 언어의 화용론적인 두 가지 실천(류영룡, 2012)

구분	사회적 실천	개인적 실천
제 조건	사회 공동체적 공약성과 통합성	품위 변혁을 위한 기점전환
화용론적 특성	개인 간의·집단 간의 의사소통, 상호주관성의 확대	개인내의 사고 작용, 언어와 사고가 언어적 사고로 병합
실천적 근거	대화, 언어게임 인식의 간극해소	개념의 확대와 변전, 언어의 수준 상승, 텍스트의 이해

류영룡(2012)은 언어의 개인적·사회적 실천성에 주목하여 교육활동에서 언어의 화용론적 측면을 언어적 소통의 한계에도 불구하고 언어가 교육활동에서 하나의 중요한 지적발달과 사회적 실행의 수단임을 강조하였다. Vygotsky(1978)에 의하면, 혼잣말, 사적 언어, 그리고 사회적 언어 등의 언어가 발달단계에서 선진과 후진, 동료 간의 상호작용의 도구가 된다. 이들을 토대로 교육어의 원리와 기능적 범주에 적합한 교육활동 수행어로서 교육어의 원리와 기능을 추출하였다. 이것은 교육어의 5가지 원리, 즉 지적 변혁의지, 자발적 참여촉진, 상구활동 지속·강화, 지식의 수준 조절, 지식의 내면화를 수행하는 언어이다.

<표 4-2> 교육어의 원리와 기능(출처: 류영룡, 2012)

원리	기능
지적 변혁의지	지식의 점유에 있어 상구자의 기점전환을 통한 체험구조를 총체적으로 변혁하려는 의지의 표현과 실천
자발적 참여촉진	학업성취에 있어 내증의 근거 없이 남의 지식을 단순히 내면화, 모방하는 것이 아닌 내부구조를 독립적 판단에 의해 자발적으로 변화시킴
교육활동 지속·강화	학생이 당혹감과 경이를 느끼게 하여 학습열정을 촉발하며 몰입과 흥취를 지속하도록 적절한 자극을 주고 격려, 평가하고 문제 해결의 절차와 방법 안내
지식의 수준 조절	지식을 점유하는 과정에서 하화자와 상구자 간의 품위를 드러내어 현품에 맞는 언어의 구사, 소재배열과 제시
지식의 내면화	재발명의 과정에서 축적된 체험구조를 후진에게 제시, 과업의 탐색과 완성을 돕거나 후진의 독행상구나 협동교육을 통해 일정단계의 가시적 목표의 도달

위의 <표 4-2>는 교육의 활동에서 교육어의 원리와 기능을 정리한 것이다. 지적 변혁의지 원리는 후진의 마음을 바꾸어 지식을 점유하려는 동기를 유발

한다. 자발적 참여촉진 원리는 강요가 아닌 독립적인 판단에 의한 참여를 유발한다. 교육활동 지속·강화 원리는 교육활동을 촉진한다. 지식의 수준조절 원리는 학생에게 적합한 교육내용을 제시한다. 지식의 내면화 원리는 지식의 점유와 협동교육을 가능하게 한다.

교육의 상황에서 교육어 매트릭스를 어떻게 구성할 수 있을까? 이것은 교육의 소재와 함께 학습자의 '학습전략(학습의 방법)'과 '인지전략(구조화 방법, 정교화 방법)'을 가르치고 배우는 '교육을 교육하는 상위교육'을 반영하여 구성할 수 있을 것이다. 이러한 상위교육에서는 교육활동의 상황에서 차원에 따른 교육어의 범주를 추출하고 이에 알맞은 기능을 수행하는 언어를 예시해야 한다. 교육의 상황을 교사-학생, 학생 모임, 학생 개인으로 나누고, 각각 역할놀이 및 상호교수의 개념을 도입하여 교사의 발화 [T]와 학생의 발화 [S]로 구별하여 아래의 표와 같이 하위범주로 나누었다(류영룡, 2015).

<표 4-3> 교육의 상황에서 차원에 따른 교육어의 범주

(T:교사의 발화, S: 학생의 발화, 류영룡, 2015)

상황	차원	교육어
교사 - 학생	지식의 구성	T: 스토리텔링 형식의 개념전달, 체험반영, 유형의 분류, 재발명·발견술 안내, 알고리즘, 문제해결 실마리, 교육어 수준 조절, 메타-인지
		S: 개념수용, 개념간의 관계, 개인적인 개념 만들기, 문제해결 적용, 메타-인지, 자증, 사고의 언어화, 사고에 의한 학습, 개념의 망
	의사소통 방법	T: 자료의 제시, 이해의 촉진, 언어의 수준조절, 사고와 이해의 촉진, 메타메시지의 활용, 일상적 언어와 교육어의 조합
		S: 자료의 의미 해석·분석, 이해의 확인, 일상적 언어와 교육어의 사용, 지식의 구조화·정교화, 그래픽 표현, 교육적 쓰기·말하기·듣기
	교육활동의 전개	T: 의도적 초점, 주의의 환기·분위기·메타메시지, 역동성과 협력, 교육활동 조율, 소재의 선택배열, 교육활동 지속·강화, 사고의 탐색촉진
		S: 의도적 집중, 소재 요청 배열, 가시적 목표의 제시, 반응, 문제 상황, 협력적 기대·지지, 기지와 미지 구분, 참여요청 및 실천, 메타-메시지
학생모임	지식의 구성	T: 수학적 개념의 공유, 적절한 교육어, 문제해결 절차, 개인적 체험, 발표, 인지도 작성, 3분할 노트 쓰기와 피드백
		S: 개념과 이론의 정교화(소그룹, 짝 그룹), 질문공탁, 교육적 문집 작성, 일지 작성, 각종 서식의 작성과 반성적 사고
	의사소통	T: 과업설정, 소재 제시와 선택, 목표설정, 인지도 공동작성, 내면화 방법 표현,

상황	차원	교육어
	방법	담화의 연결, 자기 선택적 순서, 협력자적인 대화, 발견술
		S: 질문의 공탁과 대화, 노트 작성법, 저널쓰기, 질문공탁지의 피드백
	교육활동 전개	T: 역할놀이의 전개(교수자), 이해의 확인, 역할의 분담, 책임성, 배려하기, 타인 조절(other-regulation), 유능한 타자의 언어적 통제
		S: 역할놀이의 전개(학습자), 무지의 고백, 혼란의 표출, 이해의 확인 요청, 언어적 통제(지시) 요청
학생 개인	지식의 구성	T: 자신만의 언어로 개념의 수용, 문제의 실마리 찾기, 문제를 거꾸로 해결하기, 문제의 틀(problematic) 형성하기 위한 자문하기, 내적 중재(조절), 자동화(functional autonomy)
		S: 사고의 언어화, 인지과정의 시각화, 부호화, 기억하기, 구조화, 정교화, 재개념화, 재발명, 디자인 씽킹, 시각적 사고, 컴퓨터 사고, AI 이용
	의사소통 방법	T: 교수자로서 학습자에게 설명하기, 학습자로서 교수자에게 질문하기, 자기조절(self-regulation)
		S: 혼잣말, 자문자답, 사고를 소리 내어 말하기, 사고를 바라보기, 사고로 배우기, 자기지향적 말(self-directed speech), 내적언어(inner speech)
	교육활동의 전개	T: 인지 과정 설명하기, 문제해결의 아이디어 말하기, 재발명 절차 말하기, 새롭게 알게 된 것을 요약하기, 가상 친구에게 설명하기
		S: HMC, PMC, MQC, 피드백, 저널쓰기, 오답노트 작성, 질문공탁

교육적 맥락에서 어떠한 국면을 강화하거나 조율하는 교육어는 기능적 측면에서 언설과 언교로 나뉜다. 협력적 교육이 놀이의 차원으로 발전하기 위해서는 서로가 공유하고 지킬 수 있는 원리가 있어야 하고, 그 다음은 교육놀이의 밀도를 높이는 교육어가 있어야 한다. 즉, 교육놀이 활동을 조율할 수 있는 교육놀이의 규칙과 교육어 매트릭스가 구비되어야 한다. 장상호(2008)는 교육어를 언설(言說)과 언교(言敎)로 구분하였다. 언설은 교육적 대화로서 품위의 내용을 지칭하는 언어소통을 하려는 것이고, 언교는 교육어의 활용에 해당하는 것으로 품위를 형성하는 과정에서 수행할 필요가 있는 활동을 지시하는 언어소통을 하는 것이다. 언설은 개념 전달어, 이야기 사고어, 에피소딕 체험어이고, 언교는 재발명 절차어, 아이디어 발견어, 반성적 사고어, 패러다임 분류어, 수준 진단어, 사고탐색 촉진어, 형식적 재발견어이다. 다음의 <표 4-4>는 교육적 맥락에서의 교육어의 범주와 교육어의 기능을 세분화한 것이다.

<표 4-4> 교육적 맥락에서의 교육어의 범주와 교육어의 기능(류영룡, 2012)

구분	범주 구분	교육어의 기능
언설	개념 전달어	개념과 이론을 모범적으로 표현하고 수용하기
	이야기 사고어	역사 발생적 맥락을 이야기 형식으로 전달, 지식의 점유과정에서 혼잣말로 이야기하여 생각을 정리
	에피소딕 체험어	개인적 체험을 반영하여 지식을 일차적으로 수용
언교	구성적 활동어	지식의 점유에 필요한 교육적 상황을 요청하고 수락, 자신만의 언어로 지식을 재구성
	재발명 절차어	지식의 점유 절차나 알고리즘을 기술하여 지식을 재발명
	아이디어 발견어	문제 해결의 아이디어 발견, 실마리 찾기
	반성적 사고어	자신의 활동과 사고를 반성, 혼잣말을 포함
	패러다임 분류어	지식의 체계를 조망, 지식을 조직화하는 전략을 언술
	수준 진단어	수준의 진단과 소재의 배열, 가시적 목표를 언술
	사고 탐색·촉진어	언어적 표현 이면의 사고를 드러냄, 자신의 사고로 상기되고 재발견
	형식적 재발견어	재발명의 결과를 자신의 언어로 구체화, 추상화, 형식화

Bruner에 의하면, 인간의 사고양식은 두 가지 이다. 패러다임 사고(paradigmatic thought)는 '발견적 본질'을 강조하는 것으로 이론적이고 형식 논리적이며, 추상적이고 일반적인 진술로 구성된 과학적 사고의 진위 검증이 가능한 것이다. 이에 비해 이야기 사고(narrative thought)는 '생성적 사고'를 강조하는 것으로 믿을 수 있는 역사적 설명을 가능하게 하고, 당사자 간의 행위, 행위 의도, 목적, 주관적 경험에 초점을 맞추고 있으므로 구체적이고 상황 특수적인 것이다. 따라서 <표 4-4>의 하위 범주 가운데 '패러다임 분류어'는 지식의 체계를 조망하고 검증된 지식을 조직화하여 안내적 발견이 가능하게 하는 기능을 수행하는 것이다. '이야기 사고어'는 교수자가 개념이나 성질, 이론 등의 역사 발생적 맥락을 이야기 형식으로 전달하는 기능을 한다. 또한 이것은 교수자와 학습자가 지식의 점유과정에서 체득한 사적 지식이나 암묵적 지식을 구어로 전달하고 학습자는 발견적 지식을 혼잣말로 이야기하면서 정리하는 기능을 수행하는 것이다.

2

문해력의 향상

기초 문해력과 문해력 증진 방안

한국의 기초 문해력의 수준이 낮아지고 있다. 한국장애학회의 연구결과에 의하면 난독위험에 처한 아동이 5~8%에 이르고 있다. 특히, 아동기 초기에 읽기에서 발음 불명확한 학생이 초기 문해에 88% 정도에 이른다고 한다. 4차 산업혁명이 가속화되고 있고 향후 AI 및 각종 디지털 매체가 다량의 정보 및 지식을 쏟아내고 있어 이에 적응하는 '문해력'이 요청된다. 코비드19는 문해력에 영향을 미치는 사회적 배경과 함께 교육현장의 여러 변인에 의한 사회계층적 요인을 발생하여 교육격차를 더 벌이고 있다.

기초 문해력은 의사소통과 직결되며 교과 학습의 기초가 된다. 특히, 읽기는 범교과적 성격을 띠므로 읽기 능력은 교과 학습의 기초가 된다. 또한 기초 문해는 학습자가 평생 사용해야 할 문해력을 결정적으로 길러준다. 인간의 대뇌 부위가 젊으면 젊을수록 개인의 생활에서 상대적으로 쉽게 학습할 수 있는 가능성이 높아지고 그 기능이 뛰어나다. 기초 문해는 읽기·쓰기와 관련된 뇌 부위의 신경세포와의 연결과 결합 등과 함께 뇌 가소성에 의해 발달을 한다. 문해력 발달은 다음의 도식과 같이 초기 문해 → 기초 문해 → 기능 문해로 층위를 이루며 발달한다.

<표 4-5> 문해력 발달의 층위(출처: 이경화, 2019) (*표시는 각 단계의 핵심 과업)

기능 문해 (Funcitional literacy: FL)	사실적 독해* 추론적 독해* 기초적인 비판적 독해기초 문해 포함
기초 문해 (Basic literacy: BL)	유창성* 문장 독해* 문장 쓰기* 기초적인 사실적 독해초기 문해 포함
초기 문해 (Early literacy: EL)	낱말을 소리 내어 읽기* 낱자 및 낱말 쓰기

2015 세계 경제포럼에서 21세기 인재가 갖추어야 할 핵심능력을 기초 문해력, 역량, 인성으로 나누고, 그 세부능력을 16가지로 제시하였다. 기초문해력의 세부능력은 문해력, 수리력, 과학 문해력, ICT 문해력, 문화・생활정치 문해력이다. 기초 문해력은 다른 역량 및 인성과 더불어 중요한 능력이다. 즉, 다른 여러 능력의 기초가 되고 영향을 미치는 능력이다. 역량의 세부역량은 비판적 사고 및 문제해결 능력, 창의성, 소통력, 협동력이다. 인성의 세부역량은 호기심, 주도성, 끈기, 적응력, 리더십, 사회적・문화적 각성이다. 기초문해력 이외의 세부역량들도 문해력을 강화하는데 일조하는 것이다. 문해력은 단순히 읽고 쓰는 것 이상으로 현재뿐만이 아니라 미래 사회에 적응하고 행복한 삶을 유지하는 핵심적인 역량이기 대문이다. 또한, 디지털 문해력은 가상과 현실을 구분하지 못해서 오는 각종 청소년의 도덕적 문제나 사회적 문제를 예방하거나 줄일 수 있다. 이러한 중요한 역량은 학교교육을 통해서만 실현될 수 없다. 가정에서 학부모와 연계하여 이루어 질 때 더욱 효율적이고 효과적이다. 즉, 문해력 증진 교육이 더 쉽게, 더 잘 이루어질 수 있다. 이것은 학부모의 문해력에 대한 이해와 증진을 위한 실제적 운용 방안의 교육을 통해 실현될 수 있다.

문해력은 어떻게 형상시킬 수 있는가? 물론 앞서 제기한 초기 문해력 증진을 위한 다양한 전략과 기법을 마련해야 한다. 이를 위해서 첫째, 조기에 문해력 문제를 발견하는 것이 중요하다. 기존의 공개된 문해력 진단도구를 활용하여 문해력의 하위요인을 인지해야 한다. 둘째, 자신의 상태와 변화를 확인하며 적극적이고 능동적으로 치유해야 한다. 셋째, 전문적인 진단과 치유는 전문가에게 의뢰하고 협력해야 한다. 넷째, 긍정적인 신념과 낙관성을 학습하기 위해서 자기 교시 훈련, 인지적 행동수정, 사회정서학습을 해야 한다.

4차 산업혁명은 교육계에도 여러 변화를 가져오고 있다. 어느 정도의 변화를 넘어 교육의 패러다임이 변하고 있다. 학교라는 제도 이외에 여러 곳에서 다양한 형태로 교육이 이루어지는 것을 의미한다. 이는 곧 교육제도와 함께 학교를 대신할 다양한 교육의 양상이 인간의 삶의 과정에서 구체화될 수 있다. 교육을 대체할 AI교사, MOOC(Massive Open Online Course), K-MOOC, 각종 교육용 컨텐츠의 보급은 그 시기를 앞당길 수 있다. Ray Kurtweil은 『The singularity is near』에서 2045을 인공지능의 특이점이라고 하였다. 인공지능의 요소기술인 탐색, 지식표현, 추론, 기계학습, 계획수립, 에이전트 등은 인간의 교육활동 가운데 많은 부분에서 도움을 줄 수 있다. 예를 들면, 문해력에 관한 딥러닝과 네트워크 체계를 갖춘 가칭 'AI교육시스템'이 보급된다면 실질적으로 문해력의 중재 및 증진에 도움이 될 것이다(류영룡, 2020).

이러한 교육패러다임 변화에 따라서 문해력을 증진하기 위한 유기적 교육은 무엇인가? 그것은 학습읽기 지도, 메타인지 학습전략 지도, 독서교육 등이다. 학습읽기는 읽기학습(learn to read)인 국어에서 읽기 영역에서 배우는 한글 문해 읽기지도이다. 학습읽기(reading to learn)는 내용교과 독서지도(Content Area Reading)이다. 이를테면, 사회과나 과학과 같은 내용교과에서 학습을 위해 교과서를 비롯하여 여러 자료를 읽는 것이다. 학습 기능(study skill)은 밑줄 긋기, 암기하기, 메모하기, 요약하기, 초록작성이다. 학습읽기 전략(strategy)은 지적, 구성적, 과정적, 협동적 특성을 고려하여 개발한다. 구체적인 사례는 KWL(What I Know, What I Want to Know, What I have Learned), SQ3R, SQ4R, 심상 형성하기, 안내하기, 개념정의 지도, 의미 구조도, 반성적 읽기, 상반된 텍스트, 글, 그래픽 대조하며 읽기(상호텍스트, 대조표), 질문하기, 중심내용 수레바퀴, 총체적 개념도(HMC) 작성하기, 내용 위상도(Contents Topology) 작성하기 등이다. 다음의 <표 4-6> 메타 인지적 학습전략의 종류 및 적용 방안은 학습읽기 구성요소별 학습읽기 전략의 분류를 제시하고 있다.

<표 4-6> 메타 인지적 학습전략의 종류 및 적용 방안

학습읽기의 구성요소	전략 예시
학문적 어휘	의미 특징 분석하기
읽기 유창성	독자 연극
꼼꼼하게 읽기	서로 사고 구술하기(think aloud)
정보텍스트의 이해	텍스트 구조 전략
매체/디지털 문식성	디지털 스토리텔링
비판적 사고 기능	SCAMPER
정보텍스트 쓰기	협동적 글쓰기
독립적인 학습 유지	학습일지(Jouenaling)

위의 <표 4-6> 메타 인지적 학습전략의 종류 및 적용 방안에서 SCAMPER는 창의력 증진기법으로 아이디어를 얻기 위해 의도적으로 시험할 수 있는 7가지 규칙을 의미한다. S=Substitute [기존의 것을 다른 것으로 대체해 보라], C=Combine [A와 B를 합쳐 보라], A=Adapt [다른 데 적용해 보라], M=Modify, Minify, Magnify [변경, 축소, 확대해 보라], P=Put to other uses [다른 용도로 써 보라], E=Eliminate [제거해 보라], R=Reverse, Rearrange [거꾸로 또는 재배치해 보라] 등을 뜻한다.

한편, 문해력 증진을 위한 독서교육은 다양한 형태로 이루어 질 수 있다. 학교 교육과정에 따라 학업성적을 올리는 독서, 학습자의 교양을 높이기 위한 독서, 대학의 논술 시험을 위한 독서 등 다양한 독서 목적이 있을 수 있다. 우선 읽기학습, 학습읽기, 메타인지적 읽기, 뇌기반 독서, 문해력 증진을 위한 읽기를 예로 들 수 있다. 이 외에 교육역량 강화 독서토론, 초록 독서법, 촉류방통 독서법, 슬슬주 독서법, 유기적 연결 독서법, 상황과 맥락 찾기 독서법, 하브루타 독서토론, SQ3R, SQ4R 독서법 등이 있다. 그리고 이러한 모든 독서법을 아우르는 교육역량 강화 독서토론이 있다(류영룡, 2020). 이것은 일정한 텍스트를 정하여 읽고 나서 상호토론을 하는 것이다. 이 독서토론은 선택된 텍스트를 통하여 서로가 읽은 정보를 선택하고, 종합하고, 그리고 평가할 수 있는 비판적 안목을 기를 수 있다. 또한 교육적 독서토론은 대인관계 기술, 사회정서학습, 리더십 함양, 도덕성 제고 등의 부가적 효과를 낳는다.

문해력 증진을 위해서는 인지적 도제제도를 활용하는 읽기부진 지도가 효율적이다. 이것은 다음과 같은 절차에 의해 이루어진다. 첫째, 모델링(modeling) 단계인데, 먼저 소리 내어 읽어주고 책의 내용을 이해하는 시범을 보이는 것이다. 둘째, 비계설정(scaffolding) 단계인데, 이는 도움을 주는 것으로 혼자서 소리 내어 읽으면서 이해가 동반되도록 해독 연습을 시키는 것이다. 셋째, 용암(fading) 단계인데, 이는 도움 중지하는 것으로 책의 내용을 받아쓰게 하고 틀린 것을 책에서 찾아 다시 고쳐 쓰는 것이다.

문해력 증진을 위한 교육적 독서토론

문해력 증진을 위한 방법으로 교육적 독서토론(류영룡, 2020)이 있다. 이는 일반적인 독서토론에 교육적 요소를 도입한 것이다. 교육적 독서토론에 대해 알아보기 전에 일반적인 토론의 방법을 정리하면 다음과 같다. 잘 들어야 한다. 자료와 예시를 충분히 한다. 상대의 반박 논리를 예측한다. 명확히 정의된 단어를 사용한다. 감정을 통제해야 한다. 상대의 처지가 되어본다. 목소리를 연출한다. 토론할 때 주의할 점은 다음과 같다. 말하는 사람은 듣는 사람을 바라보며 발표한다. 화가 난 감정을 담아서 이야기하지 않는다. 아무리 좋은 의견이라 할지라도 존중하는 태도를 가진다. 메모를 하면서 듣는다. 모든 친구들이 발표할 수 있도록 서로 돕는다. 발표자는 친구들이 모두 들을 수 있도록 큰 목소리로 말한다. 상대측의 의견을 내 생각과 비교하면서 듣는다.

1. 일반적 토론의 과정 및 방법

토론의 과정은 다음과 같다. 첫째, 입론은 논제에 대해 찬성 측과 반대 측이 각각 자기 팀의 입장을 담은 논점을 펼치는 과정이다. '정해진 논제에 대해 자기의 생각을 말한다'는 의미에서 발제라고 하기도 하며, 기조연설, 입장표명이라고도 한다. 입론에 들어갈 요소와 구성 방안은 다음과 같다(김현경 외, 2016).

토론 절차

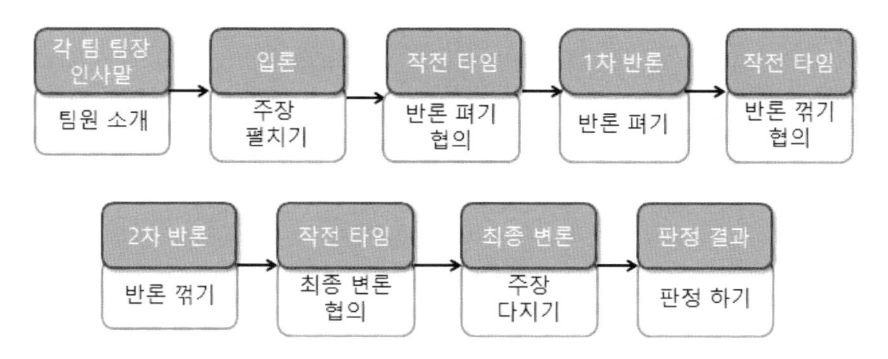

[그림 4-1] 토론의 절차(김현경 외, 2016)

입론

① 핵심용어의 개념을 정의한다. 핵심어를 명확하게 개념 정의하는 것은 효율적인 토론을 하기 위해 매우 중요하다. 물론 핵심어 정의는 상대팀의 동의를 얻을 수 있어야 한다.

② 논제를 둘러싼 사회적 배경을 말한다. 직접적으로 논점에 접근하기 보다는 논제의 배경이 되는 사회적 상황이나 배경을 언급함으로써 논점에 자연스럽게 접근하도록 한다.

③ 논점을 3-4개 항목으로 정리해서 전개한다.

④ 기대효과를 열거한다.

반론

반론은 자신의 주장과는 다른 반대편 혹은 상이한 주장에 대한 잘못이나 허점, 오류 등을 문제 삼고 자신의 주장의 정당성을 주장하는 논리적 활동이다. 여기에는 확인질문, 반박, 최종발언(최종변론) 등이 속한다.

확인 질문

확인질문은 입론에서 발언을 마친 사람이 말한 내용을 확인하는 과정이다. 입론에 대해 반박할 수 있는 근거, 즉 오류나 문제점, 개념정의, 자료출처 등 상대방의 발언 내용에 질문하는 과정이다. 확인 질문을 할 경우에는 다음에 유의해서 진행해야 한다.

① 상대팀이 발언한 내용에 대해서만 질문해야 한다.

② 상대방이 내세운 논점이나 발언내용의 허점에 대해 질문한다.
③ 논점을 뒷받침하는 논거의 타당성에 대해 질문한다.
④ 발언내용을 단순히 파악하는 질문은 피한다. “이런 말씀을 하셨습니다. 맞습니까?” 단순한 내용확인에 머무는 것이 아니라 상대팀의 주장에 대한 반론으로 이어질 수 있는 내용전개를 위한 질문을 한다.
⑤ 질문자는 상대방에게 예의 있는 태도로 질문해야 한다.

반박

반박은 주어진 짧은 시간 동안 양쪽이 입론과 확인질문을 통해서 드러나는 쟁점들을 정리해서 상대방의 주장이나 근거가 지니는 약점과 허점을 공격하면서 왜 잘못되었고 어떤 점에서 오류가 있는지를 밝히는 부분이다.

① 상대방이 내세운 논점이 논제에서 벗어나지 않았는지 검토한다. 논점에 대한 상대방의 논점이 논점일탈의 오류를 범하고 있지 않은지 논리적 타당성을 검토한다.
② 상대방의 근거가 타당한지 검토한다. 상대방의 근거를 뒷받침하는 근거가 사실적인지 또는 충분한지 적절한지를 검토해서 타당하며 설득력이 있는지 검토한다.
③ 입론에서 제시하지 않은 논점을 들어 반박해서는 안 된다. 아무리 상대팀 입장에 대한 직접적인 반박 논거를 가지고 있다고 하더라도 상대팀의 입론에서 제시되지 않은 논점이라면 반박해서는 안 된다.

최종발언(최종변론)

최종발언은 결론에 해당하며, 지금까지 토론한 내용을 간략하게 요약 및 정리하고 토론논제에 대한 자신의 입장을 청중을 향해 다시 한 번 선명하게 부각시키는 단계이다.

① 논제에 대한 자기 팀의 입장과 논점을 간략하게 정리한다.
② 자기 팀의 논점에 대한 상대 팀의 반박을 간략하게 정리하고 이에 대해 자기 팀의 전체적인 입장을 밝힌다.

2. 교육적 독서토론의 과정 및 방법

1) 교육역량 강화 독서토론

교육역량의 의미는 무엇인가? 교육역량은 교육의 결과적 측면뿐만이 아니라 교육의 과정에서 교육을 잘하는 능력을 키우는 것을 의미한다. 교육의 과정에서 교육을 잘 할 수 없으면 교육목표는 성취될 수 없기 때문이다.

그렇다고 하면 우리는 교육역량을 어떻게 강화할 수 있는가? 한마디로 상위교육을 해야 한다. 이것은 교육의 교육으로 교육을 잘 할 수 있도록 교육하는 것이다. 지금까지 우리는 특정 소재(X)를 교사와 학생이 가르치고 배우는(교수-학습) 것을 교육으로 인식하고 있다. 그러나 교육이 어찌 이것뿐인가? 가르치지 않아도 스스로 깨우치는 경우도 있다. 맥이 끊긴 공예품이 다시 복원되는 경우도 있다. 인간은 교육적 존재로서 교육을 통해서만 자신의 존재를 실현한다. 따라서 교육을 잘하는 능력도 교육을 해야 한다. 이것은 교육을 받고자하는 사람이나 교육하는 사람이 협력적으로 할 수 있다.

독서토론이 교육역량 강화에 어떻게 기여하는가? 독서 토론은 토론의 과정에서 상호작용을 하는데, 참가자들은 이때 서로의 상호주관성을 확대한다. 즉 서로의 생각과 인식의 틈을 메우고 합의를 넓힌다. 비고스키는 사회적 상호작용에 의한 언어의 발달을 통해 인지발달을 이루며 언어를 개인 간의 의사소통의 도구뿐만이 아니라 정신 내적인 상징작용을 통해 사고를 하는 고등정신능력으로 보았다. 특히 이러한 토론은 '교육적 토론(academic debate)'으로서 상호작용을 통한 협력학습과 교육적 효과의 성취에 중점을 두고 있다.

2) 독서토론의 방법

위의 1)에 적합한 독서토론으로 상위교육 독서토론을 들 수 있다. 상위교육은 교육의 과정에서 교육의 교육한 규칙에 의해 교육활동을 전개하여 교육을 혁신하고 교육역량을 강화하는 교육이다. 즉 하면 할수록 교육을 잘하는 교육이다. 상위교육은 교육의 소재를 가지고 그것을 교육하는 교육과는 달리 그 소재를 가르치고 배우는 것을 교육하는 교육이다. 이러한 독서토론은 그 과정에서 독서토론의 문제점을 발견하고 개선한다. 그리고 이 독서토론의 방법은 독서토론의 장점을 더욱 발전시킨다. 상위교육 독서토론은 그 과정에서 토론을 통한 상호작용을 활발히 하게 하는 협력학습을 가능하게 하고, 토론에 참여하는 당사자는 즐거움, 배려, 보람, 몰입 등의 교육의 고유한 가치를 만끽하게 한다. 따라서 교육적 독서토론은 학생들이 토론 경험을 통해서 책읽기의 즐거움을 느끼고 토론의 과정에서 독서와 토론 능력이 차츰 강화되는 교육적 토론이다. 결과적으로 이것은 다양한 교육적 효과를 성취하게 한다. 이러한 토론은 먼저 다음과 같은 과정을 기조로 하여 진행하면서 그 과정에서 개선해 간다.

(1) 짝 그룹(pair-group) 토론

학생 간의 짝 그룹 토론은 서로가 텍스트의 내용을 확인하는 질문을 하거나 내용의 배경지식에 대해 이야기하며 토론 주제가 아이들에게 적합한지 수준을 진단하는 것으로 시작한다. 이 과정에서 학생들 간에 교육적 대화를 전개할 수도 있다. 이는 책읽기에 근거한 내용을 토대로 서로의 인성, 도덕성, 정체성, 비전, 가치관, 정직성 등 여러 가지 발달에 기여할 수 있도록 사고를 언어화(think aloud)하는 것이다. 짝그룹 토론의 다음과 같이 진행할 수 있다.

① 서로가 올바른 책읽기 태도를 길러주기 위해 책을 읽을 때의 느낌, 자세, 생각, 정서 상태 등에 대해 자세히 묻고 들으며 긍정적으로 바뀌도록 피드백을 준다.

② 책읽기 텍스트를 꼼꼼하게 읽었는지를 확인하기 위해 핵심 내용에 대해 묻는다. 주요 사건이나 핵심 내용 등에 대해 질문한다. 이때 상대가 틀린 경우에는 무안하지 않게 '그건 그게 아니고 이런 거야'라고 말하지 않는다. '나는 그것을 이렇게 이해했는데, 그건 이러저러한 것이라고 생각돼'라고 말한다.

③ 주요 쟁점이 될 만한 사항에 대해 상대에게 묻고 찬성과 반대의 견해를 들어보며, 그것이 토론의 논제로서 아이에게 적합한 수준인지를 체크한다.

④ 짝을 바꾸어가면서 아이에게 적합한 논제를 함께 토론한다. 이것은 사회적 관계성과 소통능력, 자신감을 키우고 동기를 부여한다.

⑤ 서로가 이해되지 않는 내용이나 함께 이야기해서 해결하고 싶은 주제나

내용을 말하게 하고, 교사는 그것에 대해 정의를 내리거나 답을 제시하지 않고 단서나 실마리를 제시해가면서 스스로 해결하도록 한다.

⑥ 마지막으로, 서로에게 칭찬을 해주고 잘 한다고 격려한다. 서로가 토론에서 좋았던 점과 앞으로 해보고 싶은 것에 대해 이야기하면서 토론을 평가한다(류영룡, 2020).

(2) 조별 토론

조별토론에서 토론의 활성화, 지속, 강화를 위해 필요한 것을 서로가 제안하거나 실행할 것을 주문하는 것으로 시작한다. 조별토론에 앞서 토론의 리더는 짝그룹 토론 결과로서의 논제를 추천받아 전체 팀원과 협의하여 논제를 정하고, 토론을 진행한다. 그리고 논쟁을 위한 토론을 위해서는 쟁점을 정하여 찬성 측과 반대 측으로 나누어서 논거와 논증 자료를 개발하는 토론을 하게 한다. 그리고 이후에는 전체토론을 실시한다.

① 토론의 논제를 제안 받아 서로 협의하여 서로의 수준에 맞게 정한다.

② 토론의 논제를 개방형으로 할 경우에는 '교육적 토론'이 될 수 있도록 텍스트의 내용에 기반하여 여러 발달에 기여하도록 2-3개의 논제를 정한다.

③ 논제를 하나로 정하여 찬성과 반대의 토론으로 할 경우에는 조별 토론에서는 자신들이 맡은 논제의 근거, 논증 자료 등을 마련하는 토론을 실시한다. 이때 예상되는 상대측의 논증 방법과 논증자료 등에 대해서도 분석하여 이를 반박하는 논리를 개발한다.

④ 조별 토론에서는 토론의 규칙에 대해 인지하여 지키도록 하고 리더(사회자)를 두어 토론을 효율적으로 진행한다.

⑤ 조별 토론의 결과 즉, '자신들이 맡은 찬성과 반대의 입장을 명확하고 구체적으로 정리한 자료'를 토대로 전체토론에서 발표할 수 있도록 준비한다.

⑥ 조별 토론 과정에서 참가자는 사회자의 진행에 적극 협력해서 서로에게 되도록 많이 발표할 수 있도록 하여 발표력, 언어이해력, 비판능력, 사고력(문제해결력), 판단력, 탐구와 분석능력, 리더십, 설득적 열정 등이 발

달할 수 있도록 한다.

⑦ 아이들은 발표에 적극적으로 참여하고 스스로 평가하고 더욱 잘할 수 있도록 다음 발표를 준비하고, 교사는 이를 잘 관찰하고 메모하고 발표할 때의 정서상태와 태도 등 모든 점에 대해 피드백한다.

⑧ 조별 토론에서는 논제의 선택과 이 논제의 옹호 논리와 논제에 대한 반박논리, 토론의 과정에서의 강점과 약점 등에 대해 평가하고 개선할 점을 공유한다(류영룡, 2020).

(3) 전체 토론

교육적 독서토론은 짝그룹 토론, 조별 토론에 이어서 하는 토론이다. 먼저, 이것은 개방형 논제로 토론한 경우에는 조별 간의 발표를 통해 서로에게 도움을 주는 발판 즉, 비계설정(scaffolding)이 되어 자신들의 조별 팀의 논증의 자료나 근거의 강점과 약점을 파악할 수 있도록 한다. 그리고 폐쇄형 논제로 전체 토론을 하는 경우에는 두 팀으로 나누어 찬반토론으로 진행한다.

① 사회자는 논제의 유형에 따라 진행 방식과 토론규칙을 참가자에게 알린다.

② 개방형 논제의 경우에는 모둠별 토론에서 협의된 논제를 팀별로 각각 제안하고, 사회자는 이를 명확히 하여 논제를 참가자들이 공유할 수 있도록 한다.

③ 폐쇄형 논제의 경우에는 사회자가 논제를 제시하고, 이를 명확히 고지하고 토론의 진행 순서와 규칙을 알린다.

④ 각 팀의 리더가 먼저 입론을 하고 보조자가 보충 입론을 한다.

⑤ 전체 토론에서는 사회자의 진행과 요청에 따라 토론을 유지하여 토론에 몰입한다.

⑥ 참가자는 토론의 규칙을 잘 지켜서 토론할 때 나타날 수 있는 감정이 상하는 일이 없도록 한다.

⑦ 전체토론에서는 다양한 수준의 논리와 입장들이 발표되므로, 참가자는 이것을 이용하여 자신의 입장과 논리력을 점검하고 발달의 발판으로 삼는다.

⑧ 사회자와 참가자는 토론을 평가하고 개선할 점을 토의하여 공유한다(류영룡, 2020).

3) 하브루타(Haveruta) 토론

하브루타 토론은 탈무드를 읽고 주제를 갖고 질문을 하면서 자신의 주장이 옳음을 증명하기 위해 논리적 공격과 방어를 반복하는 것이다. 그렇다고 해서 지고이기는 것은 없다. 이것은 지혜, 사고력, 창의력, 자기주도적 학습, 문제해결능력, 논리적 사고, 비판적 사고를 향상시킨다. 또한, 이것은 탈무드 읽기, 파트너에게 질문하기, 주제찾기, 토론하기, 창의적 해결방법 도출하기, 적용하기의 순서로 이루어진다. 가정에서는 배경지식이 있는 가벼운 문답으로 시작할 수 있으며, 학교에서는 파트너와의 문답, 플립러닝에서의 교사와 학생의 문답으로 실천할 수 있다.

토론은 6원칙으로 이루어진다. 제1원칙은 2 명이 한 팀이 되어 진행한다. 제2원칙은 토론할 때 엄지를 사용한다. 자신의 의견을 어필할 때 창의적, 논리적일 때 엄지 척!, 반론할 때는 엄지 아래!. 제3원칙은 리듬을 타며 즐기면서 토론을 이어간다. 제4원칙은 개방된 공간에서 토론이 이루어진다. 이것은 동기를 부여하고 자신감을 키우는데 도움이 된다. 제5원칙은 짝을 바꾸어 토론한다. 이것은 발표력, 자신감, 다른 사람과의 관계성, 소통능력을 키운다. 제6원칙은 때와 장소를 불문하고 끊임없이 탐구활동이 가능하게 만들기 위한 하브루타 토론이 이어진다.

문해력 증진을 위한 뇌기반 독서법

뇌 기반 독서법에 대해 알아보기 전에 뇌 기반 독서에 대한 일반적인 이론을 소개한다. 뇌 기반 독서를 통해 문해력을 기르기 위해서는 조기교육을 해야 한다. 아이가 성취할 독서 수준의 예언 척도는 부모나 다른 어른이 책 읽어주는 소리를 들으며 보낸 시간의 양이다. 태어나서 2000일까지는 아이가 발달하는 뇌의 모든 부분을 총동원하여 독서능력을 학습할 수 있도록 준비하는 기간이다. 독서는 시각영역과 청각, 언어 및 개념 영역을 연결하고 통합할 수 있는 뇌의 능력에 의존한다. 뇌의 각 영역의 통합은 각 부위와 연합하는 연결의 성숙도인 통합 속도에 의존하여 이루어지는데, 그 속도는 뉴런의 축색의 마이엘린화

(myelination)에 따라 뉴런이 전기신호를 빨리 전달할 수 있다. 5세 이전에 감각 및 운동 부위가 모두 마이엘린화되고 독립적으로 기능하지만, 각회와 같이 시각, 언어 및 청각 정보를 빠른 속도로 통합시키는 능력의 기반이 되는 뇌 부위들은 그렇지 않다고 한다. 그렇다면 언제 독서교육을 해야 할까? 다섯 살부터 독서 교육을 시킨 유럽의 아이들이 일곱 살에 독서교육을 한 아이들보다 성취도가 낮았다(Usha Goswami). 하지만 5세 때에 시를 들거나 글을 쓰는 것('미술작품')은 단어 안에 든 음성의 최소단위 즉, 음소를 분절하는 능력을 길러주고 구어와 문어의 연관 관계에 대한 지식을 증가시킨다.

초기 문해 부진 유형에 따른 뇌 기반 독서의 여러 변인을 정리하면 다음과 같다. 첫째, 취학 전 독서 준비이다. 진지한 말놀이(wordplay)는 어른이 읽어주는 책 내용을 듣는 것으로 대수롭지 않아 보이는 문자 이름 말하기 능력 기르기와 이름붙이기(Name-giving)이다. 둘째, 초기 문해력 의 출발점은 '이상적인 무릎' 위에서 성장하는 것이다. 이것은 문자 언어를 듣는 것과 사랑받는 느낌이 연합됨으로써 기나긴 학습 과정이 진행될 수 있는 최고의 토대가 마련된다. 셋째, 빠르게 이름 말하기(rapid automatized naming, RAN) 검사는 독서 퍼포먼스에 대한 예측력이 가장 정확한 검사이다. 이는 독서의 발달 과정 전체가 해독을 아주 빨리함으로써 다음에 올 정보에 대해 생각할 시간을 뇌에게 부여하는 식으로 진행되기에 네이밍의 스피드가 중요하다. 넷째, 말의 빈곤(word poverty)은 조기 독서교육에 있어 중요한 변인이다. 캘리포니아 지역사회 대상 연구에서 언어적 빈곤으로 자란 일부 다섯 살의 아이들이 듣고 자란 단어의 수가 평균적 중산층의 아이보다 3, 200만 개나 적었다(Risly, T., & Hart, B.). 다섯째, 유치원생의 어휘력 증진이 중요하다. 어휘력 면에서 하위 25%에 속하는 유치원생들은 일반적으로 어휘와 독해면에서 다른 아이들을 따라 잡지 못하고, 6학년이 되면 어휘와 독해 모두 또래에 비해 약 3년이 뒤처진다. 여섯째, 이중언어 사용 환경이 독서에 미치는 영향이다. 뇌가소성으로 인해 아이들은 이중언어를 능숙하게 구사하는 능력을 습득할 수 있다. 3살 이전에 이중언어에 노출되면 단일 언어 사용자에 비해 언어와 독서능력에 긍정적인 영향을 미치며(Laura-Ann Petitto), 이중언어의 대가를 따져볼 때 이익이 문제점보다 크다.

이중언어의 노출 시 뇌 부위를 보면, 아이들은 단일 언어의 뇌 사용 중첩 부위에서 두 언어를 모두 처리하지만 어른들은 좌뇌와 우뇌 모두 사용하기 때문이다. 기억과 학습에 관계하는 구조 테트워크를 이해하면 조금 더 쉽게 언어습득과 언어화용을 이해할 수 있다. 해마 영역은 에피소드 혹은 일화 기억 및 서술적 관계학습(자극 + 자극: S-S)을 담당한다. 편도체는 자극-보상 연합의 학습과 정서기억(S-Af)에 중요한 역할을 한다. 선조체는 절차 및 암묵기억(자극 + 반응: S-R)에 관여한다. 배외측 전전두피질 영역들은 작업기억에 관여하며, 복외측 전전두 영역은 장기기억의 부호화와 인출에 중요한 역할을 한다. 좌반구 두정피질은 인출의 정확성에 관여하고, 하측두피질은 대상지각, 운동피질은 운동기억과 관계한다. 이처럼 뇌는 기억의 부호화와 응고 및 저장, 기억의 인출에 관여하는 다중기억체계(multitude memorial system)를 가지고 있다.[18] 뇌 가소성을 생각한다면 기억과 관계하는 뇌의 각 영역을 활성화하는 반복적인 훈련을 통해 언어를 수용하고 이해력을 높일 수 있다(김명선 외 공역, 2014). 또한 상당한 정도로 중복되는 표상을 사용하여 점진적으로 일어나는 언어학습을 할 수 있다.

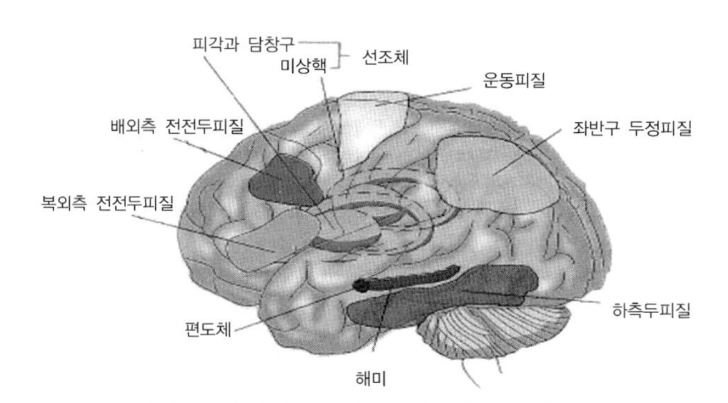

[그림 4-2] 기억과 학습에 관여하는 구조 네트워크(출처: Cengage Learning, 2011)

언어와 독서에 관계하는 뇌 영역은 브로카 영역과 베르니케 뇌 영역이다. 브로카 영역은 운동언어 영역이다. 이것은 언어의 표현에 관여하는 뇌의 부위로, 이 부분이 손상되었을 경우 브로카 실어증(Broca's aphasia)으로 알려진 운동성

실어증이 나타난다. 베르니케 영역은 감각언어 영역이다. 이것은 언어의 수용과 이해에 관여한다. 각 영역은 상세로다발(superior longitudinal fasciculus)에 의해 연결되어 있고, 베르니케 영역이 손상될 경우 단어에 의미를 배정하는 능력이 크게 손상되며 단어의 생성은 가능하나 단어의 의미는 통합되지 않는 감각성 실어증 또는 베르니케 실어증(Wernicke's aphasia)이 나타난다.

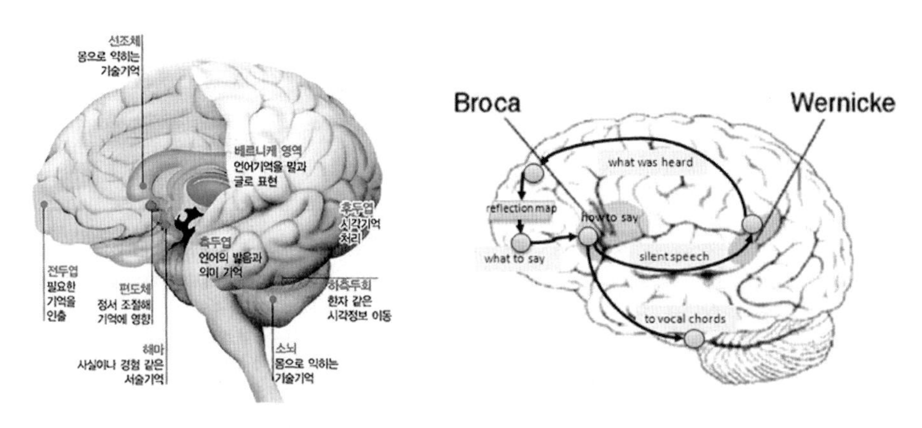

[그림 4-3] 언어와 독성에 관계하는 뇌 영역
(출처: https://lh3.googleusercontent.com/proxy/..., 2020, 09, 11. 인출)

독서 초보자의 뇌와 독서 숙련가의 뇌는 여러 가지 차원에서 차이가 있다. 어린 독서 초보자의 뇌의 특징은 다음과 같다. 아이들은 각회와 상변 연회의 사용량이 성인보다 많다. 측두엽의 베르니케 영역도 활성화되고, 좌뇌의 브로카 영역은 전두엽과 같은 집행프로세스와 음운론적, 의미론적 프로세스를 담당한다. 의미론적 프로세스는 다음의 네 가지 발달과정을 통해 능력이 성숙된다. 의미론적 발달(semantic development)은 어휘 발달로서 단어의 의미에 대한 이해를 증가시키는 능력이다. 통사론적 발달(syntactic development)은 언어 안에 들어 있는 문법 관계를 터득하고 사용할 수 있는 능력으로 점점 복잡해지는 책 속 언어의 문장을 이해할 수 있게 해주는 능력이다. 형태론적 발달(morphological development)은 의미의 최소단위를 알고 사용법을 깨우치는 것으로 문장과 이야기 속에 들어 있는 단어들의 종류와 문법적 용법을 이해하게 하는 능력이다. 화용론적 발달(pragmatic development)은 자연스런 문맥 속에서 언어의 사회문화적 '규칙'을 인식하여 사용하게 되는 능력의 발달이다.

아래의 그림에서 단어를 소리 내서 읽을 때의 뇌에서 일어나는 작용을 살펴보면, 통사론적 프로세스가 브로카와 같은 전두 영역과 좌뇌의 측두 영역과 우측 소뇌에서 자동적으로 사용된다.

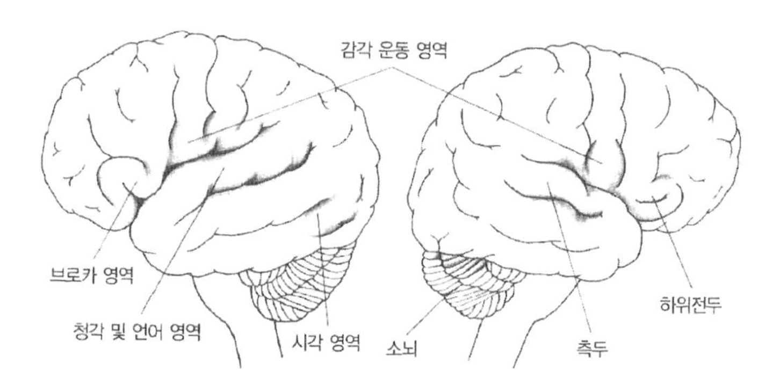

[그림 4-4] 브로카 영역(출처: Wolf, M., 이희수 역, 2009)

유창하게 이해하는 뇌에 대해 살펴보자. 다음의 그림 좌측의 '감정의 자리'인 뇌의 최상위층 피질 바로 아래 위치한 대뇌변연계와 인지와의 연결이 활성화 된다. 이때에는 독서한 것의 반응으로 기쁨, 혐오, 공포, 성취감 등을 느낀다. 우측 그림처럼 집중적이고 효율적인 시각 부위 및 후두-측두 부위에서 시작하여 나중에는 하위 및 중간 측두 부위와 전두 부위까지 개입시킨다.

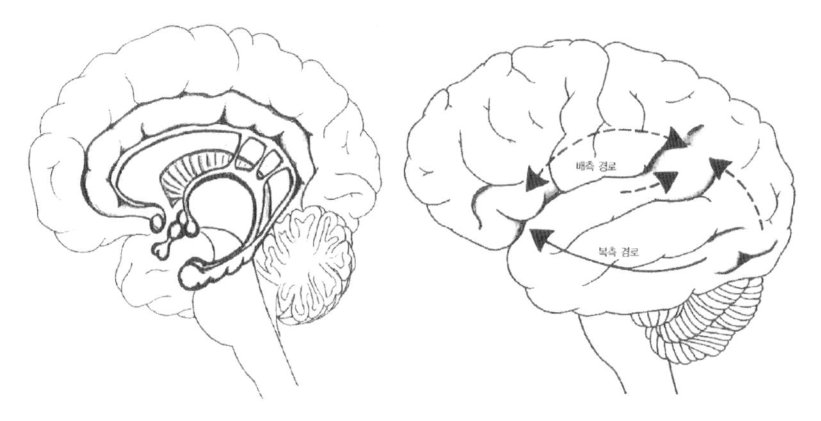

[그림 4-5] 유창하게 이해하는 뇌(출처: Wolf, M., 이희수 역, 2009)

독서 숙련가의 뇌를 살펴보자. 좌뇌와 우뇌의 브로카 영역, 우뇌의 각회 영역, 소뇌의 우측 반구를 포함한 다양한 측두 영역과 두정 영역들이 보다 많이 개입한다. 텍스트를 추론할 경우 좌뇌와 우뇌의 전두 시스템을 활성화 시킨다. 의미론적 및 통사적으로 복잡할 경우에는 이 전두 영역은 측두엽의 베르니케 영역, 두정 영역의 일부분, 그리고 우뇌와 소뇌와도 상호작용한다.

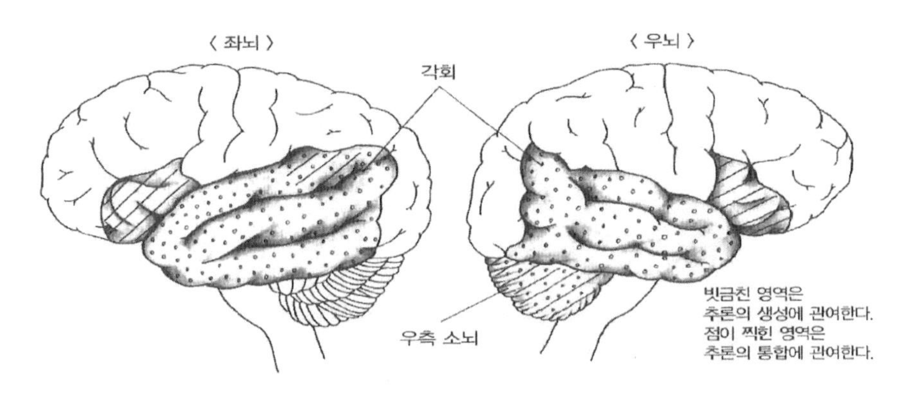

[그림 4-6] 독서 숙련가의 뇌(출처: Wolf, M., 이희수 역, 2009)

문해력 증진을 위한 글쓰기

문해력은 글쓰기를 하고 반성적 피드백을 통해 증진할 수 있다. 글쓰기는 자신의 생각을 정리하여 타인과 상호작용하는 의사소통의 수단을 넘어 비판적 사고 및 창의·융합적 사고를 하는 고등정신 기능을 수행하게 하는 심리적 도구이다. 먼저, 글쓰기 준비 및 쓰기 일반에 대하여 알아보자.

-시간표를 짜자(마감시간).
-마음에서 우러나는 주제를 선택하자(추상적 주제, 새로운 주제?).
-범위를 좁히자(치밀하고 체계적으로 구성한 개념, 논증, 메시지).
-적절한 자료를 조사하라(전문가의 서적이나 학술논문, 강연, 저널기사).
-초안을 작성하자(조사 자료의 노트작성 후에 초안 작성, 핵심 포인트(3-5개)에 로마숫자 붙이고 그를 뒷받침 하는 개념들을 추가해 큰 그림 완성).
-자신의 아이디어에 대해 토론하자(친구, 학부모, 선생님, 좋은 아이디어와

피드백 얻기, 신뢰할 사람의 초안 검토 및 비판 수용).
-초고를 쓰자(청중이나 독자 입장에서 이해와 가독성 높이기, 한 번에 한 가지만 말하거나 쓰고, 이와 관련한 논거와 사례, 보조 개념을 들기, 간단 명료하게, 확실하게, 분명하게, 재미있게, 개념이 글로 자연스럽게 흘러가도록!).
-글을 고치자("글쓰기는 결국 고쳐 쓰기다.", 개념이 논리적으로 흐르는가를 확인, 문장구조 개선, 강력한 어휘 선택, 맞춤법 고치기, 충분한 시간 투자하기).

한편, 유시민(2019)은 글쓰기에 대해 다음과 이야기 한다. 글쓰기 철칙1은 많이 읽지 않으면 잘 쓸 수 없다. 많이 읽을수록 잘 쓸 수 있다. 글쓰기 철칙2는 쓰지 않으면 잘 쓸 수 없다. 많이 쓸수록 더 잘 쓰게 된다. 글쓰기에 도움이 되는 책 선정하기 원칙은 첫째, 인간, 사회, 문화, 역사, 생명, 자연, 우주를 이해하는데 꼭 필요한 지식과 개념을 담은 책이다(지식과 어휘 습득). 둘째, 정확하고 바른 문장을 구성한 책이다(자신의 생각을 효과적이고 아름답게 표현을 구사하는 능력 습득). 셋째, 지적 긴장과 흥미를 느끼는 책이다(즐겁고 쉽게 읽고 논리의 힘과 멋을 느낄 수 있음). 그리고 그는 논리적 글쓰기 방법을 다음과 같이 제시한다. 첫째, 무슨 이야기를 하는지 주제가 분명해야 한다. 둘째, 그 주제를 다루는데 꼭 필요한 사실과 중요한 정보를 담아야 한다. 셋째, 그 사실과 정보 사이에 어떤 관계가 있는지 분명하게 나타내야 한다. 넷째, 주제와 정보와 논리를 적절한 어휘와 문장으로 표현해야 한다. 글쓰기를 하는데 있어 몇 까지 주의해야 할 사항을 다음과 같다. 독자 입장에서 써라. 가독성 있게 써라. 교육적으로 써라. 진심을 다해 써라. 세계를 변화시키려 써라.

1) HMC, 질문공탁 작성 방법 예시

다음의 '가. 나.'에서 제시하고 있는 표와 그림들은 공부 과정에서 '발견과 발명'을 위해 고안된 쓰기 양식이다. 이것들은 아이들이 교과 지식을 구성할 때, 조직화와 정교화를 쉽게 할 수 있도록 하고, 장기기억에 유리한 시각적 심상을 형성하게 한다.

가. 총체적인 개념 차트(HMC; Holistic Concept Chart)

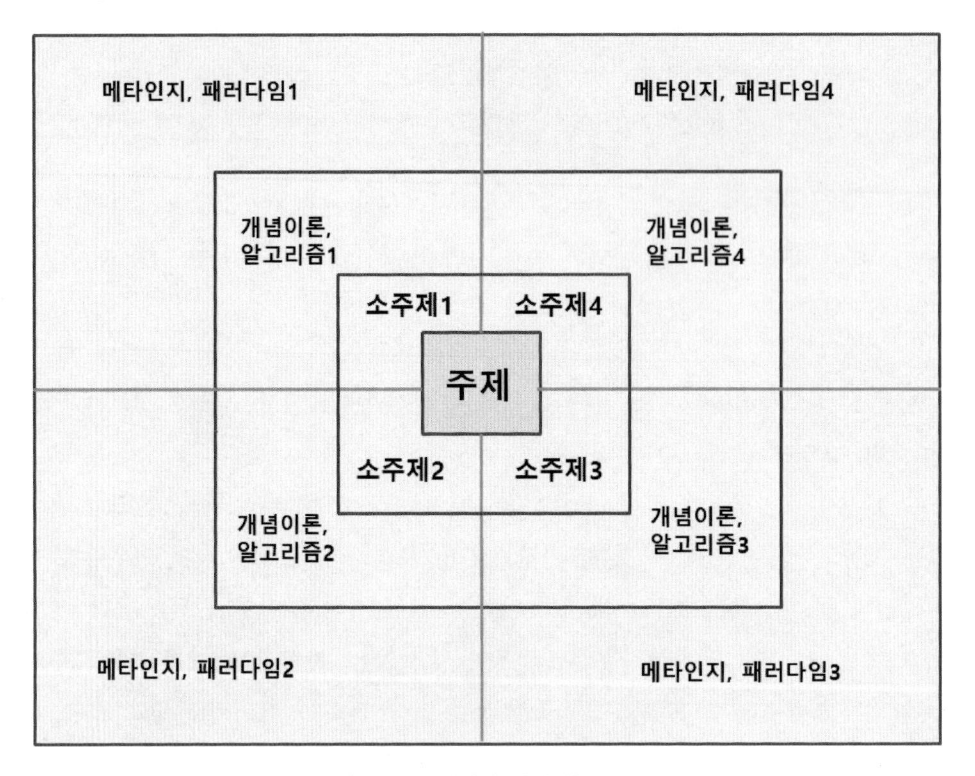

[그림 4-7] 총체적인 개념 차트(HMC)

총체적인 개념 차트는 주제를 정하여 다시 소주제로 나누고, 각각의 영역에 유형과 메타인지를 쓰는 것과 이것을 다시 학생 개인이 자신만의 언어로 쓰는 것 두 가지가 있다. 이것은 개인적 경험과 새로운 개념 간의 연결을 강조하는 것이다. 또한 HMC는 교육어를 활용한 상위교육 프로그램의 교과 학습을 위한 프로토콜에 적용하여 단원 전체를 시각화하여 개관하고 기억하는 데에도 유용하게 쓰인다. 이를 통해서 개인은 메타인지 전략인 모니터링에 의한 아는 것과 모르는 것을 구분하고, 컨트롤을 통한 인지전략 및 자기조절을 하는 능력을 터득하게 된다. 이것은 완벽성의 추구에서 오는 불안 및 학습된 무기력을 예방하고 새로운 인지전략 및 조절능력을 세우는 기초자료가 된다.

나. 질문공탁 양식

질문공탁은 수업이나 공부과정에서 생성된 개인적인 질문을 전체에 공개하고, 그에 대한 답을 각자의 수준에서 모색하여 참여자들끼리 서로 피드백 하는 것이다. 우리는 질문공탁을 통한 원조와 자조의 교육활동의 효과를 극대화하는데 일조하는 질문공탁의 방법과 질문지 양식들에 대해 생각해 볼 필요가 있다.

질문공탁은 교육적인 활동의 하나인 것이다. 학생들이 질문공탁에 참여하는 것 자체가 교육적 관계를 맺고 스스로 자신의 수준을 높이려고 도움을 청하거나 자신의 수준에서 타인에게 도움을 주는 교육적 행위이다. 이것의 예는 자주 제기되는 질문에 대한 답을 매뉴얼로 만든 'Q & A' 코너와 각종 포털에서 지식을 묻는 '지식 인(IN)'과 같은 사이트이다. 질문공탁은 학생의 반응 수준과 그가 지닌 질문에 초점을 맞추기 때문에 이해된 수준을 개별적으로 파악할 수 있다.

<table>
<tr><th colspan="6"><문제>, <개념원리>, <수업・공부 중 생성된 의문></th></tr>
<tr><td colspan="6"></td></tr>
<tr><td colspan="2">아는 것</td><td colspan="2">모르는 것</td><td colspan="2">알고 싶은 것</td></tr>
<tr><td colspan="2"></td><td colspan="2"></td><td colspan="2"></td></tr>
<tr><th colspan="3">질문공탁 답변자의 조언</th><th colspan="3">질문공탁의 답변</th></tr>
<tr><td colspan="3"></td><td colspan="3"></td></tr>
</table>

[그림 4-8] 메타인지를 적용한 질문공탁 차트(MQC)

먼저, 학교에서의 질문공탁의 방법은 학교 홈페이지에 질문공탁 사이트를 만들어 누구나 묻고 답하는 방법, 질문공탁 게시판 또는 SNS를 이용하는 방법, 그리고 수업시간 말미에 질문공탁을 하여 학생들로 하여금 다음 수업시간에 발표하게 하는 방법, 소그룹을 만들어 질문공탁을 하는 방법 등을 생각해 볼 수 있다. 이 이외에도 참여자의 수준, 과제, 목표, 교육환경, 그리고 상호작용 방법에 따른 다양한 방법들이 있을 수 있다. 질문지 양식은 공동체의 상호작용의 효율성을 위해서 어느 정도 일반화하여 사용할 필요가 있다. [그림 4-8]의 질문공탁 양식(MQC)은 메타인지를 적용하여 고안된 것이다. 이것은 질문공탁의 내용을 지정하고 구분하여 기록하는 것으로 되어 있다. 여기에는 문제, 개념원리, 수업과 공부 중에 생성된 의문을 기록한 다음 자신이 아는 것과 모르는 것을 구분하고 이에 따라 알고 싶은 것을 정리하여 기록한다. 그리고 여기에는 질문공탁 답변자의 답변 요청사항과 질문공탁의 답변 등을 기록하게 되어 있다. 이것의 효용성은 질문자는 자신의 수준을 이해하고 자신의 수준에 맞는 답변을 구할 수 있고, 답변자는 질문의 의도를 알고 적합한 답을 줄 수 있으며 교육공동체 구성원들 간의 협업에 의해 수준 차이를 극복할 수 있다는 데에 있다.

질문공탁을 통해 '서로 가르치면서 배우는' 일은 자연스럽게 성취동기 유발에 도움을 준다. 질문을 공탁한 학생은 질문을 통하여 자신의 현재의 수준을 공개하였으므로 어떻게 하든 원조를 받아 그에 대한 답을 구하려 할 것이고, 공탁한 질문을 보고 그에 대한 답을 제공하는 학생 또한 '가르치는 과정에 참여'하여 자신의 지식을 반성하고 재구성할 수 있기 때문이다. 질문공탁은 학생 개인과 공동체가 교육목표에 부합하는 가시적 목표를 설정하여 교육의 소재를 발굴하여 공유하고, 이에 대한 전체적인 참여를 통해 교육적 동기를 부여하는 동시에 능력별로 그에 대한 해답을 제시하여 순차적으로 이해하게 하는 방식이다. 이 방법은 교육적 활동의 단위와 무관하게 참여자의 개별성뿐만이 아니라 집단의 역동적 상호작용과 조직의 통합성, 그리고 결과의 효율성까지도 고려한 교육적 활동방법이다. 이 방법은 협력학습 과정에서 생성되는 의문을 시간상의 제약으로 해결할 수 없거나 앞으로 더 학습하고자 하는 내용과 문제해결에 대한 아이디어를 질문공탁지 양식에 기록하고 함께 공유하는 과정을 통해 서로 과업을 해결해가는 데 도움을 주는 활동이다.

문해력 향상은 학업성취도를 높이기 위해 매우 중요하다. 기초 문해력과 디지털 리터러시도 함께 증진해야 할 문해력이다. 문해력 증진을 위한 유기적 교육은 학습읽기 지도, 메타인지적 학습전략 지도, 뇌 기반 독서지도, 교육적 독서토론, 글쓰기 등이다. 학습읽기 지도는 교과내용 독서지도로서 지적, 구성적, 과정적, 협동적 특성 등을 고려하여 전략을 개발하여 실행한다. 메타인지 학습전략 지도는 학습읽기의 구성요소에 따라 전략을 개발하여 실행한다. 예컨대, 정보텍스트의 이해 전략은 텍스트를 구조화하는 것이고 매체 및 디지털 문식성 전략은 디지털 스토리텔링을 적용하는 것이다. 뇌 기반 독서지도는 언어습득과 언어화용에 관계하는 뇌의 영역과 기억과 학습에 관여하는 구조네트워크의 이해를 통해 초보자의 뇌에서 숙련가의 뇌로 변화시키는 것이다. 교육적 독서토론은 일반적인 독서토론을 기반으로 하여 비계설정과 공감과 배려를 도입한 것이다. 이것은 짝 그룹 토론, 조별 토론, 전체 토론을 거치면서 자연스럽게 비계설정이 이루어지게 하여 상호주관성을 높여가는 것이다. 문해력 증진을 위한 글쓰기는 사고의 과정이나 결과를 문어적으로 표현하는 것으로 타인과의 관계를 맺는 교류적 글쓰기와 표현적인 글쓰기가 있다. 이 외에 개념과 패러다임을 분류하고 시각적으로 쓰는 총체적인 개념차트(HMC), 메타인지를 적용한 질문공탁 차트(MQC) 등이 있다. 이러한 체계적인 교육은 프로그램 형태로 설계하여 실행해야 한다.

3

문해력 향상 프로그램

논자는 그간의 연구와 강연 자료를 모아 교육프로그램을 마련할 목적으로 문해력 증진 역량의 하위요소를 개발하고 구조화하였다. [그림 4-9] 문해력의 핵심역량과 하위요소는 그것을 심상으로 나타낸 것이다.

이것은 문해력 대처방안 교육프로그램의 역량과 하위요소로서 상위교육의 핵심역량과 같이 뿌리, 목표, 중간 역량으로 이루어져있다. 각각의 역량가운데 의사소통 능력은 문해력 증진의 최종단계인 목표(Objectives) 즉, '하면 할수록 교육을 잘하는 상위교육력'을 높이는 뿌리(Roots)에 해당한다. 중간에 위치하는 기초문해력, 수학적 문해력, 디지털 문해력, 미래성장 문해력은 교육목표를 달성하는 역량(Competencies)에 해당한다. 첫째, 의사소통 능력의 하위요소는 언어적 의사소통의 읽기, 듣기, 쓰기, 말하기이고, 비언어적 의사소통의 몸동작, 제스처, 얼굴 표정, 눈 맞춤, 신체접촉, 음성 특색이다. 둘째, 기초 문해력의 하위요소는 언어의 화용, 글의 내용의 이해, 맥락의 파악, 수용 및 표현 능력, 실질적인 문맹의 극복이다. 셋째, 수학적 문해력의 하위요소는 실제 생활의 문제를 수학적 문제로 변환하기, 문제의 정의와 표상하기, 문제 해석하기, 전략적 사고, 논쟁 및 판단, 형식적 언어 및 추상적 언어의 사용, 문제해결의 절차 및 방법의 터득(알고리즘)이다. 넷째, 디지털 문해력은 글을 읽고 쓸 줄 아는 것처럼 디지털을 활용할 줄 아는 역량으로서 그 하위요소는 시각적 리터러시, 컴퓨터 문해, 정보문해이다. 다섯째, 미래성장 문해력은 4차 산업혁명과 AI 시대에 변화하는 교육패러다임에 적응하고 새로운 정보와 지식을 창의적으로 융합하여 창조하는 능력이다. 미래성장 문해력의 하위요소는 컴퓨터 사고, SW교육, AI 활용능력이다. 여섯째, 상위교육 수행력은 메타교육 5UP 핵심역량이다.

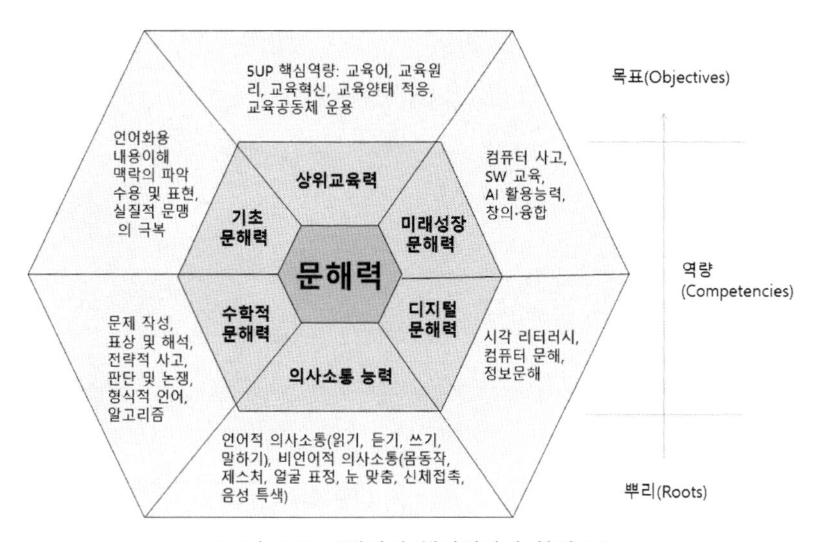

[그림 4-9] 문해력의 핵심역량과 하위요소

이와 같은 6가지 문해력은 문해력 교육프로그램의 6회기 구성과 맥락을 같이한다. 이러한 각각의 문해력을 각 회기별로 하나씩 문해력 역량으로 삼아 이론의 이해 및 체험하기를 위주로 진행한다. 1회기 의사소통 문해력 역량의 주제는 '나와 서로를 알기'이고, 1차시 이론 익히기는 의사소통 유형, 2차시 체험하기는 의사사소통 기법이다. 2회기 기초 문해력 역량의 주제는 '기초 문해력의 이해 및 대처1'이고, 1차시 이론 익히기는 언어의 화용의 문제, 2차시 체험하기는 기초 문해력의 평가, 진단 및 대처1이다. 3회기 수학적 문해력 역량의 주제는 '수학적 문해력의 이해 및 대처2'이고, 1차시 이론 익히기는 수학적 문해력의 유형, 2차시 체험하기는 수학적 문해력의 평가, 진단 및 대처2이다. 4회기 디지털 문해력 역량의 주제는 '디지털 문해력의 이해 및 대처3'이고, 1차시 이론 익히기는 디지털 문해력의 유형, 2차시 체험하기는 디지털 문해력의 평가, 진단 및 대처3이다. 5회기 미래성장 문해력 역량의 주제는 '미래성장 문해력의 탐색과 역량 강화'이고, 1차시 이론 익히기는 미래성장 문해력의 탐색, 2차시 체험하기는 미래성장 문해력의 실제이다. 6회기 상위교육력 역량의 주제는 '하면 할수록 잘하는 교육'이고, 1차시 이론 익히기는 5UP 핵심역량의 이해, 2차시 체험하기는 5UP 핵심역량 강화 방안이다.

본 회기의 각각의 1차시에서는 기초 문해력의 하위요소를 이해하고, 이를 바탕으로 각각의 2차시에서는 문제에 대처방안을 실제적으로 체험하여 아이들에게 적용할 수 있도록 한다. 그리고 교사는 매 시간 배운 내용을 학생의 문해력 역량 강화에 적용한다. 학생들은 팀별로 주어진 의서소통 자료를 가지고 의사소통 유형에 대해 토의하고 전체적으로 발표하고 피드백하여 의사소통 기법을 공유한다. 그리고 교사는 매시간에 토의한 결과를 종합하여 학생의 문해력 역량 강화에 적용한다.

<표 4-7> 문해력 대처방안 교육프로그램(6회기, 12차시)

회기	문해력 역량	주제	1차시 이론 익히기 2차시 직접 체험하기	목표 및 활동
1회기	의사소통 능력	나와 서로를 알기	의사소통 유형	의사소통 유형을 알기
			의사소통 기법	의사소통 기법을 체험하기
2회기	기초 문해력	기초 문해력의 이해 및 대처1	언어의 화용의 문제	언어화용의 문제점 알기
			기초 문해력의 평가, 진단 및 대처1	진단 척도 사용 및 대처 체험하기
3회기	수학적 문해력	수학적 문해력의 이해 및 대처2	수학적 문해력의 유형	수학적 문해력 이해하기
			수학적 문해력의 평가, 진단 및 대처2	수학적 문해력 대처방안 체험하기
4회기	디지털 문해력	디지털 문해력의 이해 및 대처	디지털 문해력의 유형	디지털 문해력 유형 이해하기
			디지털 문해력의 평가, 진단 및 대처	디지털 문해력 대처방안 체험하기
5회기	미래성장 문해력	미래성장 문해력의 탐색과 역량 강화	미래성장 문해력의 탐색	미래성장 문해력을 탐색하여 찾기
			미래성장 문해력의 실제	미래성장 문해력을 키우기 위한 방법 고안하기
6회기	상위교육력	하면 할수록	5UP 핵심역량의 이해	5UP 핵심역량의 영역을

회기	문해력 역량	주제	1차시 이론 익히기 2차시 직접 체험하기	목표 및 활동
		잘하는 교육		이해하기
			5UP 핵심역량 강화 방안	5UP 핵심역량 강화 방안 적용방법 체험하기

1회기 강좌 및 주별 활동 내용 소개: 교육프로그램의 의미, 공감대 형성, 의사소통의 유형 소개 및 기법의 체험: 언어적/비언어적 의사소통/듣기

일상과 수업에서 사용가능한 의사소통 유형은 언어적, 비언어적 유형이다. 교실수업에서 언어적 소통은 구어적인 말하기와 듣기, 문어적인 쓰기를 말한다. 언어적 소통은 학습내용의 전달과 수용, 교사의 지시와 학생의 순응, 교육목표의 진술, 학급의 갈등해소를 위한 대화, 직면한 문제 해결을 위한 토론 등을 위한 중요한 기능을 한다. 한편, 언어적 소통은 교육환경을 우호적으로 만들어 교육목표 달성에 마땅히 기여한다. 비언어적 의사소통은 공간의 사용, 환경 요인, 시간의 사용, 신체적 특징, 인위적인 것, 몸의 움직임, 접촉, 준언어를 포함한다. 교사의 얼굴표정, 자세, 접촉 등 비언어적 소통이 학생의 학업성취를 높이는 역할을 할 수 있다. 교실에서 교사의 비언어적 소통은 중요한 역할을 한다.

2회기 기초 문해력의 이해 및 대처방안: 언어화용의 문제점/글의 내용의 이해/맥락의 파악/수용 및 표현력/실질적 문맹 극복

OECD에 따르면, 한국의 실질문맹률은 약 75%이라고 한다. 이는 대략 10명 중 7명이 글을 읽고도 그 뜻을 이해하지 못한다는 것을 의미한다. 글의 의미를 모르고 전체적인 맥락이나 그 글의 구조를 파악하지 못하는 것이 실질적 문맹이다. 단편적인 문장이나 글을 이해하지 못하고 맥락과 구조를 파악하지 못한다면, 교육격차를 심화시킬 것이다. 문해력 수준이 낮아지는 학생들의 수가 늘어나고 있다. 다문화 학생의 증가, 다양한 이유로 교육에서 소외되는 학생, 사회계층문제의 교육에의 유입, 문해력의 방치 등이 교육격차를 심화시킨다. 여

기서 기초 문해력은 다양한 문해력 즉, 미디어, 교육과정, 정보화, 각 교과의 교육역량 등에 영향을 미치는 기본적인 역량이다. 따라서 우리는 기초적인 문해력을 음절, 음소, 음운 등에 맞게 읽기, 맞춤법에 맞게 쓰기라는 차원을 넘어 언어의 화용론적인 측면에서 생각해야 한다. 언어의 기능적 측면과 함께 화자와 청자 사이에 상대의 의도를 인식하고 이해하는 측면 및 단편적인 문장이나 긴 글의 내용파악 측면을 고려해야 한다. 이러한 것에는 내용이해, 맥락의 파악, 상대의 의사의 수용 및 자신의 의사 표현 능력이 해당한다. 이러한 것이 기초 문해력이라 할 수 있다. 바로 이러한 능력을 길러야만 실질적인 문맹을 극복할 수 있고, 평등한 교육을 실현할 수 있는 토대를 마련할 수 있다.

3회기 수학적 문해력의 이해 및 대처방안: 실생활 문제의 수학문제로의 변형/문장제 문제의 표상 및 해석/문제해결의 전략적 사고/형식적언어, 추상적 언어의 사용/수학적 언어 수준의 제고/알고리즘의 체득

수학적 문해(mathematical literacy)는 수학학습에 있어 필요한 학습능력이다. 수학적 문해는 발달에 기초적인 것과 더불어 수학적 지식을 실제 상황에 적용하는 능력이다. 이러한 능력에는 다음과 같은 것들이 있다. 첫째, 읽기, 부호화, 진술과 수학적 정보 해석하기, 산출로서 설명하기, 진술하기, 논증하기가 있다. 둘째, 실제 세계의 문제를 수학적 문제로 변형하기, 수학적 대상이나 정보를 제시된 상황과 관련하여 해석하기가 있다. 셋째, 표상하기는 수학적 대상이나 관계를 생각해내거나 사용하기 즉, 등식, 공식, 그래프, 표, 다이어그램, 교과서의 내용 기술하기이다. 넷째, 판단하기와 논쟁은 사고 과정에 논리적으로 뿌리두기로서 문제 요소를 그것으로부터 추론하기 위해 탐구하거나 연결하기 위한, 주어진 정당화를 체크하기 위한, 혹은 정당화를 제공하기 위한 사고 과정이다. 다섯째, 전략적 사고는 선택하기, 고안하기, 함축하기 등을 통해 과제나 내용으로부터 나타나는 문제를 풀기 위한 수학적 전략을 말한다. 여섯째, 상징적, 형식적, 기술적 언어를 사용하기와 연산은 이해하기, 조작하기, 상징적 표현 조작하기, 정의, 규칙, 관습, 형식적 체계에 기반하여 구성 개념 사용하기이다.

디지털 리터러시(digital literacy 또는 digital literacies)는 디지털 문해력을 말한다. 이것은 글을 읽고 쓸 줄 아는 것처럼 디지털을 활용할 줄 아는 역량을 말한다. 또한, 이것은 디지털 자료를 효과적으로 사용하는 능력 이상을 포함하며 특별한 종류의 사고 또는 사고방식으로서, 디지털 기술, 데이터, 정보, 콘텐츠, 미디어를 읽고, 분석하고, 사용할 줄 아는 능력과 소양을 말한다. 그리고 디지털 리터러시의 하위요소들은 정보검색 선택 능력, 디지털 안전, 기능적 기술, 창의성, 비판적 사고, 사회문화적 이해, 협력, 효율적 소통이다.

미래 사회는 무엇보다 과거와 비교할 수 없게 지식이 빠르게 발전하기 때문에 평생 지식을 키워나가야 하는 상황에서 디지털 리터러시는 생존 능력에 해당된다. 디지털 리터러시는 시각 리터러시, 컴퓨터 문해, 그리고 정보문해를 토대로 한다. 한편, 디지털 리터러시는 디지털 적용 측면에서 디지털 경영, 자아경영, 시회적 공헌으로 나누고, 디지털 윤리 측면에서 법, 도덕으로 나누어 기술, 데이터, 미디어, 컨텐츠 리터러시로 분류할 수 있다.

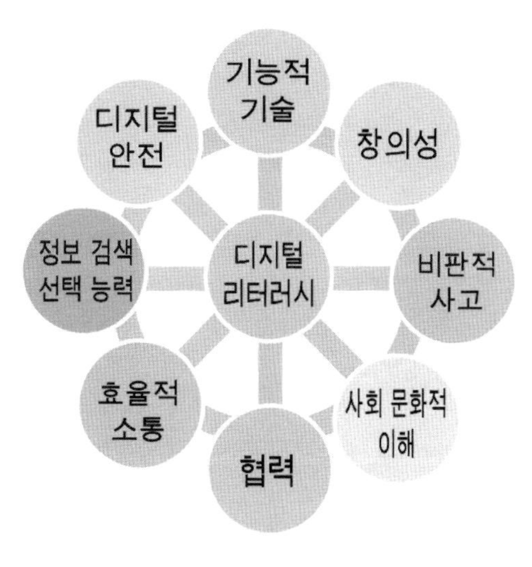

[그림 4-10] 디지털 리터러시

5회기 미래성장 문해력의 이해 및 대처방안: 컴퓨터 사고/SW교육/AI 활용능력/창의·융합 능력

컴퓨팅 사고력이란 컴퓨터가 문제를 해결하는 방식처럼 복잡한 문제를 단순화하고 이를 논리적이고 효율적으로 해결하는 능력이다. 과거에는 단편적인 학습 및 암기로 많은 문제를 해결 할 수 있었으나, 앞으로 올 융합중심 사회에서는 지식의 암기의 중요성은 떨어지며 데이터를 수집하고 분석하여 컴퓨터가 문제를 해결 할 수 있게 자동화 하는 능력이 훨씬 더 중요해진다.

SW교육역량이란 '2015 문이과 통합형 교육과정' 개편안에 수록된 컴퓨팅 사고력 함양을 목적으로 하는 일련의 학습과정으로 사고력 향상을 위해 '소프트웨어'를 도구로 사용하는 것이다. 소프트웨어 교육의 목적은 소프트웨어 교육 강화를 통해 미래사회를 준비하기 위한 체계적인 소프트웨어 교육 발전 방안을 마련해 소프트웨어 중심사회의 국가경쟁력 확보하는 것이다. 따라서 미래에 적응하기 위해서는 SW교육역량을 갖추어야 한다. AI 기반 교육은 필연적으로 도래하고 만다. 머지않은 미래에는 선생님의 역할이 고도화하고, 인공지능 교사와 역할을 분담하게 된다. AI교사가 학생과 함께 하이테크(High Tech) 영역인 기억하기(remember)와 이해하기(understand)를 수행하고, 인간교사는 학생과 함께 하이터치(High-Touch) 영역인 적용하기(apply), 분석하기(analyze), 평가하기(evaluate), 창조하기(create)에 관한 교육할 것이다.

6회기 상위교육력의 이해 및 대처방안: 5UP 핵심역량의 강화(교육어/ 교육원리/교육혁신/교육양태 적응/교육공동체 운용)

6회기는 메타교육 역량강화를 위한 5UP 핵심역량을 하위역량으로 하고, 이 책의 각 장에서 다루고 있는 개념정리, 적용 사례, 그리고 대처 방안 및 교육프로그램을 토대로 새로운 교육프로그램을 만들어 교육한다. 이 책의 제3장에서 논의한 상위교육의 핵심역량의 하위역량의 개념, 적용사례, 대안 및 방안, 교육프로그램, 교육평가에 대해 제4장부터 제5장까지 논의하고 있다. 이것들은 상위교육의 핵심역량 강화를 위한 하위역량들의 세부지침이 될 수 있다.

제5장

어떻게 교육의 규칙을 공유할 것인가?

상위교육의 핵심역량에서 줄기에 해당하는 역량가운데 하나는 교육원리 수행력이다. 이것은 교육 자체가 지니는 고유한 교육원리를 회득하고 참여자들 간에 합의된 규칙을 실천하는 것이다. 교육원리를 공유하는 공동체 차원의 세부 요소는 교육활동의 규칙, 교육의 내재율, 환열설복이다. 교육원리를 체험하는 개인적 차원의 세부 요소는 체험적 교육활동, 교육의 내재율, 심열성복이다. 이러한 교육원리를 수용하고 잘 지켜 교육활동을 강화하는 방안은 무엇인가?

첫째, 교육에 있어서도 필요한 교육원리의 의미를 이해해야 한다. 교육의 원리는 교육놀이의 규칙이다. 교육놀이에 참여하는 주체는 그 규칙에 복종함으로써 교육이 놀이의 차원으로 승화하는 것이다. 교육원리가 교육놀이의 규칙으로 작용하면 교육주체는 교육활동에 몰입하게 하게 한다. 또한 교육원리는 교육주체의 수준, 교육의 소재, 교육의 여건과 관계없이 교육이 충실하게 이루어지는 교육의 동질성을 확보하는 토대가 된다. 따라서 교육의 고유한 원리는 교육의 내재율로서 "교육은 자율적인 기제에 의해 실천되고 개선해 간다"는 명제의 기초적인 토대가 되는 것이다.

둘째, 교육원리의 사례를 통해 실천을 상기시켜야 한다. '초등학교 교실에서 두 자리 덧셈을 하화하고 상구하는 수업 장면을 예시한 글'은 통해 교육원리를 실천성의 의미를 알 수 있게 한다. 다산의 교육방식을 교육의 내재율이라는 관점에서 분석하는 것은 교육활동을 이해하는데 더 유리하다. 어떠한 교육활동을 교육의 내재율에 비추어보는 것은 일반성을 갖는다. 그것은 교육활동의 상황과 맥락의 변화에 비교적 영향을 덜 받기 때문에 교육적 의미를 더 잘 발견할 수 있기 때문이다.

셋째, 교육원리의 실천 방안을 모색해야 한다. 교육의 예비적 구조의 내재율에 따른 교육원리의 실천방안은 교육원리의 요소들이 어떻게 교육활동에서 적용될 수 있는가와 관련하여 제시할 수 있다. 교육원리는 교육활동의 관점에서 상구활동의 원리와 하화활동의 원리로 나눌 수 있다. 그리고 그에 따른 구체적인 교육원리의 요소들을 궁구하고 실천방안을 마련하여 제시할 수 있다. 이와 함께 다산의 강진제자 여섯 가지 교육방식에 따라 교육원리의 실천방안이 어떻게 교육활동에서 적용될 수 있는가를 제시할 수 있다.

1

교육원리의 의미

동굴의 비유는 현재의 상태에서 그것과는 다른 질적으로 구분되는 상위 상태로 나아가고자 하는 '위로 올라가는 활동'과 위로 올라간 뒤 새로운 깨달음을 얻고 과거와 같은 상태에 있는 돌아가고자 하는 활동 즉, '아래로 내려가려는 활동'을 묘사하고 있다(엄태동, 2006). 또한 『갈매기의 꿈』에서 조나단 갈매기도 자신의 비행술을 수준을 높이는 활동을 한 후에 다시 돌아와 동료들에게 가르치려는 모습을 상기해보자. 이처럼 교육은 상향하는 활동과 하향하는 활동으로 이루어지는데, 이것을 상구활동과 하화활동이라 할 수 있다. 이때 이러한 교육활동에서 노정되는 제반 문제를 극복하고 활동을 개선하기 위한 조건은 무엇인가? 교육활동을 촉진하고 강화하여 교육주체가 몰입하고 보람과 희열을 갖는 조건은 무엇인가? 그리고 또다시 교육에 참여하며 교육을 하면 할수록 더 잘하게 되는 필요조건은 무엇인가?

교육의 고유한 원리는 무엇인가? 교육의 원리는 교육놀이의 규칙이다. 교육의 원리는 교육활동에 몰입하게 하며 교육의 동질성을 확보하게 하게 한다. 교육놀이에 참여하는 주체는 그 규칙에 복종함으로써 교육놀이가 가져다주는 여러 가지 주체의 효능감 및 교육활동 과정의 충실성을 확보할 수 있다. 교육의 동질성은 교육의 주체, 교육의 소재 및 교육주체의 수준, 교육의 여건과 관계없이 교육이 충실하게 이루어지는 것이다. 따라서 교육의 동질성을 확보하는 방안은 먼저 교육의 원리를 정하고 교육주체가 그 규칙에 따라 교육활동을 실행하여 교육하는 과정과 더불어 교육이 끝나는 시점에서도 교육의 고유한 가치를 체험하는 것이다. 따라서 교육의 고유한 원리는 교육의 내재율로서 "교육은 자율적인 기제에 의해 실천되고 개선해 간다"는 명제의 기초적인 토대가 되는 것이다. 교육의 고유한 원리는 교육놀이처럼 상구활동과 하화활동이 서로 맞물려 협동교육이 선순환 되는 맥락에서 실마리를 찾아야 할 것이다. 이를 위해서는 먼저 그 두 활동의 요소들이 무엇인가를 탐색해서 각각에 들어맞는 것들끼리 유기적으로 연결해야 한다.

그렇다면 협동교육을 이루는 요소들은 무엇인가? 교육의 구조를 이루는 요소들이 교육활동에서 발현되어 교육을 지속시키거나 촉진・강화하면, 그것들은 교육의 내재율(intrinsic rules)이라고 할 수 있다. 대위관계(對位關係)를 이루는 12가지 요소들 즉, 행위의 동기(이타-자리), 변형의 방향(보수-혁신), 품차의 양해(존우-존현), 단계의 배열(역차-순차), 협동활동의 형식(원조-자조), 품차의 입증(타증-자증)이 잘 지켜지고 발현되어 교육의 고유한 가치를 드러내면 교육의 내재율이 된다. 교육의 내재율은 교육활동에서 동기유발부터 교육목적의 진행방향, 주체의 태도, 소재의 선택과 배치, 협동적 활동, 지식과 진리의 검증에 이르기까지 교육활동에서 구체적으로 실천되고 발현된다. 엄태동(2006)의 상구의 내재율과 하화의 내재율은 교육의 소재(미래품위의 원리-과거품위의 존중), 교육방법(상향적 점진화-하향적 점진화), 협동교육(체험적 실천-산파적 조력), 교육의 가치 및 품위 체험(심열성복-환열설복)이다. 이것들은 또한 교육활동에서 구체적이고 핵심적인 국면에서 교육에 우호적인 여건을 만드는 요소들이다.

엄태동(2006)은 상구활동의 원리로 미래품위의 원리, 상향적 점진화, 체험적 실천, 심열성복(心悅誠服)의 4가지 제시하였고, 하화활동의 원리로 과거 품위의 존중, 하향적 점진화, 산파적 조력, 환열설복(歡悅說服)의 4가지를 제시하였다. 상구활동의 첫 번째 원리는 '미래품위의 원리'이다. 이것은 현재의 품위에 안주하기보다는 그의 앞에 놓여 있는 미래 품위에 관심을 갖고 이를 추구한다는 것이다. 소크라테스의 '너 자신을 알라'는 '너 자신은 완전하지도 않고 무지하며, 여전히 개선될 여지가 있다는 점을 알라'와 다름 아니다. 두 번째 원리는 상향적 점진화이다. 이것은 최고의 품위에 단번에 도달하려고 해서는 안 되며, 점진적으로 한 단계 상위 품위들을 찾아 습득해 나가는 방식으로 진행되어야 한다는 것이다. 소크라테스는 동굴 벽면에 비치는 그림자를 진실이라고 믿는 자가 단 한 번에 태양빛과 대면하기보다는 '물속에 비친 상', '원래 실물', '하늘', '별빛과 달빛', '태양과 태양 빛'이라는 순서로 점진적으로 나아가는 '익숙해짐(synetheia; habituation, slow adaptation)'을 강조하고 있다. 세 번째의 원리는 체험적 실천이다. 언어는 교육활동에 중요한 교육매체임이 분명하지만, 언어적인 표현을 넘어서거나 거부하는 암묵적 차원(暗默的 次元, tacit dimension)'이 깃들어 있는 것들이 있다. '우리가 말 할 수 있는 것 이상을 알고 있으며, 암묵적 차원에 의존하지 않고는 아무 것도 말할 수 없다'는 것이다(Polanyi, 1946, 1958, 1966). 『장자』(莊子)에서 제나라 환공과 목수 윤편(輪扁)의 대화는 앎과 언어와의 관계를 지적한 것으로 암묵적인 앎(tacit knowing)은 책을 통해서가 아니고 체험을 통한 마음의 수긍으로 얻어진다는 것이다. 루소(Rousseau, 1761)도 아이들에게 기호만 가르치고 기호에 대한 관념을 가르쳐야 의미가 있고 이해할 수 있다고 언어와 체험의 관계를 함축적으로 표현하고 있다. 네 번째의 원리는 심열성복이다. 심열성복은 『맹자』(孟子)에 나오는 '덕으로 사람들을 따르게 하면, 그들은 마음속에서 우러나오는 진심과 기쁨을 가지고 복종한다(而德服人者 中心悅而誠服也, 孟子, 公孫丑章句.)'는 구절에서 따온 것이다. 이는 외부적인 힘이나 권위 또는 압력 등에 의해서가 아니라 상구를 통하여 상위 품위를 자신의 것으로 점유하는 가운데 그것이 지니는 우월함을 체험하고 이를 자발적으로 승인한다는 원리이다.

엄태동(2006)의 하화활동의 첫 번째 원리는 과거 품위의 존중이다. 인간은 다른 사람들을 사랑(他者愛) 때문에 죽음의 위협이나 심각한 충돌과 갈등의 양상이 벌어질 것을 예상하고 가르치려 한다. 이때 하화자는 상구자의 '과거의 품위를 존중'하는 원리에 맞도록 행동해야만 한다. 두 번째의 원리는 하향적 점진화이다. 먼저, 상구자의 현재의 품위의 수준을 진단하고, 그 수준까지 하강하여 역차적(逆次的)으로 적응할 수 있도록 해야 한다. 얼마간의 시행착오는 있을 수 있다. 그래서 하화자는 기예적(技藝的, artistic) 능력을 키우고, 교육을 진행해가면서 수준을 계속 진단하고 또 그 결과를 송환하면서 시행착오를 줄여야 한다. 교육적 소재의 선택에 있어 알쏭달쏭한 문제로 '혼란한 와중에도 해결의 실마리가 손에 잡힐 정도로 낯익은 부분'(Dewey, 1916)이 있게 해야 한다. 알의 안쪽에서 껍질을 쪼고 나오려는 병아리와 바깥에서 쪼아 새끼가 나오는 활동을 돕는 어미닭의 조화 [啐啄同時]가 하향적 점진화에 수반되어야 한다. 이것은 상구자와의 수준의 진단, 소재의 배열, 협응적(協應的) 활동을 촉진한다. 세 번째의 원리는 산파적 조력이다. 이것은 소크라테스가 자신의 삶을 통하여 모범적으로 구현해 보인 것으로 상구자의 맞은편에서 그의 상구 활동을 촉구하고 지도하며 안내하는 원리이다. 네 번째의 원리는 환열설복이다. 이것은 하화를 통하여 고귀한 품위를 고귀한 것으로 입증한다는 원리를 말한다. 환열은 상구자가 새롭게 깨달은 것에 대해 정서적으로 고양되고 그 가치를 느낀다는 것이고, 설복은 하화자가 자신의 우월함을 외적이나 힘을 사용하지 않고 상구자가 심열성복하면서 받아들이도록 이끄는 것을 말한다(엄태동, 2006, pp. 174～207).

교육의 내재율은 교육활동에서 야구경기의 규칙처럼 교육활동의 몰입과 밀도 높여 그 활동을 지속·강화하는 기제가 될 것이다. 교육을 하나의 놀이로 승화시키고자 한다면, 교육의 고유한 규칙을 만들고 협동교육을 수행해야 한다. 놀이의 규칙은 구성원을 하나로 결속시키고 공동의 목표를 성취하고자 하는 토대가 된다. 이것은 또한 놀이를 지속시키고 강하하여 결과적으로 참여자들에게 만족감을 준다. 교육은 이처럼 교육의 고유한 내재적 원리에 의해 이루어지는 체험적 과정이다. 언어를 일차적 매개로 교육을 하지만, 그 표현과 소통의 한계 때문에 시범과 도제적 실습이 필요하다. 이러한 이유로 교육하는 과정에서 좀 더 교육의 가치인 기쁨, 즐거움, 만족감, 보람, 성취감, 몰입감 등을 느끼기 위해서는 교육의 내재적 원리 즉, 교육의 내재율에 대해 좀 더 이론적으로 정교화하고 경험적인 연구가 앞으로 더 이루어져야 할 것이다.

2

교육원리의 실천사례

교육놀이에 참여하고 복종하며 교육적 가치를 느끼면서 교육을 더 잘하려면 어떠한 규칙이 있어야 하는가? 이것은 교육놀이의 규칙, 교육활동의 원리, 또는 교육의 내재율이다. 야구 경기에서 경기의 밀도를 높이는 것은 물론 경기에 참여하는 선수들의 열정과 실력이 중요한 조건이 된다. 그런데 경기 도중 어떤 선수가 경기 규칙을 어기고 오히려 상대편 탓을 한다면 그 순간 경기는 열기가 식고 만다. 그렇듯이 교육이라는 놀이에서도 야구의 경기처럼 어떠한 규칙이 있어야 거기에 복종할 수 있고, 재미가 있어지고, 그 규칙 안에서 교육을 더 잘하려고 할 것이다. 이러한 교육놀이의 규칙의 가능성을 다음의 사례를 통해서 타진해보기로 한다. 다음 글은 '초등학교 교실에서 두 자리 덧셈을 하화하고 상구하는 수업 장면을 예시한 글'(엄태동, 2006)을 요약한 것이다.

> 교사는 두 자릿수 덧셈의 원리를 설명하고는 다음과 같은 세 문제를 칠판에 적은 뒤 학생들에게 풀어보도록 요구하였다.
>
> 1) 12＋13＝□　2) 22＋17＝□　3) 46＋57＝□

어느 정도 시간이 지난 뒤에 교사는 답을 아는 학생들은 손을 들도록 하고 답을 발표하도록 하였다. (중략) 순서대로 25, 39, 103이라고 발표하였으나 한 학생이 103이라고 말한 학생을 밀치며 '선생님, 저요!'하고 손을 들었다. 학생들이 수군거리기 시작하였지만, 교사는 '어, 답이 103이 아닌 것도 같다. 답이 무엇일까? 그럼 똘이가 한 번 답을 말해볼래?'하고 말하였다. (중략) 교사는 똘이가 칠판에 적은 '93'이라는 숫자를 색종이로 덮어 가리고, 3) 46+57=□ 4) 43+50=□ 이라는 문제를 쓴 뒤, 똘이에게 풀어보라고 하였으나 다시 '93'이라고 썼고 교사는 다시 색종이로 가렸다. 그리고는 3)번과 4)번의 문제를 비교하면서 46과 43, 57과 50 가운데 큰 수를 찾게 하고 3)과 4)번 문제의 크기를 비교하여 3)번이 당연히 크다는 답을 똘이에게 받아냈다. 교사는 똘이에게 두 개의 색종이를 치우게 하였고, 똘이는 당황했다. 다음 시간이 미술 시간이었으나 교사는 3)번과 4번의 문제를 지우지 않았다. (중략) 똘이는 앞으로 나아가서는 '3)번의 첫 번째 수 46은 4)번의 43보다 3이 더 크고, 다시 3)번의 두 번째 수 57은 4)번의 두 번째 수 50보다 7이 더 크므로 3)번이 4)번 보다 10이 더 크다'고 말하면서 그 답은 103이 되어야 한다고 이야기 하였다. 똘이는 3)번 문제에 대해 '일의 자리 수 6과 7을 더하면 십의 자리 수 13이고, 40과 50을 더하면 90이므로 '13+90=103'이라고 말하였다. 교사는 똘이의 풀이 방식에 대해 재미있다고 칭찬하며 반 학생들 모두에게 똘이의 방식을 적용할 수 있는 문제 쌍들을 만들어서 풀어보도록 하였다. 갑자기 미술 시간은 수학 시간으로 바뀌었다(엄태동, 2006, pp. 139-140).

위의 사례에서 교사는 똘이의 수준으로 내려가서 4)번의 문제를 출제하여 해답이 두 자릿수 93인 4)번과 해답이 세 자릿수인 103인 3)번을 '단계적으로 배열'을 하고, 색종이로 똘이의 해답을 가리고 4)번 과 3)번의 크기의 비교하여 똘이가 스스로 위로 향하게 하는 교사의 열정이 나타나 있다. 교사가 출제한 4)번 문제는 3)번과 해답의 차이를 '10'으로 함으로써 3)번으로 한 단계 수준을 높였다. 또한 똘이가 대답한 답이 모두 '93'이라는 모순과 마주치게 하고, 똘이 자신이 스스로 그 차이가 어디에서 오는가를 깨닫게 하고, 모순을 알아차려 극복하게 하였다. 똘이는 상향(top-up)하였으며, 교사는 자신의 수준으로 가르치지 않고 똘이의 수준을 찾아 아래로 내려가는 하향(top-down)하였다.

일찍이 다산(茶山)은 강진제자를 교학하면서 그 방식으로 교육목표와 특성에 따라 교학방식의 유형을 '단계별, 전공별, 맞춤형, 실전형, 토론형, 집체형의 여섯 가지'로 분류하였다(정민, 2011).[19] 그런데 이것은 교육방식이라기 보다 교육의 내재율에 의해 협동교육이 잘 지켜지고 있음을 보여준다. 아래의 글은 '류영룡(2016)이 정민(2011)이 분류한 6가지 교학방식을 장상호(2009a)의 교육의 예비적 구조를 나타내는 수레바퀴 모형의 6가지 대위관계(12가지 하위 요소)와 대비하여 분석한 것'이다.

첫째, 교육의 내재율에서 '단계의 배열(순차-역차)'과 관련이 있는 다산의 방식은 단계별 교육이라 할 수 있다. 이의 내재율로 다산의 단계별 교육의 구체적인 사례를 비추어 볼 때, 이것은 하화자가 촉류방통, 슬슬주, 선경후사의 방법을 통해 수기치인을 하화의 맥락에서 적용한 것으로 역차를 의미하는 것으로 볼 수 있다. 또한 이것들을 상구의 맥락에서 적용한 것은 순차를 의미한다고 할 수 있다. 둘째, 교육의 내재율에서 '품차의 양해(존현-존우)'와 관련이 있는 다산의 방식은 전공별 교육이라 할 수 있다. 다산은 개인의 역량과 취미가 '어디에 있는지 헤아려 장점이 있는 곳에 집중적으로 힘을 쏟게' 하였고, 전공을 문학과 이학, 문예와 학술의 구분을 두고 그 내용도 차별화 하였다(정민, 2011b) 셋째, 교육의 내재율에서 '행위의 동기(자리-이타)'와 관련이 있는 다산의 방식은 맞춤형 교육이라 할 수 있다. 이것은 동기유발형 교육으로 다산은 동기유발을 위해 '제자의 처지와 인성 및 개성을 살펴, 꼭 맞는 교육프로그램을 제시하고, 칭찬과 꾸지람으로 상황에 따른 처방'을 내려주었다(정민, 2011b). 넷째, 교육의 내재율에서 '변형의 방향(혁신-보수)'과 관련이 있는 다산의 방식은 실전형 교육이라 할 수 있다. 다산의 강진제자들은 품위의 수준이 아주 낮은 단계에 있었다. 다산은 제자의 품위를 혁신시키기 위해 초서를 통해 바탕공부를 다진 다음 실전연습을 통해 저술 작업으로 이어지게 하였는데, 이를 위해 작업의 핵심가치를 설정하여 목표를 정한 뒤에 '목차와 범례를 확정해서 작업의 전 과정을 장악한 뒤에 작업'에 착수하게 하였다(정민, 2011b). 다섯째, 교육의 내재율에서 '품차의 입증(자증-타증)'과 관련이 있는 다산의 방식은 토론형 교육이라 할 수 있다. 다산은 교육활동에서 자증과 타증을 통해 품위의 가치를 증명하였다. 여섯째, 교육의 내재율에서 '협동활동의 형식(자조-원조)'과 관련이 있는 다산의 방식은 집체형 교육이라 할 수 있다. 다산의 교육활동에서 협동과 협응에 의해 자조와 원조의 내재율이 잘 지켜지고 있음을 의미한다(류영룡, 2016, pp. 63~65).

지금까지 교육원리를 가지고 다산의 강진제자 교육방식을 살펴보았다. 다음은 이를 토대로 똘이와 교사의 교육놀이를 교육의 내재율에 비추어 분석한다. 교육방법을 교육의 내재율이라는 관점에서 분석하는 것은 교육활동의 상황 및 맥락의 변화와 교육외재에 영향을 비교적 덜 받기 때문에 교육적 의미를 더 잘 발견할 수 있다(류영룡, 2016). 똘이의 사례는 12가지 교육의 요소와 8가지의 교육의 내재적 원리를 가지고 똘이와 교사의 교육적인 상호작용을 분석한 것이다. 그렇다면, 똘이의 사례에서는 수레바퀴 모형의 12가지 요소들이 교육활동에서 어떻게 지켜지고 발현되었고, 상구활동과 하화활동의 8가지 원리의 무엇이 나타나고 있는가? 교사는 아이의 어리석음을 탓하지 않고 수준을 점진적으로 상향하는데 도움을 주어 스스로 증명하도록 하고 있다 [自證-他證]. 위 사례에서 4)번의 문제를 출제하여 해답이 두 자릿수 93인 4)번과 해답이 세 자릿수인 103인 3)번을 '단계적으로 배열(역차)'을 하였다. 여기에는 교사가 먼저 풀이 방식을 설명하지 않고 똘이의 '미래의 품위를 존중(엄태동, 2006)'하고 '품위의 차이를 양해(관대)'하여 색종이로 똘이의 해답을 가리고 4)번 과 3)번의 크기를 비교하는 교사와 학생의 상호작용이 잘 나타나 있다. 이것은 곧 '협동활동(원조-자조)'을 통해 문제 풀이의 방안을 도출하는 '품차의 입증(타증-자증)'이 잘 나타나 있다. 교사가 출제한 4)번 문제는 3)번과 해답의 차이를 '10'으로 함으로써 3)번이 차상품이 되게 하였다. 또한 똘이가 대답한 답이 모두 '93'이라는 모순에 직면하게 하여 인지적 불평형 상태를 똘이 자신이 스스로 깨닫고 해결하도록 하는 것은 '산파적 조력(엄태동, 2006)'이다. 이것은 하화자가 자신의 수준으로 하화하기보다 상구자의 수준을 찾아 변신하는 '하향적 점진화(엄태동, 2006)'의 내재적 원리를 사용한 것이다(류영룡, 2017, pp. 58~60). 지금까지 교육의 실천과정에서 어떻게 교육의 내재율이 교육활동의 규칙으로 작동할 수 있는가에 대해 살펴보았다.

3

교육원리의 실천

상위교육에서 교육원리의 하위요소에 따른 규칙들을 교육의 상황과 교육적 맥락에 적용하여 실천할 수 있는 방안은 다음과 같다. 첫째, 교육의 예비적 구조의 요소(장상호, 2009a, 2020)에 따른 교육원리의 실천방안은 14가지의 요소들이 어떻게 교육활동에서 적용될 수 있는가와 관련하여 제시할 수 있다. 행위의 동기에서 먼저 자리(self-love)는 후진이 문제의 해결과정에서 난제에 직면하였을 때 스스로 해결을 하거나 선진에게 도움을 청하는 것을 것이다. 그리고 이타(altruism)는 선진이 후진의 교육적 열망과 품위의 상승에 적응할 수 있도록 협력하는 것이다. 품차의 양해에서 먼저 존경(wisdom-respecting)은 후진이 선진의 품위를 존중하고 그 차이를 인정하며 성실한 태도로 임하는 것이다. 그리고 관대(foolishness-respecting)는 선진이 후진의 품위 수준을 수용하고 후진을 배려하면서 교육적 활동을 하는 것이다. 협동의 책무에서 먼저 자조(self-love)는 후진이 교육적 상황과 교육적 맥락에서 스스로 발견적 열정을 가지고 품위의 증득 및 재구조화에 적응해가는 것이다. 그리고 원조(helping others)는 후진이 어려운 과업에 직면하였을 때 선진에게 도움을 청하였을 때 근접발달영역에 머물게 하고 비계설정을 하거나 인지적 갈등을 유발하는 질문을 통해 도움을 주는 것이다. 변형의 방향에서 먼저 보존(conservation)은 선진이 후진의 혁신에 적응할 수 있도록 수준의 질적 비약을 지지하는 것이다. 그리고 혁신(renovation)은 후진이 혁신적 국면에 직면하였을 때 스스로 문제점을 인지하고 난국을 돌파하거나 선진에게 도움을 청하여 내적 강화를 이루어가는 것이다. 환경과의 교섭에서 먼저 내화(內化)는 후진이 환경과의 상호작용을 통해 세계와의 상대성을 인지하고 수용하면서 적응해가는 것이다. 그리고 외화(外化)는 선진이 후진의 환경과의 상호작용에 있어 불평형화 및 상호작용의 어려움에 직면하거나 학습된 무기력에 처했을 때 도전적인 교육적 국면을 제시하여 대리적 강화 및 동기화를 하고 내적동기를 유발하는 것이다. 단계의 접속에서 먼저 순차는 후진이 교육적 국면에서 교육역량의 강화 및 품위의 증득을 위해서 교육적 시숙 및 교육적 사다리의 단계에 따라 점진적으로 교육적 진화와 교육적 반전을 이루어가는 것이다. 그리고 하강은 후진이 교육적 소재 또는 교육적 진화의 단계에 따라 발달을 이룰 수 있도록 하는 선진의 발견적 안내 활동이다. 품차의 입증에서 먼저 자증은 후진이 자신의 품위 증득을 위해 진리를 스스로 발견하고 검증해가는 것이다. 그리고 타증은 선진이 후진의 진리 탐구과정에서 위기국면에 직면하였을 때 돌파할 수 있도록 해결방안을 위한 안내적 발명을 하는 것이다.

둘째, 교육원리를 교육활동의 관점에서 상구활동의 원리와 하화활동의 원리로 나누고, 그에 따른 구체적인 요소들의 실천방안을 다음과 같이 제시할 수 있다. 상구활동의 원리는 미래의 품위 추구, 상향적 점진화, 체험적 실천, 심열성복이다. 미래품위 추구는 후진이 자신의 품위를 증득할 수 있도록 가시적인 목표를 정하고 수준을 향상해가는 것이다. 상향적 점진화는 후진이 먼저 자신의 기초선을 설정하고 수준을 계획적으로 상향해 가는 것이다. 체험적 실천은 진정한 품위의 증득을 위해서 실천을 통해 일차적으로 기능적 자율화를 한 후에 결과적으로 인격적 지식으로 만드는 것이다. 심열설복은 선진이 사사한 품위를 후진이 마음만이 아닌 말로 소리 내어 '선진의 가르침을 진실로 기쁜 마음으로 받아들입니다'라고 표현하면서 '진리(truth)'로 받아들이는 것이다. 화화활동의 원리는 과거품위의 존중, 하향적 점진화, 산파적 조력, 환열설복이다. 과거품위의 존중의 원리는 후진의 현재 품위에 맞게 교육활동을 하는 것이다.

후진이 교육활동에 적응할 수 있도록 사전에 상담하고, 현재의 품위를 진단하고 교육과정을 재구성하고, 수업모형을 설계하고 정하고, 그리고 과정에 충실한 교육을 계획하는 것이다. 하향적 점진화의 원리는 후진의 교육적 진화에 알맞게 교육내용과 방법을 송환하면서 기초학업능력을 높여가는 것이다. 산파적 조력은 후진의 교육역량이 성숙될 때까지 선진이 꾸준히 인내와 배려로 잘 할 때까지 돕는 것이다. 환열설복은 선진의 성실하고 자애로운 지도로 공적 지식뿐만이 아니라 인격적 지식까지도 가르쳐서 후진이 진실로 기뻐하게 받아들일 수 있도록 가르치는 것이다.

셋째, 다산의 강진제자 여섯 가지 교육방식에 따라 교육원리의 실천방안이 어떻게 교육활동에서 적용될 수 있는가를 다음과 같이 제시할 수 있다. 단계별 교육은 계통적으로 교육적 소재 또는 내용을 배열하여 후진이 교육에 적응할 수 있도록 하는 것이다. 전공별 교육은 후진의 인지발달 단계 및 소질과 비전에 따라 교육에 적응할 수 있도록 하는 것이다. 맞춤형 교육은 후진의 정서적 특성 및 성격 유형에 따라 교육에 적응할 수 있도록 하는 것이다. 실전형 교육은 후진이 교육활동에서 실제적으로 문제해결을 할 수 있도록 다양한 교육방법을 전수하는 것이다. 토론형 교육은 후진들이 비판적 토론과정을 통해서 상호주관성을 확대할 수 있도록 하는 것이다. 집체형 교육은 서로의 책임과 역할을 두어 무임승차 효과를 줄이고 공동 작업의 효율성을 높이는 것이다.

무엇보다도 중요한 교육원리는 유교무류(有敎無類)이다. 교육에 있어서는 차별과 역차별을 반드시 금지해야 한다. 교사의 학생에 대한 차별과 학생의 교사에 대한 역차별은 교육을 황폐화한다. 또한 요즘 한국의 공교육은 대학교육의 역차적인 교육과정이 만연하여 고등학교, 중학교, 심지어 초등학교까지 대학의 교육과정이 강요되고 있다. 이러한 상황에서 공교육을 되살리는 길은 교육원리들이 실천되고 하면 할수록 더 잘하는 상위교육의 확산이 시급하다.

교육원리 수행력은 상위교육의 핵심역량에서 줄기에 해당하는 역량가운데 하나이다. 교육원리는 교육의 본질 및 가치를 발현하게 하는 역동적인 기제로서 참여자들이 지켜야할 규칙이다. 교육이 놀이의 차원으로 승화하기 위한 전제는 교육원리를 구성원들끼리 공유하고 지키는 것이다. 아이들의 함께 놀이를 하다가 싫증이 나서 더 이상 안 한다고 할 때에는 어느 한 아이가 놀이의 규칙을 더 이상 지키지 않은 경우가 대부분이다. 교육놀이에 참여하는 주체는 교육놀이의 규칙인 교육원리에 복종해야 교육이 놀이의 차원으로 승화한다. 이때에 교육활동에 참여하는 사람들은 몰입하고 만족감을 느낀다. 교육원리가 교육공동체 구성원들이 잘 지키는 규칙으로 자리 잡으면 충실한 교육이 이루어져서 교육의 동질성이 확보된다. 초등학교 두 자릿수 덧셈 교육활동과 대학의 미적분 수학교육활동이 교육의 소재, 교육주체의 수준과 관계없이 질적인 측면에서 모두 동일한 교육이라는 것이다. 교육원리가 수용되고 지켜지는 교육은 자율성을 가지게 되며 교육활동을 개선해 가는 혁신성을 갖는다.

초등학교 교실에서 두 자리 덧셈을 하화하고 상구하는 수업 장면의 교육원리 실천 사례는 교육원리의 중요성과 효과성을 발견하게 한다. 교사는 문제의 수준을 한 단계 낮게 출제하였고, 똘이는 그 문제를 통해서 차이점을 알아차리고 자신이 틀린 이유를 스스로 깨달았다. 이것은 교육원리 가운데 하강과 순차의 원리를 적용하여 소재를 단계별로 배열한 것이다. 또한 관계되는 유사문제를 제시하고 스스로 모순을 알아차리게 하는 타증과 자증의 원리를 적용한 것이다. 다산의 여섯 가지 교육방식 역시 교육의 내재율로 분석하였다. 단계별 교육은 순차-역차와 관계가 있고, 개인의 적성과 수준에 따라 전공별로 교육하는 것은 품차의 양해인 존경-관대의 원리와 관계가 있다. 동기유발을 위해 칭찬과 꾸지람으로 상황에 따른 처방을 내려주는 맞춤형 교육은 행위의 동기인 자리-이타와 관계가 있고, 저술 활동에 참여하게 하는 실전형 교육은 변형의 방향인 혁신-보존과 관계가 있다. 그리고 토론형 교육으로 자신들의 품위를 입증하는 자증과 타증을 하게 하였고, 집체형 교육을 통해 협동 활동인 자조와 원조를 하도록 하였다.

이렇듯이 어떠한 교육활동도 교육원리가 작동한다는 것을 깨달을 수 있다. 공동체 차원의 교육원리의 세부요소는 공동체 활동의 공유, 하화교육의 내재율, 환열설복의 교류교육이다. 교육원리를 체험하는 개인적 차원의 세부요소는 체험적 활동의 공유, 상구교육의 내재율, 심열성복의 교류교육이다. 교육원리를 이해하고 발견해서 교육활동에서 규칙으로 삼고 실천해야 할 것이다.

제6장

어떻게 교육을 혁신할 것인가?

상위교육의 핵심역량에서 줄기에 해당하는 역량가운데 하나는 교육혁신 능력이다. 이것은 교육하는 과정(過程)에서 교육을 개선하고 개혁하는 능력이다. 교육혁신 능력은 교육하는 과정에서 나타나는 교육의 제반 문제점을 파악하고 개선하는 교육을 시행하여 교육 자체를 혁신하는 상위교육의 한 요인이다. 교육혁신은 교육의 외재적 변인인 교육환경의 변화만이 아닌 교육의 내재적 변인을 교육하는 과정에서 조절하고 강화하여 교육활동을 개선해 가는 것이다. 교육혁신은 교육의 배경인 교육여건보다도 교육의 전경인 교육의 과정에서 나타나는 문제점에 더 초점을 두어 상위교육의 핵심역량을 강화하는 것이다.

첫째, 교육혁신의 의미를 이해해야 한다. 교육이라는 개념 안에 혁신의 내재율이 있다. 하지만 교육혁신이라는 개념을 쓰는 이유는 교육혁신을 결과나 성과를 내는데 효과적인 교육여건을 조성하는 것으로 쓰이는 것을 바로 잡고자 하기 때문이다. 또한 교육과정의 개선, 교육방법 및 수업모형의 개선과도 차이가 있음을 강조하려는 의도이다. 상위교육 즉, 교육의 교육은 그 자체로서 혁신하는 자율적 구조가 있다. 교육이 혁신적인 기제를 가지고 발달을 거듭하지 않는다면, 이것은 교육개념의 모순이다. 따라서 논자는 이러한 교육의 재개념화를 통해 교육을 혁신의 필요성을 탐색한다.

둘째, 교육혁신의 사례를 통해 그 실천을 상기시켜야 한다. 교육 자체의 개념에 혁신의 변인이 내재되어 있다고 전제하고 교육학의 교육에 있어 교육을 재개념화하고 교육관 수준을 높이고 실천성을 담보해야 한다. 이는 '교육적 메타포의 교육학 적용 과정'의 사례로 그 실천 가능성을 확인할 수 있다. 그리고 교육의 외재적 변인 즉, 교육환경 또는 교육여건에 의해 교육혁신 결과의 변화를 전제하는 것이다. 4차 산업혁명과 AI의 교육계의 도입은 교육의 패러다임을 바꾸어 놓고 있다. 이것은 교육환경과 어떻게 접속하고 상호작용하면서 품위를 향상할 것인가에 대해서 다양한 방법을 강구하는 것이다.

셋째, 교육원리의 실천 방안을 모색해야 한다. 교육의 내재적 목적과 외재적 목적의 정반합에 의해 새로운 합의로서의 목적이 산출된다. 교육혁신을 위해서는 교육활동에서 내재변인이 발현되어야 한다. 즉, 교육내재 변인이 교육활동을 촉진하고 강화하도록 교육의 외재변인을 통제할 수 있어야 한다.

1

교육혁신 능력

교육혁신 능력은 교육하는 과정(process)에서 교육을 개선하고 개혁하는 능력이다. 이것은 교육의 결과를 평가하여 교육을 바꾸는 것이 아니라 교육을 수행하는 과정에서 개선해야 할 점을 알아차리고 즉자적 및 대자적으로 교육 자체를 평가하고 개선하는 능력이다. 교육혁신은 교육의 외재적 변인인 교육환경의 변화만이 아닌 교육의 내재적 변인을 교육하는 과정에서 조절하고 강화하여 교육활동의 제반 문제점을 개선해 가는 것이다. 교육혁신 능력은 교육하는 과정에서 나타나는 교육의 제반 문제점을 파악하고 개선하는 교육을 시행하여 교육 자체를 혁신하는 상위교육의 한 요인이다. 교육혁신은 상위교육의 핵심역량의 범주들 가운데에도 다음과 같은 요소들 즉, 개인적 역량, 즉, 개인의 과제를 실행하는 능력, 문제해결력, 비판적 사고력, 창의성, 기초학습능력, 정보처리능력, 학문적 역량, 메타인지, 학습하는 방법의 학습, 세상에서 사는 법, 인성역량 등과 관계된다. 이러한 의미에서 교육혁신 능력은 교육하는 과정에서 문제점을 인식하고 개선 방안을 모색하고 교육역량을 평가하는 능력과 밀접하게 연관된다. 상위교육의 핵심 역량은 '지금-여기서', '언제-어디서나' 적용할 수 있어서 하면 할수록 교육을 잘하게 하는 역량이다. 따라서 상위교육과정(the curriculum of meta education)은 교육을 수행하는 과정에서 교육을 혁신하여 교육역량을 강화하는 내용으로 구성된다. 그것은 상위교육의 핵심역량들이다. 교육하는 과정에서의 혁신 능력은 다음의 예시와 같다.

> 교육혁신 능력은 교육활동을 개선할 수 있는 여러 능력들로서 문제 해결력, 주의집중력, 상황과 맥락을 알아차림 등이 여기에 해당된다. 교육하는 과정에서의 혁신은 후진의 요구나 능력에 따른 교육과정의 구성, 과정에서의 역동적인 교육평가, 학업능력의 증진, 교육의 과정에서의 문제점 발견 및 개선 방안, 선진의 하화능력 증진 및 후진에 대한 이해를 바탕으로 하는 맞춤식 역량강화 전략을 마련하여 총체적인 교육역량을 진단하고, 실행하고, 그리고 평가하는 것이다. 또한, 교육혁신 능력은 교육하는 과정에서 문제점을 인식하고 개선하는 방안을 모색하는 능력, 교육의 결과 평가가 아닌 교육 자체를 평가하고 개선하는 능력 즉, 과정중심 평가, 역동적 평가, 수행평가, 교육의 내재적 가치의 평가, 공동체의 협업 능력의 평가, 교육의 교육한 규칙의 준수 여부를 평가하여 교육을 개혁하는 능력이다. 교육혁신 능력을 기르는 목적은 일차적으로 교육과정의 재구성 능력의 혁신, 상위교육 전략의 실천과 그에 적합한 과장중심평가의 삼위일체를 이루기 위한 것이다. 결과적으로 교육혁신 능력은 학교교육 이외의 다양한 교육의 양태에 광범위하게 적용하여 말 그 대로 '교육을 혁신을 하는 것'이다(류영룡, 2020).

교육혁신은 '혁신교육'에서의 교육의 환경 즉, 사회적 요구, 국가기반 교육과정 개선과 수업모형의 개선과는 차이가 있다. '교육혁신'은 교육여건이나 교육환경이 아닌 교육을 전경(前景)으로 하고 교육하는 과정에서 나타나는 교육의 제반 문제점을 교육활동 과정에서 공시적/통시적(共時的, synchronic/通時的, diachronic)으로 제기하고 개선 해가는 것이다. 즉, 교육혁신은 교육의 배경인 교육여건보다도 교육의 전경인 교육의 과정에서 나타나는 문제점에 더 초점을 두어 상위교육의 핵심역량을 강화하는 것이다. 핵심역량기반 교육과 연관된 핵심역량의 범주들 가운데 앞에서 열거한 개인적 역량의 요인들은 상위교육의 핵심역량으로 수렴한다.

다음 [그림 6-1]의 글레이저의 수업모형의 피드백 순환선은 교육과정(教育課程, curriculum) 상의 수업목표에 따라 진행되는 일련의 교육의 과정(過程, a unit of process)이다. 이것은 주로 학습자의 요구나 학습능력의 증진과는 거리가 있는 교사의 주도 하에 이루어진 것이다(류영룡, 2020). 이것은 주로 교사의 주도 하에 이루지는 것으로 학습자 중심의 요구나 개별적인 학습능력의 증진과는 거리가 있다. 상위교육의 핵심역량은 교과 교육을 1차적 소재로 하면서 하면 할수록 잘하는 교육에서 요구되는 학습자 중심의 역량을 파악하여 제시하는 과정중심의 교육역량이다(류영룡, 2020).

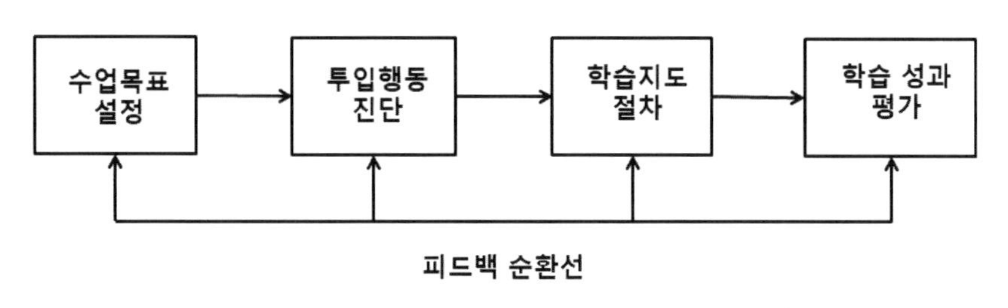

[그림 6-1] 글레이저의 수업모형

다음 [그림 6-2] 사토 마나부의 교육과정 개발의 실천·비평·개발 모델은 교육과정(curriculum)의 핵심을 학문과 문화에 두고 있다. 사회적 요구를 수용하고 송환하여 교육과정을 구성하는 것이다. 이를 수업을 통해 수행하고, 관찰·기록하여 비평하여 교육과정 및 교사의 역량을 개발하는 것으로 되어 있다.

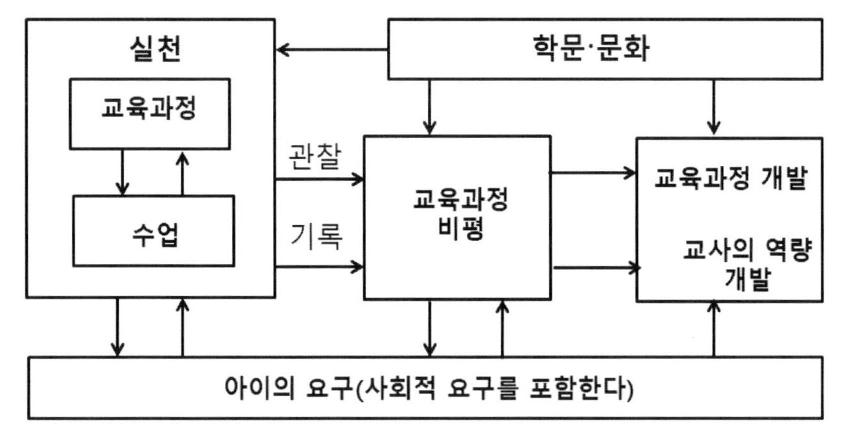

[그림 6-2] 사토 마나부의 교육과정 개발의 실천·비평·개발 모델(출처: 사토마나부, 2014)

하지만, 상위교육은 그 핵심적인 토대가 교육과정(教育課程)이 아니다. 그것은 교육의 과정(the process of education)에서 일어나는 제반 활동이다. 교육활동에 참여하는 사람들은 모든 활동에서 일어나는 일들을 매순간 알아차리고 서로 함께 공유하며 강점과 약점을 평가하면서 협력적으로 교육을 개선해 가는 것이다(류영룡, 2020). 교육활동에서 알아차리고 평가해야 할 일들은 상위교육역량의 활용, 교육의 내재율의 준수 여부, 교육적 소재의 적절성, 학습자의 수준, 학습자의 정서변화, 교육활동의 전략, 교육의 상황과 교육적 맥락, 교육을 잘하기로서의 교육목적, 교육활동에서 노정되는 제반 문제점, 교육의 가치의 발현, 교육의 동질성 회복, 교육공동체의 협업능력의 극대화, 메타인지의 적용 등이다.

이러한 상위교육은 그 자체로서 혁신하는 자율적 구조가 있다. 교육구조에 혁신이 내재되어 있다. 교육이 혁신적인 기제를 가지고 발달을 거듭하지 않는다는 것은 교육개념의 모순이다. 교육의 요소 가운데 혁신-보존이 있다. 원래 이것은 교육주체의 교육활동에서 품위 수준을 서로 수용하고 변형하는 것을 의미한다. 하지만, 교육혁신은 교육의 진행 단계 또는 개인의 교육적 진화와 교육적 반전의 단계에서 교육을 하면 할수록 잘하는 능력을 발견하고 문제점을 극복해가는 것을 의미한다. 보존은 후진의 혁신을 위한 방편적 수단 즉, 간접전달, 비계설정, 가시적 목표 설정 등을 일정정도 까지만 제시하는 것을 의미할 수 있다. 구조적인 관점에서 볼 때 교육이 유기체라고 하는 것은 개념의 복속과 합일의 과정뿐만이 아니라 혁신을 통한 자율적 구조를 갖는 것을 의미한다. 이와 같은 관점을 토대로 다음 소절에서는 교육의 내재변인에 의한 교육을 혁신하는 사례와 교육의 외재변인에 의한 교육의 혁신의 사례를 들어 보기로 한다.

2

교육혁신의 사례

교육혁신은 여러 가지 관점에서 생각할 수 있다. 먼저 교육 자체의 개념에 혁신의 변인이 내재되어 있음을 전제하는 것이다. 교육구조의 내재변인이 어떻게 교육을 혁신하는가? 다음으로 교육환경 또는 교육여건과 같은 교육의 외재변인에 의한 교육의 혁신을 전제하는 것이다. 교육환경과 어떻게 접속하고 상호작용하면서 품위를 향상할 것인가? 교육여건을 어떻게 변화시켜 그것을 교육에 우호적으로 만들 것인가? 이와 같은 두 가지 관점 즉, 교육의 내재변인에 의한 혁신사례와 교육의 외재변인에 의한 혁신사례를 들어 보기로 한다.

첫째, 교육의 개념을 구조적인 관점서 탐색하는 과정을 통해 교육을 혁신하는 변인을 찾아나가는 것이다. 이를 위해서는 먼저 교육주체에게 교육관 수준을 높이는 것이다. 교육적 메타포의 교육학 탐구에 대한 적용 과정을 순서도로 나타낸 [그림 6-3]은 교육적 메타포를 교육학 탐구에 적용한 것이다. '교육적 메타포의 생성과 제시/이해/재해석' → '메타포적 개념화' → '의미의 그물망 만들기' → '새로운 개념체계의 구조화' → '교육학 교육에서 다시 검증'의 단계적 순서에 따라 품위의 수준을 상향한다는 것을 의미한다(이용남, 류영룡, 2014). 이것은 교육적 메타포를 일차적 소재로 하여 교육의 구조화 및 교육관을 교육주체의 상호작용에 의해 검증하는 교육적 인식론을 통한 교육혁신의 사례이다.

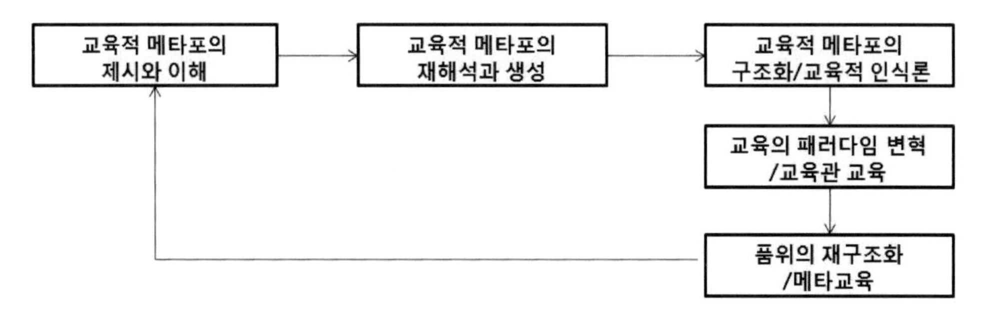

[그림 6-3] 교육적 메타포의 교육학 탐구에 대한 적용 과정

그렇다면 교육구조의 내재변인이 어떻게 교육을 혁신하는가? 교육의 내재변인은 교육의 본질과 교육의 가치의 측면에서 실천성을 담보할 때 교육을 혁신한다. 이를테면, 교육의 예비적 구조의 14가 하위요소(장상호, 2020)는 교육의 고유한 가치를 드러내는 교육활동의 규칙이다. 이들 요소가 협동교육을 통해 실행되고 발현되면 교육 주체의 품위 변혁을 이루는 교육활동의 내재율이 되기 때문이다.

둘째, 교육의 외재변인 즉, 교육환경이나 교육여건에 의해 교육혁신 결과의 변화를 전제하는 것이다. 이것은 교육환경과 어떻게 접속하고 상호작용하면서 품위를 향상할 것인가에 대해서 다양한 방법을 강구하는 것이다. 특히, [그림 6-4]와 같이 4차 산업혁명과 AI의 교육계의 도입은 교육의 패러다임을 바꾸어놓고 있다. 다음 그림은 이것의 사례이다. 이것은 정보기술을 기반으로 하는 교육지원시스템인 AIWBES(Adoptive Intelligent Web Based Educational System)이다. UN 그로벌교육재정위원회에서는 인공지능 기반 학습지원시스템인 “하이터치 하이테크 학습(High-Touch and Hight-Tech Learning)”의 방법을 베트남 학교들에 보급하였다(김신애, 2018). 다음 그림과 같이 정보기술을 기반으로 하는 적응학습(Adaptive Learning With AI and Mobiles) 영역인 하이테크(High Tech)는 기억하기(remember)와 이해하기(understand)와 같은 낮은 단계의 지식과 정보를 습득하는 것이고, 교사의 도움을 필요로 하는 프로젝트 학습(Project-Based Learning With Teachers)

영역인 하이터치(High-Touch)는 적용하기(apply), 분석하기(analyze), 평가하기(evaluate), 창조하기(create)와 같은 복잡한 지식과 정보를 조직하는 것이다.

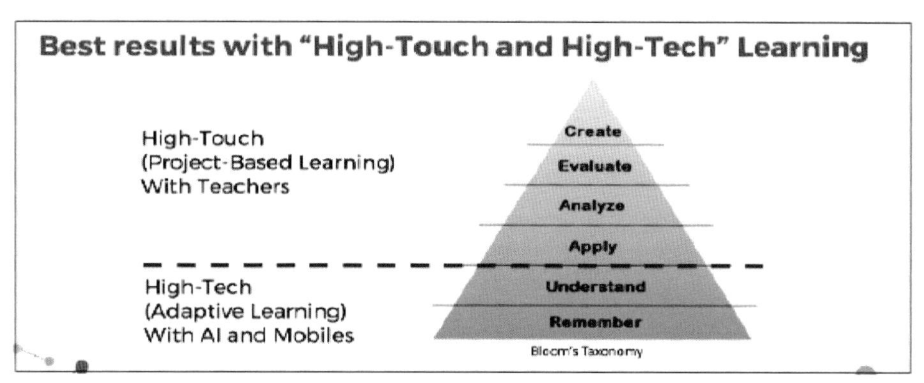

[그림 6-4] UN 그로벌교육재정위원회 내 교직개혁위원회의
"하이터치 하이테크 학습(High-Touch and Hight-Tech Learning)"(출처: 김신애, 2018)

그렇다면 교육여건을 어떻게 변화하여 그것을 교육에 우호적으로 만들 것인가? 이러한 교육혁신하는 사례는 다음과 같다. 먼저 인터넷의 발달로 지식의 독점 시대에서 지식의 공유 시대로 바뀌었다. 이러한 시대에서는 인식혁신 즉, 인터페이스 혁명으로 소통혁신이 일어난다. 미네르바스쿨 플랫폼에서는 학생-교사 상호작용 시간, 분량을 활용한 개별 학습을 지원한다. 조지아 공과대학에서는 AI 기술을 활용한 IA(Intelligence Assistant) 즉, 인공지능 조교가 등장하였다. 10년간의 데이터를 수집하고 빅데이터를 활용해 3만명의 학생과 관련된 800개의 변수를 분석하여 시스템을 통해 학생과 관련된 교수에게 상담권고 문자를 권고하여 5만회 이상의 상담을 유도하였다(Georgia State University). 대학 입학생들의 수학교과 준비도 부족에 의한 포기 및 낮은 수준의 학업 성취에 대비하기 위해 데이터 분석(learning analytics) 및 문항 반응모델(item response model) 기술을 활용해서 학생의 수준별 학습자료 및 학습과정을 제공하는 적응형 학습 플랫폼(adoptive learning platform)을 제공하였다(Arizona State University). 이와 함께 AR, VR, MR, XR을 이용한 교육콘텐츠를 제작하여 사용하고 있고, AI교사를 이용한 개인별 맞춤학습, AI를 활용한 하이브리드(Hybrid) 교수-학습

을 하고 있다. 이것은 학습의 형태이지만 이것은 교육의 소재를 효율적으로 다룰 수 있는 교육여건의 혁신이다.

우리시대가 당면한 공교육 문제의 본질을 파악하고 해결책을 제시하는데 다소 이질적인 경영학 개념인 크리스텐슨(Christensen, C.) 교수의 '파괴적 혁신이론(Disruptive Innovation)'을 교육현장에 대입하여 적용하고 있다(장혁, 백경영 역, 2020). 우리나라도 테크놀로지, 디바이스, 전자책 등을 동원한 스마트(SMART) 교육과 융합인재교육(STEAM)으로 장밋빛 청사진을 그렸었다. 또한 수업 방식에서도 교사와 학생의 역할을 뒤집는 '거꾸로 교실' 도입을 하고 블렌디드 러닝(blended learning)을 도입하였다. 이는 코로나19와 함께 교육의 새로운 패러다임으로 심각하게 고려되기 시작했다. 이러한 교육여건의 변화를 위한 시도와 함께 교육의 근본적인 변화를 심각하게 고민해야 한다. 학교교육의 의미와 역할은 무엇인가? 학교교육이 19세기 초엽 부국강병의 일환으로 시행된 공교육의 그늘에서 벗어나지 못하고 있고 '사회에 순응하는 민주시민'의 양성이라는 목적에 한정되어 있다. 학교교육은 더 이상 '교육'을 하지 않거나 외면하는 곳이 되고 있다. 그것은 이미 임계점에 이르렀다. 새 술은 새 부대에 담가야 한다는 말을 학교교육에 대입하는 것도 더 이상 의미가 없을 정도이다. 학교교육에는 '교육'이 없기 때문이다. 지식이나 문화의 전달 기능과 경쟁을 통한 선발의 기능에 매달려 있다. 학교교육 혁신은 먼저 학교가 교육을 하는 제도로 거듭나야 한다. 어찌하여 학교를 계속 다니고 하면 할수록 교육이 어렵고 하기 싫어진다는 말인가? 교육계의 반성과 성찰은 교육실천가의 교육관 수준을 제고하는 일로 시작되어야 한다. 거꾸로 교실 수업을 도입한다고 해서 모든 문제가 해결되는 것은 아니다. 오히려 사전과 도중, 그리고 사후에 교사가 할 일이 더 많아진다. 블렌디드 러닝과 테크놀로지의 교육계의 도입은 교육과정 문해력과 교육과정 재구성 능력이 갖추어지지 않는 교사들에게는 하나의 옥상옥(屋上屋)이 될 것이다. 교육계는 이미 새로운 패러다임이 자리 잡고 있다. 그것은 하이브리드 혁신과 파괴적 혁신이다. 전자는 이전의 테크놀로지와 새로운 테크놀로지를 함께 포함하고 있다. 후자는 전통적 접근 방식을 해체시키는 것이다.

3

교육혁신의 방안

교육혁신은 교육의 본질과 교육의 가치를 바로 세우기 위한 것이다. 이를 위해서 어떻게 교육을 혁신해야 교육의 본질과 교육의 가치가 바로 세울 수 있는가? 다양하고 중첩된 교육의 상황과 교육적 맥락에서 어떻게 해야 교육이 혁신되는가? 이에 대한 탐색의 올바른 과정은 하면 할수록 교육을 잘하기 위해서 어떻게 교육을 혁신해야 하는가에 대한 해답을 찾는 것이다. 이것은 교육의 과정을 충실하게 실천의 하는 것과 함께 이를 통해 부가적인 산출물을 얻는 문제의 해결을 위한 방안을 찾는 것이다. 품위의 개념은 교육의 과정에서 체험하고 몸의 일부로 구조화된 것을 일컫는다. 교육의 내재적 목적과 외재적 목적의 정반합에 의해 새로운 합(合, Synthesis)이 탄생한다. 다산 정약용은 강진의 유배지에서 무엇을 하였는가? 현실 세계와 교육을 변혁하기 위해서, 그리고 유배지에서 자신의 처지를 극복하기 위해서 18년 동안 18명의 훌륭한 제자와 함께 약 500여권의 책을 실사구시의 차원에서 저술하였다. 이것의 결과는 어떠하였는가? 다산의 강진교육방식에서는 '교육의 내재율의 준수와 협업의 과정이 상호주관성을 확대하고 교육역량을 강화하여 결과적인 산출물을 가져 온다'는 믿음과 실천이 제대로 작동되었다. 그것만이 다산 교육방식의 전부인가? 다산은 전술한 바와 같이 서양의 교육방법에 못지않은 6가지의 교육방식을 도입하였는데, 그것은 교육의 실천과정에서 체득한 모든 것들을 구조화하여 즉자적으로 체험하게 하고 대자적으로 비추어보게 한 것이었다. 즉, 이것은 비판적인 안목을 가지고 협동교육을 긍정적으로 수용하게 하여 교육의 효율성을 높이는 다산의 독특한 교육방식이다. 다산의 교육방식은 교육활동의 과정에서 자연스럽게 발현되는 상위교육 역량을 강화하는 크나큰 사례이다. 협동교육은 교육의 내재율이 선진과 후진의 교육활동에서 잘 지켜서 교육의 본질과 교육의 가치를 발현하는 과정이다. 높이 멀리 나는 갈매기는 양 날개의 협업적인 조율이 그 근간이고 능력이다. 멀리가기 위해서는 함께 가야한다. 대붕(大鵬)은 그 능력의 한계를 가늠할 수 없다. 대붕은 교육을 하면 할수록 잘하는 능력을 지닌다. 그는 오대양 육대주를 박차고 자신이 바라는 더 큰 세상으로 솟구치는 '교육하는 인간'이다. 대붕은 대붕을 낳는다. 이러한 대붕을 키우는 교육을 미룰 이유는 더 이상 없다. 이제 교육을 혁신할 때가 되었다.

그렇다면 어떻게 교육을 혁신해야 교육의 본질과 교육의 가치가 바로 서는가? 첫째, 교육에서 내재변인이 작동되어 한다. 인간은 교육적 맥락(educative context)에 직면한다. 교육을 본위로 할 때 정치, 경제, 사회, 문화, 종교, 심리 등은 교육의 환경이다. 다양한 삶의 양태에서 교육의 내재변인들(intrinsic variables)이 어떻게 발현되는가에 초점을 두고서 그 양태들이 교육적인지를 판단하는 하는 것이다. 실제로 교육의 외재변인(extrinsic variables)에 의해서만 교육이 이루어지면, 교육 자체의 주도성에 의한 충실한 교육 및 교육의 동질성 확보에도 문제가 생기게 된다. 둘째, 정체불명의 타학문의 난입으로 교육의 개념이 황폐화되어 있다. 교육가(educator)들도 교육이 무엇인가에 대한 답을 타학문의 개념으로 대치시킨다. 목소리 큰 사람의 교육의 정의나 교육관이 옳은 것이 되는 아이러니는 교육의 개념부재에서 온 것이다. 교육혁신의 토대는 교육의 개념화와 교육관 수준을 제고하는 일이다. 셋째, 교육혁신은 교육의 내재율을 인지하고 잘 지키는 것이다. 협동교육의 양 날개를 이루는 교육의 내재변인들이 교육활동을 강화하고 조율하는 역할을 한다. 교육의 내재율이 잘 지켜지는 교육활동은 기존의 기능주의 교육관에 의한 결과위주 또는 성취위주의 교육목표 달성만이 아닌 교육역량도 함께 강화하는 과정중심의 교육을 실현한다. 넷째, 교육혁신 방안의 하나는 인공지능 시대와 테크놀로지의 중심의 교육에서 다시 인간중심으로 전환하는 것이다. 오히려 인간의 교육역량을 강화하면서 교육격차를 줄여가야 한다. 2045년은 인공지능이 인간의 지능보다 더 진보하게 되는 인공지능의 특이점(singularity)이라고 한다. AI의 요소기술인 탐색, 지식표현, 추론, 기계학습, 계획수립, 에이전트 등은 교육에서 지식과 정보의 이해 및 기억에는 도움을 줄 수 있다. 하지만, 교육의 고유한 영역은 외주화가 될 수 없는 인간의 능력이고, 교육활동은 '그 차제가 가치로운 과정적 체험'이기 때문에 인간만의 고유한 영역으로 변함없이 지켜야 한다(양미경, 2018). 미래의 인공지능 시대에는 AI가 '교육본위론의 내재적 가치'를 구현하고 모든 인간의 기본적 권리를 보호하는 일반원칙을 준수하면서 교육기회가 평등하도록 도와야 한다(김신애, 방준성, 2019). 다섯째, 교육혁신을 하려면 문해력 교육역량을 강화해야 한다. 논자는 문해력의 하위요소를 문해력 형성의 뿌리인 의사소통능력과 문해력 교육의 목표인 상위교육력과 중간 역량으로서 기초문해력, 수학적, 문해력, 디지털 문해력, 미래성장 문해력의 6가지로 상정하였다. 각각의 역량가운데 의사소통 능력은 문해력 증진의 최종단계인 목표(Objectives) 즉, '하면 할수록 교육을 잘하는 상위교육력을 높이는 뿌리(Roots)에 해당한다. 중간에 위치하는 기초문해력, 수학적 문해력, 디지털 문해력, 미래성장 문해력은 교육목표를 달성하는 역량(Competencies)에 해당한다. 교육혁신 능력을 기르기 위해서는 각각의 하위역량 강화를 위한 교육프로그램을 실제적으로 체험하도록 해야 한다. 여섯째, 상위교육프로그램을 교육시켜야 한다. 상위교육의 6가지 역량과 그 각각의 하위요소들에 의한 교육프로그램을 만들어서 후진이 주도성을 가지고 교육을 하면 할수록 잘할 수 있도록 하는 능력을 길러주어야 한다.

다음으로 다양하고 중첩된 교육의 상황과 교육적 맥락에서 어떻게 해야 교육이 혁신되는가? 첫째, 교육활동을 촉진하고 강화하도록 교육의 외재변인을 다룰 수 있어야 한다. 교육주체가 자유롭게 이용할 수 있는 양질의 교육자료(AR, VR)와 공개저장소(Repository)를 구비해서 제공해야 한다. 둘째, AI활용 교육해야 하고, 수학과 융합해야 한다. 인공지능 시대에는 데이터가 폭발하고, 컴퓨터 능력이 향상되고, 그리고 머신러닝, 딥러닝과 같은 알고리즘이 발전한다.

이를테면, 특히 인공지능의 경우 주어진 오차함수를 최소화하는 방향으로 학습한다. 경사 하강법은 인공지능이 더 잘할 수 있는 반복(iteration) 계산을 이용하여 최솟값을 구하는 것이다. 셋째, SW교육, 코딩 교육을 해야 한다. 그래서 4차 산업시대에 적응하는 역량을 갖추게 해야 한다. 또한 SW교육요소들을 가지고 실제로 교육활동을 진행하는 교육도 해야 한다. SW교육요소는 자료의 수집, 자료의 분석, 자료의 분해, 추상화, 자료의 병렬화, 알고리즘에 따라 문제해결을 위한 자료의 수집 및 정리, 수집된 자료를 분석, 수집된 자료의 분해, 필요/불필요 요소의 구분, 요소의 관계 확인, 효율적인 전략의 작성, 절차적 사고의 숙련, 오류 확인 및 보완점 작성 등이다. 이러한 SW교육요소에 교육활동을 대응하여 수행할 수 있다.

넷째, 컴퓨터적 사고력(Computational Thinking) 교육을 해야 한다. 이것은 정답이 없어도 데이터에 근거해서 판단하고 데이터에 숨어 있는 추상적인 의미를 찾아내는 능력이다. 일반적으로 사고력(thinking)은 문제 해결력(problem solving)이다. 컴퓨터적 사고력은 컴퓨터 시스템을 활용하여 해결하고자 하는 문제를 효율적으로 해결하는 절차적 사고능력을 말한다. 다섯째, 온오프라인 블렌디드 학습(ON + OFF Line Blended Learning) 능력을 기르는 교육을 해야 한다. 코로나19로 인해 준비 없이 컴퓨터 앞에만 앉아있는 경우에는 발생하는 교육격차를 줄일 수 없다. 그리고 원격교육지원을 전담하고 지원하는 기관 및 시설을 확충해야 한다.

제7장

어떻게 의사소통을 할 것인가?

상위교육의 핵심역량에서 뿌리에 해당하는 기초학업역량 역량가운데 하나는 의사소통 능력이다. 의사소통에는 언어적 의사소통, 비언어적 의사소통, 그리고 발문에 의한 의사소통이 있다. 여기서는 이러한 의사소통의 의미와 사례, 의사소통 프로그램에 대해 다루기로 한다(류영룡, 2020).[20] 교실에서의 의사소통 능력은 효과적인 상호작용을 가능하게 하여 학업성취와 인간적인 관계의 개선, 심리적 안정뿐만 아니라 학생의 비판능력과 이해력을 제고하여 사고의 수준을 높이는 역할을 한다. 교실에서 교사와 학생의 의사소통은 양방향 피드백을 통한 교육활동 과정에서 그 효율성을 파악함은 물론 산출물까지도 검증할 수 있는 개념이다. 교사와 학생의 의사소통은 효과적인 의사소통의 기법이나 능력이다. 교육활동에서 활용 가능한 이러한 능력을 어떻게 길러야 하는가?

첫째, 의사소통의 유형을 이해하고 파지해야 한다. 언어적·비언어적 의사소통이 있다. 언어적 의사소통에는 말하기·듣기, 읽기·쓰기, 발문이 있다. 비언어적 소통의 범주는 자기표현, 규칙과 기대의 확인, 피드백의 강화, 좋아함과 정서, 대화의 흐름과 조정이다. 비언어적 소통은 교실통제의 영역에서 중요한 기능을 한다. 즉, 이것은 자기표현의 활성화, 규칙과 기대의 확인, 피드백과 내적 동기의 강화, 좋아함과 긍정적 정서의 확산, 대화의 흐름 조정, 교실통제 등과 같은 기능을 한다.

둘째, 의사소통의 사례를 통해 그 실천을 상기시켜야 한다. 여기에서는 의사소통 능력을 강조한 교사교육 프로그램과 C대학교 K센터의 교육 프로그램의 실천사례를 분석하여 교육활동에서 의사소통 능력 증진을 위한 프로그램 개발에 주는 시사점을 도출한다. 이 두 사례는 언어적 의사소통 능력의 개발을 통하여 학업능력을 증진하고 공동체의 새로운 문화를 창조한다는 것을 보여준다.

셋째, 의사소통 증진을 위한 교사교육 프로그램을 설계하여 교육해야 한다. 이러한 교육 프로그램은 다음과 같은 목적을 담고 있어야 한다. 첫째, 언어의 실천성을 이해하고 적절한 의사소통 능력을 배양한다. 둘째, 교육활동을 촉진하는데 필요한 적절한 '교육어'를 습득한다. 셋째, 비언어적 의사소통에 대한 이해를 통해 상호작용 능력을 배양한다. 넷째, 교실수업에서 활용 가능한 의사소통 기법과 의사소통 유형을 숙지하고 활용할 수 있어야 한다.

1

의사소통 유형

교실수업에서의 의사소통 유형

교실수업에서 사용가능한 의사소통 유형은 언어적, 비언어적 유형이다. 교실수업에서 언어적 소통은 구어적인 말하기와 듣기, 문어적인 쓰기를 말한다. 교실에서 언어적 의사소통은 학습내용의 전달과 수용, 교사의 지시와 학생의 순응, 교육목표의 진술, 학급의 갈등해소를 위한 대화, 직면한 문제 해결을 위한 토론 등에서 중요한 기능을 한다. 교실에서 비언어적 소통은 교육환경을 우호적으로 만들어 교육목표 달성에 마땅히 기여한다. 비언어적 의사소통은 근접학(공간의 사용), 환경 요인, 시간학(시간의 사용), 신체적 특징, 인위적인 것, 동작학(몸의 움직임), 접촉, 준언어를 포함한다. Rosenthal과 Jacobson(1968)은 「교실에서의 피그말리온 효과 Pygmalion in the Classroom」라는 연구에서 교사의 얼굴 표정, 자세, 접촉 등 비언어적 소통이 학생의 학업성취를 높이는 역할을 했을지도 모른다고 지적하였다. 교실에서 비언어적 소통은 자기표현, 규칙과 기대의 확인, 피드백과 강화, 좋아함과 정서, 대화의 흐름과 조정, 교실통제 등과 같은 영역에서 중요한 기능을 한다(이창덕 외 역, 2010).

1) 언어적 의사소통 유형

가. 말하기 · 듣기

Flander(1965)는 수업의 언어를 교사의 발언, 학생의 발언, 그리고 교사도 학생도 말하지 않는 침묵 · 혼동의 영역으로 나누고, 10개의 하위 분류항목을 두었다. 교사의 비지시적 발언은 느낌의 수용, 칭찬 또는 권장, 학생의 생각의 수용과 활용, 질문 등이고 교사의 지시적 발언인 강의, 지시, 비판과 권위의 사용이다. 학생의 발언은 학생의 반응적인 말, 학생의 자진적인 말, 기타 작업, 침묵이나 혼동이다. 이 분석 모형은 언어적 상호작용이 학업성취에 영향을 주며 언어적 행동이 비언어적 행동과 일치하고, 언어적 행동은 관찰가능하고 객관적일 것이라는 것을 전제로 하고 있다(이종희, 김선희, 2002). 그러나 이것은 언어적 상호작용이 일어나는 교수 · 학습 과정을 분석하는 하나의 모형일 뿐 말하기의 지침이나 기법이 아니다. 따라서 교사와 학생은 교수 · 학습 상황에서 벌어지는 다양한 맥락을 알아차리고 적절히 대응하는 말하기의 지침이나 기법을 숙지해야 한다. 말하기 기법의 훈련은 먼저 의사소통의 변인을 고려하고 말하기를 통한 효과적인 소통을 위해서 화자가 갖추어야 할 태도나 마음가짐을 점검하는 것으로 시작할 수 있다. 의사소통의 변인들로 자아개념, 자기개방, 친밀감, 의사소통의 방식, 신뢰감, 기대 등을 들 수 있다(이창덕 외 역, 2010).

듣기는 교수 · 학습 과정에서 핵심적인 요소이다. 잘못된 듣기는 인간의 행위 가운데 그 어떤 것보다도 더 심각한 인간관계의 문제를 일으킨다. 학생들의 의사소통 시간에 듣는 시간이 차지하는 비율은 53%~90%이다. 따라서 교사와 학생은 효과적인 상호작용을 위해서 듣기의 기술을 향상시킬 필요가 있다. 듣기능력에 따라 들리는 것(hearing)과 듣는 것(listening)의 차이가 생긴다(1983, 이창덕 외 2010). Hearing은 소음까지도 포함하여 청각에 의해서 수용되는 모든 것을 듣게 되지만, Listening은 '칵테일파티 이펙트'와 같은 심리적 현상을 통해 청자의 의지를 통해 듣고 싶은 것을 더 정확하게 들을 수 있다(이종희, 김선희, 2002). 칵테일파티 이펙트는 수많은 음원이 공간에서 흐르고 있을 때, 그 속에 특정한 음원을 주목하게 되면, 다른 음원으로부터 분리되어 그 특정의 소리만 들리게 되는 심리적 현상이다(이종희, 김선희, 2002). 듣기의 기법에는 감상적 듣기, 정보적 듣기, 치료적 듣기가 있다. 치료적 듣기와 밀접한 관련이 있는 공감은 일종의 태도로서 언어적, 비언어적 소통까지 능동적으로 듣고, 긍정적으로 지지하고 감정을 명확하게 표현하고 반영하는 것을 의미한다(이창덕 외 2010). 교실수업에서의 듣기의 기법으로는 평가적 듣기, 분석적 듣기, 변화적 듣기 등이 있다. 이 가운데 Davis(1996)는 변화적 듣기를 해석적(hermeneutic) 듣기라고 한다. 변화적 듣기는 화자가 의도한 것이 아니라 청자가 갖고 있는 의문에 대해서도 초점을 두고 있어 양방향 소통이 가능하다(이종희, 김선희, 2002). 교실수업에서 양방향 의사소통은 교사와 학생이 언어적, 비언어적 의사소통의 형태에서 모두 상대의 의미나 생각을 서로 주고받는 피드백(feedback)이 충분히 보장되어야 하고, 이것이 상시적으로 가능하도록 하나의 프로그램으로 마련되어야 한다.

나. 읽기 · 쓰기

쓰기와 읽기는 교수·학습 상황에서 메타인지의 차원에서 실행되고 습득될 수 있을 것이다. 텍스트를 읽는 것은 정보를 추출하는 이외에 쓰기, 말하기, 듣기의 의사소통의 방식에서 할 수 없는 이해와 해석의 차원을 제공한다. 사회구성주의 관점에서 읽기는 사회적 상호작용이다. 읽기는 의미를 재구성하는 것으로서 의미를 탐색하는 것에서 시작하여, 다양한 읽기 전략을 동원해서, 사회적 맥락에서 의미를 해석하고 비판하는 것까지를 포함한다. 텍스트가 제공하는 정보나 사실을 독자가 그대로 수용하는 작업이 아니라는 것이다. Vygotsky는 읽기 중에 발생하는 고차원적인 정신작용의 활동은 곧 자기조절의 사고와 관련이 깊다고 한다(이종희·김선희, 2002). 따라서 읽기 전략과 읽기 기술을 익히는 것이 교실에서의 효과적인 의사소통에 기여할 수 있다. 물론 「SQ3R」과 같은 효과적인 독서법이 텍스트의 내용파악에는 도움이 될 수 있다. 그러나 효과적인 상호작용을 위한 의사소통을 위해서는 텍스트의 내용의 요약이나 정보의 추출의 차원에 머물러서는 안 된다. 읽기 전략과 기술은 텍스트의 읽기를 실행하는 방법에서부터 텍스트의 구조 파악하기, 읽은 내용을 해석하고 비판하기, 읽은 내용의 의미를 재구성하기, 읽은 내용을 시각화하기, 읽은 내용을 확장하기 등으로 나누어 생각할 수 있다. Borasi와 Siegal(2000)은 사회・실행적 관점에서 읽기를 공표하기(make public)위한 읽기, 이해하기 위한 읽기, 예를 얻기 위한 읽기, 새로운 것을 만들기 위한 읽기, 기억하기 위한 읽기 등으로 분류하기도 하였다(이종희, 김선희, 2002).

쓰기는 사고의 과정이나 결과를 문어적 표현으로 종이 위나 매체에 글이나 기호체계, 상징 등을 표현하는 것을 의미한다. Vygotsky(1978)에 따르면, 쓰기는 문어적 표현으로서 언어의 상징적 의사소통 체계의 파악을 통해 사고 자체를 반성의 대상으로 삼는 기능을 수행한다. Albert(2000)는 Vygotsky의 근접발달영역(ZPD; zone of proximal development)과 구별하여 근접실행영역(ZPP; zone of proximal practice)의 필요성을 구분하였다(이종희, 김선희, 2002). 그는 ZPD에서의 타인의 도움을 받아 잠재적인 능력에 도달하기 위한 사회적 상호작용을 한 후, 그것이 내면화 과정을 거쳐 쓰기를 통해 자신의 도움으로 문제를 해결할 수 있는 ZPP가 필요하다고 하면서 쓰기의 맥락을 메타인지적 기능을 준거로 확장하여 ZPD를 새롭게 구성하였다.

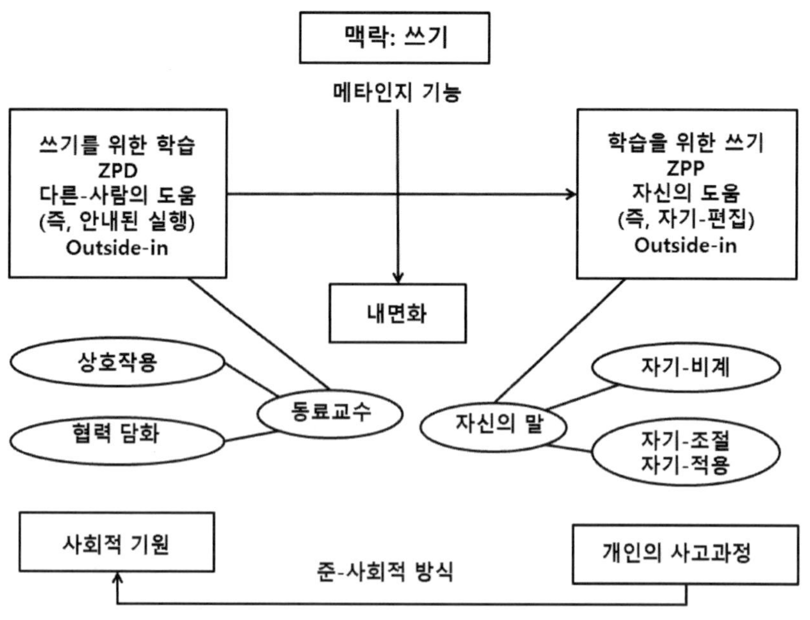

[그림 7-1] ZPP: 비고스키(Vygotsky)의 ZPD 구성의 확장(Albert, 2000)

[그림 7-1]은 쓰기가 쓰기를 위한 학습(ZPD)과 학습을 위한 쓰기(ZPP)의 순환적인 상호작용을 나타내고 있다. ZPD에서의 조력자의 안내된 실행이 ZPP에서의 자신의 도움에 의한 정신 내적 사고 과정을 통한 반성이 이루어지고, 준-사회적 방식을 통해 다시 타인과의 상호작용에서 출발하는 ZPD로 향하는 순환과정인 것이다(이종희, 김선희, 2002). 즉, 쓰기가 정신 내적인 메타인지적 기능을 하는 의사소통의 유형이 될 수 있다는 것이다. 이것은 교실수업에서의 의사소통 능력의 증진을 위한 교육프로그램의 개발에 중요한 실마리(clue)를 제공하고 있다. 문어적 표현에 의해서도 의사소통이 충분히 이루어질 수 있다는 것을 의미한다. 즉, 문어적 의사소통에서 얻은 것을 학습자가 일시적이거나 즉각적으로 수용하지 않고 쓰기를 통하여 정신 내적 고등기능을 발현하여 사고의 질적 비약을 이룬 결과를 다시 조력자에게 검증받을 수 있다는 것이다. 이것은 의사소통의 과정에서 피드백(feedback)의 중요성을 포괄하고 있다.

쓰기의 유형을 Britton은 교류적인(transactional) 쓰기와 표현적인(expressive) 쓰기로 구분하였다. 이 두 가지 쓰기의 유형의 예는 교과수업에서 사용되는 글의 형태에 따라 다음과 같다. 먼저 교류적인 쓰기의 기법에는 타인과의 관계를 맺는 목적으로 쓰는 것으로 질문하기, 설명하기, 정의하기, 보고서, 문제 만들기, 프로젝트, 에세이, 교과문집 만들기, 노트 만들기, 이력서 쓰기, 반으로 접은 노트 등의 있다. 그리고 표현적인 쓰기의 기법에는 종이 위에 생각나는 대로(think aloud) 쓰는 과정에 초점을 두고 쓰는 자유롭게 쓰기(free-writing), 편지 쓰기, 일지(journal) 쓰기, 비형식적인 글, 자서전 쓰기, 교과 외의 글 등이 있다(이종희 · 김선희, 2002). 이 이외에 학습계획표 쓰기, 오답노트 쓰기, 소그룹 협동학습 과정에서 경험하여 체득된 암묵적 지식(tacit knowledge)을 쓰기, 학습과정을 기록하는 포트폴리오 쓰기 등의 기법을 추가할 수 있다.

2) 비언어적 의사소통 유형

비언어적 소통은 교육활동의 처음과 끝의 의사소통의 과정에서 감성과 감각, 몸, 마음, 인지과정, 교육 환경을 교사와 학생이 알아차릴 수 있는 실마리(clue)를 제공한다. 비언어적 소통의 범주는 많은 것을 포함한다. 그것들은 교실에서 공간의 배치에 관한 근접학, 교실의 물리적 환경, 시간의 사용에 관한 시간학, 학생의 교사에 대한 신체적인 매력, 교사의 복장이나 호감이 가는 이름 등 인위적인 것, 몸동작, 제스처, 얼굴 표정, 눈 맞춤 등을 연구하는 동작학, 신체적 접촉, 음성의 꾸밈, 음성의 특색, 음성의 연기, 음성의 독립의 측면에서의 준언어이다. 비언어적 소통의 범주는 자기표현, 규칙과 기대의 확인, 피드백의 강화, 좋아함과 정서, 대화의 흐름과 조정인데, 이들은 교실통제의 영역에서 중요한 기능을 한다. 이 외의 비언어적 기법으로 마음 챙김이나 명상 훈련에 의한 교육환경이나 교육상황을 알아차리는 것들이 있다. 예를 들어 멈추기는 비교육적 환경이나 활동이 이루어 질 때 '멈추고 바라만 보고 있어도' 그 상황을 소진시킨다. '1분간 호흡하기(take 1 minute)'는 수업의 시작과 끝에서 '마음속의 시끄러운 잡음'을 없애고 정신을 집중하게 하는 효과가 있다.

비언어적 의사소통은 언어적 의사소통을 보완하거나 강화하는 기능 이외에 그 자체로서의 고유한 기능을 갖는다. 교실수업에서는 언어적 소통으로 할 수 없는 상황이 발생하기도 하며 이에 대한 대처도 비언어적 소통으로만 가능할 때도 있다. 여기서 간과할 수 없는 또 하나는 특정한 상황을 어떻게 알아차리는가 하는 문제이다. 이것 또한 교육활동의 환경적 요인이 된다. 따라서 특정 상황에 대한 '알아차림'의 훈련 또한 필요하다. 이것은 마음 챙김이나 명상 훈련을 통해서 획득 가능한 정서적 요인이다. 교육활동에서 알아차릴 수 있다는 것은 교육활동의 내적·외적 요인의 긍정적 측면을 발견하고 진작하여 교육목표 과정에서 의미를 수용하고 이해를 촉진하게 할 것이다.

3) 발문에 의한 의사소통

발문의 유형에는 교육목표 분류에 따른 질문의 유형(Bloom, B. S., 1956), 사고의 수준에 따른 질문의 유형(Carner, R. L., 1967), 사고의 폭에 따른 질문의 유형(Amidon, E., & Hunter, E., 1967), 인지과정(cognitive process)에 따른 질문의 4유형(Bellack,A. A., 1996), 교수행동의 이행에 따른 질문의 유형 등이 있다. 아래의 표들은 이러한 질문의 5가지 유형을 이성호(1999)가 정리하여 소개한 것을 알기 쉽게 표로 재구조화한 것이다(류영룡, 2020).

<표 7-1> 질문의 유형

질문의 유형	특징 및 사례
교육목표 분류에 따른 질문의 유형	- 지식, 이해력, 적용력, 분석력, 종합력, 이해력(Bloom, 1956, 'cognitive domain') - 복잡성의 원칙(principle of complexity)에 따라 위계화한 6가지 능력 - 기본적인 기능: 지식, 이해력, 적용력 / 고등정신능력: 분석력, 종합력, 판단력 - 6가지 능력이 곧 발문의 6가지 능력
사고의 수준에 다른 질문의 유형	- 사고의 유형: 구체적 사고, 추상적 사고, 창의적 사고. - 사고의 3수준이 발문의 수준별 유형으로 대체 가능(Carner, R. L., 1967). - 구체적 사고에 기인하는 수준의 질문: 관찰 가능한, 손에 잡히는 구체적인 사상에 관한 질문, 어디서, 무엇을, 누가, 언제. - 추상적 사고: 문제의 방법(hows)과 이유(why)를 탐색: 사실들 간의, 사건들 간의, 상황들 간의 관계, 사건, 구성, 논쟁 등에 있어 계속성, 순차성, 의도나 추론, 결론도출, 논쟁의 타당성 평가. - 창의적 사고: 새로운 틀(patterns)을 창출하기 위하여 개념을 재조직하는 수준의 발문.
사고의 폭에 따른 질문의 유형	교실 내 언어의 상호작용에 관한 연구(Amodon, E., & Hunter, E., 1967)의 제한형 질문과 확장형 질문에다 4가지 수준의 생산적 사고의 유형(J. J. Gallagher, 1965)을 결부한 질문의 유형 - 제한형 질문: 인지・기억 수준의 사고(어떠한 사실, 개념, 기억된 정보의 재생을 요구하는 질문, "기체란 무엇이냐", " $\sqrt{25}$ 는 5와 같으냐?"), 수렴적 수준의 사고(정답이나 최선의 답이 있는 질문, "어째서 이 두 삼각형은 합동인가?", "왜 식물은 햇빛쪽을 향하는가?"). - 확장형의 질문: 학습자들의 지적 기능의 개발, 발산적 사고(탐색과 실험을 촉성, "6・25전쟁이 일어나지 않았더라면, 오늘의 한국의 모습은 어떠한 모습이 되었으리라 생각하는가?"), 평가적 사고(앞의 3가지 사고를 동원하여 자신의 판단, 가치 선택의 정당화, 입장의 방어, 선택과 의사결정 등을 촉성, "당신은 임진왜란이라는 역사적 사건의 의미를 오늘날 어떻게 해석하여야 한다고 생각하는가?").
인지과정에 따른 질문의 4유형	- 개념적(definitional) 과정: 인지・기억수준의 사고를 요하는 질문과 유사. - 경험적(empirical) 과정: 응답자의 감각적 지각에 기초한 응답, 수렴적 사고와 비슷. - 평가적(evaluative) 과정: 확장형의 질문과 유사. - 형이상학적(metaphysical) 과정: 종교적 신념이나 도덕적 태도에 관련된 질문.
교수행동의 이행에 따른 질문의 유형	- 개시적 발문(opening question): 주의 환기, 흥미 유발, 충분한 개방성(학습자의 인지수준에서 응답 가능)과 초점(생산성이 있음)을 갖추어야 함. "오늘의 한국교육은 어떠한가?", "콜럼버스는 미국을 언제 발견하였는가?" - 초점을 맞추기 위한 발문(focusing question): 지금 가르치고 배우는 특정 내용에 집중하도록 던지는 질문, "지금 보신 영화에서 가장 의미 있는 사건은 여러분 모두가 민간항공기를 격추시킨 러시아의 만행이라고 생각하였을 것입니다. 그렇다면, 이 사건을 에워싼 세계 각국의 반응은 대체로 그 영화에서 어떻게 나타나 있습니까?" - 사고의 차원을 끌어올리는 발문(lifting question): 특정한 수준에서의 토의가 충분히 이루어진 다음, 그 토의 수준을 앞서보다 한 단계 높이려고 할 때 사용하는 질문.

질문의 유형	특징 및 사례
	- 사고를 확장시키는 발문(extending question): 학습자들의 사고를 횡적으로 비슷한 수준에서 부연, 정치(replacement)시켜 나가거나 또한 비슷한 예를 학습자에게 던짐으로써 사고의 양을 충분히 연습시키기 위한 질문. - 부가적인 보조발문(supporting question): 질문에 대한 모호성 때문에 추가하는 질문

발문의 전략에는 어떠한 것들에 있는가? 이성호(1999)는 발문의 전략의 전략으로 Hyman(1979)의 전략을 소개하였다. 그것들은 일반적인 전략과 특수 전략으로 대별된다. 전자는 특정한 구체적인 목적보다는 보편적인 사고행위를 전체적으로 촉성하는 것이고, 후자는 특정한 사고행위를 증진키는 것이다. 다음의 '가, 나, 다'의 표들은 또한 이러한 발문전략과 발문의 효율화에 관한 내용을 재구성한 것이다(류영룡, 2020).

가. 일반적인 발문의 전략

<표 7-2> 일반적인 발문의 전략

일반적 발문전략	사례
정상전략 (peaks strategy)	한 학습자에게 일련의 사고 수준을 따라 계속해서 여러 개의 질문을 던진 다음, 다른 학습자에게 다시금 일련의 사고 수준을 따라 여러 개의 질문을 던지는 것. - 특정 개인 학습자의 사고과정이 어떻게 이루어지고 있는가를 알아볼 때 적합 (사고수준 예) 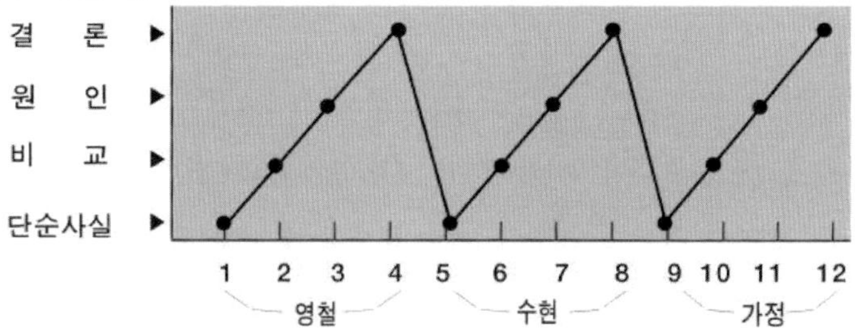 결론 ▶ / 원인 ▶ / 비교 ▶ / 단순사실 ▶ 1 2 3 4 5 6 7 8 9 10 11 12 영철 / 수현 / 가정 예) 3단계 정상 전략 T: 봄이 되었습니다. 자전거 타기에 좋은 계절입니다. 오늘은 자전거에 대하여 공부하려고 합니다. 자전거는 여러 가지 부속이 모여 만들어집니다. 어떤 부속이 머리에 떠오릅니까? S1: 쇠사슬요. T: 쇠사슬은 무슨 작용을 하지요? S1: 바퀴가 구르게 합니다. 그것은 발판과 바퀴를 연결해 줍니다.

일반적 발문전략	사례
	T: 그러면 쇠사슬은 자전거에 없어서는 안 될 꼭 필요한 부속품이겠네요. S1: 그럼요, 언덕을 내려갈 때야 혹 없어도 되겠지만, 보통 때는 그것 없으면 안 됩니다. T: 자, 그러면 또 다른 부속으로는 어떤 것이 있을까요? 이번에는 옥순이가 대답해 볼까요? S2: 브레이크요. T: 브레이크는 무슨 작용을 하지요? S2: 천천히 가게도 하고 멈추게도 합니다. T: 그러면 브레이크도 꼭 필요하다고 생각하세요? S2: 그렇습니다. 브레이크가 없는 자전거는 안 탈 것입니다.
고원전략 (plateaus strategy)	- 똑 같은 차원, 똑 같은 유형의 질문을 여러 학습자에게 계속 한 번씩 질문한 다음, 사고의 수준을 한 차원씩 높이거나 질문의 유형을 달리하여, 다시금 또 여러 학습자들에게 한 번씩 계속해 질문을 해나가는 것 - 학급의 크기가 클 때, 많은 학습자들의 참여 유도에 적합, 학습자의 주의환기, 여러 가지 사실이나 원인들을 함께 모아 큰 결론을 내릴 때에도 적합(Fraenkel, 1977) (사고수준 예) 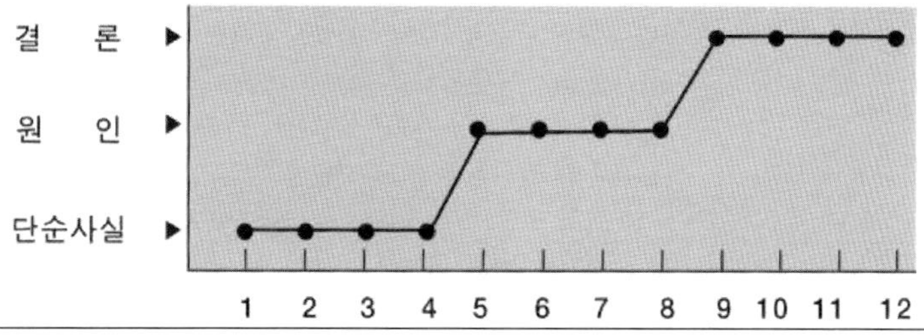 결 론 ▶ 원 인 ▶ 단순사실 ▶ 1 2 3 4 5 6 7 8 9 10 11 12
귀납적 전략 (inductive strategy)	- 논리전개에 귀납적인 방식을 활용함, 연역적 전략보다는 덜 추상적임.
연역적 전략 (deductive strategy)	- 논리전개에 연역적 방법을 사용함, 추상적 사고작용에 의존, 11~12세 이상, 즉 형식적 조작기에 도달한 학습자들에게 유용(Morine, H., & Morine, G., 1973).
혼합전략 (mixed strategy)	- 한 가지 유형, 한 가지 사고의 수준에만 집착하여 발문을 반복하는데서 오는 사고의 획일성과 단조로움을 미연에 방지함. - 학습자들의 다양한 사고 즉, 사고의 복수성을 증대시키고자 사용하는데 목적이 있음.

나. 특정목표 성취를 위한 전략

<표 7-3> 특정 목표를 위한 발문의 전략

특정목표 성취를 위한 전략	사례
개념의 귀납적 개발 능력증진을 위한 발문	· 우리는 어제 모두 동물원에 다녀왔습니다. 재미있었지요? · 우리는 어제 동물원에서 많은 동물들을 보았습니다. 이제 여러분이 본 동물들의 이름을 말해보세요. · 자 모두 25가지 동물이 나왔네요. 그러면, 우리 한 번 이 동물들을 몇 가지로 나누어 보지요. 서로 한데 묶을 수 있는 것들을 말해보세요. · 모두 6묶음으로 나누었습니다. 그러면, 이 첫 번째 묶음 안에 있는 동물들은 어떤 똑같은 특징을 갖고 있나요? · 그러면, 이 묶음의 동물들은 우리가 무엇이라고 부르면 좋겠습니까? · 이 묶음의 동물들과 저 묶음의 동물들은 어떠한 점이 다릅니까? · 이 묶음에 들어 있는 하마는 저쪽 묶음에 속할 수가 없습니까? · 이것을 다 섞어서 다시 묶어 볼 수는 없을까요? · 그리고 그 새 묶음에다 우리 다시 이름을 부쳐보지요? · 새 묶음으로 모두 5묶음이 되었습니다. 그러면, 여기 첫 번 묶음속의 동물들은 서로 어떠한 점이 같습니까? · 자, 동물에는 여러 가지 종류가 있지요? 그러면, 누가 한 번, 오늘 우리가 찾아낸 동물의 종류들을 말해보겠어요?
비교와 대조능력 개발을 위한 발문	· 조선시대 때의 4대 사화를 하나씩 들어서 그 개요를 우선 설명하시오. · 각 사화의 결정적인 주요 원인을 밝히시오. · 각 사화의 주요 원인을 다른 사화의 주요 원인과 비교해보시오. · 그들 원인 간에는 어떠한 공통점이 있고 차이점이 있습니까? · 한 사화의 원인은 다른 사화에 어떻게 영향을 미치거나 관계가 되었다고 보십니까? · 한 사화의 원인이 다른 사화에 영향을 미친 경우, 그 결과는 무엇입니까? · 한 사화의 발생 그 자체가 다른 사화의 발생에 영향을 미쳤다면 그것은 어떻게 영향을 미쳤습니까? · 각 사화의 원인들 가운데 공통된 원인이 있다면, 그러한 원인들의 유사성은 왜 생겨나게 되었습니까? · 결국 각 사화의 원인들을 살펴본 바, 유사성과 차이가 많이 발견되었습니다. 그 유사성과 차이는 결국 무슨 의미를 나타내주는 것입니까?
사건분석 능력개발을 위한 발문	· 지금 여러분이 읽은 이야기를 당신은 어떠한 준거를 사용하여 분석하겠는가? · 그러한 준거를 사용하는 이점은 무엇인가? · 그러한 준거를 놓고 볼 때, 이 이야기의 기본적인 특징은 무엇인가? · 그러한 준거를 놓고 볼 때, 이 이야기는 당신이 알고 있는 어떤 다른 이야기와 어떻게 같거나 다른가? · 이 이야기에는 당신이 기대하였던 어떠한 요소들이 빠져 있지는 않은가? 빠져 있다면, 무엇이 빠져 있는가?

특정목표 성취를 위한 전략	사례
	• 그러한 요소들이 빠지고 난 이 이야기는 그러면 당신에게는 무슨 의미로 나타나는가? • 이 이야기의 결론을 당신은 어떻게 내리겠는가? • 자, 이제 다른 준거를 써서 다시 한 번 앞에서 해온 순서대로 따져봅시다. • 이처럼 우리는 이 이야기를 다양한 각도에서 분석할 수 있습니다. 이제 이 이야기에 대하여 당신은 무엇을 결론내리겠습니까?
절차설명 능력개발을 위한 발문	• 이 절차의 첫 단계는 무엇인가? • 그 다음의 절차는? 순서대로 하나씩 말해보라! • 이 절차들 가운데, 생략해도 좋다고 생각하는 절차나, 아니면 꼭 더 추가해야 할 절차가 있는가? • 이 절차들 가운데 반드시 이러한 순서대로 이루어져 나가야 하는가? • 그렇지 않고 다른 대안이 있다면, 그 다른 대안의 순서는 무엇인가? • 그 대안의 순서는 왜 그렇게 짰는가? • 본래의 절차와 대안으로 제시한 절차에 있어서 절차수행상의 주의하여야 할 점은 없는가? • 이 절차들을 수행해 나가는 데는 얼마나 많은 시간, 돈 혹은 공간이 필요한가? • 이러한 절차는 어떤 현상의 다른 절차와 유사하다고 생각지 않는가? • 전체 절차의 요점을 간단히 제시하라.

다. 발문의 효율화와 관련 연구

<표 7-4> 발문의 효율화에 관한 연구 결과

<table>
<tr><th>구분</th><th>연구 결과</th></tr>
<tr><td>발문의 유형</td><td>
- 발문에 대한 학습자의 응답을 일종의 정보처리과정으로 분석(A. A. Bellack, 1966).
- 미국의 15개 고등학교 경제학 교과목에서 교수자와 학습자간의 문답과정을 조사한 결과.
- 고차적 인지질문은 학습자의 학업성취에 긍정적인 영향을 미침(Redfield, D. L. & Roussseau, E. W., 1981).
- 표에 나타난 구성처리 질문이 수준 높은 사고 작용의 촉진이 아닌 단순한 기억의 재생을 요구함.

<표> Bellack의 발문유형 분석결과
<table>
<tr><th>정보처리과정</th><th>교수자의 질문</th><th>학습자의 질문</th></tr>
<tr><td>이원론적 발문</td><td>12.%%</td><td>60.5%</td></tr>
<tr><td>선택처리 발문</td><td>2.0%</td><td>4.3%</td></tr>
<tr><td>구성처리 발문</td><td>79.2%</td><td>33.9%</td></tr>
<tr><td>혼합처리 발문</td><td>6.3%</td><td>1.3%</td></tr>
<tr><td>계</td><td>100.0%</td><td>100.0%</td></tr>
</table>
</td></tr>
</table>

구분	연구 결과
'왜'라는 유형의 발문	- 순기능: 어떠한 현상의 이해, 분석, 종합, 평가 등의 고차적인 인지처리 촉구 - 역기능: 정의적 요인의 영역을 교육하는 데에 가장 큰 저해 요인(Shedd, M. R., 1971).
질문 그 자체의 문법성	- 질문 속에 담기는 어휘의 수, 어휘의 수준, 어휘의 배열순서 등을 심사숙고해야 함. - 응답의 방향을 암시하는 단서를 동반함(spoon-feeding question 주의). - 가능한 한 짧고 명료하게 제시해야 함(질문의 모호성 주의).
발문 후 교수자가 기다리는 시간	- Wait Time Ⅰ(교수자가 다시 말하기 전에 갖게 되는 기다리는 시간), Wait Time ⅠⅡ(학습자가 다시 말하기 전에 갖게 되는 기다리는 시간)의 측정 결과 각각 모두 3초 이내(Rowe, M. B., 1973). - 학습자에게 응답을 준비하도록 허용되는 시간이 평균 1초(J. H. Lake, 1973). - 학습자들의 응답을 기다리는 시간을 3~5초로 증대하면 나타나는 효과: 학습자들의 응답의 길이 증대, 자발적으로 응답하는 학습자 수 증가, 응답에 실패하는 학습자 수 감소, 응답에 대한 자신감의 증대, 대안적인 응답의 현저한 증가, 학생이 교수자에게 던지는 질문이 증가, 학습자간 상호토론의 증가(Dillon, J.T., 1981; Tobin, K. G., & Capie, W., 1982, Swift, J. N., & Gooding, C. T., 1983; TobinK. G.,, 1987).
암송의 효과	학습자 자신은 그 내용에 대해서 생각할 기회를 가짐, 그 의미를 발견, 그 기억 속에서 단서를 찾아 형성하게 됨. - 사고나 논리의 다양한 틀이나 형태 또는 양식에 친숙해지는 양상효과(modality effect), 새로운 분위기 조성, 근육이완, 새로운 동기 형성.
질문의 양과 배분	- 교수자는 학생의 수준과 교육과정을 고려하여 질문의 양과 배분에 대한 사전 계획과 준비를 철저히 해야 함.
경청과 분위기 조성	- 경청은 발문에 대한 응대로서 의사소통의 첫 출발임, 학습자에 대한 어리석음의 존중과 배려, 기다려줌, 인격적 대우, 동료에 대한 칭찬 및 관심, 고무 등으로 개방적 발표 분위기 조성.

라. 발문의 기술

발문전략과 더불어 발문기술이 필요하다. 조벽(2013)은 질문을 통해 생각하는 방법을 기르기 위한 교육을 실천하는 발문의 기술을 강조하였다. 다음 <표 7-5>는 이러한 발문의 기술을 재구조화한 것이다. 그는 질문하기의 변인을 3차원으로 하여 구조화하였다. x축은 질문을 주고받는 주체로 교수→교수, 교수→학생, 학생→교수, 학생→학생의 변인이다. 그는 1등 선생은 학생이 질문을 하고 학생이 대답하게 하고, 2등 선생은 교수가 질문하고 학생이 대답하게 하며 3등 선생은 자신이 질문하고 자신이 대답한다고 하였다. y축은 블룸의 6가지 교육목표에 대한 질문유형의 변인 즉, 지식, 이해, 적용, 분석, 종합, 판단이다. z축은 질문의 유형 즉, 닫힌 질문, 수렴적 질문, 발산적 질문, 열린 질문이다. 여기서 나열한 세 축의 변인의 순서는 양의 방향을 의미한다. 따라서 이들 세 가지 질문의 차원을 항상 고려하면서 양의 방향으로 수준을 높여가며 질문하기를 습관화해야 한다(류영룡, 2020).

<표 7-5> 발문의 기술

유형	기술
학생들의 반응을 유도하기	· 학생들이 대답할 수 있는 질문을 한다(질문의 3차원: 대답의 여부, 교육 목적, 문답 대상). · 도전적이지만 무비판적인 질문을 한다. · 학생들의 무반응을 용납하지 않는다. · 강의 목적을 뚜렷하게 한다.
질문하기	(1) 대답의 유형별로 질문한다. - 닫힌 질문: 정답이 하나밖에 존재하지 않는 질문. - 수렴적 질문: 정답이 여럿 존재하는 질문. - 발산적 질문: 정답이라고 볼 수 있는 질문이 여럿 존재하는 질문. - 열린 질문: 정답이 아예 없는 질문. (2) 교육 목적 단계별로 질문한다(암기-이해-응용-분석-종합-판단). (3) 누가 질문하고 누가 대답하는가로 질문한다(교사/교사, 교사/학생, 학생/교사, 학생/학생).
학생의 반응을 유도하고 답하는 기술	(1) 대답 유도하기 - 반응이 나올 때까지 기다린다. - 대답이 나올 수 있도록 다시 질문한다('큰' 질문과 '조그만' 질문으로 분리). - 말의 '물꼬'를 틔워준다(1~2분 옆사람과 의논한 후에 질문). - 부담을 줄여준다(옆 사람과 토론의 기회, 공동 소유에 의한 책임의 분산). - '단골'로 틀린 답을 제시한다(정반대되는 대답을 제시해서 학생들이 거꾸로 생각하게 함). ① 아이들의 반응을 유도하기 · 학생들이 대답할 수 있는 질문을 한다(질문의 3차원: 대답의 여부, 교육 목적, 문답 대상). · 도전적이지만 무비판적인 질문을 한다. · 학생들의 무반응을 용납하지 않는다. · 강의 목적을 뚜렷하게 한다. ② 질문하기

유형	기술
	가. 대답의 유형별로 질문한다. 나. 교육 목적 단계별로 질문한다(암기-이해-응용-분석-종합-판단). 다. 누가 질문하고 누가 대답하는가로 질문한다(교사/교사, 교사/학생, 학생/교사, 학생/학생). (2) 반응 보이기 - 정답이나 적절한 대답을 했을 경우 칭찬한다(모호한 칭찬, 구체적인 칭찬, 과장된 칭찬) - 학생이 못했을 때 격려해 준다. "다른 대답은 없나요?", "그 대답은 이러이러한 경우에는 적절하지만 질문은 저러저러한 경우니까 다시 한 번 생각해보십시오.", "그 대답에서 xyz를 응용하면 되는데?", "그 대답과 이것을 연결하면 좀 더 정확한 대답이 나올 수 있습니다.", "조금 전에 나온 대답에서 한 단계 더 발전했군요?" - 학생이 질문을 파악하지 못하고 엉뚱한 대답을 했을 경우에는 순발력을 발휘한다. "내 질문이 조금 모호했던 모양이네요. 질문은 OOO였습니다."

지금까지 의사소통의 유형에 대해 살펴보았다. 교실수업에서의 의사소통의 유형에는 말하기・듣기, 읽기・쓰기의 언어적 의사소통과 동작, 준언어 등의 비언어적 의사소통이 있다. 발문의 여러 차원 즉, 질문의 유형, 질문의 전략, 목표 성취를 위한 전략, 발문의 효율성 등을 잘 숙지하여 의사소통 기법으로 활용해야 한다. 이러한 기법은 질문의 변인을 세 가지 축으로 나누어 분류하고 실제로 활용하는 기술을 정리하여 생각을 키우는 도구로 유용하게 사용할 수 있다. 어떻게 하면 효율적이고 효과적으로 의사소통을 잘 할 것인가? 송신자와 수신자는 교육의 상황과 교육적 맥락을 알아차릴 수 있는 마음챙김(mindfulness)을 해야 한다. 이것은 13장 2절의 마음챙김 학습에서 소개된다. 그리고 학업적 스트레스를 줄여 교육활동에 주의집중할 수 있어야 한다. 스트레스를 줄이는 마음관리 기법은 스트레스를 극복하는 억압적 대처(repressive coping), 합리적 대처(rational coping), 재구성(reframing), 글쓰기가 있다. 신체관리 기법은 근육이완, 유산소 운동이고, 사회적 지지는 종교적 경험과 동료의 격려 등이다. 마음챙김 학습은 외국에서 활발히 연구되고 있고, 한국에는 번역서와 저서가 있다.

2

의사소통 사례

의사소통: 의사소통 교육 프로그램의 시행 사례 분석

의사소통 교육프로그램은 특정 조직이나 기관이 교육목적을 달성하기 위해 만든 체계적인 활동이다. 교육프로그램은 우리에게 익숙한 정규 및 비정규 교육과정을 모두 포함하는 것이다(염민호, 2006). 여기에서는 의사소통 능력을 강조한 교사교육 프로그램과 C대학교 K센터의 교육 프로그램의 실천사례를 분석하여 교실수업에서 의사소통 능력 증진을 위한 프로그램 개발에 주는 시사점을 도출한다. 임지은(2012)의 의사소통 능력을 강조한 교사교육 프로그램은 George harpack(1996)에 의해 실시되어 교실에 확산된 '라망알라빠뜨' 프로그램을 초등 과학교사 교육프로그램에 적용하였다. 라망알라빠뜨 프로그램은 사고과정을 언어로 표현하는 과정에서 아동이 스스로 구성한 지식을 확인하고 대조하는 것을 중요하게 여기는 프로그램이다. 이 프로그램의 주요 특징은 학생에 대한 신뢰를 전제하고 토론을 통해 상대를 설득하고 수업내용을 구성하며 생각들을 정리할 수 있는 실험노트를 활용한다는 것이다. 이 프로그램을 통하여 학생들은 과학적 사고와 쓰기, 말하기와 같은 의사소통의 능력을 동시에 발달시킨다. 의사소통 능력을 강조한 교사교육 프로그램은 총 11차시로 구성되어 있다. 그것의 내용은 의사소통 능력을 강조한 교사교육 소개(1-5차), 기존의 수업 재해석 및 발표(6-7차), 창의적 과학수업으로 재구성한 수업발표(8-11차)이다.

C대학교 K센터는 '교육프로그램'을 '정규교육과정'과 '비정규교육과정'으로 나누었다. 정규교과정에는 형식적인(formal) '전공교과'와 '교양교과'가, 비정규교과과정에는 '전공교과'와 '교양교과'에 포함되지 않은 비형식적인(informal) 교육프로그램이 해당된다. 이 사례에서는 전자와 후자가 어떻게 대학의 기초능력 가운데의 하나인 의사소통 능력을 증진하였는가를 살펴보았다. C대학 K센터는 대학생의 기초능력을 각 분과 학문 활동의 기본이 되며 공동체의 삶에 기여할 수 있는 지식, 기능, 행동을 포함하는 것으로서 자신이 가진 지식과 기능을 응용하여 모종의 결과를 보여줄 수 있는 것으로 보았다. 그 기초능력의 하위 요인으로 의사소통 능력, 비판적 사고력, 문제해결 능력, 협업 능력, 공동체 의식의 다섯 가지를 들고 있다(염민호, 2006). C대학교 K센터는 교육프로그램으로 정규교육과정에서 '글쓰기'와 '전공 글쓰기 및 지정 강의 교과'를 도입하였다. 이것들의 목적은 모국어를 통해 효과적으로 의사소통할 수 있는 언어구사능력을 배양하는데 있고, 각 분과 학문 전공 교과의 학습을 심화시키고 학생 기초능력을 증진하기 위함이다. 비정규교육과정으로는 '온라인 글쓰기 상담실', '아하! 학습공동체', '이뭣고-교학상장', '학생활동기록부' 등이 있다. 이 프로그램들은 대학당국의 지원과 교수·학생들의 자발적인 참여 및 자율적인 운영으로 대학의 새로운 문화를 만들어 가고 있다.

이상에서 살펴본 두 사례는 다음과 같은 시사점을 주고 있다. 첫째, 이 두 사례는 언어적 의사소통 능력의 개발을 통하여 학업능력을 증진하고 공동체의 새로운 문화를 창조한다는 것을 보여준다. 둘째, 언어는 개인적인 실천성과 사회적 실천성을 모두 담보하기 때문에 교육목표를 달성하는데 구체적인 도움을 줄 수 있다. 셋째, 언어적 의사소통의 증진을 위한 교육프로그램의 형태는 형식적 교과목이나 비형식적인 교과목의 형태로 마련될 수 있고, 기존의 교과목에도 적용될 수 있다. 넷째, 의사소통 교육프로그램은 그 형식에 있어 교육적 상황과 특성에 따라 비교적 자유롭게 개발될 수 있다는 것이다.

3

의사소통 프로그램

의사소통 증진 교육 프로그램

실제로 의사소통 증진 교육프로그램은 수업에서 교육활동을 진작하여 교육목표를 달성하는 목적을 실제로 수행할 수 있는 효율적인 활동과 심리적 특성을 포괄해야 한다. 따라서 교사와 학생의 교육 프로그램은 다음과 같은 목적을 담고 있어야 한다. 첫째, 언어의 성격에 대한 이해를 통해 적절한 의사소통 능력을 배양한다. 둘째, 심리적 · 물리적 환경을 파악하여 교육활동을 촉진하는데 필요한 적절한 '교육어'를 습득한다. 셋째, 비언어적 의사소통에 대한 이해와 능력을 배양한다. 넷째, 교실수업에서 활용 가능한 의사소통 기법과 의사소통 유형을 숙지하고 활용할 수 있어야 한다. 다섯째, 효과적인 교실 상호작용을 위한 의사소통의 방법으로 피드백을 수행한다. <표 7-6>은 의사능력 증진을 위한 교사교육 프로그램의 내용과 프로그램의 교육목적을 유형과 하위 범주에 따라 나타낸 것이다. 여기서는 유형, 영역, 범주, 교육적 목적에 따라 교육프로그램을 구성하였다.

<표 7-6> 의사능력 증진을 위한 교사교육 프로그램의 내용(류영룡, 2020)

유형	영역	범주	기능	프로그램 교육목적
언어적 유형	교 수 (교사)	말하기/듣기	언어적 상호작용	교수 상황에 적합한 교육어 사용능력 배양
		읽기/쓰기	시범적 상호작용	교수 내용의 인지전략을 시연하는 능력 배양
		피드백	양방향 상호작용	상호 의사소통의 결과를 확인하는 능력 배양
	학 습 (학생)	말하기/듣기	언어적 상호작용	학습 상황에 적합한 교육어 사용능력 배양
		읽기/쓰기	정신 내적 작용	학습 내용의 인지전략을 수용하는 능력 배양
		피드백	양방향 상호작용	상호 의사소통의 결과를 확인하는 능력 배양
비언어적 유형	교수 (교사)	교육 환경	환경의 조절	교육 환경을 알아차리고 조절하는 능력 배양
		교수 활동	교육활동 촉진	교수 상황에서 긍정적인 요인 강화능력 배양
		피드백	양방향 상호작용	상호 의사소통의 과정을 촉진하는 능력 배양
	학습 (학생)	교육 환경	환경의 적응	교육 환경을 알아차리고 적응하는 능력 배양
		학습 활동	교육활동 진작	학습 상황에서 긍정적인 요인 강화능력 배양
		피드백	양방향 상호작용	상호 의사소통의 과정을 확인하는 능력 배양

<표 7-6>에서 제시된 것과 같이 기능적 범주에 따라 교육목적과 부합하게 의사소통 능력 증진을 위한 교육프로그램 개발자는 세부적인 기법들을 구체적으로 정하여 시행할 수 있다. 언어적 기법의 예를 들면 다음과 같다. 효율적인 말하기 기법을 위해서는 교수·학습 상황에 적합한 특수한 언어, 즉 '교육어'를 습득해야 한다. 이것은 교과의 내용을 전달하거나 설명하는데 쓰이는 언설(言說)과 교육활동을 촉진하는데 사용하는 언교(言教)로 나누어 개발하여 사용할 수 있다. 류영룡(2012)은 교육어의 하위범주를 교육어의 기능적 차원에서 언설에 해당하는 개념 전달어, 이야기 사고어, 에피소딕 체험어로 나누고, 언교에 해당하는 구성적 활동어, 재발명 절차어, 아이디어 발견어, 반성적 사고어, 패러다임 분류어, 수준 진단어, 사고 탐색·촉진어, 형식적 재발견어 등으로 분류하고 그 예를 제시하였다. 앞의 4장 1절에서 제시한 교육어의 예시와 1절의 '가. 나. 다. 라.'에서 나열한 발문법 및 의사소통 기법을 참고하여 의사소통 능력 증진을 위한 프로그램을 내용과 목적에 맞게 각 차시별로 구성할 수 있다. 물론 교육프로그램 진행자는 세부적인 기법들을 먼저 숙지하고 있어야 하고, 자신이 먼저 각종 전문 프로그램에 참여하여 익혀야 한다.

교실에서의 의사소통 능력은 효과적인 상호작용을 가능하게 하여 학업성취

와 인간적인 관계의 개선, 심리적 안정뿐만 아니라 학생의 비판능력과 이해력을 제고하여 사고의 수준을 높이는 역할을 한다. 교사와 학생의 의사소통 능력은 언어적, 비언어적 유형을 포함하며 양방향 피드백을 통한 교육활동 과정에서의 효율성을 파악할 수 있음은 물론 그 산출물까지도 검증할 수 있는 개념이다. 교사와 학생의 의사소통 능력은 효과적인 의사소통의 기법이나 기술로서 실제적으로 교육활동에서 활용 가능한 능력이다. 따라서 교실수업에서 교사와 학생의 의사소통 능력을 증진하는 교육프로그램의 개발은 교수·학습 상황에서 드러나는 각종 현실적인 문제를 해결하는데 기여한다. 이러한 관점에서 교사와 학생의 의사소통 능력을 증진하는 교육프로그램 개발을 탐색하였다. 첫째, 교실수업에서 의사소통능력을 강조한 이론적 연구나 실천사례 연구를 언어적 의사소통의 개인적·사회적 실천성과 비언어적 의사소통의 범주와 기능을 준거로 의사소통능력의 이론적 기초를 분석하였다. 둘째, 교실수업에서 교사와 학생의 의사소통능력 증진을 위한 프로그램 개발의 필요성에 따라 그 유형과 기능적 범주를 제시하였다. 셋째, 의사소통능력 증진을 위한 교사교육 프로그램에 관한 사례를 분석하여 초·중등 교사양성 기관이나 교원 재교육 과정에 적용 가능한 교육프로그램의 내용과 기법들을 제안하였다.

이러한 탐색이 가져오는 기대효과는 다음과 같다. 첫째, 의사소통능력의 개념화와 더불어 실천사례를 분석하였기 때문에 교육프로그램 개발자와 실천가에게 실제적인 도움을 줄 것이다. 둘째, 여기서 제안한 교육프로그램은 예비교사나 일선의 교육현장에 종사하는 교사에게 교실수업에서의 효율적 의사소통에 대한 이해와 교육 프로그램의 활용능력에 긍정적인 영향을 미칠 것이다. 셋째, 이러한 논의는 교실수업을 위한 의사소통 교육 프로그램 개발에 아이디어를 제공할 수 있다. 교사와 학생의 언어적·비언적 행동 및 태도는 모두가 교육활동의 과정이나 결과에 영향을 미치는 중요한 변인이기 때문이다.

지금까지 이 장에서는 상위교육의 핵심역량에서 뿌리에 해당하는 기초학업역량가운데 하나인 의사소통 능력에 대해 살펴보았다. 의사소통은 언어와 비언어를 통해 교육활동을 촉진하고 강화하는 활동이다. 의사소통의 가장 고전적이고 효율적인 것은 소크라테스도 사용했던 문답법이다. 교육학에서는 이를 발문법이라고 칭한다. 발문의 유형은 교육목표, 사고의 수준, 사고의 폭, 인지과정, 교수행동에 따라 분류된다. 일반적인 발문에는 사고의 수준에 따라 계속 질문을 던지는 정상전략, 사고의 수준을 한 차원씩 높이거나 질문의 유형을 달리하여 계속 질문을 던지는 고원전략, 논리전개에 귀납적 방식을 활용하는 귀납적 전략, 연역적 방법을 활용하는 연역적 전략, 그리고 여러 가지 전략을 섞어서 하는 혼합전략이 있다. 특정 목표를 위한 발문의 전략에는 개념의 귀납적 개발 능력의 증진, 비교와 대조능력 개발, 사건 분석능력 개발, 절차 설명능력 개발을 위한 발문이 있다. 발문의 효율성에 관한 연구에서 교수자는 질문의 양을 고려하고 질문을 배분해야 하며, 발문 후 적어도 3~5초를 기다려주는 것이 효율적이라는 것을 주목하여 살펴보아야 한다. 그리고 발문이 이루어지는 수업에서는 경청과 개방적 발표 분위기를 조성해야 한다.

여기서 제시된 의사소통의 사례는 교육프로그램을 통한 의사소통의 실천성과 효과성을 주목하기 위해서이다. 의사소통 능력을 강조한 교사교육 프로그램과 C대학교 K센터의 언어적 의사소통 능력 개발을 위한 교육프로그램의 실천 사례는 학업능력을 증진하고 공동체의 새로운 문화를 창조한다는 효과성을 보여준다.

의사소통 증진을 위해서는 교사교육 프로그램을 설계하여 교사교육을 해야 한다. 이러한 교육 프로그램은 현장 교사교육의 형태나 동료장학의 형태로 이루어질 수 있다. 교사는 먼저 언어의 실천성을 이해하고 인지적 도제교육을 통해 적절한 의사소통 능력을 서로에게 전수한다. 그 다음으로는 교육활동을 촉진하는데 필요한 적절한 '교육어'를 습득한다. 그리고 비언어적 의사소통에 대한 이해능력을 배양하기 위한 근접학, 시간학, 동작학, 준언어 등을 이해하고 파지한다. 그리고 의사소통을 잘하기 위해서는 지금-여기서 나를 알아차리고, 상황과 맥락을 알아차리기 위한 마음챙김 학습을 도입하여 학생들과 함께 실천하는 것이다. '1분간 호흡하기'로 시작해서 항상 주의집중하는 시간과 능력을 점점 늘려가는 것은 의사소통 능력을 기르는 데에 도움을 준다. 예컨대, 교사가 부드러운 호흡을 하고 뒤쎈미소를 지으며 소란스러운 쪽을 잠시만 바라보며 기다려주면 곧 조용해지고 수업을 이어갈 수 있게 된다.

제8장

어떻게 미래성장 교육능력을 기를 것인가?

상위교육의 핵심역량에서 줄기에 해당하는 역량가운데 하나는 미래성장 교육력이다. 이것의 하위요인은 컴퓨터적 사고, SW교육, AI 활용능력, 디지털 리터러시이다. 이러한 능력은 4차 산업혁명과 함께 교육의 패러다임 변화로 교육계가 수용해야 하는 여러 역량을 의미한다. 또한 앞서 논의한 바와 같이 이러한 능력은 교육의 본질과 가치를 실현하기 위해서 교육의 외재적 변인을 어떻게 교육의 우호적인 여건으로 만들 수 있는가와 상관관계가 있는 미래적응 역량이다. 여기서는 미래성장 교육능력의 의미와 필요성, 그 하위요인으로 제시한 컴퓨터적 사고, SW교육, AI활용능력, 디지털 리터러시, 그리고 미래성장 교육을 위한 수업 방안을 중심으로 탐색한다.

첫째, 미래성장 교육능력의 의미와 필요성을 이해해야 한다. 이들 역량 가운데 우선 SW교육 역량을 들 수 있다. AIWBES가 인공지능(AI)의 기술과 결합한다면 다양한 교육적 결과물을 낳을 수 있다. AI는 사람의 학습능력, 추론능력, 지각능력, 자연언어 이해능력을 컴퓨터 프로그램으로 실현한 기술이다. 교육개발연구자는 AI의 요소기술에 교수자 마인드셋을 적용하고 강화한 가칭 AI 티칭 에이전시(AITA)를 개발할 필요가 있다. 그리고 다양한 교육 자료를 제공하는 메타버스(Metaverse) 플랫폼을 수업운영과 학술연구에 활용해야 한다.

둘째, 미래성장 교육능력의 요소를 파지하고 실천해야 한다. 미래 세대에게는 직관적 사고와 주관적 사고를 동시에 활용하는 디자인 씽킹, 딥러닝이 구현되는 AI가 탑재된 가칭 '발전하는 교육시스템(DES)'을 활용하는 능력을 교육해야 한다. 인공지능을 활용한 교육시스템에는 ALEKS ITS, 대화방식의 DBTS, 학생이 스스로 지식을 구성하도록 환경을 제공해주는 ELE, AI 언어학습, 작문을 자동으로 채점해주는(AWE), 챗봇(chabot), AR, VR 등이 있다.

셋째, 미래성장 교육을 위한 수업 방안은 그 요소를 기르기 위해 교육을 하는 과정에서 활용되어야 한다. AIWBES는 교육활동에서 교사가 학생을 돕는 것처럼 온라인상의 학습자를 돕는데 사용한다. 디자인 씽킹은 직관적 사고와 주관적 사고를 결합하여 교육격차에 관계없이 교육활동을 활성화시키는데 사용한다. SW교육 요소를 일반 교과와 연계하여 교육활동을 할 수 있다.

1

미래성장 교육능력

2022 개정 교육과정은 4차 산업혁명과 인공지능 기술의 발달, 미래 사회의 변화에 대응할 수 있는 인재 양성을 목표로 수립되었다. 이러한 목표를 이루기 위해서는 미래성장 교육능력을 길러 교육하는 과정에서 효율적으로 쓸 수 있어야 한다. 미래성장 교육능력은 4차 산업혁명과 함께 교육의 패러다임 변화로 교육계가 수용해야 하는 여러 역량을 의미한다. 이것은 제3장 3절에서 메타교육의 5UP 핵심역량을 토대로 상위교육의 핵심역량을 재구성하고 구조화하여 제시하였다. 그리고 제6장 3절에서 교육의 본질과 가치를 실현하기 위해서 교육의 외재변인을 어떻게 교육의 우호적인 여건으로 만들 수 있는가를 논의하고 교육혁신 방안으로 몇 가지 미래적응 역량을 제시하였다. 여기서는 미래성장 교육능력의 하위요인으로 제시한 컴퓨터적 사고, SW교육, AI활용능력, 디지털 리터러시를 중심으로 그 의미와 필요성을 알아본다.

이들 역량 가운데 우선 SW교육역량을 들 수 있다. '2015 문이과 통합형 교육과정' 개편안에 수록된 컴퓨팅 사고력 함양을 목적으로 하는 일련의 학습과정으로 사고력 향상을 위해 '소프트웨어'를 도구로 사용하는 것이다. 소프트웨어 교육의 목적은 소프트웨어 교육역량 강화를 통해 미래사회를 준비하기 위한 체계적인 소프트웨어교육 발전 방안을 마련해 소프트웨어 중심사회의 국가 경쟁력 확보하는 것이다. 교육의 패러다임은 교사와 학생 간의 관계와 역할에 변화를 가져올 것이다. AI, AR, VR, MR 및 여러 교육 매체를 활용하는 교육으로 교사의 역할이 줄어들 것으로 예상할 수도 있지만, 오히려 선생님의 역할 고도화되고 선생님과 학생의 역할분담이 이루어진다.

OECD와 UN이 제시하는 정보기술에 기반한 일종의 '교육 시스템(Educational System)'은 AIWBES(Adoptive Intelligent Web Based Educational System)이다. 이것은 교사가 온라인상의 학생을 돕는 교육시스템이다. UN 글로벌교육재정위원회에서는 "하이터치 하이테크 학습(High-Touch and Hight-Tech Learning)"의 방법을 베트남 학교들에 인공지능 기반 학습지원시스템을 보급하였다(김신애, 2018). 하이테크(High Tech)는 정보기술에 기반한 적응학습(Adaptive Learning With AI and Mobiles) 영역이다. 전술한 바와 같이 하이터치(High-Touch)는 교사의 도움을 필요로 하는 프로젝트 학습(Project-Based Learning With Teachers) 영역이다. 학생은 하이테크(High Tech)영역에서 기억하기(remember)와 이해하기(understand)를 수행하고, 교사는 하이터치(High-Touch) 영역에서 학생들과 함께 적용하기(apply), 분석하기(analyze), 평가하기(evaluate), 창조하기(create)를 수행하는 것이다. AIWBES가 인공지능(AI: Artificial Intelligence)의 기술과 결합한다면 다양한 교육적 결과물을 낳을 수 있다. AI는 사람의 학습능력, 추론능력, 지각능력, 자연언어 이해능력을 컴퓨터 프로그램으로 실현한 기술이다. 인공지능의 실시간 비디오, 오디오 인식 기능은 학생들의 모습 즉, 얼굴 표정, 몸짓이나 손짓 등의 제스처, 시선 등과 수업상황을 진단하고 참여도 및 수업의 각종 데이터를 분석하고 스스로 학습할 수 있다.

하이터치와 하이테크의 결합은 교육의 패러다임 변화 가운데 가장 극적인 것이다. 교육의 고유한 본질과 가치는 그대로 보존하고, 교육의 여건으로서 하이테크를 교육의 혁신적 요소로 가져오는 것이다. 하이테크의 학습에서 AI교사가 하는 일은 학습자의 수준과 교육적 욕구를 진단하고, 개인별 맞춤학습을 위한 교육소재의 선택, 배열, 과제의 선정을 위해 일정한 교육활동을 할 수 있는 기초자료를 제공하는 것이다. 빅데이터를 활용한 머신러닝 기술과 딥러닝을 네트워킹한 AI개인교사는 학습하는 과정에서 교육의 상황과 교육적 맥락에 맞춰

수시로 학습과정을 모니터링하고 컨트롤하는 역할까지도 수행할 수 있다. 다음의 두 그림은 이러한 AIWBES의 특징과 학력 신장 방안을 구조화하고 있다.

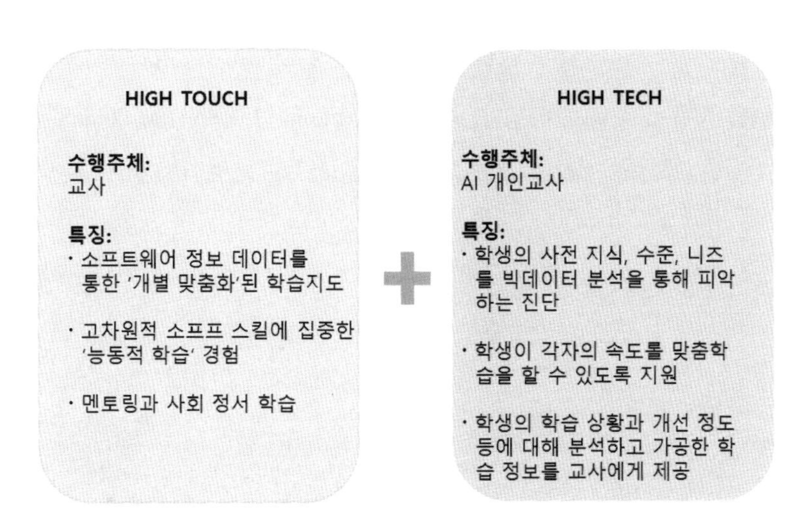

[그림 8-1] 하이터치 하이테크의 수행 주체와 특징(이주호 외, 2021)

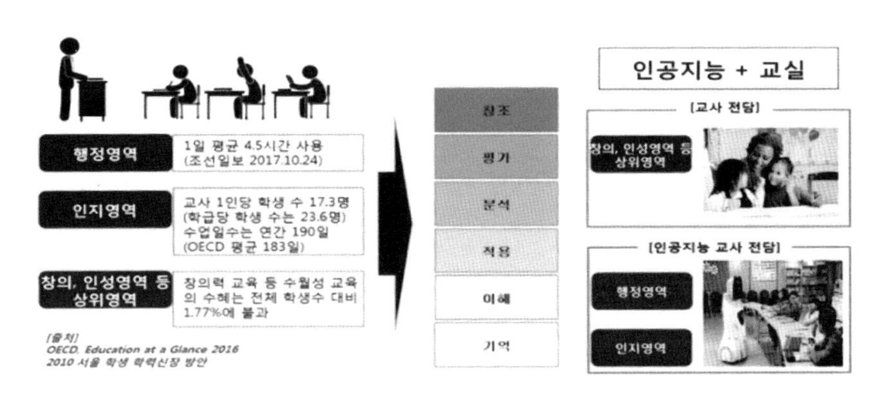

[그림 8-2] OECD Education at a Glance 2016, 2010 서울 학생 학력신장 방안

AI 기반 교육시스템의 구축은 학습자들의 교육정보와 함께 현재 교육의 상황과 교육적 맥락을 파악하여 다음 단계의 교육에 필요한 자료의 제공 및 학습의 코칭을 할 수 있다. Ray Kurtweil는 『The singularity is near』에서 2045년을 인공지능의 특이점(singularity)이라 하고 이때부터 인공지능이 인간의 지능보다 더 진보할 것이라 하였다. 인공지능의 요소기술인 탐색, 지식표현, 추론, 기계

학습, 계획수립, 에이전트를 교육계에 도입하면 비장애학생의 교육격차의 감소와 장애학생의 중재에 많은 도움이 될 것이다. 이것은 희망이 아니라 이미 현실이 되고 있기 때문에 교육실천가는 교육에 AI를 활용하고 적용하는 능력을 갖추어야 한다. 이를테면, 교육개발연구자는 AI의 요소기술에 교수자 마인드셋(mindset)을 적용하여 AI 티칭 에이전시(Artificial Intelligence Teaching Agency: 이하 AITA)를 개발할 필요가 있다. 하지만, AITA가 머신러닝과 딥페이스의 기술과 함께 딥러닝 기술을 탑재하고 있다고 하더라도 교육전문가나 교육실천가의 수준을 뛰어 넘을 수 없다. 교육은 많은 것을 포함하고 있다. 이러한 AI요소 기술 및 다양한 4차 산업혁명 시대의 기술을 접목해서 AI가 특이점에 도달한다고 하더라도 인간교사가 수행하는 교육적 수준을 넘을 수 없다. 인간교사는 교육이 지니는 고유한 본질과 가치를 지키기 위해 자율적으로 교육의 상황과 교육적 맥락에 따라 교육적 욕구를 추동하고 실천하여 교육을 혁신해가는 유기체이기 때문이다. 이와 함께 교육하는 인간의 뇌는 뇌가소성을 지니고 있다. 이 때문에 교육을 하면 할수록 교육을 잘하는 능력을 가지게 되고, AITA는 인간의 표정을 어느 정도 인지하고 교육적 상호작용을 할 수 있으나 때때로 분비되는 신경전달물질에 따라 순간순간 변화하는 감정 및 심미적 특성을 감지하고 공감하는데 한계가 있을 것이다. 인간의 정신작용에 있어 화학적인 현상이 즉각적이고 항상 외현적(外現的)으로 표출되지 않기 때문이다. 그렇지만, 인간교사보다 AITA가 진행하는 수업에 대한 만족도가 지식의 기억과 이해의 측면에서는 앞서는 시기가 도래할 수 있기 때문에 우리는 미리 대비해야 한다. 변화가 우리의 상상을 초월하는 시대에 적응하기 위해서는 말꼬리를 잡고 가는 것이 아니라 말머리를 이끌고 갈 수 있도록 미래성장 교육능력을 익혀서 갖추어야 할 것이다. 교육용 공개저장소(Repository)의 확대와 함께 메타버스 플랫폼을 활용해서 교육환경 구축사업을 해야 한다. 교육용 저장소와 플랫폼은 영상 웹캠, 동영상, 각종 문서 등 다양한 발표 자료의 활용을 지원해야 한다. 그래서 교육활동에서 참여자가 양질의 자료를 얻을 수 있고 오프라인 공간과 같은 실감형 그래픽과 사용자 표현 및 동작 기능을 통해 현장감을 느낄 수 있어야 한다.

2

미래성장 교육의 요소

미래 세대에게는 뉴 미디어 리터러시(New Media Literacy) 교육, 컴퓨터적 사고력(Computational Thinking), SW교육, 디자인 씽킹(Design Thinking)이 필요하다. 미래교육의 성장요소는 컴퓨터적인 사고, SW교육, AI활용능력, 디지털 리터러시이다. 디자인 씽킹은 직관적 사고와 주관적 사고를 동시에 활용하는 것이기 때문에 미래교육의 성장요소를 통합하여 새로운 교육활동의 시너지를 도출 할 것이다. 이들 요소는 교육공학적 측면에서 이미 우리 곁에 있고 활용되고 있다. 딥러닝(Deep Learning)이 구현되는 AI가 탑재된 교육 시스템은 교육의 소재, 교육의 내재율, 교육의 가치, 정서상태를 학습할 수 있도록 고안할 수 있다. 이러한 교육시스템이 구현된 교육활동에서는 AITA가 학생과 교육적인 대화를 통해 학생의 수준을 진단하고 기초학업능력을 향상하거나 개별적인 학업에 많은 도움을 줄 것이다. 특히, 교육하는 존재로서 인간이 가지는 교육의 역할을 이해하고 학습하는 '발전하는 교육시스템(Developing Educative System, 이하 DES)'을 구현하는 일이 교육계에서 활성화될 것이다(류영룡, 2020). 논자가 말하는 DES는 교육의 본질과 가치를 온전히 실현하기 위해 교육의 내재율을 어느 정도 실천하는 시스템을 말한다.

DES가 개발되더라도 하이터치의 영역의 일을 완벽하게 수행할 수는 없을 것이고, DES가 학습자와 상호작용을 통해 소질과 적성을 파악하는 심미안을 가지는 인간의 주체적인 교육활동에는 미치지 못할 것이다(류영룡, 2020). 양미경(2018)은 <기억의 외주화(memory outsourcing) 시대: 의미와 과제 분석>을 통해, 외주화가 될 수 없는 인간의 능력을 '주체적 문제의식', '구조와 포착의 변형', '과정적 체험의 공유'의 세 가지로 제시하고, 교육활동은 '그 자체가 가치로운 과정적 체험'이기 때문에 인간만의 고유한 영역으로 변함없이 지켜야 한다고 역설한다. 김신애와 방준성(2019)은 <인공지능 시대의 교육을 위한 '또 하나의 관점'>에서 미래의 인공지능 시대에는 AI가 '교육본위론의 내재적 가치'를 구현하고 모든 인간의 기본적 권리를 보호하는 일반원칙을 준수하면서 교육기회가 평등하도록 도와야 한다고 말한다. <교육본위론>에서 제시하는 '교육의 내재적 가치'는 세속적 지위와 상관없이 모든 사람들이 차별 없이 교육에 참여할 수 있고 각각의 상구자가 그 자신의 수준에 맞는 상구의 소재를 선택할 수 있다는 점에서 평등한 교육기회를 보장하는 원칙이다(김신애, 방준성, 2019). 이러한 의미에서 교육이 인간의 고유한 영역으로 남을 것이다. 교육은 협력을 통해 진리를 탐구하고, 상호주관성을 확대하여 합의에 의해 진리를 검증하고, 그리고 교육을 혁신하여 교육과 인간의 존재를 실현하는 자율적인 기제를 가지고 있다. 우리는 DES가 인간의 교육을 지배할 수 없다고 믿는다. 딥러닝을 하는 AI교사가 인간교사의 역할을 상당한 영역에서 할 수 있다고 가정한다고 하자. 그렇다고 하더라도 아이들과 함께 호응하고, 인간으로서의 자아존중감을 확인하고, 공감하고, 배려하고, 그리고 자아효능감과 정체성을 키우는 인간교사의 일의 영역은 변함이 없을 것이다. 아직까지 뇌 과학의 연구결과는 AI의 안면 인식과 신경전달물질 간의 상관관계를 정확하게 밝히지 못하는 단계에 있고 그 오차를 줄이는 것은 결국 인간의 심미안적인 영역이기 때문이다.

교육이 인간의 고유한 영역으로 남는다고 하더라도 'AI기반 교육'이 미래에 충분히 우리 곁에 있을 것임을 확신할 수 있다. 4차 산업혁명 시대의 변혁적 패러다임은 어느 순간에 우리의 예측 수준을 넘어서는 커다란 변화를 가져올 것이다. 이러한 변화와 함께 머신러닝과 딥페이스를 이용한 학습법, AR, VR, MR, XR를 이용한 교육컨텐츠와 MOOC, K-MOOC, 디지털 교과서 및 디지털 컨텐츠 등의 다양한 사례와 시공간을 떠나서 온라인을 통해 접속하는 공개적 저장소는 학습자의 다양한 교육적 욕구와 교육적 열망을 충족시킬 것이다. 인공지능을 활용한 교육시스템에는 ALEKS ITS(Intelligent Tutoring System), 대화방식의 DBTS(Dialogue-Based Tutoring System), 학생이 스스로 지식을 구성하도록 환경을 제공해주는 ELE(Exploratory Learning Environment), AI 언어학습, 작문을 자동으로 채점해주는 AWE(Automatic Writing Evaluation), 챗봇(chabot), AR, VR 등이 있는데, 그 가운데에서도 'AI 개인교사(AI Tutor)'라고 불리는 맞춤학습 체제인 '지능형 개인 교습체제 ITS'가 가장 주목받는다(이주호 외, 2021).

미디어 리터러시 교육은 뉴 미디어를 활용해 새로운 콘텐츠를 만들고, 주체적으로 정보를 받아들이는 능력을 기르는 것이다. 컴퓨터적 사고력(Computational Thinking)은 정답이 없어도 데이터에 근거해서 판단하고 데이터에 숨어 있는 추상적인 의미를 찾아내는 능력이며, 컴퓨터 시스템을 활용하여 해결하고자 하는 문제를 효율적으로 해결하는 절차적 사고능력을 말한다. 그리고 컴퓨터적 사고력은 SW교육을 통해서 길러질 수 있다. SW교육의 8가지 요소는 자료 수집, 분석, 분해, 추상화, 병렬화, 알고리즘, 자동화, 시뮬레이션이다. 여기서 추상화는 요소에 따라 명명하는 것이고, 병렬화는 문제를 해결하기 위해 자료를 구조화하는 것이고, 알고리즘은 순차, 반복, 선택과 같은 문제해결 방법을 제시하는 것이다. 디자인 씽킹은 분석적 사고에 기반을 둔 완벽한 숙련과 직관적 사고에 근거한 창조성이 역동적으로 상호작용을 이루면서 균형을 이루는 것이다. 이것은 사람에 대한 깊은 공감을 통해 사람들이 원하는 것을 발견하고, 빠르게 시도하고, 시행착오를 통해 점진적으로 개선하려는 일하는 방식(way of working)이자 마음가짐(mindset)이다(최송일, 2018). 이러한 디자인 씽킹에서 발견된 문제는 합리성과 객관성에만 의존하지 않고 주관적 경험, 감정적 직관, 직접 관찰을 통한 통찰, 그리고 더 나은 답을 찾기 위한 반복적 시도와 시행착오를 통해서 해결한다. 특히, 이것은 사람 중심의 접근 방식으로 공감을 통해 타인을 발견 하고 행동을 이해하며 현재의 상태에 머물기보다 참신함을 추구한다(류영룡, 2020).

3

미래성장 교육을 위한 수업

미래성장 교육능력을 위한 수업의 사례는 다음과 같다. 먼저 정보기술에 기반한 교육지원시스템의 일종인 AIWBES는 교육활동에서 교사가 학생을 돕는 것처럼 온라인상의 학습자를 돕는 것이다. 이의 활동은 미디어 리터러시, 인공지능, SW의 요소기술 등을 활용하여 이루어질 수 있다. 미디어 리터러시 교육은 뉴 미디어를 활용해 새로운 콘텐츠를 만들고, 주체적으로 정보를 받아들이는 능력을 기르는 것이다. 이것은 하이퍼미디어·멀티미디어와 인터넷의 결합으로 다양한 산출물을 낳을 수 있다. AI는 사람의 학습능력, 추론능력, 지각능력, 자연언어 이해능력을 컴퓨터 프로그램으로 실현한 기술이다. AI의 여러 능력을 기반으로 하는 교육시스템은 학습자의 과거 학습 이력에 대한 정보를 축적하여 단계별 학습자료 및 가이드를 제공할 수 있다. 이것을 좀 더 발전적으로 확장하려면 수많은 학습 컨텐츠와 교육자료, 교육매체를 정보기술 기반의 학습지원시스템을 만들어야 한다. 이 시스템은 스스로 학습하여 발전을 거듭하도록 전국적으로 네트워킹 되어야 한다. 미디어 리터러시, AI, SW를 잘 활용하려면 학습 준비, 학습 과정, 학습 종료 후의 단계별 활동을 익혀야 한다. 이를테면, 수업 전에는 미디어 리터러시 소양교육, AI 및 SW의 활용 교육을 통해 수업 과정에서 과제나 문제해결에 관한 기초자료를 확보하고, 특정 App과 각종 SW프로그램을 활용하여 주어진 문제해결 과정을 안내받을 수 있어야 한다. 수업 종료 후에도 학습한 내용의 전이 및 실생활에서 활용을 피드백하고 혁신해가는 절차 및 활동을 교육해야 한다. 이러한 과정들은 결국 교육활동의 기능적 자동화에 많은 도움을 준다.

<표 8-1> AIWBES을 적용한 교육활동의 절차 및 활동 내용(류영룡, 2020)

구분	학습 내용	역할 및 활동	
		교수자	학습자
학습 전	미디어 리터러시	미디어 리터러시 진단하기, AI의 교육에 대해 이하기, SW 수업 디자인하기, 과제 및 문제 제시	자신의 정보 문식성 알리기, AI 활용 방안 학습하기, SW 활용 기초 배우기
학습 중	과제의 분석 및 해결	비구조화한 문제의 확인 및 안내 과제나 문제의 해결과정에 관한 비계설정 AI, SNS, SW, App 활용 방안의 안내	주어진 과제나 문제를 해결하기 위한 정보나 자료 찾기(AI, SNS 활용) 수집된 자료의 분석 및 해석(SW 활용) 오류의 확인 및 보완점 탐색
학습 후	교육내용 평가 및 피드백	학습한 내용의 전이 및 실제적 활용지도 및 확인	결과에 의한 기능적 자동화 방안 마련 교육하는 과정의 평가 교육의 혁신 방안 마련

2022 개정 교육과정에서 디지털·AI 소양교육이 강화된다. 정보 교과와 학교 자율시간에 디지털 활용능력과 AI 기초를 학습하게 된다. 이와 함께 SW교육과 컴퓨터적 사고, SW교육요소, 디자인 씽킹을 교과 수업에 적용해야 한다. 컴퓨터적 사고력을 기르는 수업은 SW교육과 연계하여 할 수 있다. 일반적으로 사고력(thinking)은 문제 해결력(problem solving)이다. 컴퓨터적 사고력은 컴퓨터 시스템을 활용하여 해결하고자 하는 문제를 효율적으로 해결하는 절차적 사고 능력을 말한다. 이것은 SW교육의 8가지 요소를 수업에 도입하고 실제적으로 활용하는 것이다. SW교육의 8가지 요소인 자료 수집, 분석, 분해, 추상화, 병렬화, 알고리즘, 자동화, 시뮬레이션을 교과 학습에 적용할 수 있다. 교사는 8가지 요소에 따라 활동 내용을 구체화하고, 교과의 내용과 수업목표를 정하여 안내해야 한다. 함수 학습에서 추상화는 요소를 구분하여 문제를 만드는 것이다. 병렬화는 요소의 관계 즉, 조건들의 연결성을 파악하여 문제를 해결하기 위해

자료를 구조화하는 것이다. 알고리즘은 효율적인 해결 전략 수립과 절차 작성의 방법을 제시하는 것이다. 이를 수업에 적용하면 다음 <표 8-2>와 같다.

<표 8-2> SW교육 요소에 따른 수학교육 진행 예시(류영룡, 2020)

SW교육 요소	활동 내용	함수 학습
자료의 수집	자료의 수집 및 정리	생활 속의 함수의 예
자료의 분석	수집된 자료의 분석	생활 속 함수 해석
자료의 분해	수집된 자료의 분해	함수의 영역으로 쪼개기
추상화	필요/불필요 요소의구분	함수 문제 만들기1
자료의 병렬화	요소의 관계 확인	함수 문제 만들기2
알고리즘	효율적인 전략 작성	해결의 절차 작성
자동화	절차적 사고의 숙련	해결의 기능적 자율화
시뮬레이션	오류 확인하고 보완점 작성	과정 및 결과 성찰

디자인 씽킹을 이용한 수업은 직관적 사고와 주관적 사고를 결합하여 교육격차에 관계없이 교육활동을 활성화시킬 수 있다. 디자인 씽킹은 분석적 사고에 기반을 둔 완벽한 숙련과 직관적 사고에 근거한 창조성이 역동적으로 상호작용을 이루면서 균형을 이루는 것이다. 이것은 또한 사람에 대한 깊은 공감을 통해 사람들이 원하는 것을 발견하고 빠른 시도와 시행착오를 통해 점진적으로 개선하려는 일하는 방식(way of working)이자 마음가짐(mindset)이다(최송일, 2018). 특히, 디자인 싱킹은 사람 중심의 접근 방식으로 공감을 통해 타인을 발견 하고 행동을 이해하며 현재의 상태에 머물기보다 참신함을 추구한다. 디자인 씽킹의 5단계는 발견하기(Finding): 깊이 공감하기(Empathize) + 문제 재정의(Define)→ 해결하기(Solving): 다양한 아이디어 내기(Ideate) + 빠른 프로토타입(Rapid Prototyping)→ 발견하기 및 해결하기(Finding+Solving): 현장테스트(Test)이다. 이러한 디자인 씽킹은 문제해결의 과정 즉, 사고의 과정에서 발견된 문제를 합리성과 객관성에만 의존하지 않고 주관적 경험, 감정적 직관, 직접 관찰을 통한 통찰, 그리고 더 나은 답을 찾기 위한 반복적 시도와 시행착오를 통해서 해결한다.

<표 8-3> 디자인 씽킹 5단계(류영룡, 2020)

<table>
<tr><th colspan="2">단계</th><th>정의</th><th>필요성</th><th>방법</th></tr>
<tr><td rowspan="2">발견하기
(Finding)</td><td>깊이
공감하기</td><td>고객의 보이지 않는 니즈, 예기치 못한 욕구를 발견하기 위해 익숙함에서 벗어나 궁금증과 호기심으로 현장 관찰, 인터뷰, 몰입을 통해 고객을 깊이 공감하는 단계</td><td>혁신은 공감에서부터 시작, 익숙함에서 벗어나 궁금증과 호기심으로 낯설게 보기</td><td>· 관찰: 판단하지 않고 낯설게 보는 것
· 인터뷰: 궁금증과 호기심으로 끊임없이 질문하는 것
· 몰입: 집요한 호기심으로 대상에 감정을 이입하는 것</td></tr>
<tr><td>문제
재정의</td><td>관찰, 인터뷰, 몰입을 통해 새롭게 알게 된 사실과 흥미로운 통찰을 바탕으로 다양한 관점에서 해석하고 적절한 초점을 찾는 단계</td><td>가치 있는 일에 집중하기(적절한 초점 찾기), 잘못된 문제 정의는 잘못된 솔류션을 이끔, 문제를 명확화하기, 360° 관점 확보, 팀으로 문제 파악하기</td><td>1단계: 해석하기→2단계: 통찰 추론→3단계: 관점 정의하기
관점 재정의하기
(문제의 범위 조정)
· POV(Point Of View, 관점 서술문)
· HMW(How Might We, 어떻게 OO하면 될까)
· 사용자 스타일
(애자일 방법)</td></tr>
<tr><td rowspan="2">해결하기
(Solving)</td><td>다양한
아이디어
내기</td><td>다양한 사람들이 모여 급진적 협업과 집단지성을 통해 재정의된 문제에 기반한 다양한 아이디어를 시각화하는 반복적 과정을 거쳐 창의력을 높여가는 단계</td><td>다양한 경험을 가진 팀과의 급진적 협업, 훌륭한 아이디어는 많은 아이디어로부터 나옴, 의외의 질문하나가 사고의 틀을 깨고 혁신적인 아이디어를 냄, 창조적 자신감 및 즐거운 시간 갖기</td><td>1단계: 머릿속 비우기 (평범한 아이디어)
2단계: 야생의 아이디어 내기
3단계: 아이디어 구조화하고 선정하기
4단계: 아이디어 발표 및 추가아이디어 내기</td></tr>
<tr><td>빠른
프로토타입</td><td>아이디어를 빨리 눈에 보이는 것으로 만들어 현실에서의 기능과 해결책을 잠재적 사용자를 대상으로 테스트하고, 지속적으로 사용자들에게 제품을 개선할 방안을 배우는 단계</td><td>잠재 고객과 사용자로부터 양질의 피드백을 얻음, 내 아이디어에 대한 사랑에 빠지지 않게 함, 반복적인 배움의 과정 인지함</td><td>1단계: 초기 프로토타이핑
2단계: 피드백 받기
3단계: 프로토타입 개선하기
4단계; 사전 테스트</td></tr>
</table>

단계		정의	필요성	방법
Finding+ Solving	현장테스트	현실 세계에서 잠재적 고객을 대상으로 직접 경험하게 한 후, 고객의 반응과 행동을 관찰하고 "왜?"라는 질문으로 고객의 진정한 동기를 파악하여 프로토타입을 계속 수정해 가는 단계	고객의 눈으로 볼 수 있고, 빨리 실패하는 것을 통해 창조적 영감을 얻음	1단계: 테스트 준비 2단계: 테스트진행 3단계: 결과 기록 4단계: 통찰 발견 및 반복 수정

<표 8-4>와 <표 8-4>는 어려운 과제나 문제의 해결에 디자인 씽킹의 5단계를 적용하여 수업을 할 수 있음을 나타낸 것이다. 디자인 씽킹 수업에서는 융통적 사고와 참여형 수업을 통해 과제나 문제해결을 함께 할 수 있다. 디자인 씽킹은 직관적이고 합리적인 사고를 통해 해결의 실마리를 찾는데 도움을 주기 때문이다. 문제를 해결하는 실마리를 찾기 위해서는 먼저 문제를 재정의하고 다양한 아이디어를 수렴하는데 집단 지성과 직관력에 의존하기 때문에 창의적인 해결 방안을 얻을 수 있다. 이를테면, 감(feeling)에 의한 문제의 해결, 긍정적 풀이 결과를 희망하고 시도하는 문제해결을 통해 성적 향상의 가능성을 확대하는 데에 디자인 씽킹을 적용할 수 있다(류영룡, 2020). 다음 는 디자인 씽킹을 적용한 수업의 절차 및 활동 내용을 정리한 것이다.

<표 8-4> 디자인 씽킹을 적용한 수업의 절차 및 활동 내용(류영룡, 2020)

구분	학습 내용	역할 및 활동	
		교수자	학습자
학습 전	디자인 씽킹의 기초	디자인 씽킹 기초 자료 제공, 디자인 씽킹 5단계 메뉴얼 제공, 디자인 싱킹을 활용한 문제해결 사례를 조사하는 과제 제시	디자인 씽킹 기초 자료 학습, 디자인 씽킹 5단계 메뉴얼 읽히기, 디자인 싱킹을 활용한 문제해결 사례 조사
학습 중	디자인 씽킹 연습	디자인 씽킹의 5단계 학습하기: 5단계에 따라 학습할 문제 제시 5단계에서 해야 하는 수행의 안내	디자인 씽킹의 5단계 학습하기: 제시된 과제를 5단계에 따라 해결하기 각 단계에서 팀원들끼리 역할 다하기
학습 후	디자인 씽킹의 활용	학습한 디자인 씽킹의 전이 및 실제적 활용지도 및 확인	다자인 씽킹의 기능적 자동화 방안 마련 사고의 혁신 방안 마련

미래성장 교육능력은 상위교육의 핵심역량 가운데 미래사회에 적응하는 능력이다. 이러한 능력이 교육하는 과정에서 현실화되어 실제적으로 활용되고 AI 교사가 도입되어도 인간교사의 역할이 오히려 늘어날 것이다.

미래성장 능력을 높이기 위한 인간교사의 역할은 다음과 같다. 첫째, 교사는 미래성장 역량 개발을 위한 교육과정을 재구성해야 한다. 이것은 교과의 교육내용과 교수·학습 모형에 맞게 미래성장 역량을 선정하고 이에 합치하는 교육역량을 연계하는 것을 의미한다. 이를 위해 교사는 교육과정을 이해하고 재구성 하는 능력, 교수-학습 일체형 수업모형을 개발하는 능력, 교육을 하는 과정(process)의 평가 준거를 마련하는 능력을 갖추어야 한다. 각 교과교육과정의 독특한 편성체계에도 불구하고 교육과정 전반에 걸친 재구조화 능력은 갈수록 심화하고 있는 교육격차를 극복하고 미래성장 동력을 확보하는데 기여한다. 이러한 점에서 교사는 기존 교과 교육과정의 양과 수준을 개선하는 것과 함께 미래성장 능력의 요소를 교육과정에 도입하여 교육과정을 재구성할 수 있어야 한다. 이와 함께 상위교육의 여섯 가지 핵심역량을 교과 내용과 함께 통합하여 재구성해야 한다. 즉, 교과별로 특화된 상위교육의 핵심역량을 교과 교육과정에 반영하여 구성해야 한다. 교육의 동질성 측면에서 교과의 내용과 관계없이 수준 높은 교육이 이루어져야 하기 때문이다.

둘째, 교사는 2030 미래교육의 변화 방향에 따라 교육과정, 교수-학습, 교육평가를 연계하는 능력을 갖추어야 한다. 교육목표의 방향은 학습자의 능동성, 역량, 권한의 강화로 실생활 문제의 해결과 자신에게 의미 있는 지식의 생산에 중점을 두는 것이다. 학습자가 세계를 읽는 안목과 공공성을 갖춘 공동체적 인재로 성장할 수 있도록 교과의 기본 소양의 내용과 방법을 세분화하여 교육과정을 다원화하는 것이다. 교육과정의 구상 방향은 기존의 선형적 위계성에서 탈피하여 교과 내적, 외적 영역과 병렬적 연결성을 가진 융·복합적 교육과정으로 재구조화하는 것이다. 이것은 교사, 교육자료 등의 유형을 다양화하고, 다양화된 교육과정의 효과적인 운영을 위하여 지역사회의 인적, 물적 자원 활용을 지원하는 네트워크를 구축하는 것이다.

지금까지 미래성장 교육능력을 어떻게 기를 것인가에 대하여 알아보았다. 이를 위해서 미래성장 교육능력의 의미를 파악하고 미래성장의 교육요소를 교육의 패러다임 변화와 관련하여 탐색하였다. 이를 토대로 미래성장 교육을 위한 수업 방안을 제시하였다.

4차 산업혁명과 함께 교육의 패러다임이 변화하였다. 디지털 테크놀로지와 AI가 이미 교육계에 도입되고 있다. 이러한 변화에 적응하기 위해서는 컴퓨터적 사고, SW교육, AI 활용능력, 디지털 리터러시 등의 미래성장 교육능력을 교육해야 한다. 미래성장 교육능력 가운데 SW교육 역량은 변화된 교육패러다임에서 여러 기술을 통합하고 운용하는 능력이다. SW교육은 인공지능(AI)의 기술과 결합하여 교육내용에 적합한 교육모델을 개발하는 데에 사용할 수 있다. 예컨대, 인공지능과 교육시스템을 결합하면 다양한 유형의 AIWBES를 만들 수 있다. 딥러닝(Deep Learning) 기능을 탑재한 교육용 AI는 사람의 학습능력, 추론능력, 지각능력, 자연언어 이해능력을 바탕으로 학습자와의 학습과정의 학습을 통해 교육내용과 교육목적에 맞게 의사소통을 할 수 있다. 따라서 교육개발 연구자는 AI의 요소기술에 교수자 마인드셋을 적용하고 강화하여 쌍방향 의사소통 기능을 수행하는 AI 티칭 에이전시(AITA)를 개발할 필요가 있다.

미래성장 교육능력은 다양한 교육환경에 적응하는 능력이다. 이러한 환경은 발전하는 교육 시스템(DES)이라고 할 수 있다. 이것은 인공지능 기반의 교육시스템 즉, ALEKS ITS, 대화방식의 DBTS, 학생이 스스로 지식을 구성하도록 환경을 제공해주는 ELE, AI 언어학습, 작문을 자동으로 채점해주는(AWE), 챗봇(chabot), AR, VR 등을 활용하는 것이다. 미래성장 교육을 위한 수업 방안은 이와 같은 다양한 교육요소를 기르기 위한 교육과정으로 구성되어야 한다. AIWBES는 창의·융합 학습의 정보를 제공하고, 평가 시스템을 갖추어 학습 격차를 줄이는 결손학습 보충과 교육역량 강화에 도움을 주도록 개발되어야 한다. 디자인 씽킹은 교육격차에 관계없이 직관적 사고와 주관적 사고를 결합하여 실제 수업에서 활용해야 한다. SW교육은 코딩수업로 시작하고, SW 교육요소와 컴퓨터적 사고 절차를 활용하여 문제를 해결하는 수업을 해야 한다.

제9장

어떻게 창의 · 융합교육을 할 것인가?

창의력 교육이란 무엇인가? 이것은 여러 가지 서로 다른 변인, 즉 지적 능력, 지식, 사고양식, 성격, 동기, 환경의 융합적인 개념인 창의력이 교육을 통해서 성취되는 것이다. 창의력 교육은 교육의 속성인 혁신의 과정이 일어나서 질적인 변화를 점진적으로 이루어 가는 것을 의미한다. 창의력 교육은 어떻게 이루어질 수 있는가? 교육적 시숙의 원리를 잘 지키는 활동을 통해 상호주관성을 확대하고 품위의 수준 차이를 극복하면서 경험을 재구성하여 새로운 발견을 하는 것이다. 이러한 교육에서는 교육의 제일 원리인 차별을 금지해야 한다. 유교무류(有教無類)의 비유처럼 학생들의 교육격차에 선입견을 두지 않고 긍정적 기대를 갖는 것이다. 그리고 교육의 내재적 요소가 교육활동에서 발현되어 교육활동을 견인하도록 하는 것이다. 그 다음으로는 교육적 체험활동을 통해 품위의 상향적인 점진화를 이루는 것이다.

창의적 교육활동은 어떻게 해야 하는가? 창의·융합적 교육활동은 어떻게 해야 하는가? 교육활동은 주로 언어를 매개로 이루어진다. 언어주의에 빠지지 않고 언어의 실천성에 주목하여 교육활동을 촉진·강화하는 교육어를 습득하고 교육의 상황과 교육적 맥락에 따라 적확(的確)하게 사용해야 한다. 창의적 문제해결은 인지적 도제제도를 통해 자기조절 능력을 길러 독립적으로 하도록 해야 한다. 창의력은 전문가적인 지식과 숙달된 기술을 더할 때 발휘할 수 있다. 익숙함이 새로움을 낳는다. 창의적 교육활동위해서는 자신까지도 창의적이 되도록 해야 한다. 기존의 전문적이고 영역특수적인 지식 습득과 함께 그 과정에서 혁신적인 활동을 해서 자신을 늘 새롭게 하는 것이다. 교육에서 창의적 활동은 내재적 동기에 의해 추동되어야 한다. 그것은 근본적으로 자체목적적(autotelic)이기 때문이다. 그렇지 않고 외재적 목적을 가지고 그것만을 추구한다면 도구주의적 교육관에 직면하고 만다. 교육의 내재율을 지키는 교육활동을 해야 한다. 교육의 고유한 원리가 잘 지켜지는 교육활동은 상구자의 심열성복(沈悅誠服), 하화자의 환열설복(歡悅說服), 그리고 교육주체 모두에게 매슬로우(Maslow)의 절정 경험(peak experience), 칙센트미하이(Csikszentmihalyi)의 몰입 경험(flow experience)을 가져와서 결국 창의의 희열과 황홀을 만끽하게 한다. 이러한 교육은 우리에게 신박한 발견을 하는 기쁨을 가져다 줄 것이다.

1

창의 · 융합의 의미

창의력이란 무엇인가? 창의력(creativity)은 신기하고 적절한, 즉 독창적이고 유용한 업적을 산출하는 능력이다(Sternberg, 1999). 창의력에 대한 관심은 길포드(1950)에 의해 시작되었다. 길포드(Guilford, 1967)의 지력구조 모형은 내용, 조작, 산출의 3차원 모형이다. 그는 조작 차원에서 정답을 찾는 능력인 수렴적 생산과 기발하고 다양하며 예기치 않는 답을 산출하는 능력인 확산적 생산을 구별하였다. 후자가 창의력 연구의 출발점이다. 창의력은 여러 변인들의 융합된 결과로 나타난다. 창의력은 사고 양식(thinking style)과 관련이 있는데, 이는 새로운 방식으로 사고하는 것과 전체적인 사고와 동시에 지엽적인 사고가 요구된다는 것을 의미한다. 또한, 창의력은 지능 이외에도 지적 능력과도 유관하다. 이때 지적능력이란 문제를 새로운 방식으로 볼 수 있는 종합적 능력, 어떤 아이디어가 추구할 가치가 있는지 인식할 수 있는 분석적 능력, 그리고 자신의 아이디어를 다른 사람에게 설득 시킬 수 있는 실제적이고 맥락적인 능력을 포함한다. 성격 요인에는 자아효능감, 장애요인 극복 의지, 적절한 모험, 그리고 애매한 것에 대한 자제력이 있다. 동기 요인에서는 과제 중심적인 내재적 동기가 중요하다. 환경요인으로는 창의적인 아이디어에 대한 지원적인 보상체계가 주어지는 것이 필요하다.

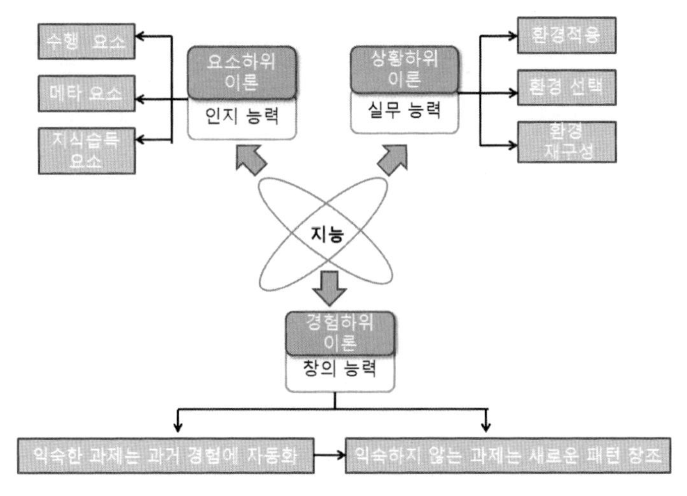

Sternberg의 삼위일체 지능이론
[그림 9-1] 스턴버그의 이론

창의력은 지능과 또 다른 능력이다. 창의력은 전문가와 숙달학습자의 특성이다. 하지만, 지능의 요소와 관련된 측면이 있다. 스턴버그의 삼위일체 지능이론은 지능의 요인을 인지능력인 요소하위 이론, 실무능력인 상황하위 이론, 창의능력인 경험하위 이론으로 나누어 설명한다. 이 가운데 창의 능력은 익숙한 과제는 과거 경험에 의해 자동화되고, 익숙하지 않는 과제는 새로운 패턴을 창조하는 것이다.

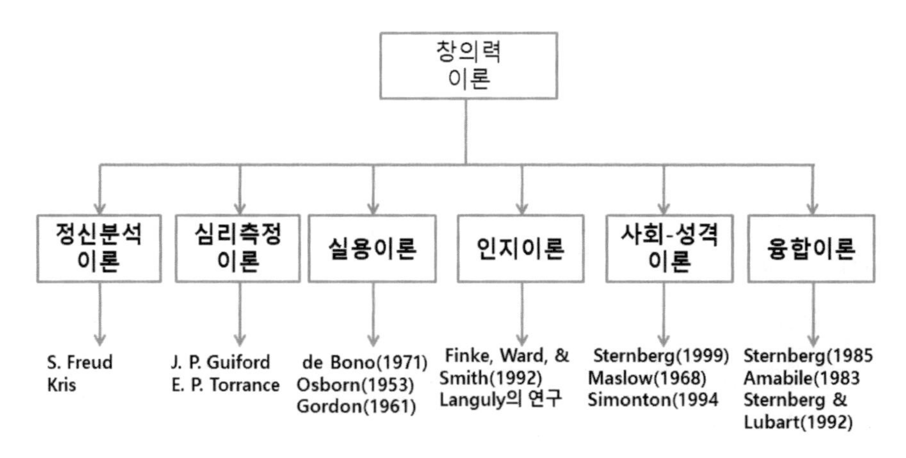

[그림 9-2] 창의력 이론의 유형

창의력 이론에는 어떠한 것들이 있는가? 창의력에 대한 이해를 높이기 위해 다양한 이론을 살펴보기로 한다. 창의력 이론에는 정신분석이론, 심리측정이론, 실용이론, 인지이론, 사회-성격이론, 융합이론이 있다. 첫째, 정신분석이론은 심리역동이론(psychodynamic theory)인데, 창의력을 의식적인 현실과 무의식적인 충동사이의 결과라고 본다. 프로이트(Freud, S.)는 작가나 예술가들의 작품을 무의식적인 희망을 공적으로 수용 가능하도록 표현한 것으로 본다. 이에 권력, 부, 명예, 명성, 사랑이 해당한다. 크리스(Kris)는 창의력을 적응적 퇴행(adaptive regression)과 정교화(elaboration의 개념으로 설명한다. 적응적 퇴행은 일차적으로 조율되지 않는 사고가 의식에 침투하는 것이고, 정교화는 이차적인 과정으로 현실 중심적이고 자아 통제적인 사고를 통해 일차적 과정의 자료를 변형하고 재처리하는 것이다. 둘째, 심리측정 이론은 비일상적 사용 검사(the Unusual Uses Test)를 고안하여 일반인들의 창의력을 측정하려는 길포드에 의해 시작되었다. 토랜스(Torrance, E. P.)는 길포드의 연구에 근거하여 확산적 사고 및 여러 가지의 문제해결을 몇 가지 언어 및 도형 검사로 유창성, 융통성, 독창성, 정교성을 측정하는 토랜스 창의력 사고 검사(Torrance Tests of Creative Thinking, 1974)를 개발하였다. 셋째, 실용이론(pragmatic theory)은 창의력 개발에 관심이 있다. 드 보노(de Bono, 1971)는 비일상적 수평적 연구에 의해 PMI(plus, minus, interest) 기법과 일명 육색 모자인 사고 모자(thinking hats)를 제시하였다. 오스본(Osbon, 1953)은 자신의 광고 회사 경험을 살려서 두뇌 활성화(brainstorming) 방법을 제시하였고, 고든(Gordon, 1961)은 유추에 의해 사고를 촉진하는 요소결합법(synectics)을 개발하였다. 넷째, 인지이론은 창의력의 기저에 있는 지적 표상과 그 과정에 초점을 둔다. 핑키 등은 Geneplore 모형 즉, 인간 대상 창의적 사고를 제시하였다(Finke, Ward, & Smith, 1992). 이 모형에 의하면 창의적 사고에는 생성 단계(generative phase)와 탐색 단계(exploratory phase)의 두 단계가 있다. 생성 단계는 지적 표상을 구성하는 것으로 창의적 발견을 촉진하는 발명전 구조이다. 탐색 단계는 인출, 연상, 종합, 변형, 전이, 범주화와 같은 지적 처리과정인 창의적 발명 단계이다. 랭글리 등(Languly, etc)은 문제해결의 안내지침인 발견술(heuristics)을 활용한 BACON 프로그램으로 일련의 자료나 개념

공간을 탐색하여 두 변인들 사이의 숨은 관계를 발견하도록 하는 방안을 제시하였다. 이는 컴퓨터 모의화인데, 이는 인간이 하는 방식대로 컴퓨터가 창의적 시고를 산출하도록 하는 방법이다. 다섯째, 사회-성격 이론에서는 창의력의 원천이 성격, 동기, 사회적 문화 환경에 있다고 본다. 창의력과 관련이 있는 성격 특성에는 판단의 독립성, 자신감, 복잡한 것의 애호, 미적 취향, 모험심(Sternberg, 1999)이 있다. 자아실현과 관련된 것은 대담성, 용기, 자유, 자발성, 자아 수용(Maslow, 1968)이다. 창의력과 관련이 있는 동기 변인으로는 내재적 동기, 성취욕구인 성취동기, 질서욕구인 질서동기를 들 수 있다(Sternberg, 1999). 사회문화적 환경 변인은 문화적 다양성, 전쟁, 역할 모형의 가용성, 재정적 지원과 같은 자원의 가용성, 어떤 영역의 경쟁자 수를 들 수 있다(Simonton, 1994). 여섯째, 융합(confluence)이론에서는 창의력이 일어나기 위해서는 여러 요소가 결합되어야 한다고 본다. 내면적(implicit) 융합이론(Sternberg, 1985)의 창의력 요소는 아이디어 연결하기, 유사점과 차이점을 발견하기, 융통성, 미적 취향, 비정통성, 강한 동기, 끊임없는 탐색적 질문, 사회규범에 대한 의문이 있다. 외면적(explicit) 융합이론(Amabile, 1983)의 창의력 요소는 내재적 동기, 영역 관련 지식 및 능력, 창의력 관련 기능의 종합이다. 스턴버그와 루바트(Sternberg & Lubart, 1992)의 투자(investment) 이론에 의하면, 창의력은 지적 능력, 지식, 사고 양식, 성격, 동기, 환경의 서로 다른 여섯 가지 변인이 융합한 결과이다.

기존 창의력 이론이 교육에 적용될 때 어떻게 하면 교육 자체도 창의적이 될 것인가? 창의력 교육은 교육의 본질과 교육의 가치를 실현해야 한다. 즉, 창의력 교육에 있어 창의력의 여러 요소들이 교육의 고유한 요소들과 모순되지 않아야 하며 그 과정에서 다양한 교육의 가치를 드러내는 과정이어야 한다. 창의력 교육도 인간의 모든 행위와 마찬가지로 외적인 보상 때문이 아니라 그 자체가 좋아서 하는 내적동기가 발현되는 방향으로 전개되어 한다. 이러한 교육의 방안은 절정 경험(peak experience)과 몰입 경험(flow experience)의 체험, 피아제의 발달단계에 다른 교육적 진화, 비고스키의 잠재적 발달 영역 및 비계 설정에 의한 점진적인 발달 등의 개념을 통해 살펴볼 수 있다.

2

창의 · 융합형 수업 방안

창의력 발달을 촉진하는 교육 방안은 무엇인가? 이것은 창의력 발달에서 필요한 일반적인 지식 또는 영역특수적인 지식을 습득하게 하고 기술을 숙달시키는 것이다. 창의적인 교육활동을 보장하는 교육 방안은 무엇인가? 이 질문은 창의성 발달을 위한 교육이 창의적 활동이 되도록 하는 교육목표를 동시에 담보해야 한다는 것을 의미하고 있다. 이 두 가지 질문에 대한 전제는 물론 '교육의 적절한 때'를 의미하는 교육적 시숙(教育的 時熟)과 '자신의 현 단계를 뛰어 넘으려는 내재적 동기'를 의미하는 발견적 열정(heuristic passion)이다. 듀이(Dewey, 1993)는 활쏘기의 비유를 통해 현 단계에서 한 단계 높은 가시적 목표(ends-in-view)를 설정하고 이루어가는 점진적 교육을 주장하였다. 일찍이 필자는 교육현장에서 대학교의 수학과에서 배우는 정수론이라는 수학책을 공부하고 있는 중3학생에게 "어렵지 않으냐"고 물었더니, 그 학생이 "하나씩 알아갈 때마다 아름답다"고 하였다. 이것은 자체목적적인 행위를 좋아서 하는 활동으로서 '발견적 열정(Polanyi, 1958)'을 엿볼 수 있는 대목이다.

칙센트미하이(Csikszentmihalyi, 1988)에 의하면, 다음 [그림 9-3]과 같이 지식영역(domain), 분야(field), 사람(person)의 3가지 요소가 상호 관련하여 협력적으로 창의적인 아이디어, 대상, 행위를 산출해낸다. 칙센트미하이의 그림에서 지식영역은 문화의 전승과 발달을 위한 교육영역이다. 분야는 사회체제와 관련한 비지니스 영역 또는 전문영역의 사회적 조직이다. 사람은 교육영역에 의해 구조화된 정보와 행위를 전수받고 유전적 잠재력과 개인적 경험을 바탕으로 변이와 변화를 생성하여 사회체계를 이룬다.

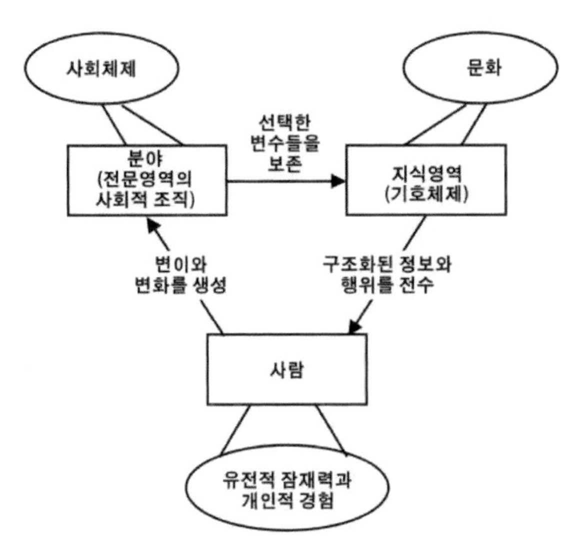

[그림 9-3] 창의력 이론의 유형(유연옥 역, 2012)

칙센트미하이는 산출이 '새로운 (novelty) 것'이어도 그 분야에서 가치 있다는 긍정적인 판단을 받았을 때만 '창의적인 것'이 된다고 본다. 그렇기만 하지만 가치를 너무 강조하기보다 '새로운 것'이 '혁신적인 것'인지에 따라 산출이 창의적인지를 가려야 한다고 보는 견해도 있다. 어떠한 산출물이 창의적인 것인지를 결정하는 것은 그것이 지니는 가치이지만, 그 가치만을 강조하면 한 개인이나 집단이 자신들이 축적한 지식과 전문가로서의 숙달된 기능을 변화시키고 융합하여 전이시키는 것을 주저할 수 있다. 창의적인 사고의 기본능력은 새로운 대상 또는 현상 그 자체의 발견이나 발명을 넘어서 가치 있는 '개념(concept)'의 추구 또는 '개념화(conceptualization)'이다. 바로 이 지점이 창의력 교육에서 중요하게 다루어야 할 대목이다. 물론, 요즘에는 창의력 교육으로 산출된 신기술과 산출물들을 산학협력을 통해서 바로 이전하기도 한다. 그것을 어디까지나 교육의 결과를 망 그대로 기술 및 특허를 이전하는 것이다. 하지만, 우리는 그 이전에 교육활동의 원리와 가치가 창의력 수업에 깊게 배어 있음을 알아야 한다. 창의력 수업에는 협동교육의 원리가 깊숙이 개입되어 있다. 예컨대, De Bono(1993)는 비즈니스 사고(business thinking)와 관련하여 컴페티션(경쟁, com-petition)과 서피티션(sur/petition)을 비교하고, 가치 제조(valuefacture, 가치창조와 가치형성)의 중요성을 강조한다. 이것은 성공을 위해서 경쟁을 넘어(over; sur) 서피티션으로 올라가서 새로운 가치 독점을 창조하기 위한 것이다. 창의력 수업도 이처럼 경쟁을 넘어선 협동교육의 과정에서 신박한 아이디어를 생성하고, 이에 대해 서로 토론하고 검증하여 새로운 발명에 대한 산출물에 그치는 것이 아닌 새 개념 및 가치를 창출할 때 생명력이 있다.

창의성은 교육적 실천에 의한 점진적인 질적 변화에 의해 발달하는 것이다. 듀이의 점진적 교육(progressive education)은 개인이 현 단계 수준에서 경험을 재구성하여 변화를 이루어가는 것이다. 피아제(Piaget)의 인지적 구성주의에서 알 수 있듯이 내재적 동기와 발견적 열정이 없고 동화할 준비가 되어 있지 않은 학생에게 발달 단계를 뛰어 넘는 인지구조의 변화를 기대하기 어렵다. 비고츠키(Vygotsky)의 세 가지 발달 수준의 상태를 의미하는 잠재적 발달 수준(level of potential development), 실제적 발달 수준(level of actual development), 근접발달영역(zone of proximal development), 그리고 서로에게 도움을 주는 것을 통해 상호작용을 의미하는 비계설정(scaffolding)의 개념들 역시 현 단계를 발판으로 하는 단계적 발달의 중요성을 강조한 것이다. 비고츠키는 발달과 창의성이 변증법적으로 상호 관련된 과정으로 보았다. 그는 발달과 창의적 과정을 내면화 또는 문화적 도구와 사회적 상호작용의 적정화라고 생각했다.[21] 그런데 창의성은 의미 및 인지적 상징의 구성과 통합인 외현화와 관련이 있다. 그리고 내면화와 외현화는 두 개의 상징 기반 형태인 성격과 문화 간의 서로 변증법적인 긴장 관계에 있다. 다음의 [그림 9-4]는 이러한 긴장관계를 비고츠키의 문화적-역사적 방법론에 토대를 두는 발달과 창의성에 대한 변증법적인 개념으로 나타내고 있다.

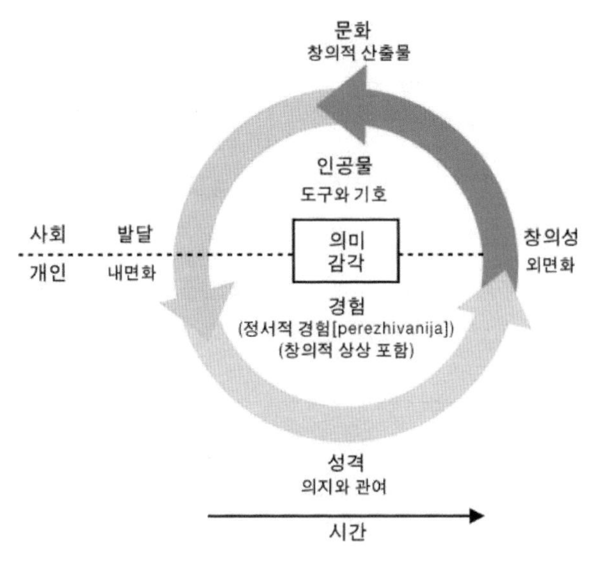

[그림 9-4] 창의력 이론의 유형(유연옥 역, 2012)

발달과 창의성에 대한 비고츠키의 변증법적 개념을 나타내는 그림에서 인공물인 도구와 기호, 개인의 정서적 경험, 창의적 상상, 성격, 문화, 시간, 창의적 산출물 등이 발달과 창의성의 의존관계에 있으며, 이들은 또한 선순환적인 운동을 한다는 것을 알 수 있다. 기존의 문화적 자원들과 성격의 연대를 통한 내면화와 문화를 확장하기 위해 창의적으로 변화를 이끌어내는 외현화의 과정은 이와 같은 복잡한 순환관계를 설명하고 있다.

그렇다면 어떻게 창의성 발달을 위한 교육을 해야 하는가? 앞에서 살펴본 결과와 같이 창의성은 먼저 그 자체로 융합적인 개념이다. 개인의 발달단계와 역사적·문화적 여건에 따라 다양한 변인들이 창의성 발달에 영향을 미친다. 그렇기는 하지만 창의성 교육이 본래적인 가치를 찾기 위해서는 교육의 과정에서 교육의 외적 변인을 교육의 내적 변인과 교육의 원리로 치환해야 한다. 이것이 바로 창의력 교육이 주목할 지점이다. 지금까지 창의력 교육이 과정보다는 결과를 추구해왔다는 관점은 교육이 개인의 경험과 교육원리를 토대로 교육의 가치를 실현하는 과정이라는 교육의 본질을 외면하는 것이다. 창의력 교육은 교육의 본질과 가치를 지켜내고 실현하는 것으로 그 책무를 다할 수 있다. 이를 위해서 창의적인 사고와 아이디어를 서로 묶어 새로운 지식과 산출물을 만들어내는 융합적인 활동의 원천과 함께 실제적인 활동 기반을 찾아야 한다. 그 토대와 실천의 기반은 물론 다음과 같은 열두 가지의 창의력 교육 원리에 입각해서 이루어져야 한다.

첫째, 창의력 교육은 교육의 고유한 원리에 입각한다. 교육의 원리는 교육하는 인간이 교육을 하는 과정에서 교육의 가치를 지키기 위한 최소한의 규칙이다. 듀이는 활쏘기 비유를 통해 교육의 개인의 경험의 재구성 과정으로 보았다. 그는 과제를 하나씩 이루어 가는 가시적 목표는 개인의 발달 단계에 따른 점진적인 발달이라는 것을 강조하였다. 장상호는 교육의 예비적구조인 수레바퀴 모형을 통해 교육에서 지켜야할 원리, 교육의 내재율을 이론적으로 제시하였다. 엄태동은 교육의 내재율을 상구의 내재율과 하화의 내재율로 나누어 탐색하였다. 정약용은 강진제자의 교육원리로서 여섯 가지를 정하고 실제로 실천하였다.

둘째, 창의력 교육은 교육의 가치를 창출해야 한다. 교육의 가치는 실천과정에서 참여하는 교육주체가 체험할 수 있는 다양한 가치들이다. 이것은 교육하는 과정에서 교육의 상황과 교육적 맥락에 따라 이루어지는 활동에서 교육당사자가 참여해서 갖는 만족감, 기쁨, 보람, 몰입 등을 만끽하고, 학습된 무기력을 극복하고, 그리고 낙관성을 획득하는 것을 의미한다.

셋째, 창의력 교육은 교육의 본질인 혁신적 과정에 토대를 두어야 한다. 창의력 교육은 산출을 이끌어내는 과정도 혁신적이어야 한다. 교육은 그 자체로 혁신적이어야 하고, 그렇기 때문에 독자적인 자율성을 가진다. 창의력 교육도 이러한 교육의 본질에 위배되면 모순적인 것이 되고 만다.

넷째, 창의력 교육은 교육적 시숙(教育的 時熟)의 절차를 지켜야 한다. 교육적 시숙은 교육주체의 소질 및 적성, 성격을 기반으로 발달단계에 따라 교육해야 한다는 것이다. 이것은 줄탁동시(啐啄同時), 인재시교(因材施教), 수인이교(隨人異教), 대시설법(對機說法), 비고츠키의 비계설정(scaffolding) 등에 의해 뒷받침된다.

다섯째, 창의력 교육은 그 자체가 창의적이 되도록 해야 한다. 창의성의 의미와 창의적 아이디어의 생성 절차는 교육의 혁신과 개혁의 이미지와 닮은꼴이다. 창의력은 교육이 지니는 혁신의 토대 위에서 생성될 때 더욱 새롭과 참신할 것이다.

여섯째, 창의력 교육은 협력에 토대를 두어야 한다. 창의력은 사고력을 토대로 한다. 사고력(thinking)은 곧 문제해결력(problem solving)이다. 문제해결력은 도전적이고 어려운 과제를 해결하는 능력이다. 이것은 절대적으로 협력적인 노력에 의해 길러진다.

일곱째, 창의력 교육은 상호작용을 통해 생성되어 가는 과정이다. 비고츠키는 동료나 선발달자와의 상호작용을 통해 상호주관성을 확대하고 인지발달 및 언어발달을 이룰 수 있다고 하였다. 창의력의 요소는 이러한 발달과정에 의해 길어질 수 있다.

여덟째, 창의력 교육은 인격적 지식(personal knowledge)의 공유과정이다. 창의력 교육에 있어서는 공적지식 이외에 개인이 체험하고 품위로 구성된 지식이 필요하다. 이러한 지식은 언어로서 표현할 수 없는 암묵적 지식일 수도 있다. 따라서 이러한 지식은 언어주의에 입각하지 말고 도제식 교육 또는 인지적 도제교육을 통해 전수해야 한다.

아홉째, 창의력 교육은 내적동기와 발견적 열정이 수반되어야 한다. 내적 동기는 행위자체를 즐거워서 하는 것이다. 발견적 열정은 내적동기를 유발한다. 이 둘은 창의력 교육을 능동적이고 역동적으로 만든다.

열째, 창의력 교육은 몰입경험과 절정경험이 수반되어야 한다. 몰입(flow)과 절정경험(peak experience)은 창의력 교육의 과정에서 자연스럽게 도전적 목표를 인지하고 그것을 통제하며 신박한 것을 발견하는 순간에 긍정적인 마음과 행복감을 가져올 것이다.

열한째, 창의력 교육에 있어 교사는 학생의 산출에 대한 긍정적 기대를 가져야 한다. 긍정적인 기대는 학생의 창의력 교육에의 애착 및 자아효능감을 가져온다.

열두째, 창의력 교육은 '지금-여기서' 일어나는 모든 것을 마음챙김을 통하여 알아차리고 서로에게 적절한 교육적 대처를 권면하는 존중과 배려의 과정이어야 한다.

3

창의 · 융합형 혁신 수업

수업혁신은 수업철학 및 관점을 통해 기존의 수업과는 다르게 수업방법과 내용을 구성하거나 평가를 실행하는 활동을 의미한다. 창의 · 융합형 인재양성을 위한 수업 혁신 요소는 다음 [그림 9-5]와 같다.[22] 이것은 교사 전문성 집단을 구성하여 '창의 · 융합형 인재 양성을 위한 교실 수업의 모습 및 창의 융합형 수업시 확인할 수 있는 특징', '창의 · 융합적 역량 계발을 지향하는 장면 발굴 및 수업 장면별 관찰될 수 있는 지표 추출', '수업 혁신 영역간의 관계 점검 및 요소별 명칭의 적절성 검토'를 주제로 토론하고, 전문가의 타당성 검토를 통해 창의 · 융합형 인재 양성을 위한 수업 혁신요소를 도출한 것이다. 이 연구에서는 이후에 창의 · 융합형 인재 양성을 위한 구체적 수업 혁신 지원 방안을 마련하기 위해 학생과 교사를 대상으로 요구분석을 하여 '교사의 역량과 의지에 대한 지원'과 '교사의 의지를 자극하는 환경적 · 제도적 지원'이라는 방향성에 근거하여 지원방안과 실천 전략을 제시하였다. 그 지원 방안은 교사의 창의 · 융합적 역량 강화, 창의 · 융합형 수업 운영 지원, 학생들의 요구를 반영하는 수업 설계, 교사의 자발적인 수업 나눔 모임 장려, 학교 내 자체적인 수업협력교사 운영, 수업 공개와 나눔에 대한 실적의 인정이다. 이러한 지원 방안은 창의 · 융합형 인재 양성을 위한 수업 혁신 요소와 연계하여 그 실천 전략이 설계되고 검증되어야 할 것이다. 즉, 지원 방안이 수업혁신 요소로 제시하는 배움에 임하는 자세, 내재적 동기유발, 인지적 훈련, 발상의 전환 및 사고의 이동과 어떻게 연관되고 교육역량을 강화하는가와 함께, 이들 혁신 요소들을 어떻게 성취할 것인가에 대한 구체적인 실천 전략을 갖추고 있는지 검토해야 한다.

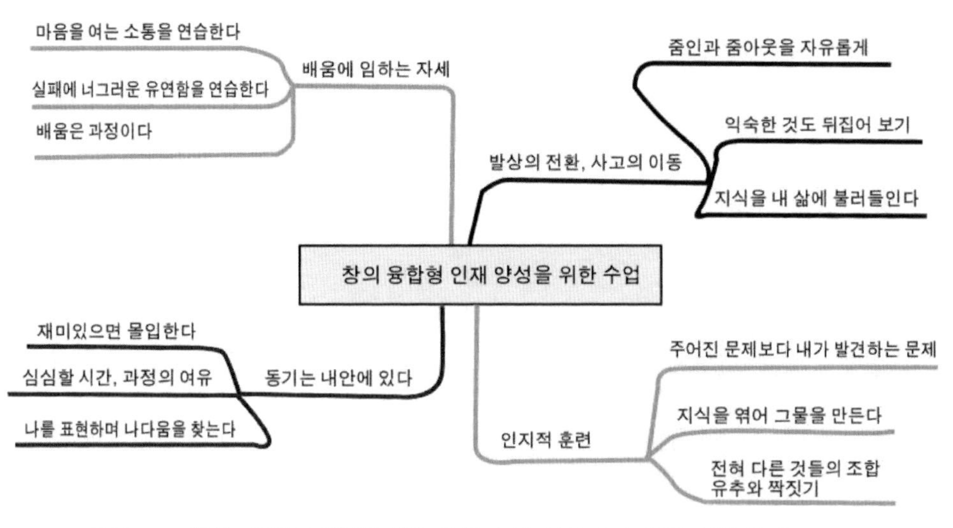

[그림 9-5] 창의·융합형 인재양성을 위한 수업 혁신 요소(출처: 김태은 외, p. vi)

Amabile(1983, 1996)은 순수하게 행동 자체만의 즐거움과 기쁨을 위해서 행위를 하는 내재적 동기는 창의성을 높이는 데 도움이 되지만 보상을 예상하고 행동하는 외재적 동기는 창의성을 약화시킨다고 주장한다. 그는 창의성을 형성하고자 하는 교사의 관점에서는 '창의성의 교차점' 가운데 동기의 요소가 가장 문제가 될 수 있다고 한다. 교사는 학생에게 활동영역에 관한 기술 즉, 창의적인 기술을 기르기 위해 고정관념을 탈피하고, 브레인스토밍을 통해 아이디어를 산출하고, 일시적인 판단과 결정을 미루는 것을 일반적으로 교육한다. 하지만, 교사가 일하고자 하는 동기를 독려하는 환경을 조성하고 동기를 유발하여 학생으로 하여금 내적동기를 늘 갖게 하는 것은 쉽지 않다. 학생들이 어떠한 활동에 흥미를 느껴 일은 시작하고, 목표와 방향을 설정하고, 하면 할수록 잘할 때까지 중간에 포기하지 않기가 쉽지 않기 때문이다. 그렇다면 우리는 학생들이 어떻게 하면 교육의 상황과 교육적 맥락에서 내적동기를 유발하고 교육활동을 지속하면서 열정과 과제 집착력을 끌어올리고, 영역기술과 창의적인 사고 및 작업기술을 익혀 기능적 자율화 단계에 이르게 할 것인가에 대한 일차적인 대안을 마련해야 한다. 이러한 과정을 통해 전문가적 단계에 어느 정도 이르러야 동기의 결손을 막을 수 있기 때문이다.

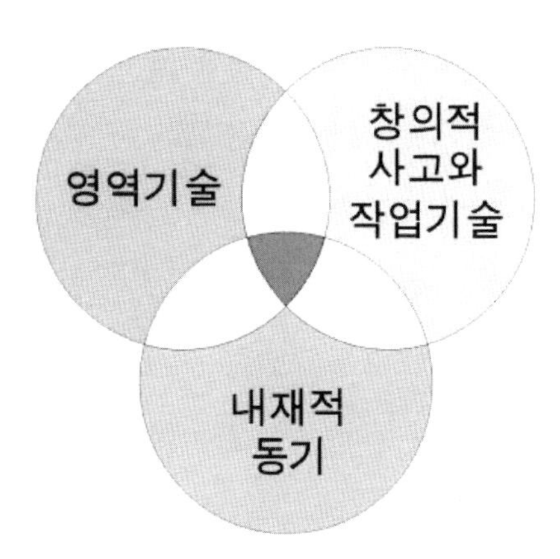

[그림 9-6] Amabile의 창의성 교차점(출처: 이경화 외, p. 501)

창의성의 교차점은 주어진 분야나 과목에 관한 배경지식과 전문지식을 의미하는 영역기술, 도전하고 실험하고 아이디어와 씨름하는 것을 꺼리지 않는 것을 의미하는 창의적 기술, 그리고 일을 하고자 하는 동기의 교집합이다. 배움에 임하는 자세의 혁신 요소는 소통과 수용성, 유연성, 과정으로서의 교육의 강조이다. 배움이 과정이라고 규정한다면 그 과정에서는 선행연구에서 제시한 요소 이이에도 교육의 상황과 교육적 맥락에서 요구되고 강화되어야 할 다양한 교육역량이 요구된다. 교육은 성장하는 유기체로서 교육활동에는 교육의 본질, 교육의 가치, 교육의 목적, 교육적 인식론의 실천 이외에 교육적 인간으로서의 갖추어야 할 상위교육의 핵심역량이 필요하기 때문이다.

창의성을 가르친다는 것은 학생에게 창출하기, 발명하기, 발견하기, 상상하기, 가정해보기, 예측하기 등을 독려한다는 것이다. 그리고 학생들의 창의성 습관을 발달시키는 12가지 열쇠는 다음과 같다.[23] 첫째, 문제 재 정의하기이다. 이것은 문제를 정해서 머릿속에서 판단하는 것을 의미한다. 둘째, 가정에 대한 물음과 분석하기이다. 이것은 가정에 대해 물음을 제기하고, 논쟁을 통해 논박하며 분석하고 평가하는 것이다. 셋째, 창의적 사고가 잘 팔릴 것이라고 가정하지 말기이다. 사람들은 창의적인 아이디어를 불신하고 의심하지만 창의적인 갈릴레오, 에드바르트 뭉크, 토니 모리슨, 실비아 플라스 등과 같은 사람들은 그렇지 않았다. 넷째, 아이디어 생성을 독려하기이다. 학생의 아이디어의 생성 및 창출에 대해서 교사는 비판하지 말고 칭찬과 독려를 해야 한다. 다섯째, 지식은 양날의 칼날이라는 것을 인지하고 이에 따라 행동하기이다. 교사는 전문가적 지식을 강요하지 말고 교학상장의 태도로 학생들이 창의성의 문을 두드리고 열도록 도와야 한다. 여섯째, 장애물을 규명하고 극복하도록 격려하기이다. 창의적인 사람은 필연적으로 도전에 직면하기 때문에 끈기 있게 버틸 수 있는 용기와 인내를 해야 한다. 일곱째, 분별력 있는 모험을 격려하기이다. 교사는 분별력 있는 위험을 감수하고 학생은 그 모험을 감당해내야 한다. 여덟째, 모호성에 대한 인내를 격려하기이다. 창의적인 사고자들은 아이디어가 꼭 맞을 때까지 모호성과 불확실성을 인내하여 더 나은 아이디어를 냄으로써 그것을 극복해내도록 인내하고 보상책을 가지고 안내해야 한다. 아홉 번째, 자기효능감을 구축하도록 도와주기이다. 교사나 어른은 창의적인 일의 가치를 느끼고 스스로 능력을 믿도록 도와주어야 한다. 학생이 성공에 대한 능력에 대한 신념을 가지고 성취를 이룰 수 있도록 격려해야 한다. 열 번째, 하고 싶어 하는 것을 도와주기이다. 즉, 학생들이 흥미 있어 하는 것을 찾도록 도와서 창의적인 일을 촉발하고 수행할 수 있게 해야 한다. 열한 번째, 만족 지연의 중요성을 가르치기이다. 즉각적이거나 중간에 보상이 없이 창의적인 프로젝트 혹은 과제를 오랫동안 지속할 수 있도록 만족을 지연시키면 이익이 있다는 것을 배우게 해야 한다. 열두 번째, 창의성을 기를 수 있는 환경을 제공하기이다. 창의성을 기를 수 있는 환경을 위해서는 교사가 모델이 되어 창의성을 자극하고, 가르치고, 평가해야 한다. 학생은 이를 인지적 도제제도의 방법을 통해 모델링하고 더욱 창의적으로 생각하는 기회를 갖도록 해야 한다.

한편, 창의력 개발을 위한 수업혁신은 기존의 교수-학습 모형과는 차원을 달리해야 한다. 기존의 교수-학습 모형의 주안점은 창의적인 사고력을 가르치고 배우는 능력, 즉 '기능'적인 것과 '태도'와 관계되는 전략과 관계된다.[24] Noller의 창의력의 공식 $C=f_a(K, I, E)$에 의하면, 창의력이란 유익하고 적극적인 활용을 지향하는 개인의 태도가 지식, 상상 및 평가의 세 가지 요인과 조합한 것의 함수라는 것을 의미한다. 창의력 개발을 위해서는 창의력의 요소를 기르는 수업을 해야 한다. Sternberg(1996)의 창의적 사고 능력인 종합력, 분석력, 실천력을 가르치고 배우는 전략을 참고하여 수업에서 제시하고 수행하게 하는 것이다. Tishman, Perkins & Jay(1995)의 훌륭한 사고의 6가지 차원인 사고의 언어, 사고태도(기질), 정신적 경영, 전략적 정신, 고차적 지식 및 전이(transfer)를 모델(models), 설명(explanation), 상호작용(interaction) 및 피드백(feedback)의 4가지 방법으로 가르치고 배우게 하는 것이다. 하지만, 이러한 수업은 창의성과 창의적 능력, 그리고 그것들을 기르는 기능과 태도 등을 수업 내용으로 한다. 기존의 수업에서는 창의적인 수업 자체가 수업 내용에서 전경이 아닌 배경으로 되어 있다. 예컨대, 기존의 창의력 수업에서는 창의적인 협동 활동과 창의적 사고 태도를 격려하는 정도가 창의적 교수-학습 모형에서 요구된다.

창의·융합형 혁신수업 방안은 앞서 2절에서 언급한 창의력 교육의 원리에 입각하여 수립되어야 한다. 창의력 수업혁신이 성공하려면 그 수업 자체가 창의적이 이어야 하는데, 그것은 교육이 지닌 혁신적 속성이 수업 과정에서 발현되어서 교육의 동질성을 실현하는 것이다. 교육의 동질성은 교육의 소재와 관계없이 충실한 교육이 이루어지는 것이다. 이러한 교육의 조건은 다음과 같다. 첫째, 교학(教學)에 임하는 자세 및 교육원리 준수의 태도가 준비되어 있어야 한다. 하화자의 환열설복, 상구자의 심열성복이 있어야 하고, 점진적 상향화와 점진적 하향화가 이루어져야 한다. 둘째, 내적동기를 유발하는 창의력 수업 모형이 정착되어야 한다. 이 모형은 내적동기가 유발되고 교육의 고유한 요소가 발현되도록 설계되어야 한다. 초등 수학교육의 사례(엄태동, 2006), 유클리트와 똘레미 수업, 아르키메데스의 유레카(eureka) 등이 그 사례이다. 셋째, 창의력 교육의 원천은 실패의 극복을 통해 신박함을 창조한다는 것이다. 창의력 교육에는 실패가 과연 있는가? 실패를 딛고 일어서는 회복탄력성이 가장 중요한 조건이다.

지금까지 창의·융합교육에 대해여 살펴보았다. 창의·융합의 의미는 익숙한 것에는 자동화된 전문적인 능력을 발휘하고 익숙하지 않는 것에는 새로운 패턴을 만들면서, 다양한 형태를 종합하여 새로운 것을 창조하는 것이다. 이러한 의미에 비추어볼 때 창의 · 융합교육은 교육적 시숙에 따라 점진적으로 이루어져야 한다. 창의력 교육이 잘 이루어지려면 먼저 교육의 내재율이 교육활동에서 잘 지켜져야 한다. 그래야 교육활동에서 교육의 속성인 혁신이 일어나서 점진적으로 창의력이 발현되고 질적인 변화를 이루게 된다.

창의력 교육의 원리는 무엇인가? 창의력 교육은 교육원리에 입각해야 한다. 특히, 교육활동에서 교육격차에 선입견을 두지 않고, 차별을 금지하고, 내적동기를 유발하여 긍정적 기대를 갖게 하는 것이다. 창의력 교육에서 발견적 열정의 발휘, 인격적 지식의 공유, 교육의 가치 발현, 창의력 교육의 혁신이 이루어져야 창의력 교육 자체가 창의적이 된다. 이러한 창의력 교육에서 협력적 상호작용이 잘 이루어질 때, 참여자들은 몰입경험과 절정경험을 하게 된다.

창의 · 융합형 혁신 수업은 그 자체를 혁신하는 수업이다. 창의적 교육은 그 과정에서 혁신적인 활동을 통해 창의적 사람이 되도록 해야 한다. 지금까지의 산출물을 얻기 위한 수업목표 이외에 수업 자체를 개선하여 창의적인 수업을 하는 것을 수업목표를 설정해야 한다. 창의 · 융합형 인재양성을 위한 수업 혁신의 요소는 발상의 전환, 사고의 이동, 인지적 훈련, 내적동기의 유발, 배움에 임하는 자세이다. 교육활동에서 창의력 증진을 위해 이러한 요소들을 의도적으로 가르치고 배워야 한다. 이 요소들은 상위교육의 핵심역량과 함께 수업 혁신의 설계에서 연계될 필요가 있다. 창의성을 기르는 교육에 그 요소가 없고 창의적 이지 못한다면, 그것은 기존의 수업과는 다르게 수업방법과 내용을 구성하거나 평가를 실행하는 수업혁신의 의미에 부합하지 않는다.

교육이 창의적 활동이 되는 조건은 그 활동이 내적동기에 의해 추동되어야 한다는 것이다. 내적동기는 자체목적적이기 때문에 참여자들은 심열성복하고 환열설복 하게 된다. 참여자들은 서로에게 긍정적인 기대를 하고 활동의 결과물보다 활동 자체의 창의성에 집중하여 교육활동을 강화하고 지속시킨다. 창의력 교육이 창의적이지 못하는 것은 모순이다.

제10장

어떻게 상위교육을 체험할 것인가?

상위교육은 교육을 하면 할수록 잘하는 교육이다. 상위교육의 핵심역량에서 줄기에 해당하는 역량가운데 하나는 상위교육의 체험이다. 이것은 교육의 과정을 통해 그 능력을 축적하는 것이다. 어떻게 하면 상위교육을 체험할 것인가? 협동교육공동체에서 상호작용을 하는 교육역량은 교육활동 과정에서 비계설정과 상호교수를 하면서 체험할 수 있다. 세계 4대 성인들은 협동교육공동체를 만들어 상위교육을 실천하였다. 이것은 제자들과 함께 진리를 검증하고 전파하는 것을 넘어서서 자신들이 행한 교육을 제자들이 다시 후대에 교육하여 그들의 전통이 영원히 이르게 하였다.

첫째, 협동교육공동체는 교육의 본질과 가치를 실현하는 기본 단위 조직이다. 예수는 하느님의 공의를 받들고 실천할 수 있는 엄선된 제자들을 선택하고 공생애 기간을 함께 하며 교육공동체를 이끌었다. 그것은 단지 천국의 비밀은 가르치는 것만이 아닌 상위교육을 실천하는 공동체이다. 석가는 제자들의 품위 수준과 근기에 따라 설법을 하고 교육의 내재율에 따라 자신을 따르는 제자들을 가르치는 공동체를 이끌었다. 공자는 군자불기를 교육목표로 하였지만 제자의 수준에 따라 대답을 하고 단계별 교육을 하였다. 소크라테스는 스스로 무지인 자임을 선언하고 품위 수준의 상대성을 인정하는 교육활동을 하였다.

둘째, 어떠한 교육공동체가 조직이 되면 발전을 위해서 그 나름의 운용원리, 공동체의 역량, 조직원의 윤리규범, 개인별 능력 등을 갖추어야 한다. 교육공동체의 운용원리는 교육의 내재율에서 언급한 규칙과 실천방안을 준용하여 정하고 조직의 특수교육목적에 따라 추가하여 정해야 한다. 윤리규범은 조직원 간의 대인관계와 사회정서의 관리 측면에서 유용하기 때문에 회의를 통하여 정하고 수용하면 된다. 개인적 능력은 조직의 리더로서의 능력, 학문적인 능력, 교육활동을 강화하고 촉진할 수 있는 능력, 기타 유대관계를 위해 필요한 능력이다.

셋째, 상위교육 프로그램을 통해 교육공동체의 역량을 길러야 한다. 이 교육프로그램에서는 교육활동의 상황에서 교육주체의 자기주도적 참여와 자신만의 체험의 공유를 촉진하는 활동한다. 이것을 통해 선순환 구조를 갖는 교육활동이 이루어지는 전략과 방법을 구체화하는 능력을 갖추게 한다.

1

협동교육 공동체

교육은 경쟁인가? 협동 또는 협력인가? 교육의 의미와 본질에 비추어 볼 때 교육은 협동이고 협력이다. 협동은 공동체의 역량을 모아 교육활동을 전개하는 것이고, 협력은 어려운 수행과제를 개인적인 역량을 함께 모아 해결해가는 것이다. 이러한 협동 및 협력을 위한 교육은 4차 산업혁명에 따른 교육의 패러다임의 변화에 알맞게 교육양태에 따라 체계적으로 적용해야 한다. 4차 산업혁명은 사물인터넷(IoT), 로봇공학, 가상현실(VR), 그리고 인공지능(AI)과 같은 혁신적인 기술이 우리가 살고 일하는 방식을 변화시키는 현재 및 미래를 의미한다. 3차 산업혁명이 일으킨 컴퓨터와 정보기술(IT)의 발전이 계속 이루어지고 있는 형태이지만 3차 산업 혁명이 계속 된다고 하기보다 발전의 폭발성과 파괴성 때문에 4차 산업혁명 시대에는 교육에 있어 새로운 물결이 이어질 것이다. 어떻게 4차 산업혁명 시대에 적응하면서 교육공동체의 발전을 이룰 것인가? 협동교육의 실천을 통하여 교육의 본질과 가치를 이루어가는 것이다. 그것은 곧 다름이 아닌 교육이 지켜야 할 고유한 규칙을 지켜서 교육 자체뿐만이 아니라 교육에 참여하는 주체들도 '자율적으로 교육을 하면 할수록 잘하는 힘'을 기르는 것이다. 즉, 이것은 교육의 내재율을 지키면서 협동을 하고 난제를 협력적으로 수행하면서 교육의 가치를 체험하고 품위의 수준을 높여가는 가운데 길러지는 것이다.

경쟁의 덫에 걸린 한국교육은 4차 산업혁명과 교육의 패러다임의 변화에 걸맞지 않을뿐더러 교육의 본질과 가치에 비추어보아도 시급히 청산해야 한다. 교육은 협동과 협력을 통하여 교육적 개혁과 자아실현을 이루어가는 과정이다. 교육주체가 교육적 교섭과 관계 맺음을 통하여 수준을 진단하며 서로가 우위에 있는 품위를 전수하는 교류교육(交流教育)이 자연스럽게 이루어져야 한다. 독일의 교육개혁은 사회적 개혁(68혁명)과 함께 '경쟁이 아닌 협동으로!'라는 슬로건을 내세우고 이루어졌다. 이는 지극히 당연한 개혁의 방향이다. 교육은 협동에 의해 모두를 승자로 만들어야 한다. 그렇지 않으면 교육은 교육을 통해 스스로의 모순을 극복하고 재귀적으로 다시 적용하여 새로운 합을 실현해가는 자체목적성을 잃기 때문이다. 교육의 이미지는 자신의 이기적인 이익을 추구하는 것이 아닌 이타적인 이익을 추구하는 것으로 그려진다. 플라톤의 동굴벽화, 소설 갈매기의 꿈, 4대 성인의 메타교육의 사례는 모두 개인의 이익보다는 타인과 교육공동체의 이익, 개혁, 발전을 위하여 교육이 존재한다는 것을 보여준다. 교육에 있어 개혁적 이미지를 저버린다면, 교육이 인간의 삶의 양식과 혼재되어 있기 때문에 삶과 교육이 함께 어우러지는 교육의 축을 힘차게 구동할 수 있는 동력을 확보하지 못할 것이다.

이와 같은 협력 및 협동에 의한 과제나 문제해결은 미래 사회의 준비차원에서도 점차적으로 강조되어 왔다. 2003년에 OECD는 '데세코(DeCeCo, Definiton and Selection of Competencies) 프로젝트'로 미래 사회를 살아가기 위해 갖춰야 할 핵심역량을 발표하였다. 이들은 개인 역량, 대인관계, 기술적 범주로 이루어져 있는데, 이 가운데 대인관계의 역량에서 협동하는 역량과 기술범주에서 지식과 정보를 상호적으로 활용하는 역량은 교육하는 과정에서 문제해결을 위한 협력적 역량이다. ATC21S가 제한하는 핵심역량 가운데 업무방식의 협동력 또한 문제해결을 위한 역량이다. PISA 2015 문제해결력의 평가요인에서도 이해의 공유와 유지, 문제해결을 위한 행동, 팀조직 설정 및 유지를 통한 협력적 문제해결의 필요성을 강조하였다.

교육의 패러다임의 변화는 교사의 역할을 주도적으로 지식을 전달하는 것이 아닌 학생이 주도의 협력적 문제해결을 하는 과정에서 코칭을 하거나 안내를 하는 것으로 바꾸어 놓았다. 한국의 교육제도의 흐름은 과정, 적성 중시, 학생 주도학습이라는 패러다임에 부응하여 시험도 서술형과 수행평가가 도입되었고, 입시제도도 자기주도학습과 학생부 종합전형으로 변화하였다. 2022 개정 고교 교육과정은 학생의 진로를 존중하는 선택형 교육과정이다. 이의 특징은 고교학점제가 시행되고, 학교 내에서 학생 개인별 맞춤형 교육이 이루어져 선택과목 중심의 이동형 수업이 이루어진다. 그리고 지역공동체교육이 이루어지는데, 자신의 학교에서 받지 못한 수업은 다른 학교에서도 수강할 수 있고 지역대학이나 연구기관 등 학교 밖 전문가와 수업이 가능해진다.

<표 10-1> 교육의 패러다임 변화

<table>
<tr><th>구분</th><th>과거</th><th>현재</th><th>연관교육제도</th></tr>
<tr><td>교육제도</td><td>통제적, 학년제</td><td>자율적, 무학년제</td><td rowspan="2">· 고교학점제
· 자유학기제</td></tr>
<tr><td>교육형태</td><td>양방향, 지식 주입,
암기 위주의 학습</td><td>쌍방향, 역량 함양,
학생 적성에 맞춘 학습</td></tr>
<tr><td>교사역할</td><td>지식전달자(teaching)</td><td>학습 가이드(coaching)</td><td>· 디지털 교과서</td></tr>
<tr><td>교육평가</td><td>결과 중심, 지필 평가</td><td>과정 중심, 전통적 '시험'의 부재</td><td>· 수행평가
· 서술형 평가
· 절대평가제</td></tr>
</table>

협동교육 공동체는 교육의 본질과 가치를 실현하는 기본 단위 조직이다. 4대 성인들은 협동교육공동체를 만들어 상위교육을 실천하였다. 이것은 제자를 길러서 또 다른 제자를 만들어 진리를 검증하고, 합의하고, 그리고 온전히 그것을 보급하는 실천을 하도록 하였다.

예수는 자신의 제자가 장차 스승의 위치가 되면 더 많은 제자를 갖게 될 것인가에 대해 "내가 비옵는 것은 이 사람들만 위함이 아니요. 또 저희 말을 인하여 나를 믿는 사람들도 위함이니(요17:20)"의 차원에서 엄선된 제자들을 선택하였다(장상호, 2009b). 그는 자신을 따르는 수많은 무리 가운데 하나님의 공의를 받들고 실천할 수 있는 책임감이 강한 12제자와 70인을 제자의 후보자로 받아들였다. 이들은 예수의 공생애 기간을 함께 하며 자연스럽게 교육공동체를 이루며 천국의 비밀을 배웠다. 하지만 예수는 이것만을 가르친 것이 아니라 제자들을 '사람을 낚는 어부(마4;18-19; 막1:16-17)'만들기 위해 상위교육을 실시하였다. 예수는 상위교육의 과정에서 교육의 고유한 규칙을 준수할 것을 당부하였다. 그는 "거룩한 것을 개에게 주지 말 것이며, 너의 진주를 돼지 앞에 던지지 말라. 저희가 그것을 발로 밟고 돌이켜 찢어 상할까 염려하라(마7:6)"는 말씀으로 품위 수준의 조정과 관련된 매우 중요한 교육의 내재율을 상기시킨다. 예수의 제자들은 오늘날에도 상위교육을 교육받고 교육의 내재율을 준수하며 복음을 땅 끝까지 전파하고 있다.

석가의 상위교육의 사례에서는 하강의 내재율을 지키는 줄탁동시(啐啄同時), 차제설법(次第說法), 대기설법(對機說法)을 통해서 협동교육을 이해할 수 있다. 줄탁통시는 스승이 제자의 품위수준에 알맞게 하는 협동교육을 일깨우는 말이다. 차제설법은 스승과 제자가 일정의 교육적 단계에 따라 품위수준을 진단하고 하화를 하는 것이다. 대기설법은 제자의 근기(根機)에 따라 즉, 중생의 성향과 품위에 따라 가르침을 설(說)하는 것이다. 석가는 이처럼 교육적 시숙이 이루어지도록 교육의 내재율에 따라 제자의 수준으로 하강하여 '때를 안다'는 내재율을 강조하고 지켰다. "만일 어떤 비구가 때를 안다면, 그는 지금 하상(下相)을 닦고 지금은 고상(高相)을 닦아야 하며 지금은 사상(捨相)을 닦아야 할 것이니라(중1:1-2)"

공자는 수인이교(隨人異教)와 인재시교(因材施教)의 내재율로 군자불기(君子不器)(위정12)라는 상위교육의 목적을 달성하고자 하였다. 그의 제자 안회는 스승의 사망 소식을 듣고 "아아! 하늘이 나를 망치는구나! 하늘이 망치는 구나!(선진8)"하고 통곡했다고 한다, 하지만 자유, 자장, 자하, 증삼을 비롯한 제자들은 『논어』를 편찬하는데 상당한 기여를 하였고, 공자의 정신을 이어받아 그들은 다시 그들의 제자를 가르치는 패러다임을 형성하였다. 수인이교는 제자에 따라 다른 대답을 해주는 것인데, 이것은 교육적 시숙에 따른 단계별 교육의 내재율이다. 또한 공자는 '알려고 할 때 지도하는 것'을 의미하는 인재시교의 방법을 사용하였는데, 이것은 배움에 있어 능동적인 태도의 중요성을 의미한다(장상호, 2008). 여기서 우리는 공자의 교육목적인 군자불기는 단지 전문적인 기술자가 아닌 자아를 실현하고 완성하는 과정중심의 교육목적을 강조한 것으로 이해할 수 있다. 만약 그렇지 않다면 군자불기의 교육목적을 위해서 사용된 이인이교 및 인재시교가 내재율이 아닌 수단으로 사용되었다는 것을 의미하기 때문이다.

소크라테스의 협동교육은 산파, 회상(recollection), 교육적 공조, 스승의 선택의 내재율로 요약할 수 있다. 그는 '영혼의 산파'를 자처하였다. 절대적인 지식은 강요나 외압에 의해 얻어지는 것이 아니라 인간의 깊은 심연에 위치하고 본성에서부터 알고 있었던 지식을 회상함으로써 얻을 수 있다고 하였다. 이를테면, 그는 노예소년 메논과의 대화를 통해 '자신의 무지를 자각'하게 하고 교육적 공조를 통하여 진리를 회상하게 한 것이다. 또한, 그는 사람을 대할 때 스스로 무지한 자임을 선언하고 청학한다(장상호, 2009b). 이것은 물론 교육당사자 간의 품위의 수준 차이 및 상대성을 전재하는 내재율을 지키는 교육활동의 과정이다.

이와 같이 4대 스승들은 교육의 내재율을 지키면서 협동교육공동체를 유지하고 상위교육을 통해 자신의 사상의 전파라는 교육의 목적을 실현하려고 힘썼다. 이렇게 상위교육을 체험한 겹제자들이 계속해서 제자들을 길러내고 있고, 오늘날에도 그들은 위대한 스승으로 남아 살아있다. 이러한 교육공동체를 본받기 위해서는 상위교육의 핵심역량을 강화하는 교육을 체험하는 것이다.

협력은 곧 혁명이다. 무엇이 협력이고 혁명인가? 그것은 다름 아닌 교육주체의 교육관을 바꾸는 것이다. 결과 중심을 중시하는 도구적 교육관은 누구의 논리와 입장인가? 경쟁을 조장하는 교육은 교육현장에서 교육을 실천하는 교육당사자에게는 어울리지 않는다. 과정에 충실한 교육은 무엇이고, 결과에 만족하는 교육은 무엇인가? 협동적인 교육공동체를 통해 상위교육을 실천하는 것이다. 상위교육은 협력교육 공동체에 생명을 불어넣어서 교육공동체를 협동적으로 만들 것이고, 어렵고 도전적인 과제를 협력적으로 수행하게 할 것이다. 그렇다면 이와 같은 교육공동체의 역할은 무엇이고 어떻게 구성되고 운용되어야 하는가? 이어지는 소절에서는 이들에 관하여 살펴보기로 한다.

2

공동체 교육역량

어떠한 교육공동체가 조직이 되면 발전을 위해서 그 나름의 운용원리, 공동체의 역량, 조직원의 윤리규범, 개인별 능력 등을 갖추어야 한다. 먼저 교육공동체의 운용원리는 교육의 내재율에서 언급한 규칙과 실천방안을 준용하여 정하고 조직의 특수교육목적에 따라 추가하여 정해야 한다. 둘째, 공동체의 역량은 상위교육의 핵심역량을 준거로 하여 보완·수정하여 정하면 된다. 상위교육의 핵심역량은 기초학업능력, 교육원리 수행력, 교육혁신력, 교육양태 적응력, 미래성장 교육력, 교육활동 운용능력이다. 셋째, 윤리규범은 조직원 간의 대인관계와 사회정서의 관리 측면에서 유용하기 때문에 회의를 통하여 정하고 수용하면 된다. 넷째, 개인적 능력은 조직의 리더로서의 능력, 학문적인 능력, 교육활동의 강화·촉진 능력, 기타 유대관계를 위한 능력이다. 이것은 제12장 교육적 맥락에 적응과 제13장 사회정서학습에서 다룬다. 이를 참고하기 바란다.

상위교육은 교육공동체가 조직되고 그 성원으로 가입하여 책임과 의무를 다 함으로써 체험할 수 있다. 이를 위한 준비교육으로 상위교육의 핵심역량을 하위요인과 세부역량으로 구성한 교육프로그램을 익혀야 한다. 상위교육 공동체 역량은 협력적 문제해결을 위한 과제중심 학습을 하는 기존의 학습 모형에서의 협력과 다르다. 상위교육 기반 교육공동체의 체험은 상위교육 핵심역량 6가지를 교육내용과 함께 익히는 것이다. 그리고 별도의 교육프로그램에 참여하여 체험으로 익힐 수도 있다. 문제기반 학습이나 프로젝트 기반학습(PBL, Problem Based Learning; Project Based Learning)은 문제나 과제 해결을 위한 협력학습 모형이다. 플립러닝(Flipped Learning)은 학생이 주도하고 교사가 안내하는 학습 모형이다. 이것은 교사가 교육과정을 재구성하고 사전에 학습자료를 제공해주고, 이를 학습한 다음 다시 모여 토의 및 토론, 질문을 통해 문제를 해결하는 학습 모형이다. 이러한 모형에서 요구되는 역량과 함께 교육공동체는 상위교육의 핵심역량을 갖추고 실제로 공동체의 목적을 달성하기 위해 실천해야 한다.

학교교육 공동체의 교육역량은 교사의 역량과 학생의 역량으로 나뉜다. 먼저 교사의 역량은 다음과 같다. 첫째, 학문적 역량으로 전공 교과 및 교육에 관한 지식을 충분히 가지고 있어야 한다. 둘째, 교직 전문성으로 높은 윤리의식 및 실천, 교수-학습 능력의 수월성, 상위교육의 이해와 실천, 기예적 교수(artistic teaching), 심미적 안목의 실천 능력을 가지고 있어야 한다. 셋째, 교사는 상호간의 교수효능감, 학생의 소질과 적성을 파악하는 감식력, 정보교환의 능력을 길러야 한다. 넷째, 전문적인 학습공동체 능력으로 리더십, 의사소통 능력, 협업 능력, 교육의 규칙 실천 능력, 교육공동체의 조직 및 조력활동 능력을 가지고 있어야 한다. 다섯째, 교육과정 운용능력을 가지고 있어야 한다. 교사는 교육과정을 재구성하고 그 것이 교수-학습 모형의 설계, 과정중심평가와 일체화가 되는 교육체제를 운용할 수 있어야 한다. 여섯째, 지역공동체의 발전을 위해 학교의 책무성을 다하는 비전과 실천 능력을 가지고 있어야 한다.

학생의 역량은 다음과 같다. 첫째, 과제 실행능력 즉, 협업적 과제 실행, 개인별 과제 수행을 갖추어야 한다. 둘째, 학습공동체 적응 즉, 동료 학생들과 함께 배움 기술의 공유하는 능력을 갖추어야 한다. 셋째, 사고력 및 문제해결력(thinking=problem solving)을 갖추어야 한다. 넷째, 비판적 판단력 즉, 토론 학습, 토의 학습, 비판적 논증글쓰기, 하브루타 학습을 갖추어야 한다. 다섯째, 개별적인 교육역량 즉, 상위교육 능력의 습득, 메타인지능력의 활용, 마인드 맵, 비주얼 싱킹, 디자인 싱킹, 뇌 기반 학습, 마음챙김 학습 등의 다양한 학습 기술의 숙지해야 한다.

3

상위교육 프로그램

상위교육 프로그램은 교육의 교육이 효율적으로 가능하도록 활동을 체계화한 것이다. 특히 이것은 교육에서 소외된 아이들에게 '교육의 전략과 활동을 체계적으로 돕는 교육프로그램'이다. 이 교육프로그램에서는 교육활동 상황에서 교육주체의 자기주도적 참여와 자신만의 체험적 언어 구현을 통한 지식 구성을 보장하기 위한 선순환 구조를 갖는 교육어의 기능이 최대한 발현되도록 돕는 활동과 교육활동이 이루어지는 전 과정에서 상위교육이 잘 이루어지도록 하는 전략이나 방법을 구체화한다. 이것은 교육활동의 3가지 상황(교사-학생모임, 학생모임, 학생 개인)에서 교육활동을 조율하고 촉진하는 의사소통의 지침, 지식 발달단계에서의 비계 설정, 그리고 학습결과의 조직화 방법 등의 내용과 활동을 포함한다. 이러한 메타교육 프로그램의 교육내용은 다음과 같다.

첫째, 효율적인 의사소통 방법을 교육한다. 학교의 공식적인 교육활동과 비공식적 교육활동에서 교육목표를 효율적으로 달성하기 위해서는 의사소통의 극대화가 필요하다. 이를 위해서는 교육활동에 참여하는 학생의 의사소통 능력을 배양하는 교육이 필요하다. 학생의 의사소통 능력은 '교수-학습' 상황에서 벌어지는 다양한 맥락을 알아차리고, 적절히 대응하고, 담화텍스트의 의미를 이해하여 전달하고, 교육목표 달성을 위해 서로 협력하고, 변화에 적응하는 능력이다. 다양한 학생으로 구성된 학생의 의사소통 행위는 서로 다른 맥락 속에서 이루어지기 때문에, 효과적인 의사소통을 하기 위해서는 별도의 특별한 지식, 훈련, 태도를 필요로 한다. 교육활동이 이루어지는 상황은 특별한 것으로, 이에 알맞은 의사소통 능력의 훈련이 먼저 선행되어야 한다. 이 훈련의 목표는 상황과 맥락에 적합한 기능적 언어의 사용능력을 배양하여 교실수업과 모둠활동, 개인적인 공부과정에서 활용 가능한 의사소통 기법을 숙지하는 것이다. 이 훈련의 결과는 효과적인 교실 상호작용을 위한 의사소통의 방법으로 피드백을 효율적으로 수행하게 할 것이다.

둘째, 문제해결 방법을 교육한다. 즉, 문제의 의미를 분석하는 방법, 문제해결의 실마리와 아이디어를 찾는 방법, 문제해결 전략 등을 교육한다. 이것은 문제의 이해, 해결의 계획, 해결의 실행, 그리고 반성적 사고를 모두 포괄하고 있다. 학생들은 이 과정을 모두 교육받으면, 그들이 가지고 있는 문제에 대한 거부감이나 두려움을 어느 정도 해소할 것이다.

셋째, 학습전략을 교육한다. 학문적 지식은 개념적 지식과 절차적 지식으로 구성되어 있다. 따라서 학생들이 효율적인 공부 방법을 소개받고, 또한 공부 모둠활동에 참여한다면, 자신에게 맞는 공부 방법을 선정할 수 있을 것이다. 이 과정의 초기에서 학습에 대한 학업적 효능감이 낮은 경우, 의사소통 능력의 배양이나 공부방법의 모방을 통한 기능적 자율화는 매우 효과적인 일차적 학업능력이 된다. 각종 공부 방법이 담긴 양식들 즉, HMC, MQC, 3분할 노트, 질문공탁 양식, 그리고 문제의 의미 분석 지도를 위한 첨삭노트의 작성법을 교육하여 효율적인 학습이 가능하도록 한다.

넷째, 가시적 목표(ends-in-view)에 따른 비계를 설정하고, 소재의 수준을 조절하고, 그리고 교육활동을 조율하는 메타인지 방법을 교육한다. 아는 것과 모르는 것을 구별하고, 아는 것은 수준을 높여나가며, 모르는 것은 그것을 알기 위해 필요한 기초 지식을 파악하여 보충하면서 다시 수준을 올려나가는 것이다. 이것은 단계별 교육으로서 학습의 요령과 우선순위를 익히면서 인지발달 단계에 도달하는 연쇄 학습법이다. 이것은 Vygotsky의 지식의 발달단계에서의 비계를 설정하여 지식을 순차적으로 점유하는 과정이다. 이것은 지식이 계통적으로 구조화된 것이기 때문에 더욱 효과적이다. 인지과정에서 계통적 학습은 알아야 할 지식의 뼈대를 먼저 알고, 이와 연관된 하위 개념을 세밀하게 부가하여 이전의 지식과 관계하여 엮어나가는 데에 도움을 준다. 내가 알고자하는 것이 무엇이고 어떻게 알아가고 있는지, 그리고 앞으로 알아야 할 지식이 무엇이고, 어떻게 알고자 계획을 세웠는지를 파악하는 데에도 큰 도움이 된다. 메타 인지능력은 자신이 아는지 모르는지를 성찰하는 자기성찰능력, 자신의 생각에 대해 생각하는 능력, 한 차원 높은 인지능력이다. 즉, 메타인지는 인지를 관찰하여 아는 것과 모르는 것을 구분하고, 알아가는 과정을 통제하고 조절한다. 교육활동 과정에서 메타인지 능력을 키우는 것은 학습에 큰 도움이 된다. 교육하는 과정에서 메타인지를 도입한다는 것은 자신이 아는 것과 모르는 것을 구분하고, 지금-여기서 수행하고 있는 활동이 무엇인지, 그리고 다음에 무엇을 해야 하는지를 알아차리는 능력과 자신의 머릿속에 기억 된 것이 정확한지를 알 수 있는 능력을 키우는 것이다.

다음은 상위교육 프로그램의 예시이다. <표 10-2>와 같이 상위교육 공동체 교육프로그램은 12회기로 이루어져 있고, 각 회기마다 상위교육의 핵심역량을 기르기 위한 주제와 공동체 및 개인적 역량을 강화하기 위한 활동으로 구성되어 있다.

<표 10-2> 상위교육 공동체 교육프로그램(12회기)

회기	핵심영역	주제	공동체 역량강화 개인적 역량강화	목표 및 활동
1회기	교육계획	나와 서로를 알기	교육역량 진단	상위교육 진단 검사
			학습자의 역량	학습역량 검사
2회기	의사소통1	교육어 능력 기르기	집단적 의사소통	교육어 사용하기
			개인의 소통능력	질문 방법 알기
3회기	의사소통2	교육어 능력 기르기	교육 활동어	언설로 개념 설명하기
			수준 진단어	언교로 교육적 맥락 활성화하기
4회기	교육원리1	교육놀이 규칙 읽히기	교육 규칙 세우기	교육활동 규칙 정하기
			규칙의 심열성복	규칙을 수용하기

회기	핵심영역	주제	공동체 역량강화 / 개인적 역량강화	목표 및 활동
5회기	교육원리2	교육놀이 실천하기	교육의 원리	고유한 원리 지키기
			실천 방법 및 체험	교육원리에 체험 학습
6회기	교육혁신1	과정에서 개선하기	과정에서 평가와 혁신	교육평가와 개선책 발견하기
			상황의 문제점 인지	교육적 맥락에서 문제점 찾고 고치기
7회기	교육혁신2	체험을 공유하기	교육의 개선	활동을 평가하고 개선하기
			사적지식의 공유	인격적 지식을 공유하기
8회기	교육양상1	협동교육 잘 하기	협동교육 적응	협동하는 방법 읽히기
			개인적 적응	교육모임에 적응하는 개인적 능력 기르기
9회기	교육양상2	개별학습 잘 하기	원조 및 타증 능력	질문을 통한 상호교수하기
			자조 및 자증 능력	스스로 입증하고 해결하는 능력 기르기
10회기	교육공동체1	조직 및 운영하기	조직 및 운영	교육모임 조직 방법 및 운영방법 기르기
			참여자의 책무	참여자의 책임 이행하기
11회기	교육공동체2	공동체 및 개인 역량 체험	상위교육 역량	핵심역량을 종합적으로 체험하기
			개인적 참여 역량	학업적 효능감 및 자기조절 능력 기르기
12회기	교육평가	교육을 평가하기	공동체의 활동	교육 그 자체를 다양하게 평가하기
			개인의 참여활동	개인적 교육활동을 평가하기

상위교육 프로그램은 상위교육의 여섯 가지 핵심역량을 12회기로 나누어 구성하였다. 각 회기별 주제는 나와 서로 알기, 교육어 능력 기르기1 및 2, 교육놀이 규칙 읽히기, 교육놀이 실천하기, 과정에서 개선하기, 체험을 공유하기, 협동교육 잘 하기, 개별학습 잘 하기, 조직 및 운영하기, 공동체 및 개인 역량 체험하기, 교육을 평가하기이다. 이러한 주제별 내용과 활동 사항은 이 책의 각 장의 소절에서 제시한 주제의 의미, 실천 사례, 실천방안을 참고하여 구성할 수 있다. 이 책의 각 장의 내용은 상위교육 프로그램을 구성하는 선순환 구

조를 갖는 교육활동의 전략이나 방법을 구체화하고 있다. 상위교육 프로그램은 단독 교육프로그램 형태로 운영될 수 있다. 이 책의 내용을 토대로 프로그램의 책자의 만들어 사용할 수 있다. 그리고 각 교과 교육과정과 통합하여 각 회기의 주제 및 교육목표, 활동 사항을 세부적으로 시행할 수 있다. 이 교육프로그램의 효과성은 교육프로그램의 실천 사항을 일지 형태로 기록하고 기초선을 측정하여 목표 수준을 정하고, 교사와 학생, 동료 학생 간의 피드백을 통하여 점진적으로 수정하면서 기능적인 자율화를 이룰 때 입증될 것이다.

지금까지 상위교육을 어떻게 체험할 것인가에 대하여 살펴보았다. 상위교육의 실천 사례를 통해 알아보았듯이, 이미 교육공동체는 교육공동체의 목적을 위해 실천전략 및 실천방안을 마련하여 실행했음을 알 수 있다. 세계 4대 성인들의 사례와 다산 정약용의 강진제자 교육의 사례는 상위교육을 각각의 공동체의 목적을 성취하는 실천방안으로 삼았다는 것을 보여준다. 이것은 자신의 겹제자들을 길러서 진리를 검증하고, 그것을 보급하는 차원을 넘어서는 것이다. 이것은 4대 스승이 상위교육의 다양한 양태를 몸소 실천하여 제자들이 직접 체험하게 하고, 겹제자가 다시 자신들을 따르는 제자들에게 다시 상위교육을 하여 그들 교육공체의 이상과 목적이 영원히 후대에 이르게 하였다는 것을 의미한다. 결과적으로, 교육은 교육을 하면 할수록 잘하는 것이다. 이것은 상위교육으로 교육을 하는 과정에서 그 핵심역량이 길러진다는 것을 의미한다. 상위교육은 교육공동체를 구성하여 비계설정과 상호교수로 협동교육 및 협력적인 교육활동을 통해 체험할 수 있다. 어떠한 교육공동체가 조직이 되고 운용원리, 공동체의 역량, 조직원의 윤리규범, 개인별 능력을 갖추면서 발전과 진화를 거듭하게 된다. 그 과정에서 조직원의 높은 윤리규범의 공유와 실천은 교육활동을 강화하고 촉진하여 공동체를 발전시키는 원동력이다. 오늘날에도 4대 스승들의 교육공동체는 교육적 진화를 계속하면서 강건하게 지속되고 있다.

제11장

어떻게 교육의 상황에 적응할 것인가?

어떻게 교육의 상황에 적응할 것인가? 교육의 양상(樣相)은 교육의 내재율을 가지고 있는 이론적으로 순수한 모습이고, 교육의 양태(樣態)는 이러한 양상이 외재적 환경과 상호작용하면서 현실적으로 나타난 모습이다. '교육의 상황'은 교육의 기본요소인 교사, 학생, 교육과정이 이들을 둘러싸고 있으면서 다양한 여건과 영향을 주고받는 것이고, 교육활동의 다양한 양태이다. '교육적 맥락'은 교육의 상황에서 구체적이고 핵심적인 교육활동의 조건이나 교육활동에 유리한 국면이다.

첫째, 교육에 적응하는 의미는 무엇인가? 교육의 상황과 교육적 맥락을 이해하고 다양한 교육양태에 적응하는 것이다. 교육의 상황은 교사, 학생, 교육과정이라는 교육의 요소들이 상호작용하면서 다양한 여건과 영향을 주고받는 것이다. 교육적 맥락은 교육의 상황에서 벌어지는 구체적이고 핵심적인 교육활동의 조건이나 교육활동의 다양한 국면이다. 교육의 상황은 대응역량과 교육주체의 측면에서 협동교육인 교사-학생, 역할 수행인 학생-학생, 자기조절인 학생 개인으로 나뉜다. 이 상황에서 상구자는 자기조절 능력 및 메타인지 능력을 키워 독립적으로 지식을 구성하고 점유한다.

둘째, 교육의 상황에 적응하는 능력은 무엇인가? 교육의 상황에 따라 적응하는 능력은 다양하다. 메타교육 전략검사를 통해 교육의 상황에 적응하는 개인별 맞춤학습 전략을 마련해야 한다. 교실수업에서 의사소통 능력을 키워 상호작용을 할 수 있고 교육적 토론을 통하여 상호주관성을 확대할 수 있어야 한다. 이외에도 메타교육 전략 검사에 따른 개별 맞춤형 전략을 마련하고 지식의 구성에 있어 상호작용을 하는 능력이 필요하다.

셋째, 교육의 양태에 적응하는 능력은 무엇인가? 교육의 양태는 교육의 상황, 교육주체, 교육이 벌어지는 사태, 교육적 맥락 등 다양한 변인에 따라서 나타난다. 교육의 양태는 협력적 태도가 요구되는 협동교육, 상호교수가 이루어지는 교류교육, 메타학습 및 메타인지를 활용하는 활동으로 구분된다. 교육적 맥락의 대응역량 및 적응능력은 동기유발 및 성취동기 제시, 귀인 재훈련 및 과제해결의 성공 전략의 제시, 목표 재설정 및 자기효능감의 인지 및 목표의 상향, 귀인 피드백 및 성취를 노력과 연결시키는 피드백 활동이다.

1

교육에 적응

교육의 상황이란 무엇인가? 교육적 맥락이란 무엇인가? 이를 알아보기 위해 먼저 교육의 양상과 교육의 양태를 구분한다. 교육의 양상(樣相)은 교육의 내재율을 가지고 있는 이론적으로 순수한 모습이고, 교육의 양태(樣態)는 이러한 양상이 외재적 환경과 상호작용하면서 현실적으로 나타난 모습이다. 그리고 '교육의 상황(the context of education)'은 교육의 기본요소인 교사, 학생, 교육과정이 이들을 둘러싸고 있으면서 다양한 여건과 영향을 주고받는 것이고, 교육활동의 다양한 양태이다. '교육적 맥락(educational context)'은 교육의 상황에서 구체적이고 핵심적인 교육활동의 조건이나 교육활동에 유리한 국면이다. 상황과 맥락의 차이를 좀 더 쉽게 이해하기 위해 예를 들면, 패스트푸드 업체에서 밀크쉐이크를 고객의 40%가 아침에 사가는 것은 상황이고, 그 고객들은 기름이 핸들에 묻는 감자튀김, 먹는 시간이 너무 짧은 바나나, 뜨거운 커피, 건강에 좋지 않은 콜라 보다 운전을 하면서 한 손에 들고 심심한 입맛을 달래기 위해 제격인 밀크쉐이크를 사는 것은 맥락이다.

교육의 상황은 대응역량과 교육주체의 측면에서 협동교육인 교사-학생, 역할수행인 학생-학생, 자기조절인 학생 개인으로 구분할 수 있다. 교육의 양태는 교육을 실천하는 역량과 형태의 측면에서 협력적 태도가 요구되는 협동교육,

상호교수가 이루어지는 교류교육, 메타학습 및 메타인지를 활용하는 독행 상구로 구분된다. 그리고 교육적 맥락은 동기유발 과정인 촉진국면, 적응적 귀인으로 성공적 신념화를 일으켜야 하는 소진국면, 목표를 재설정하는 강화 국면, 자기강화 및 피드백이 이루어지는 성과 국면으로 나뉜다.

<표 11-1>은 교육의 상황, 교육의 양태, 교육적 맥락에 따라 이에 적합한 대응역량과 개인이 갖추어야 할 적응 능력을 나타낸 것이다. 교육의 상황에 대응하는 역량은 협동교육, 역할수행, 자기조절이다. 교육양태에 대응하는 역량은 협력적인 태도, 상로교수, 메타인지이다. 교육적 맥락에 대응하는 역량은 동기유발, 귀인재훈련, 목표재설정, 귀인피드백이다.

<표 11-1> 교육의 각 범주에 대응하는 역량과 개인적 적응 능력(류영룡, 2020)

범주	구분	대응 역량	개인적 적응 능력
교육의 상황	교사-학생	협동교육	교육의 규칙의 준수 및 협동의 실천
	학생-학생	역할수행	분업된 과제 및 역할의 수행
	학생 개인	자기조절	자기 강화 및 통제, 인내 및 비전의 실천
교육의 양태	협동교육	협력적 태도	자기 주도적 조력활동 및 적극적 참여
	교류교육	상호교수	기초 학업 능력 파악 및 교수 요청
	독행상구	메타인지	아는 것과 모르는 것의 구분, 자신만의 노하우 개발
교육적 맥락	촉진국면	동기유발	성취동기 제고를 위한 부정적 사고의 긍정적 사고로 변환, 자기교시 훈련, 비전 학습
	소진국면	귀인 재훈련	개인적 성공 전략의 신념화
	강화국면	목표 재설정	학업적 효능감의 제고 및 상향적 목표의 달성
	성과국면	귀인 피드백	성취를 통한 자기 강화

교육에 적응하기 위해서는 어떻게 해야 하는가? 교육에 적응한다는 의미는 교육의 상황과 교육적 맥락을 이해하고 다양한 교육양태에 적응한다는 것이다. 상위교육의 개별적인 역량을 강화하기 위해서는 교육의 각 범주에 대응하는 역량과 개인적인 적응능력을 길러야 한다.

2

교육상황에 적응

어떠한 역량을 키워야 다양한 교육상황에 적응할 것인가? 이를 위해서는 메타교육의 5UP 개인역량을 강화해야 한다. 개인적 측면에서 5UP 핵심역량은 다음과 같다. '교육어를 활용하는 개인적 역량'은 개념을 전달하는 개념 전달어, 사고를 언어화하는 이야기 사고어, 아이디어 찾는 발견어, 개인적 수준을 알아보는 진단어를 교육의 상황과 교육의 양태에 알맞게 구사하는 것이다. '교육의 원리 실현하는 개인적인 역량'은 교육놀이 규칙을 체험하고 점유하는데 있어 심열성복하고 교육의 내재율에서 상구의 원리를 준수하는 것이다. '교육을 혁신하는 개인적인 역량'은 교육하는 과정에서 점유한 지식을 공유해야 한다. 사적 지식 또는 인격적 지식, 암묵적 지식 등의 경험을 스토리텔링을 통해 공유하는 것이다. 또한 교육혁신능력은 교육의 내재적 가치를 평가하고, 교육하는 과정을 개인이 어떻게 개선하려 했는가를 평가하여 교육주체의 교육개선의 의지 및 실천능력을 평가하고 개선하는 것이다. '교육공동체 조직에 적응하는 개인적인 역량'은 참여자의 자임(自任, self-commitment), 자율적 수범, 상호작용 강화이다. 이것은 교육양상 즉, 상구, 하화, 독행상구, 협동교육, 메타교육에서 점진적으로 교육활동에 적응하는 능력이다. 이러한 개인적인 교육의 핵심역량은 다음과 같은 구체적인 능력의 강화로 기를 수 있다.

첫째, 교육의 상황과 교육의 양태, 그리고 교육적 맥락에 따른 역량과 적응 능력을 기르는 것이다. 교육의 상황에서 3가지 차원은 교사-학생, 학생-학생, 학생 개인이고, 교육의 양태는 협동교육, 독행상구, 협력학습이다. 그리고 교육적 맥락은 촉진국면, 소진국면, 강화국면, 성과국면이다. 촉진국면은 교육활동의 초기나 중간에 교육활동의 목표를 제시하거나 동기를 유발하고 활동에 적극적인 참여를 독려하는 것이다. 소진국면은 교육활동의 에너지가 점차 소멸되어 가는 것이고, 강화국면은 이러한 소진국면에서 적절한 교육적 처방을 내리는 것이다. 성과국면은 원활한 교육활동이 이루어져 참여자들이 교육의 고유한 가치를 체험하고 교육의 목표를 이루는 것이다.

둘째, 다양한 개인별 맞춤학습 전략의 마련과 그에 따른 적절하고 따뜻한 '안내적 재발명'을 이루어야 한다. 학습 과정에서 시행착오에 의해 개인적인 맞춤학습 전략을 마련할 수 있다. 하지만, 학생들은 교육과정에 따라 정해진 기간에 수학능력(修學能力)을 길러야하기 때문에 시간을 아껴야한다. 따라서 개인별 맞춤학습 전략을 마련하기 위해 조력자의 도움을 받아 재발명할 수 있도록 해야 한다.

셋째, 공부하는 과정에서 자기조절 능력 및 메타인지 능력을 키워 독립적으로 지식을 구성하고 점유해야 한다. 자기조절 능력은 학습의 과정에서 매우 중요하다. 학습의 과정에서 누구에게 의존하거나 실행능력이 부족한 경우에는 실패할 확률이 높다. 스스로 자신을 파악하고 조절하면서 실행하는 능력을 길러야 한다. 메타인지는 학습 내용의 인지뿐만이 아니라 학습하는 과정 전체를 인지하고 통제하는 것이다. 이 또한 학습의 성공과 관계가 깊다. 이것은 학습 내용을 확실히 알고 타인에게 설명하는 능력과 성공한 학습 경험을 인지하고 내면화하고 재실행하는 능력인 것이다.

넷째, 교실수업에서 의사소통 능력을 키워 상호작용 및 교육적 토론을 통하여 상호주관성을 확대한다. 학습의 성공은 정교한 의사소통에 의해 가능하다. 이를 위해서는 의사소통에 대한 정확한 이해와 교실수업에서의 의사소통의 재개념화와 그 능력을 기르기 위한 방안을 마련해야 한다.

다섯째, 상위교육에서 활용 가능한 내러티브 사고에 기반한 스토리텔링(

narrative thinking based storytelling) 기법을 도입한다. 내러티브는 인간들 각자의 경험을 이야기하고 조직하며 의미를 부여하는 것이다. 내러티브 사고는 경험의 계속성의 원리, 상호작용 교수, 교육과정 통합 등의 특성을 갖는다. 개념이나 기호를 내러티브 사고를 기반으로 하여 스토리텔링을 한다면 교육내용을 더 쉽게 수용하고 내면화할 수 있을 것이다. 동료 아이들끼리의 설명이 더 쉬운 것은 내러티브 사고를 반영하여 그들 자신의 언어로 이야기해 주기 때문이다.

여섯째, 상위교육에서는 메타교육활동 전략검사 및 학습관련 다양한 검사를 실시하여 개인별 맞춤학습 전략을 마련한다. 인지적 영역뿐만이 아니라 다양한 진단을 통해 학습과 정서에 영향을 주는 변인들을 총체적으로 검사하여 정보를 제공하고 안내해야 한다.

일곱째, 지식의 구성에 있어 중요한 개념의 파지와 획득 방법 및 절차를 가르쳐야 한다. 학습에 있어서 개념의 이해 및 수용, 그리고 그 개념의 파지는 중요하다. 따라서 개념을 어떻게 수용하고 구조화하며 내면화하는가에 대한 방법을 배워야 한다. 특히, 개념의 연결에 의한 구조화 및 총체적 파악은 융합적인 문제의 해결에 많은 도움이 된다.

아홉 번째, 지식의 파지 및 부호화, 그리고 인출과 활성화 전략 및 방법을 가르쳐야 한다. 학습에서 정보처리의 과정은 매우 중요하다. 작업기억에서 지식을 어떻게 활성화하여 이해할 것인가? 이해한 지식을 어떻게 장기기억에 저장할 것인가? 기억된 지식을 어떻게 인출하여 다른 문제의 해결에 전이할 것인가? 이러한 물음에 답을 인지 처리 과정의 이해 및 연습을 통해 숙달해야 할 것이다.

다음의 <표 11-2>는 개인적 학습과정에 적응하기 위한 기법과 실천 방안이다. 개인별 학습에 주요한 영역을 학습방법과 정보처리 및 시간 관리로 나누고, 개인적인 학습과정의 적응 기법과 구체적인 실천방안을 제시한 것이다. 학습방법은 다양하다. 하나 또는 둘로 구성되는 교수-학습 방법을 교육의 소재가 달라져도 그대로 적용하여 사용하는 것은 올바르지 못하다. 교육활동은 교육의 상황과 교육적 맥락이 계속적으로 바뀌고 교육내용도 달라지기 때문이다.

<표 11-2> 개인적 학습과정에 적응하기 위한 기법과 실천 방안

영역	개인적 학습과정 적응 기법	개인적 학습에 적응하기 위한 실천방안
학습 방법	· 뇌-기반 학습에 의한 개별 학습 · 스토리텔링에 의한 이해 및 사고의 언어화 · 마음챙김 학습에 의한 주의집중 · 비주얼 씽킹으로 종합적 사고 및 기억력 제고 · 비전학습법에 의한 긍정적 신념 및 학습의 유능화	· 뇌의 반구 특성에 따른 학습방법을 자신에게 적용하기 · 학습내용의 이해 및 사고력 심화를 위해 학습 과정과 학습 후에 스토리텔링으로 구조화, 정교화하기 · 마음챙김 명상으로 주의집중력 획득하기, 마음의 스트레스 감소하기, 부정적 사고 및 행동을 소진하기 · 학습내용의 구조화 및 정교화를 위해 총체적 개념도(HMC) 사용하기, 개념을 오랫동안 기억하기 위한 다양한 기억전략 및 기억술 읽히기, 마음의 눈으로 인지도를 볼 수 있도록 연습하기 · 비전세우기 및 매일의 생활 가운데 실천하기, 가시적 목표 설정 및 이를 하나씩 실천해 열매 맺기
정보처리 및 시간관리	· 스스로 설명하기 · 가상의 친구에게 설명하기 · 기억의 인출 및 활성화 · 학습 내용의 전이 연습 · 학습 성찰일지 작성 · 학습의 계획 작성(일, 월, 연 단위)	· 학습한 내용을 자신에게 설명하면서 이해하기 · 설정한 가상의 친구에게 공부한 내용을 설명하면서 자신이 아는지 모르는지 알아차리기 · 장기기억에 있는 정보를 꺼내어 작동기억에서 활성화하여 그 정확성을 확인하고 수정하기 · 부호화한 학습내용을 인출하여 유사한 문제 및 과제의 해결에 적용하기 · 학습 과정에서 메타인지한 내용을 기록하면서 피드백하여 자신에게 적합한 학습방법을 찾아가기 · 학습계획을 촘촘히 작성하고 실천하여 정해진 시간을 효율적으로 관리하기

교육의 상황에 적응하는 것은 교육주체의 구성에 따라 전개되는 교육활동에 적응하는 것을 의미한다. 교육의 상황에 따라 적응하는 능력은 다양하다. 교사-학생의 교육의 상황에서는 교육의 양 날개가 작동하는 협동교육 역량이 요구된다. 학생-학생 간의 교육의 상황에서는 과제 수행을 위한 역할 수행이 필요하다. 학생 개인의 교육의 상황에서는 비전설정과 자기조절 및 자기강화를 통해 주도적으로 과제를 수행해야 한다. 교육의 상황에 잘 적응하기 위해서는 메타교육 전략검사를 통해 개인별 맞춤학습 전략을 마련해야 한다.

3

교육양태에 적응

교육양태에 적응하는 능력을 어떻게 키울 수 있는가? 다양한 교육양태에 대응하는 적응능력을 기르는 것이다. 교육의 양태(樣態)는 이러한 양상이 외재적 환경과 상호작용하면서 현실적으로 나타난 모습이다. 교육의 양태는 교육의 상황, 교육주체, 교육이 벌어지는 사태, 교육적 맥락 등 다양한 변인에 따라서 나타난다. 다음의 <표 11-3>의 교육의 양태에 대응하는 역량 및 공동체 적응 능력에서와 같이 교육의 상황에서의 대응 역량 및 공동체 적응 능력은 다음과 같다. 교육의 상황에서의 대응 역량 및 공동체 적응 능력은 협동교육-교육의 규칙 작성 및 교육활동에서의 실천, 역할수행-과제의 분업 및 역할의 분배, 자기조절-공동체 구성원에 대한 배려와 의견의 경청 및 수용이다. 교육의 양태에서는 협력적 태도-구성원 상호 간의 존중 및 적극적 참여, 상호교수-지식 점유의 우위에 따른 교수자와 학습자의 역할 변경, 메타인지-인지의 과정을 인지하여 성공과 실패의 원인 분석 실시로 대응된다. 교육적 맥락에서는 동기유발-과제 몰입도를 높이기 위한 정착지식 및 성취동기 제시, 귀인 재훈련-학업기술 및 과제 해결의 성공 전략의 제시, 목표 재설정-자기효능감의 인지 및 목표의 상향, 귀인 피드백-성취를 노력과 연결시키는 피드백 제공으로 대응한다.

<표 11-3> 교육의 양태에 대응하는 역량 및 공동체 적응 능력(류영룡, 2020)

범주	구분	대응 역량	공동체적 적응 능력
교육의 상황	교사-학생	협동교육	교육의 규칙 작성 및 교육활동에서의 실천
	학생-학생	역할수행	과제의 분업 및 역할의 분배
	학생 개인	자기조절	공동체 구성원에 대한 배려와 의견의 경청 및 수용
교육의 양태	협동교육	협력적 태도	구성원 상호 간의 존중 및 적극적 참여
	교류교육	상호교수	지식 점유의 우위에 따른 교수자와 학습자의 역할 변경
	독행상구	메타인지	인지의 과정을 인지하여 성공과 실패의 원인 분석 실시
교육적 맥락	촉진국면	동기유발	과제 몰입도를 높이기 위한 정착지식 및 성취동기 제시
	소진국면	귀인 재훈련	학업기술 및 과제 해결의 성공 전략의 제시
	강화국면	목표 재설정	자기효능감의 인지 및 목표의 상향
	성과국면	귀인 피드백	성취를 노력과 연결시키는 피드백 제공

교육의 양태에 적응하는 것은 교육이 이루어지는 유형에 적응하는 것을 의미한다. 교육의 양태는 교육의 상황, 교육주체, 교육이 벌어지는 사태, 교육적 맥락 등 다양한 변인에 따라서 나타난다. 이것은 협력적 태도가 요구되는 협동교육, 상호교수가 이루어지는 교류교육, 메타학습 및 메타인지를 활용하는 활동으로 구분된다. 또한, 이러한 교육의 양태에서는 구제적인 교육적 맥락이 발현한다. 그것은 동기유발의 촉진국면, 귀인재훈련을 필요로 하는 소진국면, 목표재설정의 강화국면, 귀인에 의한 성과국면이다. 촉진국면에서 동기를 유발하기 위해서는 과제 몰입도를 높이기 위한 정착지식 및 성취동기 제시한다. 소진국면에서 귀인 재훈련을 위해서는 학업기술 및 과제 해결의 성공 전략을 제시한다. 강화국면에서 목표 재설정을 위해서는 자기효능감의 인지 및 목표를 상향한다. 성과국면에서 귀인 피드백을 위해서는 성취를 노력과 연결시키는 피드백을 제공한다.

교육의 상황, 교육의 양태, 교육적 맥락은 서로 단절된 것이 아니라 교육활동에서 혼재되어 존재하고 때에 따라 발현한다. 따라서 이에 잘 적응하기 위해서는 역시 교육주체의 교육의 기능적 자율화(functional autonomy)가 필요하다.

제12장

어떻게 교육적 맥락에 적응할 것인가?

어떻게 교육적 맥락에 적응할 것인가? 교육적 맥락에 적응하기 위해서는 다양한 교육역량을 길러 변화하는 맥락에 적절하게 대응해야 한다. 이 장은 교육적 맥락에 적응하는 다양한 능력을 개별적 적응 역량, 다양한 학습전략, 학습전략의 실천으로 나누어 다룬다(류영룡, 2020).[25] 교육적 맥락은 교육의 상황에서 벌어지는 구체적이고 핵심적인 교육활동의 조건이나 교육활동의 다양한 국면이다. 교육적 맥락은 동기유발 과정인 촉진국면, 적응적 귀인으로 성공적 신념화를 일으켜야 하는 소진국면, 목표를 재설정하는 강화 국면, 자기강화 및 피드백이 이루어지는 성과 국면으로 나눌 수 있다.

첫째, 개별적 적응 역량은 무엇인가? 어떠한 학습전략이 나에게 적절하거나 적합한가? 시간을 두고 무작정 기다리면서 시행착오를 통해서 자신에게 맞는 학습방법을 찾을 수는 없다. 교육에는 교육적 시숙과 교육적 방법이 있기 때문이다. 하지만 학습자가 다양한 차원의 학습방법을 통해 자신에게 꼭 맞는 학습방법을 찾게끔 도울 필요가 있다. 개인적 차원의 학습전략가운데, 뇌 기반 교수-학습 전략, 스토리텔링 기반 학습, 마음챙김 학습, 비주얼 씽킹, 비전학습법, 메타인지 학습 등이 있다. 이들의 특징, 장점, 적용을 소개한다.

둘째, 어떻게 다양한 학습전략에 적응할 것인가? 뇌 기반 학습은 좌뇌, 우뇌, 중뇌의 활용을 토대로 다중지능이론, 정보처리이론, 정서적 측면을 결합하여 학습전략을 마련하는 것이다. 비주얼 씽킹은 조작적으로 형성한 이미지를 마음의 정보 공간에 심상으로 옮겨 생각하는 사고라 할 수 있다. 마음챙김 학습은 아이들의 부정적인 문제를 치유하고, 학교폭력을 예방하고, 산만한 학생들을 주의집중 학생으로 변화시킨다.

셋째, 어떻게 학습전략을 실천할 것인가? 시각적 사고에 의한 정보의 조직화 사례는 퇴계 선생의 '성학십도', 류영룡의 '총체적 기억차트(MMC)', '내용 개념도', '총체적인 개념차트(HMC) 등에서 찾아볼 수 있다. 마음챙김수업 모델은 수업을 위해 준비할 사항과 점검할 내용, 수업 중간에서의 분위기 전환을 위한 활동과 피드백, 수업의 마무리에서의 점검 내용에 마음 챙김 원리와 장점을 적용하는 것이다. 메타인지 모델은 학습과 기억을 최대화하기 위해 인지적 과정을 조절하는 것과 학습전략, 사고전략, 그리고 인지과정에 대한 지식 포함한다.

1

개별적 적응 역량

어떻게 하면 스스로 힘을 키워 잘 배울 수 있는가? 개인적인 배움 국면에서 자신의 역량을 길러 교육에 적극적으로 참여할 수 있고, 품위 수준의 자기조절과 상승을 이룰 수 있기 위해서는 개인적인 교육역량을 갖추어야 할 것이다. 시행착오를 줄여 교육의 목적을 이루기 위해서는 교육하는 과정에서 역량을 강화하는 것과 함께 다양한 교육의 양태에 적응하기 위한 역량을 강화할 필요가 있다. 즉, 개별적인 교육에서 교육역량을 강화하여 교육의 목적을 이루는 방법은 무엇인가? 교육의 상황, 교육의 양태, 교육적 맥락에 개인이 잘 적응하기 위해서는 어떠한 역량이 필요한가? 그러한 역량을 기르는 방법에는 어떠한 것들이 있는가? 그리고 그러한 역량은 어떻게 획득될 수 있는가? 그러한 역량을 갖추면 진정 '교육놀이'가 가능한가? 이것은 제11장 교육의 상황에 적응에서 논의하였다. 여기서는 개인이 스스로 교육활동을 하는 과정에서 필요한 교육역량 가운데 활용 가능한 학습 전략 또는 학습방법에 대해서 알아본다.

어떠한 학습전략이 나에게 적절하거나 적합한가? 정해진 답은 없다. 그렇다고 시간을 두고 무작정 기다리면서 시행착오를 통해서 자신에게 맞는 학습방법을 찾을 수는 없다. 교육에는 교육적 시숙과 교육적 전략이 있기 때문이다. 이에 대한 답을 빨리 찾기를 기대하는 이유는 시험을 잘 봐야하기 때문이기도

하다. 물론 시험을 잘 보려면 시험을 자주 봐야 한다. 교과학습을 잘 하려면 교과학습을 자주 해야 한다. 그렇기는 하지만, 학습자가 다양한 차원의 학습방법을 통해 자신에게 꼭 맞는 학습방법을 찾게끔 도울 필요가 있다. 따라서 여기서는 다양한 교육방법들 가운데 개인별로 유용하게 쓸 수 있는 방법들을 찾고, 이를 다양한 상황과 맥락에 따라 적절하게 사용할 수 있는 개인적 차원의 학습전략을 소개한다.

<표 12-1> 개인적 차원의 학습방법(류영룡, 2020)

학습전략	특징	장점	적용
뇌 기반 교수-학습 전략 (Brain-based strategies to reach every learner (J. Diane Connell)	신경생물학적 적용, 뇌를 변화시키는 기술로서의 수업, 좌뇌, 우뇌, 중뇌 활용 교수전략, 다중지능이론, 정보처리이론, 학업적 (학년수준에서의 내용) 및 정서적 (효과적인 대인 간 상호작용) 수준에서 교사와 학생의 결합하기(신경망 만들기)	학습양식을 파악하여 학습, 정서적 뇌의 특성을 적용(학습자에게 그 자료를 학습하는 것은 안전하다), 수용적 학습양식(시각적, 청각적, 운동감각적 양식), 처리적 학습양식(순서적 좌뇌, 무작위 방식의 우뇌, 통합적 중뇌) 표현적 학습양식(말하기, 쓰기, 그리기, 수행하기)	수업과 뇌의 관계를 발견하여 스스로에게 맞는 학습양식 정서지능을 위한 수업, 스트레스 감소전략으로 요가(yoga), 호흡(breathing) 혹은 정신집중(centering), 뇌체조(brain gym), 정서지능(자기인식, 자기조절, 동기부여, 감정이입, 사회적 기술)의 개발 및 적용
스토리텔링 수업(Storytelling instruction)	Jerome S. Bruner의 내러티브 사고 양식의 특성을 토대로 함, 경험의 재구성을 가능하게 하는 내러티브로 다시 순환하여 교육과정을 통합	내러티브를 개인적인 학습을 위한 적절한 맥락으로 사용, 아이들에게 개별적인 경험의 재구성 과정으로서의 학습을 가능하게 함, 교육활동의 단순한 소재로서 스토리텔링을 활용 차원을 넘어 섬	교수-학습과정에서 계열(sequence)적으로 경험의 계속성의 원리가 작동하게 함, 내러티브를 이용한 상호작용 교수, 스토리텔링 기반 사고하기(storytelling based narrative thinking)
마음챙김 학습 (Mindful learning)	교사의 행복감을 높여 아이들에게 행복을 가르침, 교사가 행복해지는 방법으로 주의집중적 알아차림(mindful awareness)인 마음 챙김, 교사의 스트레스와 소진(burn out) 방지 및 가르침의 효율성 증진	학교 현장에서 아동 및 청소년들의 부정적인 문제들을 예방하고 치료, 학교폭력 예방, 산만한(mindless) 학생들을 주의집중(mindful) 학생으로 변화시킴.	기계적(linear)이 아닌 의식적 문제해결(mindful problem solving), 마음챙김을 통한 자기정의(self-definition), 다른 눈으로 세상보기(learning as re-imaging the world), 마음챙김으로 수업하기

학습전략	특징	장점	적용
비주얼 싱킹 (visual thinking, 류영룡)	수학공부 내용을 시각화하여 부호화하고 저장하고 인출하는 것. 인지도와 이중 부호화 이론(dual coding theory)에 입각하여 언어와 기호, 그림을 시각화하여 시각적 사고와 정보처리를 쉽게 하는 기술, 시각화 한 그림은 기억과 인출에 경제적임.	자신만의 시각화 방법을 사용하므로 저장과 인출이 용이함. 부호화의 용이성, 원활한 의사소통으로 협동학습에 효과, 융합과 창의적 확대, 장기기억, 감성적 이미지, 종합적 사고의 우뇌발달	다양한 시각화 기법을 사용하여 수학적 구조를 형성하여 체계적이고 계통적인 수학학습을 함. 류영룡의 '총체적 개념차트(HMC)', + '내용 개념도(contents typology)', + 인지도(cognitive) 및 심상(imagery)을 이용한 기억과 인출
비전학습법 (류영룡)	비전세우기, 5단계 레벨 업 학습, 시각적 사고 이용, 총체적 개념도(HMC) 활용 학습, 마인드 맵, 인지도의 사용	R=VD(Realization, Vivid, Dream) 및 무지개의 원리을 학습에 적용, 긍정심리학의 원리(학습된 낙관성, 피그말리온 효과, 교사의 긍정적 기대)를 적용, 학생을 마태효과에서 벗어나게 함	비전글짓기, 비전 슬로건, 비전목록차트 만들기, 자신의 비전에 맞는 수준의 학습하기, 학습 성공일지 쓰기, 비전을 생활 속에서 구체적으로 실천하기, 자기조절 및 자기강화(보상)하기
메타인지 (meta cognition)	인지의 과정을 인지하고 통제, 학습과 기억을 최대화하기 위해 인지적 과정을 조절, 학습전략, 사고전략 인지과정에 대한 지식 포함	상위 1%의 아이들은 아는 것과 모르는 것을 명확히 구분, 효과적인 공부전략과 원리 파지	자기진단, 협동과 토의, 전이, 반성, 맥락의 파악, 비계설정, 학생의 책임성, 학습기능의 숙지, 개념수준에 맞는 수업, 개별화 교육

2

다양한 학습전략

개인이 스스로 학습하는 과정에서 적응하기 위해서는 다양한 학습전략 또는 학습방법을 이해하고 실천해야 한다. 여기서는 뇌기반 학습, 스토리텔링을 이용한 사고의 언어화, 마음챙김 학습, 비주얼 씽킹, 메타인지 교수·학습 전략, 비전학습법을 소개한다.

1) 뇌기반 학습

뇌 기반 학습은 신경생물학을 적용하여 뇌를 변화시키는 전략을 마련하는 것이다. 이것은 좌뇌, 우뇌, 중뇌의 활용을 토대로 다중지능이론, 정보처리이론, 정서적 측면을 결합하여 학습전략을 마련하는 것이다. 학습양식은 다양하기 때문에 잘 파악하여 설계해야 한다. 뇌 기반 학습에서 학습양식은 정서적 뇌의 특성 적용, 수용적 학습양식, 처리적 학습양식, 표현적 학습이다.

뇌의 특성을 적용하는 학습의 이유는 다음과 같다. 첫째, 정서적 원리를 학습에 적용하는 것이 중요하다. 수업 전에 '학습자에게 학습 자료를 학습하는 것은 안전하다'는 것을 학습자에게 우선 인지시켜야 한다. 둘째, 시각적, 청각적, 운동감각적 양식을 학습자의 특성을 이해하고 통합적으로 적용하여 수용적인 학습양식을 갖게 해야 한다. 셋째, 순서적인 좌뇌와 무작위 방식의 우뇌, 그리고 통합적 중뇌의 발달 수준에 따라 효과적으로 학습을 하는 처리적 학습양식을 강화하는 것이다. 넷째, 말하기, 쓰기, 그리기, 수행하기가 학습에 유리한지를 따져서 학습을 하는 표현적 학습양식을 학습자에게 적용해야 한다.

<표 12-3> 정서의 원리와 뇌의 영역과 관련성(류영룡, 2020)

구분	원리	뇌의 영역과 역할	교육에의 시사점
원리1	정서와 지능은 서로 연결되어 있다.	해마-정보를 조직, 공간 지각의 인지 맵, 장기기억, 편도체-강렬한 긍정적/부정적 정서의 영구적 저장소	감정이 사고와 학습의 일부이므로 부정적 정서를 조절하고 긍정적 정서학습을 해야 한다.
원리2	정서와 지능 간의 연결은 주의집중과 의사결정의 능력에 영향을 준다.	편도체: 정서적 메시지를 접수하고 이에 기초하여 행동을 통제	주의집중하고 열린 마음으로 상대방의 메시지를 알아차리면서 의사를 결정하고 적극적인 행동을 장려해야 한다.
원리3	학생들은 안전하고 즐거우며 도전적이라고 지각되는 교실 환경으로부터 좋은 영향을 받는다.	해마: 스트레스 호르몬인 코르티졸에 영향을 받아 작업기억의 활동을 저하시킴	스트레스를 줄이기 위해 교수자와 학습자가 서로 존중하고, 교수자는 항상 낙관적이고 긍정적으로 헉생들을 지지하고 격려해야 한다.

뇌 기반 학습은 뇌의 발달 수준과 특성화에 기초해서 개별적인 특성을 반영해야 하는 것을 전제로 한다. 기존의 기계 중심의 수업모형은 표준화 검사를 통해 이에 어울리는 지시적인 처방을 내놓는데 비하여 뇌 기반 수업모형은 수행검사와 어울리는 실제적이고 개별 맞춤식 학습자 중심이다(정종진 외 역, 2008). 뇌 기반 학습은 뇌 영역의 기능적 편재에 따른 학습자의 특성을 주목하여 학습이 이루어지는 다양한 측면에 주목하는 것이다. 이와 함께 가드너(Gardner)의 다중지능이론은 지능발달의 다양한 측면을 강조하며 학습자에 적절한 수업을 해야 한다는 것에 초점을 둔다.

가드너(Gadner)의 다중지능 이론에서 지능의 의미는 특정 문화권에서 중요한 문제해결 능력 혹은 문화적 산출을 창출해내는 능력이라고 할 수 있다. 가드너(Gardner)의 다중지능의 종류는 언어적 지능, 논리-수학적 지능, 공간적 지능, 음악적 지능, 신체-운동적 지능, 대인관계적 지능, 자기성찰적 지능, 자연주의적 지능, 그리고 최근에 추가한 실존적 지능(영성지능)이다. 이러한 여러 요소들을 반영한 수업모형은 각 지능 발달의 개인 내 차이를 극복하는데 더 도움을 줄 것이다. <표 12-4>는 가드너의 지능의 요인들에 따른 핵심요소와 적성에 맞는 직업군, 각각의 지능을 개방하여 이끌어내는 교육활동을 정리한 것이다.

<표 12-4> 다중지능이론(출처: Sternberg, R. J. & Williams, 2010)

지능	지능의 핵심요소	대표적인 람들	지능 개방을 위한 교육활동
언어적 지능	언어의 소리, 구조, 의미와 기능에 대한 민감성	시인, 저널리스트	의성어와 은유법에 대해 토론하기
논리-수학적 지능	논리적, 수리적 유형에 대한 민감성과 구분능력, 연쇄적 추리를 다루는 능력	과학자, 수학자	삼각형의 넓이에 대한 공식을 이용해 건물의 한 측면에서 다른 측면까지의 거리 계산하기
공간적 지능	시공적 세계를 정확하게 지각하고, 최초의 지각에 근거해 형태를 바꾸는 능력	화가, 건축가, 항해사	그림을 그릴 때 투시법 사용하기
음악적 지능	리듬, 음조, 음색을 만들고 평가하는 능력, 음악적 표현 형식에 대한 평가능력	작곡가, 연주자	노래의 리듬. 박자 결정하기
신체-운동적 지능	자기 몸의 움직임을 통제하고, 사물을 능숙하게 다루는 능력	운동선수, 무용가	민속춤 추기, 노래하기
개인 간 지능	타인의 기분, 기질, 동기, 욕망을 구분하고 적절하게 대응하는 능력	상담가, 판매원, 심리치료사	학급 친구들 간의 논쟁에서 두 사람의 의견 모두를 경청하기
개인 내 지능	자기 자신의 감정에 충실하고 자신의 정서들을 구분하는 능력, 자신의 장점과 약점에 대한 인식	배우, 소설가	자신의 욕구 좌절에서 통찰을 획득하기 위해 문학에서 등장인물 역할극 하기
자연적 지능	자연적으로 유형을 이해하는 능력	탐험가, 지질학자	식물의 주기에서 유형 관찰하기

LeDoux(1996)에 의하면, 정서와 인지는 흔히 서로 분리된 것으로 여겨지고 있다. 별개의 것이면서도 서로 상호작용하고 있는 뇌의 체제들에 의해서 중재된 정신 기능들은 서로 영향을 주고 있다(정종진 외 역, 2008). Goleman(1994)에 의하면 '자기이해' 또는 '자기인식'이 정서지능의 초석이며 가장 중요한 측면이기 때문에, 학습자는 대뇌 번연계와 신피질을 사용하여 느끼기도 하고 생각하기도 한다고 한다(정종진 외 역, 2008). 분노, 화, 욕설, 우울감 등의 부정적 정서상태는 교육활동을 소진(burn out)시킨다. 이를 극복하고 교육활동을 촉

진하기 위해서는 Goleman의 정서지능인 자기인식, 자기조절, 동기부여, 감정이입, 사회적 기술을 파지하고 상황과 맥락에 따라 전이해야 한다. <표 12-5>는 이러한 정서지능의 5가지 차원과 다중지능 간의 관련성을 나타내고 있다.

<표 12-5> 정서지능의 5가지 차원과 다중지능 간의 관련성(출처: 정종진 외 역, 2008)

정서지능의 차원	각 차원의 의미	관련성
1. 자기 인식	자신의 내면적인 상태, 선호도, 자원 및 직관을 알아차리는 것	자기성찰적
2. 자기조절	자신의 내면적인 상태, 충동 및 자원을 관리하는 것	자기성찰적
3. 동기부여	목표도달을 안내하거나 촉진하는 정서적 경향	자기성찰적
4. 감정이입	다른 사람들의 기분, 욕구, 관심사에 대한 인식	대인관계적
5. 사회적 기술	사람들 사이에서 호감이 가는 반응을 능숙하게 유도함	대인관계적

수업은 뇌를 변화시키는 기술이다. 뇌를 변화시키는 학습의 시작은 '나는 누구인가'라는 질문을 통해 자신에게 적합한 방법을 발견하는 것이다. 뇌 기반 학습은 특성은 결합하기(관계하기)이다. 즉, 이것의 의미는 중첩되어 있는 두 수준, 즉 학업적(학년수준에서의 내용) 및 정서적(효과적인 대인 간 상호작용) 수준에서 교사와 학생의 결합하기(신경망 만들기)이다. 따라서 정서지능의 5가지 차원은 아이들이 스스로 현재의 정서상태를 이해하고 조절하며 수용적 태도를 갖는 다중지능의 이해와 적용의 필요성을 강조한 것이기도 하다. 결합 만들기(관계하기)로서의 학습의 첫 단계는 학습자의 '정서의 뇌(emotional brain)'가 그들에게 그 자료를 학습하는 것이 안전하고 중요하다고 말해야 한다(Hardiman, 2003). 뇌 가소성(neural plasticity)의 원리와 시냅스의 가지치기는 학습자의 경험의 과정을 재구조화 한다. 학습자는 뇌 구조를 변화시키고 인지구조를 변화시키고 세계를 새롭게 수용한다. 즉, 다양한 경험이 신경세포를 반복해서 자극하여 활성화하고 변화시킴으로써 새로운 신경회로를 만들면서 학습을 가능하게 하고 좀 더 완성해간다. 이는 수업 상황에서 활동 목표와 뇌 기반 학습의 관계를 발견하면서 스스로에게 들어맞는 학습양식을 터득해가는 변화를 의미한다.

학습양식은 시각적, 청각적, 운동감각적 경험에 기초한다. 학습자의 성공을 위한 전략은 들음으로써 학습(Learning by Hearing)이고, 시각적 학습자를 위한 전략은 봄으로써 학습(Learning by Seeing)이고, 운동감각적 학습자를 위한 전략은 행함으로써의 학습(Learning by Doing)이다.

<표 12-6> 감각적 양태에 따른 교육활동 내용(출처: 정종진 외 역, 2008)

구분	교육활동 내용
청각적 활동	강의하기, 큰소리로 읽기, 파닉스(phonics, 발음 중심의 어학 교수법)에 초점 두기, 토론 이끌기, 소집단 토론 이용하기, 수업이 끝날 무렵에 학습 공유 시간 갖기(학생들은 과제 시간 중에 성취한 것을 언어적으로 함께 나눈다), 논쟁하기, 구두(oral)로 발표하기, 낭독하기(시, 연설), 주제와 관련된 연주하기, 박자와 리듬 듣기, 연설문을 기록하기, 학생을 짝지어 서로 가르쳐 주기
시각적 활동	그래픽 조직자 활용하기, 강의 시간에 OHP, 파워 포인트 활용하기, 학생들이 따라 읽을 수 있도록 강의 중에 유인물 제공하기, 개념도 보여주기, 시각적 상상력 기르기, 자료 제시를 위해 그래프와 차트 사용하기, 영화와 뉴스 보여주기, 학생들이 그림을 통해 반응하도록 허용하기(수반된 해설/요약과 함께), 발표 자료와 보고서에 포스터 삽화 그려 넣기, 연설문, 노랫말, 시가 적혀 있는 글을 복사하여 제공하기, 컬러코드(color code) 사용하기
운동감각적 활동	역할극 하기, 시 낭송하기, 연설문 낭독하기, 노래 부르기, 가능한 모든 수업 시간에 손으로 조작할 수 있는 자료 제공하기, 감정과 직감을 표현하기, 유물(예: 역사적인 시대와 관련된 화석, 의상 등) 소개하기, 주제와 관련된 식품 제공하기(연령에 따라 학생들은 식품을 준비하거나 가져올 수 있다), 발표 자료와 보고서에 모형과 실물을 포함시키기, 학생들에게 수행하거나 큰 소리로 읽기 위한 활동극 부과하기(낭독 극장), 현장 답사하기, 노트 필기하는 법 가르치기, 무용하기, 프로젝트 삽화를 위해 사진 찍기

2) 비주얼 싱킹(visual thinking in edu.)

비주얼 씽킹은 조작적으로 형성한 이미지를 마음속에 마련한 정보 공간에 심상(imagery)으로 옮겨 생각하는 사고라 할 수 있다. 시각화된 정보는 직관적 이해와 정보의 저장 및 인출을 쉽게 할 수 있도록 한다. 시각적 사고는 지식의 이해, 적용, 문제해결, 심미적, 정의적 측면 등에 주요한 영향을 미칠 수 있는 요소이다(류성림 외 역, 2015). 비주얼 싱킹은 복잡한 정보를 단순한 정보로 치환하여 이미지화하기 때문에 상대적으로 정보의 용량이 줄고 저장과 인출이 쉬운 편이다. 즉, 기억 용량이 줄고 인지부하가 감소하여 작동기억이 활성화되며, 장기기억에서의 저장 및 인출이 용이하다. 이러한 활동은 <표 12-7>과 같이 복잡한 것을 단순한 것으로 변환하는 것 이외에 평범한 것을 독특한 것으로, 지루한 것을 흥미로운 것으로, 차가운 것을 따뜻한 것으로 바꾸며, 시행착오에서 벗어나 학습으로 이끌고, 분리된 것을 통합적인 것으로 이끈다.

<표 12-7> 비주얼 씽킹의 효과

Input		Outcome
복잡한 정보(Complex information)		단순 정보(Simple information)
복잡한 것(A complicated thing)		단순 한 것(A simple thing)
평범한 것(Commonplace)		독특한 것(A unique thing)
지루한 것(Boring thing)	Visual Thinking	흥미로운 것(An interesting thing)
시행착오(Trial and Error)		학습(Learning)
차가운 것(Cold thing)		따뜻한 것(Warm thing)
분리된 것(Separate thing)		통합된 것(Integrated thing)

비주얼 씽킹은 어떻게 정보를 전달하는가? 김해동(2015)은 기존의 정보전달법과 비주얼 씽킹을 활용한 정보전달법의 차이를 다음의 <표 12-8>과 같이 비교하였다. 인간의 뇌는 글자를 중심으로 하는 좌뇌, 그림을 이용하는 정보는 우뇌로 특성화되어 있다. 최근에는 문자와 그림을 함께 사용하는 비주얼 씽킹을 활용하여 생각을 정리하는 방법에 대해 최근에 많은 관심을 보이고 있다(임영대 외, 2016).

<표 12-8>기본 정보전달법과 비주얼 씽킹을 활용한 정보전달법의 비교

기본 정보전달법	비주얼 씽킹을 활용한 정보전달법
글자	글자 + 이미지
생각을 글씨로 표현하다 보니 복잡	생각을 그림으로 표현하여 단순함
논리적, 분석적	감성적, 총체적
공감하는 부분이 적음	공감하는 부분이 많음
수동적	능동적

(출처: 김해동, 2015, pp. 26-27, 임영대 외, 2016, p. 134)

3) 마음챙김 학습

행복한 교사는 아이들을 행복하게 가르칠 수 있다. 주의집중적 알아차림(mindful awareness)인 마음챙김(mindfulness)은 교사의 스트레스를 줄이고 소진(burnout)을 방지한다. 마음챙김은 비판적 사고의 핵심이다(Lenger, 1997, 2005). 마음챙김은 현재 자신을 둘러싼 상황을 알아차리게 하고, 인지적으로 융통성을 가지고 적극적으로 대처하게 한다. 마음챙김은 비판적 사고와 반성적 사고를 하게하여 생산적인 평가를 하게 한다. 그것들은 아이들의 자기조절 능력과 집중력을 기르게 하고, 스트레스에 잘 대처하게 하며 정서와 성취수준을 높인다.

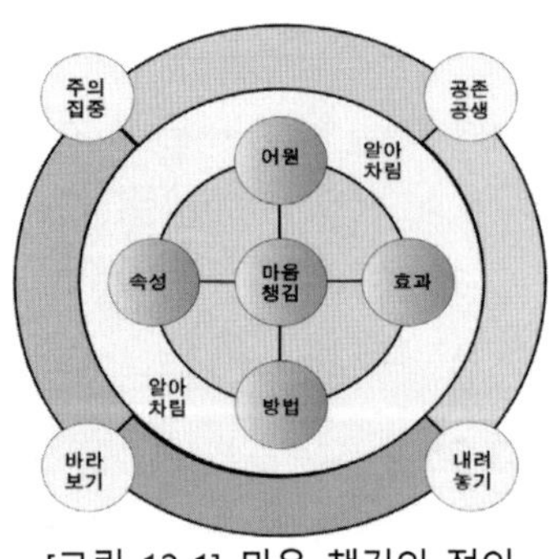

[그림 12-1] 마음 챙김의 정의

마음챙김 학습(Mindful learning)은 학생들에게 예방과 치유 능력을 갖게 한다. 이것은 아이들의 부정적인 문제를 치유하고, 학교폭력을 예방하고, 산만한(mindless) 학생들을 주의집중(mindful) 학생으로 변화시킨다. 또한, 마음챙김 수업의 목적은 아이들이 수업에서 소외되지 않고 적극적으로 참여하면서 학업적 효능감, 안녕감, 몰입감 등을 갖게 하는 것이다. 이 수업은 기계적 또는 선형적(linear)이 아닌 의식적 문제해결(mindful problem solving), 마음챙김을 통한 자기정의(self-definition by mindfulness), 다른 눈으로 세상보기(learning as re-imaging the world) 등의 기제를 통해 수업목적 달성에 많은 도움을 준다.

마음챙김은 첫째, 자신의 내부나 자신을 둘러싼 외부에서 일어나는 것을 충분히 알아차리는 것(智; awareness)이다. 알아차리는 것은 먼저 마음에서 일어나고 사라지고 있는 것에 관심을 두고 주의를 집중하는 것(念; attention)이다. 둘째, 알아차림은 있는 사태를 있는 그대로 바라보고 내려놓는 것이다. 마음챙김에 의해 인식주체는 마음에 순간순간 떠오르거나 흐르는 생각이 자신의 생활세계에서 경험한 대상에의 관념에 의해 사로잡히지 않는다. 셋째, 알아차림은 인식 주체가 본래의 속성을 발견하고 객관화된 현상계에서 대상의 상대적 실존과 존귀함을 마음으로부터 깨달아 수용하고 공생을 모색하고 실천하는 것이다(류영룡, 2020).

마음챙김의 특성은 다음과 같다. 첫째, 자신의 몸과 마음 내부에서 경험하는 현상을 놓치지 않고 바라보는 '의도적 자기이해'이다. 이것은 자기이해를 위해 주관을 객관화하여 존재의 상대성을 인정하여 자기이해를 시도하는 것이다. 둘째, 인지적 탈융합을 통하여 판단하지 않고 '대상과 사태를 그대로 내려놓는 것'이다. 내려놓기(letting-go)는 자신을 대상과 분리하고 객관화하여 자신을 변화시킨다. 셋째, 마음 챙김은 대상과 실존적 자아를 다시 통합하여 수용성을 증진한다. '있는 그대로 바라보기와 받아들이기'를 통하여 대상의 상대적 실존을 마음으로부터 깨닫고 서로 돌보는 것이다. 대상과 현상을 긍정적으로 바라보는 힘을 길러 점차적으로 이타심, 배려, 자비심으로 대상과 사태를 바라고 돌볼 수 있게 한다. 넷째, 마음 챙김은 자신을 둘러싼 현상계와 대상에 대해 객관적이고 능동적으로 바라보는 힘을 길러 실천성을 키운다. 행위를 통한 초자아와 사랑을 적극적으로 실천한다.

다음 [그림 12-2]는 이러한 마음챙김의 특성에 비추어 마음챙김의 작동원리의 구성요소와 그 원리를 수반하는 산출 결과나 효과를 정리한 것이다. 마음챙김의 작동원리는 차례로 자기 이해, 인지적 탈융합, 수용성의 증진, 행위의 반성과 실천, 그리고 다시 자기 이해이다. 이 작동원리는 선순환 구조(the structure of a virtuous circle)를 갖는다. 선순환 구조를 갖는 마음 챙김의 작동원리는 알아차림의 힘을 기른다. 마음챙김의 작동원리는 또한 그 원리를 이루는 내적 요소를 가지고 있으며, 이 요소들은 역으로 그 원리를 지지하며 작동하게 하는 원심력이다.

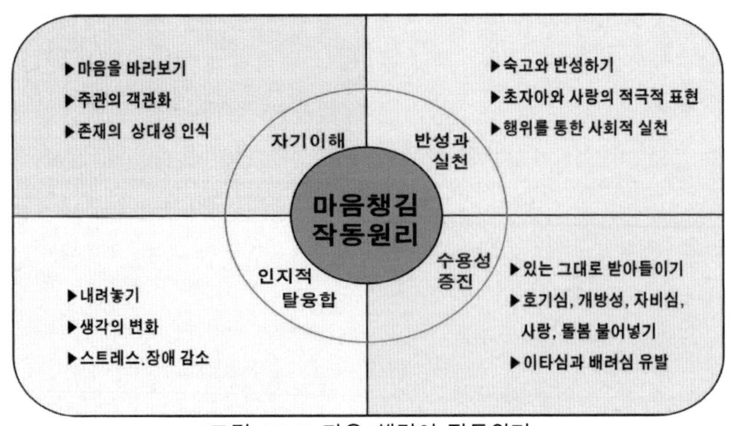

[그림 12-2] 마음 챙김의 작동원리

첫째, 자기이해의 원리는 인식 주체가 마음에서 생기(生起)하는 것들을 있는 그대로, 비판단적으로 바라봄으로써 존재의 상대성을 인정하고 주관을 객관화 한다는 것이다. 둘째, 인지적 탈융합의 원리는 마음작용과 나를 구별하고 마음의 시끄러운 잡음을 끄고 혼란스러운 생각에서 벗어나기 위해 모든 것을 내려놓음으로써 생각이 변화하고 스트레스와 장애가 감소한다는 것이다. 셋째, 수용성 증진의 원리는 인식 주체가 사물이나 사태의 현상이나 속성을 있는 그대로 받아들이고 호기심, 개방성, 자비심, 사랑, 돌봄을 마음에 불어넣음으로써 이타심과 배려심을 유발한다는 것이다. 넷째, 반성과 실천의 원리는 인식 주체가 숙고와 반성하기를 통하여 초자아와 사랑의 적극적인 표현으로써 행위를 통한 사회적 실천을 한다는 것이다. 결과적으로 마음 챙김은 고요함, 평안함, 몰입 강도의 증진하여 마음에서 생기하는 일들을 알아차리고 마음에서 정보를 처리하는 속도를 배가하고 인지 도식을 바꾸는데 순기능을 한다. 이는 더불어 기억에 필요한 마음의 의지의 작용을 수반한다.

“마음을 훈련하고 뇌를 바꾸어라(Train your mind Change your brain)”라는 말이 의미하는 바는 정서적인 측면에서 다음과 같다. 마음 챙김 훈련은 마음에서 생기(生起)하는 것에 집중(attention)하고 마음의 기준점으로 계속 돌아가는 것을 놓치지 않는 훈련을 통해 내려놓음(letting go)으로써 생각과 감정에 사로잡히지 않고 내적 자유와 긍정적인 성품을 갖게 한다(류영룡, 2020). 이러한 마음

챙김 훈련에 의해 마음에 차오르는 학습 불안 등의 부정적 생각을 소거하고 항상심과 평정심을 유지하는 것은 결과적으로 자아효능감을 높인다. 지혜의 측면에서 마음 챙김 훈련은 뇌의 구조를 바꾼다. 마음 챙김 훈련은 현상계에는 독립된 실체가 없고 상대적이라는 것을 탈중심화와 탈집착, 그리고 인지적 탈융합을 통해 알아차리게 하여 자기 정체성에만 집착하는 것에서 벗어나 상대적 실존의 존귀함을 깨닫게 한다. 또한 마음챙김의 수행능력의 증진은 상대에 대한 배려심과 자비심, 그리고 이타적 행동의 실천을 수반한다.

마음챙김은 심상(imagery)을 활성화하고 뇌가소성(neuroplasticity)을 높인다. 21세기 뇌과학의 발달로 60세가 되어서도 뇌세포가 생성된다는 뇌의 가소성에 대한 연구가 나오고 있는 가운데 두뇌 개발에 명상이 효과적이라는 것은 많은 사람들이 동의한다(한국뇌과학연구원, 2011). 인간의 뇌는 반복적 인지능력 향상 훈련에 의해 특정 영역의 기능의 변화를 이루거나 그 영역의 기능을 대체한다. 또한 훈련에 의한 뇌의 개발은 특정 상황에 몰입하는 강도를 제고하고 특정 정보에 대한 인지능력과 정보처리 능력의 향상을 수반한다. 이러한 뇌의 두 가지 특성은 뇌의 보상작용의 근원으로 추정된다. 뇌는 잠재적인 능력을 활성화하는 이러한 뇌의 두 가지 기제에 의해 새로운 뇌를 형성한다.

4) 메타인지 교수·학습 전략

메타 인지를 증진시키는 교수방법과 메타인지적 학습전략은 다음 표와 같다. 이것들은 Self-questioning strategy, KWL, PQ4R, IDEAL, CBM 등이 있다.

<표 12-9> 메타 인지적 학습전략의 종류 및 적용 방안(류영룡, 2020)

전략	방법 및 절차	적용 방안
Self-questioning strategy	자기-질문 전략은 스스로에게 주어진 과제를 해결하기 위해 문제의 요소, 배경, 해결책에 대해 질문하는 것	어려운 과제를 해결하면서 자신의 사고과정을 탐색하는데 적용할 수 있는 구체적인 학습전략을 인지할 수 있음, 문제해결을 하면서 스스로 말하면서 풀기
KWL	당신이 알고 있는 것(what we know)–당신이 알기를 원하는 것(what we want to find out)–당신이 배웠던 것(what we	알기 원하는 새로운 지식과 관련하여 이전에 배운 내용과 앞으로 알아야 할 내용을 파악하기, 즉, 선행조직자(배경지

전략	방법 및 절차	적용 방안
	learned), 3가지로 구분된 KWL Chart 만들기	식)-배울 내용-배워야 할 내용을 체계화하여 계통적으로 습득할 수 있음
PQ4R	미리보기-질문하기-일기-생각해보기-암송하기-복습하기(preview-question-read-reflect-recite-review)	의미 있는 정보의 구성, 질문하기, 정교화, 분산연습 전략과 관계가 있어 나이든 아이들에게 효과가 있음
IDEAL (Branford & Stein, 1993)	Identify problem(문제를 확인하기) Define goals & represent the problem (목표를 정의하고 문제를 표상하기) Explore possible strategies (가능한 전략탐색하기) Anticipate the outcomes and act (결과를 예측하고 실행하기) Look back & learn (결과를 돌아보고 학습하기)	문제를 해결하기 위해서는 먼저 주어진 문제를 확인하기(I), 구하려라는 미지수를 정하기(D), 주어진 문제와 유사한 문제를 표상하여 공통점과 차이점을 구분하여 풀이를 계획하기(E), 풀이의 결과를 예측하면서 문제를 풀기(A), 문제의 뜻에 적합한 풀이 결과 선택하기((L)
CBM	인지적 행동수정(cognitive behavior modification)은 교사의 시범-함께 전략 수행-학생 혼자 전략 수행의 순서로 진행	어려운 과제나 문제의 해결에 유리함, 동료 학습자의 시범은 수학적 언어수준이 유사하므로 더 쉽게 받아들임

<표 12-10> 메타 인지 증진 교수방법(류영룡, 2020)

전략	방법 및 절차	특징
상호적 교수	교사 시범 후 동료 간의 상호 교수, 개인별 공부에서는 가상의 남에게 설명하기	메타 인지 능력과 동료 간의 상호작용이 증대됨
일지쓰기	일정한 학습일지 양식을 만들어 아는 것과 모르는 것, 장점과 보완점 구분하기	학습에 대한 교사의 반성과 자기-조절(self-regulation)을 향상
포트폴리오	일정한 주제별로 학습한 내용, 학습자료, 학습의 결과를 모아서 분류하고 통합하여 학습의 위상도 및 학습족보 만들기	개인이나 공부모임의 발달과정을 한눈에 알 수 있음
비주얼 씽킹	HMC, 개념도, 마인드 맵을 작성하여 구조화하기	장기기억과 인출 및 전이 전략이 용이함
모의시험	모둠 내 학습에서 앞으로 치르게 될 실제 시험과 유사한 문제를 구하여 시험을 치기	시험을 통해 내용에 대한 고등 수준의 정보처리 훈련으로 이해와 기억을 증진함
개요작성과 개념도 작성하기	개요(outlining)는 위계적으로 나타냄(세부정보는 하위에 위치), 개념도 작성하기(mapping)는 주된 아이디어를 파악하고 도표로 나타내기	큰 구조의 학습에는 제한적 효과가 있으나 특수영역적 학습에 도움됨

3

학습전략의 실천

1) 비주얼 씽킹의 활용

비주얼 씽킹은 톨만의 인지도(cognitive map)와 이중 부호화 이론(dual coding theory)에 비추어볼 때 효율적이다. 교육의 소재를 언어, 기호, 그림으로 함께 조직화하여 시각화하면 장기기억에 부호화를 쉽게 할 수 있다. 또한 이것은 직관적 정보 전달을 가능하게 하고, 의사소통에 있어 이해를 돕는다. 따라서 시각적 사고는 인지부하를 줄이며 시각화한 자료를 인출하여 전이하는 데에도 효과적이다. 이러한 시각적 사고에 의한 정보의 조직화 사례는 류영룡의 '총체적 기억차트(HMC: Holistic Memorial Chart)', '내용 개념도(concepts topology), 퇴계의 성학십도, 수학에서 인지도(cognitive map)를 활용한 총체적인 개념차트 등에서 찾아볼 수 있다. 이러한 것들은 시각적 심상(visual imagery)을 형성하는데 도움을 주는 일차적 시각화 자료라고 할 수 있다. 이러한 일차적인 시각화 자료를 머릿속의 정보 공간에 옮겨 부호화한 이차적 시각적 심상은 인출연습에 의해 정보를 압축하고 통합하는 과정에서 창의적인 재발견을 가능하게 한다.

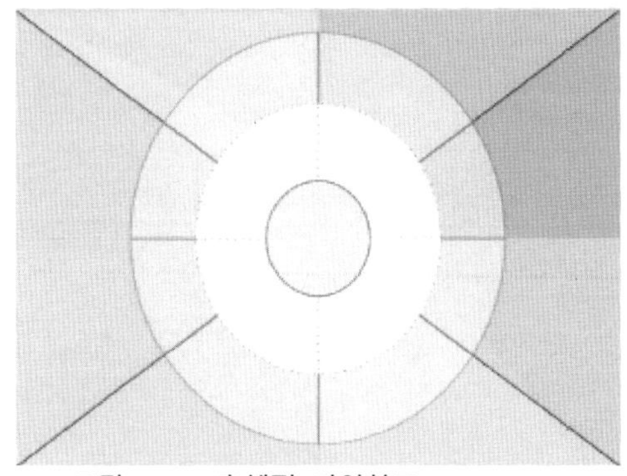
[그림 12-3] 총체적 기억차트(HMC, 2009)

지아갱토(Giauinto)는 시각화를 시각적 유용성의 차원을 넘어 시각적 사고의 차원으로 끌어올려 인식론적 관점에서 다루고 있는데, 수학에서 시각적 사고(visual thinking in math)를 외적 다이어그램(diagram)을 시각적으로 지각하거나 시각적으로 상상하는 것과 관련된 사고로 정의한다(류성림 외 역, 2015). 시각적 사고의 장점은 인지적 구조화를 통해 이해하는 데에 유리하다. 이를테면, 시각적 자료를 이용하면 개념을 직접적이고 명료하게 이해할 수 있어서 수학적 신념을 획득하는데 유용하다. 극한과 급수의 합을 이해하는데 시각화한 그래프나 그림을 이용하면 안내적 발견과 설명학습에 도움이 된다. 구체적인 이미지로부터 정의와 개념을 일반화하며 계산까지도 시각적 측면으로 설명할 수도 있다.

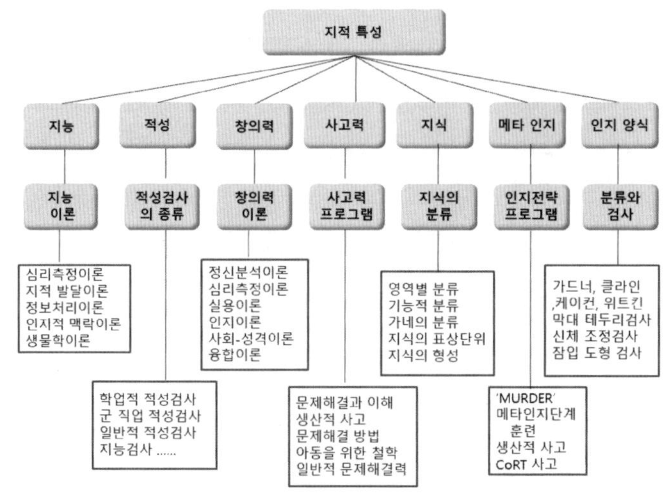

[그림 12-4] 내용 개념도(concepts topology)

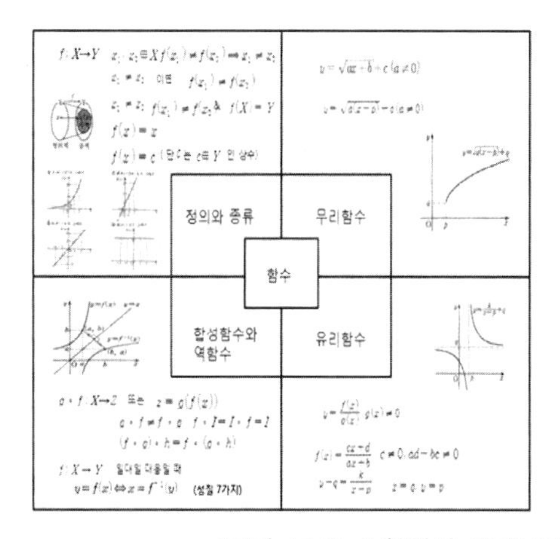

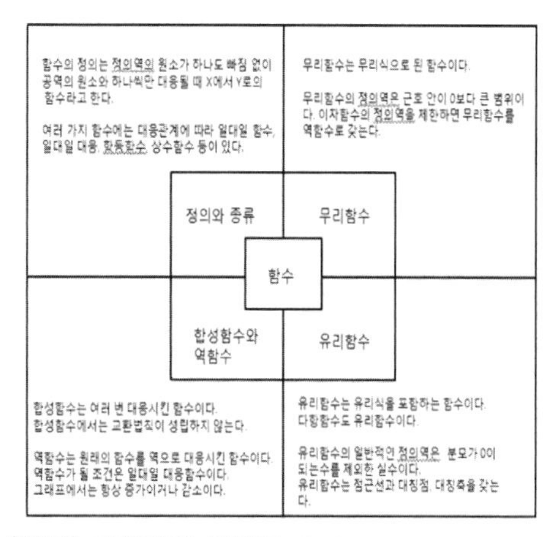

[그림 12-5] 수학에서 인지도를 활용한 총체적인 개념도(HMC)

2) 마음챙김 수업 모형

마음챙김 기반 수업모형 개발의 절차와 방법은 다음과 같다. 먼저, 마음챙김 기반 학습 모형 개발은 개발자 자신이 직접 마음 챙김의 수행을 해야 한다. 교육의 중요한 가치는 실천이다. 실천은 곧 자비심과 사랑, 돌봄, 수용, 상호공존, 배려의 가치를 포함하는 이타적 행위이기 때문이다. 두 번째는 교육에의 적용 가능한 국면을 파악하는 것이다. 교육활동의 시작과 끝에서 순간순간 많은 일들이 일어난다. 세 번째는 학습장면의 효율성을 제고하기 위한 마음 챙김 기술을 적용하는 실험을 수행하기이다. 부정적 상황과 국면을 호전시키는 마음 챙김 훈련의 기술을 개발하고 적용하는 것이 필요하다. 네 번째는 가시적 목표 달성이 어느 정도 달성되었는가를 파악하고 개선점을 판단하는 단계이다. 다섯 번째, 이 단계의 결과에 따라 마음 챙김 기반 수업 모델을 수정하는 작업을 반복한다. 마지막으로 수업 모형 제시한다. 다음 그림은 이 과정을 순서도로 나타낸 것이다.

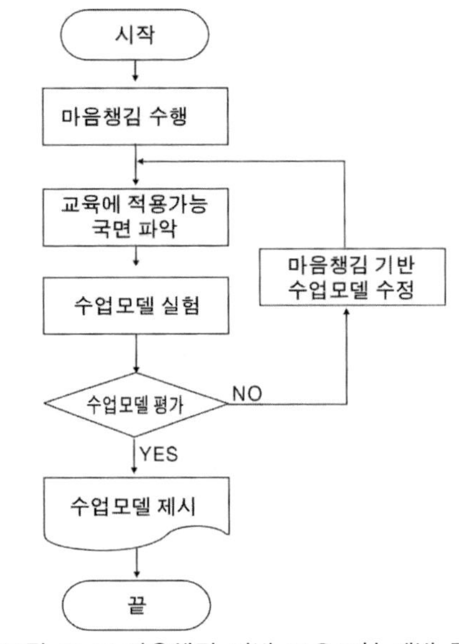

[그림 12-6] 마음챙김 기반 교육모형 개발 절차

다음의 수업 모델은 교육활동에서 마음챙김을 활용하는 것이다. 지금까지의 논의를 바탕으로 수업을 위해 준비할 사항과 점검할 내용, 수업 중간에서 분위기 전환을 위한 활동과 피드백, 수업의 마무리에서 점검 내용을 마음 챙김 원리와 기술을 적용할 수 있다. 이를테면, 수학교육에서 개념의 전달과 수용, 문제 풀이의 실마리 발견과 해결 과정, 일차적으로 수용한 지식의 내면화 과정에서도 마음 챙김의 기술이 사용될 수 있다.

마음챙김 수업모델(준비물: 메모장, 오답노트, 초시계)

- 시끄럽거나 혼란스러운 잡음이 조용해질 때까지 듣는다.
- 부드럽고, 느리고, 깊고, 산소를 충분히 공급하는 호흡을 유지한다.
- 학습 불안, 걱정, 중압감이 사라질 때까지 고요한 마음을 유지하라.
- 교사와 학생이 수업의 처음과 끝에서 '잘 할 수 있다'고 상상한다.
- 전체적인 분위기를 부드럽게 하는 근육이완을 시행하며 몸의 상태를 점검한다.
- 다시 호흡으로 돌아와 안정되면 책을 펴고 공부할 내용을 교사와 함께

조망한다.

- 교사는 마음의 준비를 확인 한 후에 개념의 소개와 수용을 확인한다.
- 문제풀이의 시범을 보이고, 혼잣말로 그 방법과 절차를 설명하게 한다.
- 학생은 메모장에 지금-여기서의 수학학습에 대한 마음의 상태를 기록한다.
- 오답노트에 5단계로 풀이의 실마리 찾기, 알고리즘, 사고의 간략한 뼈대를 적는다.
- 학생은 다시 호흡을 유지하면서 자신이 알게 된 것과 모르는 것을 식별한다.
- 학생은 그룹별로 토론하면서 서로 바꾸어서 가르친다.
- 알게 된 문제를 2분 이내에 풀기를 초시계로 잰다.
- 교사는 학생들에게 주의 집중하면서 특별히 피드백 할 학생을 파악한다.
- 다시 호흡으로 돌아와 수업 과정에서 경험한 것에 초점을 두고 기억한다.
- 숙제에 대해 내용과 방법, 절차, 해야 하는 이유 등을 자세히 설명한다.
- 진심으로 '잘 가'하며 따뜻한 마음을 보내며 하교한다.

3) 메타인지의 활용

메타인지(metacognition)란 단계 고차원을 의미하는 메타(meta)와 어떤 사실을 안다는 뜻의 인지(recognition)의 합성어이다. 스턴버그(Sternberg, 1994에 의하면 메타인지는 정보를 유도하고 조절하는 과정이다. 이것은 지각-작동기억-장기기억-인출-반응산출과 같은 일련의 인지과정에 대한 통제 과정으로서 인지전략과 유사하다. 메타인지는 인지의 인지 또는 초인지로서 인지의 전 과정을 인지하고 통제하고 스스로 조절하는 것이다. 즉, 메타인지는 목표를 설정하고, 목표를 어떻게 달성할 것인지를 계획하며, 목표달성을 조정하고, 계획을 수정하는 과정을 포함한다. 이 개념은 학습과 기억을 최대화하기 위해 인지적 과정을 조절하는 것과 학습전략, 사고전략, 그리고 인지과정에 대한 지식을 포함한다. 쉽게 말하자면, 아는 것과 모르는 것을 구분하는 것이 메타인지이다. 실험 결과 상위 1%의 아이들은 아는 것과 모르는 것을 명확히 구분할뿐더러 효과적인 공부전략과 원리도 인지의 과정에서 터득하고 파지하여 아는 것을 잘 전이하고 보완점을 찾고 실천한다(ebs 다큐: 교육기획 10부작 학교란 무엇인가?). 반면에 일반 학생들은 자신이 아는 것과 모르는 것을 잘 구분하지 못하며, 자신이 안다고 생각하는 것과 실제로 아는 것이 서로 차이난다. 즉, 이것은 메타인지가 높은 학생과 낮은 학생을 의미하는데, 그 원인은 그들이 각각 메타인지에 대한 다른 정의를 가지고 있기 때문이다. 전자는 자신이 이해한 내용을 작동기억에서 장기기억으로 부호화하고 이를 다시 작동기억으로 인출하여 남에게 설명할 수 있을 때 안다고 한다. 후자는 자신이 어떠한 내용이나 지식에 대해 어느 정도 이해하면 안다고 생각한다.

<표 12-11> 인지와 메타인지의 구분

구분의 준거	주장한 학자	인지	메타인지
1. 행위의 의도	Flavell	인지적 진전을 위한 지적 활동	인지적 활동을 모니터 하는 활동
2. 행위의 유형	Garofalo & Lester	단순한 행위	행위에 대한 선택, 계획, 모니터 행위
3. 지식의 내용	Brown	단순한 영역적 지식	그 지식을 잘 활용할 수 있는 방법
4. 시간적 순서	김수미	선행 행위	선행 행위에 대한 후행의 메타인지적 행동

위의 <표 12-11>을 보면 인지는 단순한 영역적 지식의 구성을 위한 인지적 진전을 위한 지적활동으로 단순한 행위 및 선행 행위에 그친다. 하지만 메타인지는 인지적 활동을 모니터링하고, 행위의 선택과 계획, 모니터하는 행위를 통해 자기조절을 하며, 지식을 점유할 때 그 지식을 잘 활용하는 방법까지도 포함한다. 그리고 선행 행위에 대한 후행의 행위를 메타인지한다.

메타인지의 기본개념과 메타인지의 원리에 의하면, 학습과정에서 메타인지의 역할은 이해의 수준을 높여가는 것과 함께 다음과 같은 중요한 역할을 한다. 무엇에 대해 아는지 모르는지에 대한 자기 진단하기이다. 협동학습 과정에서 맥락에 따른 자신의 역할과 책임을 다하기이다. 토의 및 토론 과정에서 논증과 반증에 따른 비판력을 기르기이다. 학습한 것을 유사한 상황에 대한 적용을 하는 전이하기와 학습 과정에서의 반성적 사고하기이다. 학습과정의 맥락에 따른 절차와 우선순위의 파악하고 아는 것과 아주 모르는 것을 구분하기이다. 그리고 도움을 받으면 알 것 같은 것에 대한 비계설정을 파악하여 도움을 주고받기이다. 학습 과정에서 학습 전략 및 기능을 터득하고 파지하기이다. 자신의 수준과 개념에 맞는 교육과정 및 학습 방법을 선별하고 개인에게 최적화된 개별화 교육방법을 선택하기이다. 이와 같이 광범위한 영역에서 일정한 역할을 한다. 이에 대한 역할을 다시 정리하면 다음과 같다.

- 무엇에 대해 아는지 모르는지에 대해 스스로 진단하기
- 협동학습 과정에서 맥락에 따른 자신의 역할과 책임을 알아차리기
- 토의 및 토론 과정에서 논증과 반증에 따른 비판하기
- 학습한 것을 유사한 상황에 대해 적용하는 전이능력 기르기
- 학습 과정에서 반성적 사고하기
- 학습과정의 맥락에 따른 절차와 우선순위를 파악하기
- 아는 것과 아주 모르는 것의 구분하기
- 타인에게 도움을 받을 때 비계설정 요소를 파악하고 요청하기
- 학습 과정에서의 학습기능의 터득과 파지하기
- 자신의 수준과 개념에 맞는 교육 과정 및 학습 방법을 선별하기
- 개인에게 최적화된 개별화 교육을 선택하기

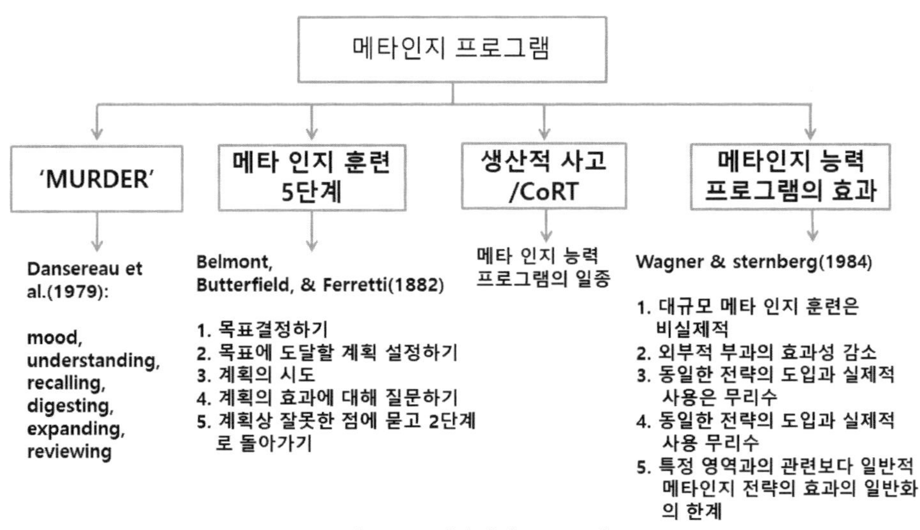

[그림 12-7] 메타인지 프로그램

댄서로우 등(Dansereau et al., 1979)은 일반적인 학습능력을 기르기 위해 'MURDER'라는 메타인지 프로그램을 개발하였다. M는 공부할 기분(mood)을 갖는 것, U는 이해(understanding)를 위한 독서, R은 텍스트를 보지 않고 자료를 회상(recalling)하는 것, D는 소화(digesting)하는 것, E는 스스로의 탐구를 통해 지식을 확장(expanding)하는 것, R은 시험이나 연습 문제에서 실수한 것을 검토(reviewing)하는 것이다. 벨몬트 등(Belmont, Butterfield, & Ferretti, 1982)은 문제해결 능력을 기르기 위한 메타인지 단계 훈련으로 목표설정하기 → 목표에 도달할 계획 설정하기 → 계획의 시도 → 계획의 효과에 대해 질문하기 → 계획이 실제로 수행되었는지를 질문하기 → 계획상의 잘못된 점에 대해 묻고 둘째 단계로 되돌아가기를 제안하였다. 또한 코빙턴 등(Convingn, et al, 1974)의 생산적 사고 프로그램이나 드브노의 CoRT(Cognitive Research Trust) 사고 프로그램도 메타인지 능력을 기르는 프로그램으로 볼 수 있다.

학교학습 상황에서 학업상의 실패 집단 학생들은 과제 곤란도를 예언하고, 자신의 이해를 통제하며, 공부 시간을 할당하고, 자신의 수행 결과를 예언하는데 어려움을 겪기 때문에 메타인지 능력을 개발하는데 도움을 주기 위해 교육프로그램이 많이 개발되었지만, 그 효과성에 대해서는 유보적이다. 그렇기는 하지만 메타인지적 지식이나 전략이 메타인지적 기능의 수행 및 실제 학습에 방해가 되지 않도록 인지전략 훈련 프로그램의 목표, 내용 및 활동을 잘 조직하고, 특정 교과 영역 지식과 관계하여 실제적 학습전략이 되도록 한다면, 어느 정도 효과가 있을 것이다. 그리고 메타인지적 지식과 메타인지적 기능을 잘 조직하여 영역특수적인 교과 통합 및 교과 분리 교육프로그램을 훈련할 때 '안다는 것'이 의미가 있을 것이다. 이러한 메타인지 훈련 프로그램의 개발에 있어 주의할 점은 다음과 같다. 개발된 모든 프로그램의 내용 및 활동을 모든 참가자에게 일률적으로 적용할 필요가 없다는 것이다. 참가자의 내적 인지과정이 각각 다르고, 교육의 상황과 교육적 맥락이 언제든지 다양하게 바뀌기 때문에 항상 변화를 알아차리고 피드백하면서 조건화해야하기 때문이다. 그리고 메타인지가 인지를 모니터링하고 컨트롤한다고 해서 그것을 누구나 완벽하게 해내야 한다는 것을 알아야 한다. 메타인지를 적용하는 교육활동에서 완벽성을 추구하다 보면 오히려 자아효능감을 상실하거나 학업에 흥미를 잃을 수 있다. 따라서 메타인지 교육프로그램에 참여하는 사람들에게 사전에 메타인지 능력을 측정하여 자신의 능력에 대해 생각하게 하고 자신이 훈련을 통해 키워야 할 것에 대해 정리하여 프로그램 운영자와 상담할 수 있도록 해야 한다.

메타인지 능력을 측정할 수 있는 것으로 영역 독립적 메타인지 검사와 영역 특정적 메타인지 검사가 있다. 전자는 메타인지적 검사와 메타인지적 자기조절 검사로 나눌 수 있다(고광병, 2005). 메타 인지적 지식의 변인인 개인, 과제, 전략을 측정하는 메타기억 지식검사(Kreutzer et al, 1975)가 있고, 메타인지적 자기조절을 측정하는 것에는 Zimmerman과 Pons(1986)의 검사, O'Neil과 Abedi(1996)의 검사, Pintrich와 De Groot(1990)의 MSLQ(Motivation Strategies for Learning Questionnaire) 검사가 있다. 영역 특정적 메타인지 능력은 메타인지적 지식과 메타인지적 기능을 알아보기 위해 검사지의 각 문항의 정답 가능성을 예언하고 문항을 푼 후에 평가하여 정확도를 측정하는 방법을 사용한다. 이러한 것에는 Kreutzer 외(1975), Yussen과 Bird(1979), Kurtz와 Borkowski(1984), 정숙경(1985), 김홍원(1993) 등의 검사가 있다(이은주, 2010).

여기서는 이은주(2010)가 양명희(2000)의 자기 조절 학습 측정 도구 중 '메타인지 전략의 사용' 측정 문항과 Printrich 외(1991)의 학습 동기화 전략에 대한 질문지(MSLQ) 중 메타인지 전략 측정 문항을 수정·보완하여 제작한 <영역 독립 메타인지 척도>를 소개한다.[26]

<영역 독립적 메타인지 척도>

▸ 아래의 문항은 여러분이 학습할 때의 학습 방법과 전략에 대해 묻고 있습니다. 평소 자신의 모습과 가장 가깝다고 생각하는 곳에 O표 해주십시오.

1. 나는 공부에 집중하다가도 잠깐 멈추어서 현재 내용이 무엇인지 스스로에게 물어볼 때가 있다.	1	2	3	4	5
2. 나는 문제를 푼 후 제대로 풀었는지 되짚어 본다.	1	2	3	4	5
3. 나는 학습이 끝난 후 학습 목표에 도달하였는지 점검해 본다.	1	2	3	4	5

4. 나는 선생님의 스타일이나 수업에서 요구하는 사항에 맞추기 위하여 나의 학습 방법을 바꾸려고 노력한다.	1	2	3	4	5
5. 나는 공부하는 도중에 잘 이해가 되지 않고 혼동되는 부분이 있으면 앞으로 다시 돌아가 차근차근 이해하려고 노력한다.	1	2	3	4	5
6. 나는 공부를 시작하기 전에 새로운 학습 자료의 전체적인 내용이나 구성을 간단히 훑어본다.	1	2	3	4	5
7. 학습 자료가 이해하기 어려운 경우 자료를 읽는 방법을 달리 해본다.	1	2	3	4	5
8. 나는 학습을 할 때 잘 이해가 되지 않는 개념이 무엇인지를 확인한다.	1	2	3	4	5
9. 나는 책을 읽을 때 시간이 부족하게 되면 중요하지 않는 부분은 건너뛴다.	1	2	3	4	5
10. 나는 문제를 풀 때 문제가 요구하는 것이 무엇인지 확실해 질 때까지 읽는다.	1	2	3	4	5
11. 나는 어떤 주제를 공부할 때 그 주제와 관련하여 내가 모르는 것이 무엇인지를 생각해 본다.	1	2	3	4	5
12. 나는 어떤 주제를 생각할 때 그 주제와 관련하여 내가 알고 있는 것이 무엇인지를 생각해 본다.	1	2	3	4	5
13. 나는 공부하는 도중에 내용을 잘 이해하고 있는지 스스로에게 질문을 한다.	1	2	3	4	5
14. 나는 문제를 풀기 전에 문제를 어떻게 풀 것인지 머릿속으로 그려본다.	1	2	3	4	5
15. 나는 수업 중 노트 필기를 제대로 못하면 나중에 다시 정리하여 확인한다.	1	2	3	4	5
16. 나는 공부하는 도중에 공부가 잘 되지 않는 것을 느끼면 학습 방법을 달리 생각해본다.	1	2	3	4	5
17. 나는 공부를 시작하기 전에 학습 목표를 확인하고 내가 학습할 내용이 무엇인지 생각해본다.	1	2	3	4	5
18. 나는 책을 읽다가 시간이 모자라면 중요한 부분만 찾아서 읽는다.	1	2	3	4	5

제13장

어떻게 사회정서학습을 할 것인가?

어떻게 사회정서학습을 할 것인가? 이 장에서는 하면 할수록 교육을 잘하는 상위교육의 핵심역량을 강화하기 위해서 사회정서 학습(SEL)의 의미와 필요성, 사회정서 학습 방안에 대해 다룬다(류영룡, 2020).[27] 학업에 대해 흥미가 적고 적성이 낮은 학생들은 부정적 정서 영역에 해당하는 우울, 불안, 학업스트레스 등을 느낀다. 이들에게 학교애착과 학업동기를 갖게 하고 동료와의 사회적 관계를 개선하여 학교에 적응하며 학업성취를 위한 활동에 적극적으로 참여하게 할 수 있도록 해야 한다.

첫째, 사회정서학습의 의미는 무엇인가? SEL은 정서를 이해하고 관리하고, 긍정적 목표를 설정하고 달성하고, 타인을 배려하고 공감하고 긍정적인 인간관계를 형성하고 유지하며 책임 있는 결정을 내리는데 필요한 지식, 태도, 기술을 습득하고 효과적으로 활용하는 과정이다. SEL의 목표는 사회정서 능력을 증진시키는 것이다. 사회정서능력은 자신과 타인의 생각, 정서, 행동을 이해하고, 자신의 생각, 정서, 행동을 조절하며 긍정적인 인간관계를 이루고 현명한 판단을 내려서 일상생활의 문제를 해결할 수 있는 것을 의미한다.

둘째, 정서교육의 필요성은 무엇인가? 학생들은 교육활동에서 다양한 정서적 경험을 하게 된다. 정서는 감정적 요소, 인지적 요소, 생리적 요소, 행동 경향적 요소로 구성되어 있으며, 다양한 요소들이 상호작용한다. 정서의 다양성은 긍정적 정서변화를 위한 교육의 필요성을 역설하고 있다. 정서는 주관적 감동, 적응적 행동을 위한 종-특유의 생리적 변화, 수단적인 동시에 표현적인 특성을 갖는 행위충동이라는 개개의 주요 구성요소를 포함하는 복합적인 동요이다. 정서는 지각, 주의, 추론, 학습, 기억, 목표 선택, 동기적 우선순위, 생리적 반응 등을 다스리는 하위 프로그램들의 상호작용을 지시하는 상위 프로그램이다.

셋째, 어떻게 사회정서학습을 할 것인가? '아동을 위한 분노조절 프로그램', '너 자신에 대해 긍정적 감정 느끼기', '감성수업' 등과 같이 학업지도와 별도의 정서교육 프로그램을 개발하여 시행할 수 있다. SEL과 같이 정서교육을 학업교과에 통합하여 시행할 수 있다. 자신의 긍정적/부정적 감정 알아차리기, 인지적 행동수정, 합리적 정서행동치료, 학업동기 유발, 비전학습법과 함께 학습을 할 수도 있다.

1

사회정서학습의 의미

정서학습은 상위교육에서 필요하다. 학업에 대해 흥미가 적고 적성이 낮은 학생들은 정서 영역에 해당하는 우울, 불안, 학업스트레스 등을 느낀다. 이들에게 학교애착과 학업동기를 갖게 하고 동료와의 사회적 관계를 개선하여 학교에 적응하며 학업성취를 위한 활동에 적극적으로 참여하게 할 수 있도록 배려해야 한다. 학업 및 시회정서학습 협회(Collaborative for Academic, Social, and Emotional Learnin, CASEL)는 사회정서 학습(SEL: Social and Emotional Learning)을 다음과 같이 정의한다. SEL은 정서를 이해하고 관리하고, 긍정적 목표를 설정하고 달성하며, 타인을 배려하고 공감하고 긍정적인 인간관계를 형성하고 유지하며, 책임 있는 결정을 내리는데 필요한 지식, 태도, 기술을 습득하고 효과적으로 활용하는 과정이다. SEL의 목표는 사회정서 능력을 증진시키는 것이다. 사회정서능력은 자신과 타인의 생각, 정서, 행동을 이해하고, 자신의 생각, 정서, 행동을 조절하며 긍정적인 인간관계를 이루고 현명한 판단을 내려서 일상생활의 문제를 해결할 수 있는 것을 의미한다(CASEL, 2013).

사회정서학습의 5가지 능력은 자기인식(self-awareness), 자기관리(self-management), 사회적 인식(social awareness), 관계기술(relationship skill), 책임 있는 의사결정(responsible decision-making)이다. 이러한 다섯 가지 정서학습은 정서상태의 6가

지 유형 및 성격과 관련지어 생각할 필요가 있다. 여섯 가지 정서유형은 다양한 조합을 이루어 모든 사람의 성격과 기질로 나타나기 때문이다(곽윤정 역, 2012). 여섯 가지 정서유형은 회복탄력성(Resilience), 관점(Outlook), 사회적 직관(Social Intuition), 자기인식(Self-Awareness), 맥락민감성(Sensitivity to Context), 주의집중(Attention)이다. 빅 파이브(Big Five) 성격 기질은 개방성(Openness), 성실성(Conscientiousness), 외향성(Extraversion), 친화성(Agreeableness), 그리고 신경성(Neuroticism)이다. 이러한 기질의 몇몇 특성의 조합으로 성격이 형성된다.

정서유형과 성격요인은 사회정서 능력에 영향을 미친다. 신경증이 높으면 정서적으로 불안하다. 하지만 외향성이 높은 사람은 사교적이고 낙관적이고, 개방성이 높은 사람은 흥미와 창의적이고, 우호성이 높은 사람은 대인관계가 원만하고, 성실성이 높은 사람은 목표 지향적인 행동과 동기부여를 한다. 이것이 지속적으로 발현되면 SEL 능력에 영향을 미친다.

책임 있는 의사결정은 5가지 사회정서능력을 수렴하여 이루어진다. 이것은 자신과 타인의 건강과 안전에 도움이 되는 현명한 선택과 결정을 하는 능력이다. 자기인식은 자신의 정서, 생각, 행동, 흥미, 장단점, 스트레스 원인을 파악하고 근거 있는 자신감을 유지하는 능력이다. 이것은 자신의 정서를 반영하여 신체적으로 나타나는 감정을 잘 이해하는 6가지 정서 유형가운데 하나인 자기인식이다. 사회적 인식은 타인의 입장, 생각, 정서를 이해하고 공감하는 능력이다. 이것은 자신을 둘러싼 사람들이 신호를 감지하여 얼마나 잘 적응하는가의 사회적 직관의 정서유형과 관계가 있다. 그리고 공감은 타인의 정서상태를 있는 그대로 수용하고 대응하여 지지하는 것이다. 관계기술은 다른 사람과 의사소통하고 협력을 하며 갈등을 해결하고 필요한 도움을 주고받으며 긍정적인 대인관계를 유지하는 것이다. 이것은 자신이 속해 있는 사회적 맥락을 고려하는 정서적 반응을 얼마나 능숙하게 조절하는가의 맥락민감성의 정서유형과 관계가 있다. 자기관리는 스트레스 대처와 목표달성을 위해 자신의 정서, 생각, 행동을 조절하고 목표달성의 과정을 점검하는 능력이다. 이것은 긍정적인 정서를 유지하는 관점, 목표달성을 위해 의식의 초점을 정확하게 맞추는 주의집중, 실패한 경우에도 역경으로부터 벗어나는 회복탄력성 정서유형과 관련이 있다.

2

정서교육의 필요성

교육의 가치는 교육활동에 참여할수록 더 잘하게 되고, 보람을 느끼고, 앞으로도 교육활동에 흥미를 더욱 느끼는 과정에서 발현한다. 이러한 교육활동은 정서변화를 가져오는 충분조건이다. 역으로 교육활동에서 긍정적 정서를 체험하지 못한다면, 교육활동에 유리하고 적합한 정서변화를 위한 교육이 필요하다. 정서를 소재로 하는 교육에서 강요나 압박이 아닌 환열설복과 심열성복에 의해 점유(appropriation)한 긍정적 정서는 정서변화를 촉진하고 교육활동을 강화할 것이다.

정서의 정의를 살펴보면, 정서는 교육활동의 과정에서 경험하게 되는 다양한 요소들과 공통적 요소들을 포함한다. “흥미로운 사실을 지각하자마자 곧 신체적 변화가 일어나고, 이렇게 일어나는 신체적인 변화에 대한 느낌이 바로 정서라는 것이 나의 이론이다”(James, 1884)라는 정의 이래로 정서에 대한 정의는 다양하다. 정서는 주관적 감동, 적응적 행동을 위한 종-특유의 생리적 변화, 그리고 수단적인 동시에 표현적인 특성을 갖는 행위충동이라는 개개의 주요 구성요소를 포함하는 복합적인 동요이다(Lazarus, 1991). 정서란, 인간 행동의 모든 측면에 관여하는 중추 통제기제로 작용하는, 비기호성 정보처리체계의 표상이다(Jones, 1995). 또한, 정서는 지각, 주의, 추론, 학습, 기억, 목표 선택, 동기적 우선순위, 생리적 반응 등을 다스리는 하위 프로그램들의 상호작용을 지시하는 상위 프로그램이다(Cosmides & Tooby, 2000). 이처럼 정서는 감정적 요소, 인지적 요소, 생리적 요소, 행동경향적 요소로 구성되어 있으며, 이러한 요소들이 상호작용하여 다양한 정서적 경험을 하게 된다(윤은주, 2001). 이렇게 정서의 다양성은 긍정적 정서변화를 위한 교육의 필요성을 역설하고 있다.

정서교육은 교육과정을 통하여 실천될 수 있다. '아동을 위한 분노조절 프로그램', '너 자신에 대해 긍정적 감정 느끼기', '감성수업(Wittmer & Myrick, 1980)' 등과 같이 학업지도와 별도의 정서교육 프로그램을 개발하여 시행할 수 있다. 사회정서학습(social and emotional learning: SEL)과 같이 학업교과의 내용을 사회정서적 쟁점에도 적용하는 이론이 예시하는 것처럼 정서교육을 학업교과에 통합하여 시행할 수 있다. 정명화 외(2005)는 정서교육의 필요성을 인간발달의 인지적 측면, 행동의 동기유발적 측면, 그리고 신체적 측면의 세 가지로 나누어 다음과 같이 살펴보았다. 첫째, 인지적 측면에서 긍정적 정서상태는 뇌의 인지적 조직화를 효율적으로 이끌고 긍정적 자료를 단서로 정교화와 범주화를 더 촉진하며, 아이디어의 통합을 촉진시켜 창의적인 문제해결을 더 잘하게 한다. 둘째, 동기유발적 측면에서 긍정적 정서는 긍정적 상태를 지속시켜 동기를 유발한다. 이때에 아이들은 즐거운 일을 선호하여 더욱 즐겁게 일하며, 내적 동기를 갖는다. 셋째, 신체적 측면에서 정서는 아동의 신체건강을 조절할 수 있는 기능을 가진다(정명화 외, 2005, p. 285).

이와 같이 정서와 정서교육의 다양한 측면이 실제로 교육활동에서 제대로 시행되려면, 계획하고, 교육과정을 선정하고, 학생들의 요구를 수용한 교육내용을 선정해야 한다. 그리고 정서교육을 시행 한 후에 평가하는 과정을 설계해야 하고, 이를 시행하고, 평가하고, 다시 피드백하는 과정을 거쳐야 한다. 이러한 일련의 과정에서 정서변화를 포착하고 개선하기 위한 개별화 교육의 필요성에 따라 심리치료의 기법을 적용할 수 있을 것이다. 그런데 종래의 마음치료적 방법들은 인간의 행동을 분석하여 문제가 되는 원인을 정신 병리 이론에서 찾고 있다. 이들은 주로 정신분석적 치료, 과학적 인지치료, 행동치료 등이다. 이때 '치료(therapy)라는 말은 인간의 마음을 물화 [物像化]한 표현'(장윤수, 2007, p.

358)으로서, 주체가 자신의 문제를 직관하고 성찰하여 즉자적(卽自的)으로 자신의 문제를 해결한다기보다 오히려 객체에 의해 대상화되어 객체의 규준에 의하여 행동이 제약되거나 구속되고 만다. 주체가 원하는 것이 무엇인지, 그리고 어떻게 변화하고 싶은가와 상관이 없고, 다만 사회적 관계에 의해 규정되고 만다. 내담자는 자신이 변화의 주체가 아닌 객체로 대상화되고 자신의 문제를 자신 스스로가 아닌 사회적 관계에 의해 구속된다. 이로써 타자의 규준에 의해 평가되고 이를 토대로 치료받고 있다. 따라서 우리는 교육의 내재율이 잘 지켜져 교육을 개선하는 교육활동을 통해 정서변화를 해야 한다. 이를 위해서 교육주체는 스스로 반성적 성찰을 통해 정서를 변화시키고 자신의 정신적 문제를 스스로 성찰하여 자각하고 치료해가는 대안적인 정서교육 방안을 마련할 필요가 있다. 교육활동에서 긍정적인 정서를 수용하기 위해서 지금까지의 심리치료적 방법과 다른 대안적인 정서교육 방법으로 장자의 마음 해체를 제안한다. 이것이 어떻게 정서를 변화시키는가? 또한 그 방법에는 어떠한 것들이 있는가?

교육의 내재적 원리에 충실한 교육활동은 교육하는 과정에서 정서를 변화시킨다. 내재율에 충실한 교육활동 과정에서 상구자는 당혹감, 인지적 갈등, 문제해결의 회피 등으로 부터 벗어나게 된다. 또한, 이 과정에서 갖게 되는 새로운 정서는 긴장의 이완과 사고의 유연성을 가져와 문제 해결 과정에서 판단력을 높인다. 내재율이 잘 적용된 사례에서 살펴보았듯이 하화자의 열정과 개별적인 배려, 관심과 같은 교육활동에 정적인 정서는 상구자의 당황과 열등감, 학습된 무기력 등을 내려놓게 하고 자신감과 자기효능감, 자아개념, 상구 의지 등의 긍정적 정서를 갖게 하여 교육활동을 촉진하고 강화한다.

교육의 재개념화의 관점에서 보면, 교육환경의 제약을 받지 않고 교육이 교육환경을 통제하는 경우 즉, 교육의 자율성이 유지되는 경우에 교육의 구조를 이루는 내재적 변인이 실천성을 담보하고 있다면 그것은 교육활동의 내재적 원리가 된다. 어떠한 활동이 고유한 가치를 드러내는 조건은 고유한 원리에 위배되지 않아야 한다는 것이다. 따라서 재개념화한 '교육의 예비적 구조의 요소'가 내재적 원리로 작동하는 과정적 활동으로서의 교육에서는 교육의 고유한 가치가 드러나며, 이때에는 상구자의 정서가 긍정적으로 변화한다. 교육활동에 정적인 정서 즉, 열정, 공감, 배려, 관심 등은 내재율이 충만한 교육활동을 이끌어내고, 상구자는 이 과정에서 기쁨, 즐거움, 만족감, 보람, 성취감 등의 긍정적 정서를 체득하게 된다. 이러한 긍정적 정서는 긴장을 이완시키고 도파민의 수준을 높여주어 뇌의 주요 주의체계의 유연성과 판단력 향상에 기여함과 동시에 의사소통 능력을 키워 협동교육을 가능하게 한다.

하지만, 이상에서 제시한 것과 같지 않은 경우와 더불어 교육활동에 정적인 정서와 하화태와 상구태가 충분히 발현되지 못한 교육활동은 긍정적인 정서변화를 항상 가져온다고 할 수 없다. 이때에는 마음의 본연태를 회복하게 하는 장자의 마음 해체에 의한 정서교육이 필요하다. 장자의 마음 해체는 주체로서의 자각, 부정적 정서의 해소, 타자성의 획득, 의사소통 능력의 증진, 협동 활동의 증대 등을 가져온다. 이로써 교육주체는 교육활동에 온전히 참여하게 한다. 장자의 상대성의 논리, 역설적인 논리, 도추와 양행의 논리는 마음치료적 함의를 갖는다. 장자의 마음 해체 방법은 정서를 변화시키는 기제를 가지고 있다. 주체의 해체를 통해 '무대(無待)의 경지', '일즉전의 경지'에 이르게 하고, '물화'를 통해 주객의 존재적인 틈을 없애 타자성을 획득하게 하며 공생하는 존재로서 자신을 자각하게 된다. 편견과 선입견에 사로잡히게 하는 성심 또한 해체하게 하여 부정적인 정서를 변화시킨다. 이러한 마음 해체에 의한 정서교육은 인간의 주체성과 창조성을 발현하는 마음을 회복하게 하고 교육주체 간에 소통적 및 협력적 관계를 맺게 하는 기능과 그 활동의 내재율을 잘 지켜내는 역할을 강화하여 협동교육 활동을 성공적으로 이루어내는 데 기여한다.

지금까지 '교육활동의 내재적 원리에 충실한 교육활동은 그 과정에서 정서를 변화시켜 그 활동을 강화한다'는 것을 교육의 재개념화 관점의 도입과 적용 사례를 통해 정서교육의 필요성을 논의하였다. 그리고 이의 역명제(逆命題)의 실천을 위한 정서교육으로 장자의 마음 해체의 치료적 논리와 마음 해체 방법을 제안하였다. 물론 마음 해체가 적용된 사례를 관찰하지 않아 '마음 해체가 정서변화를 이끌어 교육활동을 강화한다'는 것에 대해서 이론적으로 그 가능성을 제시하였다. 하지만, 마음 해체를 통한 정서교육의 실천은 교육활동 과정에서 상구자(ascending person)의 정서를 긍정적으로 변화시킬 것이다.

3

사회정서학습

자신의 감정 알아차리기: 부정적/긍정적 표현

자신의 감정을 알아차린다는 것은 지금 이 순간 자신이 가지고 있는 우울, 분노, 좌절 등의 부정적 정서상태와 명랑, 안녕감, 행복감 등의 긍정적인 정서상태를 온전히 느끼고 있거나 의도적으로 느끼려 하여 알아차리고 있다는 것을 의미한다. 부정적 정서는 교육의 심리적 환경으로 교육활동을 저해하는 요소이며, 긍정적 정서는 교육활동을 촉진하거나 교육활동에 몰입하는데 도움을 준다. 따라서 학습자는 '지금-여기서'의 정서 상태를 알아차리면서 교육활동에 몰입하며 효율성을 강화할 수 있다. 마음챙김과 호흡명상 등을 통해서 부정적 정서를 소진시켜야 한다. 마음을 비우고 고요하게 하여 교육활동에 저해되는 요인을 소진시키면, 오롯이 현재의 교육활동에 집중할 수 있다. 다음 <표 13-1>은 자신의 감정을 알아차리기 훈련을 위한 부정적/긍정적 표현이다. 이 표를 보면서 현재 자신의 마음이 어떠한가를 알아차리는 훈련을 할 수 있다. 이 후에는 명상을 하면서 자신의 정서 상태를 알아차리는 훈련을 해야 한다.

<표 13-1> 부정의 감정 표현 vs 긍정의 감정표현

부정의 감정 표현	긍정의 감정표현
걱정되는, 까마득한, 암 당한, 염려되는, 근심하는, 신경 쓰이는, 꺼림직한, 뒤숭숭한, 무서운 섬뜩한, 오싹한, 겁나는, 두려운, 진땀나는, 주눅 든, 불안한, 조바심 나는, 긴장한, 떨리는, 조마조마한, 초조한, 속 타는, 불편한, 거북한, 곤혹스러운, 난처한, 난감한, 괴로운, 멋쩍은, 쑥스러운, 답답한, 갑갑한, 서먹한, 어색한, 찜찜한, 슬픈, 그리운, 목이 메인, 먹먹한, 상심한, 서글픈, 서러운, 쓰라린, 울적한, 비참한, 고통스러운, 속상한, 마음이 아픈, 안타까운, 아쉬운, 후회스러운, 서운한, 섭섭한, 김빠진, 외로운, 고독한, 공허한, 허전한, 허탈한, 막막한, 쓸쓸한, 우울한, 무기력한, 침울한, 피곤한, 노곤한, 졸린, 따분한, 맥 빠진, 귀찮은, 성가신, 지겨운, 심심한, 질린, 지루한, 무료한, 멍한, 실망스러운, 좌절한, 힘든, 힘겨운, 지친, 힘 빠지는, 시무룩한, 의기소침한, 풀이 죽은, 혼란스러운, 고민스러운, 곤란한, 놀란, 민망한, 무안한, 당혹스러운, 어리둥절한, 당황한, 부끄러운, 창피한, 화나는, 약 오르는, 분한, 억울한, 열 받는, 격분한, 짜증나는, 안절부절 못하는, 어쩔 줄 모르는	고마운, 감사한, 감동받은, 뭉클한, 감격스런, 벅찬, 환희에 찬, 황홀한, 충만한, 기쁜, 기뻐 날뛰는, 경이로운, 감탄한, 기분이 들뜬, 희열이 넘치는, 즐거운, 유쾌한, 통쾌한, 흔쾌한, 행복한, 따뜻한, 감미로운, 포근한, 사랑스러운, 훈훈한, 정겨운, 다정한, 친근한, 반가운, 뿌듯한, 자랑스러운, 상냥한, 산뜻한, 상쾌한, 만족스러운, 흡족한, 개운한, 후련한, 홀가분한, 든든한, 흐뭇한, 마음이 놓이는, 편안한, 여유로운, 평온한, 평화로운, 느긋한, 긴장이 풀리는, 차분한, 안심이 되는, 진정되는, 누그러지는, 잠잠해진, 고요한, 담담한, 친밀한, 가벼운, 흥미로운, 재미있는, 끌리는, 궁금한, 관심이 가는, 호기심 나는, 활기찬, 활발한, 짜릿한, 신나는, 기력이 넘치는, 기운이 나는, 살아있는, 생기가 도는, 원기가 왕성한, 자신감이 있는, 힘이 솟는, 열정이 넘치는, 고무된, 당당한, 용기나는, 흥분된, 두근거리는, 기대되는, 기대에 부푼, 들뜬, 희망에 찬, 마음이 열리는, 멋진, 명랑한

인지적 행동수정

인지적 행동수정(CBM, Cognitive-Behavioral Modification)은 바람직한 행동을 조성하고 유지하기 위하여 인지주의와 행동주의의 하급원리를 결합하여 적용하는 것으로 마이켄 바움(Meichenbaum)에 의해 제안되었다. 이 기법은 학습자의 생각이 자신의 반응을 유도하는 변별자극을 제공하며 강화자극의 역할을 한다. 즉, 이것은 인지 재구조화(cognitive reconstruction)를 통해 생각을 변화시켜 긍정적으로 행동을 통제하는 방법을 학습하는 기법이다. 학습자의 인지구조를 바꾸어서 행동을 조형하거나 수정하는 방법이다. 예를 들면, 자기교수법(Self-instruction) 훈련에서 내담자는 가기관찰을 통해 자기대화를 지각하고, 자기검토를 통해 좀 더 합리적이고 적응적인 자기대화를 하게 된다. 이때 자기강화를 통해 적응적인 행동의 빈도를 증가시킨다.

Meichenbaum과 Goodman(1977)은 의식적인 자기규제 능력을 신장시키고 내적 대화를 통해 직접적이고 명시적으로 사고하는 방법을 가르칠 목적으로 자시-교시훈련을 개발하였는데, 이것은 시범, 외현적 지도, 외현적 자기지도, 외현적 자기지도 감소, 내면적 자기교시의 5단계로 이루어져 있다(이은주, 2010, p. 11). 즉, 이 기법은 학습자가 자신의 내면적인 자기언어(self-speech)를 이용하여 자신의 행동을 통제할 수 있다는 것이다. 아이들은 자기교수법 훈련을 통해 자기조절(self-regulation) 능력을 키울 수 있고, 과제 집중력과 자신의 행동을 통제할 수 있게 된다.

<표 13-2> 자기-교시 훈련의 단계(출처: 김홍원, 1993)

단계	특징
시범 (cognitive modelling)	교수자가 문제해결 전략에 따라 문제를 해결하는 과정을 크게 소리내면서 시범을 보인다.
외현적 지도 (overt eternal guidance)	교수자가 문제해결 전략을 단계적으로 큰 소리로 시범을 보이고 학습자들은 단계적으로 이를 그대로 따라서 한다.
외현적 자기지도 (overt self-guidance)	학습자들은 혼자서 문제해결 전략에 따른 풀이 과정을 크게 언어화하면서 과제를 수행하고 교수자는 필요할 때만 지도한다.
외현적 자기지도 감소 (faded overt eternal guidance)	교수자는 지도의 빈도와 정도를 차츰 줄이고 학습자는 풀이과정을 작은 소리로 말하면서 문제를 푼다.
내면적 자기교시 (covert self-instruction)	학습자는 내면화된 언어를 통해 문제를 풀면서 문제 풀이 과정을 자기-지도한다.

합리적 정서행동치료

합리적 정서행동치료(REBT, Rational Emotional Behavior Therapy)는 엘리스(Ellis, A.)에 의해 제시되었다. 그는 우리의 신념체계 또는 생각이 사건을 어떻게 해석하는가를 결정하며, 이에 따라서 우리의 행동과 정서가 다르게 나타난다고 보았다. 비합리적 신념은 정서적 혼란을 유발하며 부정적인 행동을 유발하는 비현실적인 생각이다. 교육현장에서 관찰하면 수학성적이 저조하게 나온 경우에 잘 할 수 없다고 생각하고 포기하거나 우울해 하는 학생을 볼 수 있다.

수학에 대한 왜곡된 신념과 낮은 학업적 효능감, 무력감 등을 합리적 신념, 자신도 잘 할 수 있다는 긍정적인 생각, 낙관성 및 회복탄력성에 의한 자신감 등의 회복을 위해서 상담하고 적극적으로 지원한다면 수학학습에 대한 흥미와 적성이 더 늘어날 것이다. 특히, 특정 학생들만이 수학에서 성과를 낼 수 있다는 생각을 바꾸어야 한다. 이의 상담과정은 다음과 같다. 이를 본 따서 ABCDEF 모형이라고 한다.

- A(activating events): 정서나 행동을 유발하는 사건
- B(beliefs): 활성화된 사건에 대한 합리적이거나 비합리적인 개인의 신념
- C(consequences): 신념에서 비롯된 정서적 및 행동적 결과
- D(disputation): 비합리적인 결과를 초래한 비합리적인 신념을 논박
- E(effect): 논박으로 인해서 비합리적 신념이 합리적 신념으로 바뀐 효과
- F(feeling): 논박을 통해 바뀐 합리적 신념에서 비롯된 새로운 감정 및 행동

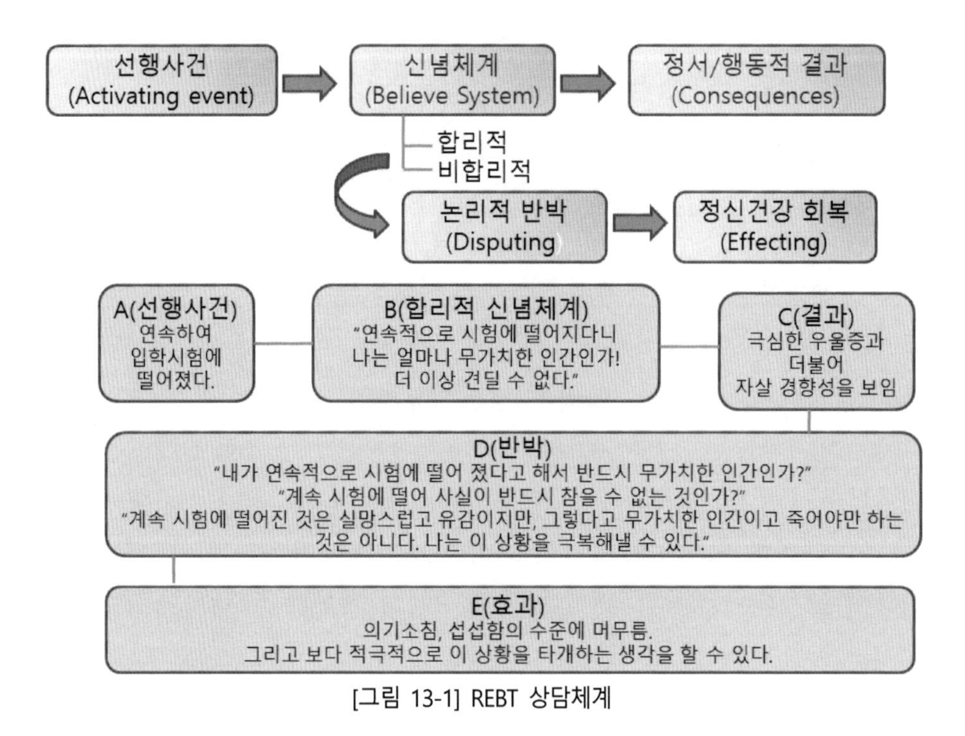

[그림 13-1] REBT 상담체계

동기유발 방안

이 절에서는 학업동기유발을 위한 전략마련을 위해 기본적인 전략인 ARCS 전략, 과목 흥미도, 학업동기 유형 및 유발방법, 학업동기 관련 변인에 대해서 알아본다.

- 학업동기 구성요소: ARCS

학업동기의 구성요소(Keller, 1993)의 하위전략은 다음과 같다. 첫째, 주의집중(Attention)의 하위전략은 지각적 각성, 탐구적 각성, 변화성이다. 둘째, 관련성(Relevance)의 하위전략은 목적 지향성, 모티브 일치, 친밀성이다. 셋째, 자신감(Confidence)의 하위전략은 학습요건, 성공 기회, 개인적 통제이다. 넷째, 만족감(Satisfaction)의 하위전략은 내적 강화, 외적 보상, 공정성이다. 이것들은 각각 수업에 있어 주의집중을 유지하고, 학생들의 목적 또는 흥미와 수업을 관련지어 자신감과 만족감을 갖게 하는 전략이다. 이러한 전략들을 적절하게 맥락에 따라 효과적으로 사용할 수 있어야 한다.

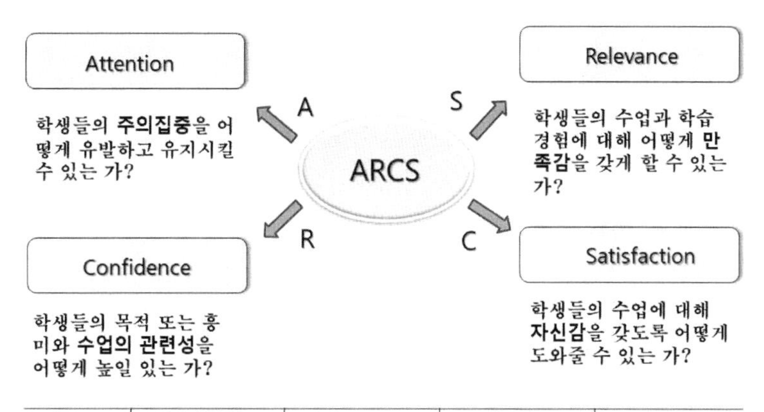

동기요소	주의집중 (Attention)	관련성 (Relevance)	자신감 (Confidence)	만족감 (Satisfaction)
하위전략	A1 지각적 각성 A2 탐구적 각성 A3 변화성	R1 목적 지향성 R2 모티브 일치 R3 친밀성	C1 학습요건 C2 성공 기회 C3 개인적 통제	S1 내적 강화 S2 외적 보상 S3 공정성

[그림 13-2] 학업동기의 구성 요소(Keller, 1993)

- **학업동기의 유발 방법**

㉠ 도전적인 학습목표를 구체적으로 제시한다.

㉡ 학생의 흥미와 적성에 맞는 학습과제를 제시한다(Premack's principle: 'if-then', 일명 할머니 법칙'-비선호하는 분야의 학습과제나 활동을 잘 수행하면, 그에 대한 보상으로 학생이 선호하는 분야 즉, 흥미와 적성에 맞는 분야의 학습활동을 제공).

㉢ 열정을 가지고 가르치는 내용의 중요성에 대하여 의사소통한다(교과 내용의 중요성을 강조하는 언어메시지, 목소리의 고저강약의 적절한 변화, 친근한 눈 맞춤, 몸동작, 학생들의 질문에 대한 성의 있는 대답, 학생에게 질문을 던진 후 기다리는 자세 등을 통해 열정 표현).

㉣ 학생과의 관계를 중시한다(공감: empathy, 공정성, 친애욕구, 의사소통, 친밀한 관계).

㉤ 다양한 교수방법을 계획하고 실행한다(토론식 수업, 멀티미디어 활용수업, 개별학습, 협동학습 등).

㉥ 학생에게 긍정적인 기대를 갖는다(Rosenthal과 Jacobson(1968)의 학업동기 최적화, Pygmalion effect, self-fulfilling prophecy / Golem effect vs stigma effect).

㉦ 학습 수행 과정과 결과에 대한 지식을 피드백해 준다(평가적 피드백-점수고지, 교정적 피드백-학습 내용의 오류수정을 위한 정보의 제공).

㉧ 학생의 지적 호기심을 유발한다(Zeigarnik, B., '자이가르니크 효과'-완성된 과제보다 미완성된 과제를 더 잘 회상함)

㉨ 교사도 높은 효능감을 유지한다(교수효능감-성과기대, 개인적 효능감-교수행동 수행능력에 대한 신념).

*㉩ 과업 수행과 성취목표 도달 시 적절한 강화와 보상을 한다.

*㉪ 학습과 교과목에 대한 부정적인 생각을 긍정적인 생각으로 바꾸고, 학업적 효능감을 높이는 훈련을 한다(Meichenbaum의 인지적 행동수정CBM(Cognitive Behavior Modification), 자기 교시적 훈련SIT(Self-Insructional Training), 학업동기 및 학습전략검사, 학업적 효능검사, 시험불안, 인지능력 측정,

교과목에 애착)

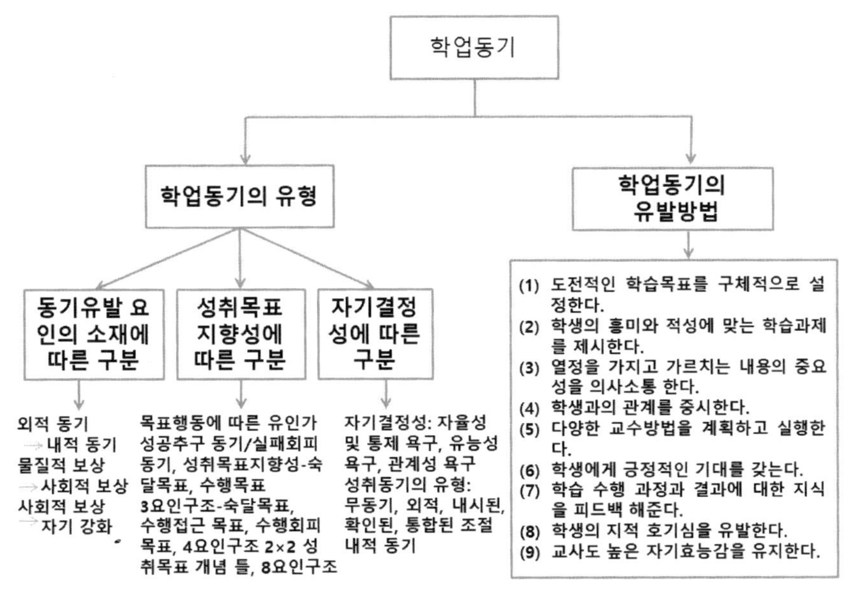

[그림 13-3] 학업동기 유형 및 유발방법

- 학업동기 관련 변인

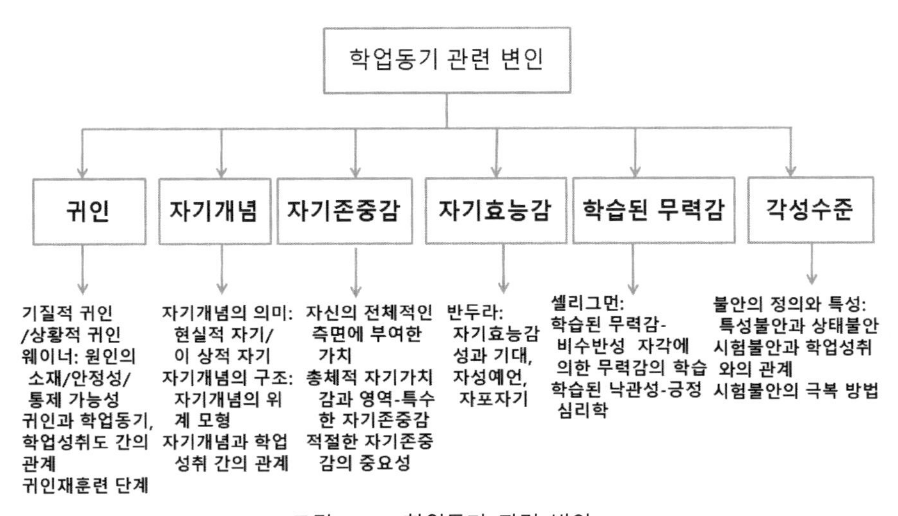

[그림 13-4] 학업동기 관련 변인

학업동기 유발을 위해서는 학업동기 변인을 숙지하고 자신에게 어떠한 측면이 문제이고 무엇이 부족한가에 대해 알아보아야 한다. 학업동기와 관련된 주요 변인은 귀인, 자기개념, 자아존중감, 자기효능감, 학습된 무력감, 각성수준이다. 귀인은 원인을 자신의 안과 밖의 소재에서 찾는 것이다. 대개 학업성취도가 높은 경우는 그 원인의 소재를 사신의 내부에서 찾는다. 자기개념은 자신에 대한 총체적인 생각으로 학업적 자기개념과 비학업적 자기개념을 포함한다. 학업적 자기개념과 비학업적 자기개념은 모두 학업성취도에 영향을 준다. 자아존중감은 자신에 대한 전체적인 가치를 부여하는 것이다. 적절한 자아존중감과 학업성취도는 정적인 상관관계가 있다. 자기효능감은 '나는 무엇을 잘 할 수 있다'는 것으로 학습의 시작, 과정, 성취도에 영향을 준다. 특히, 학습에 관한 높은 효능감은 교과적성과 관계없이 학업을 포기하는 경우를 줄일 것이다. 학습된 무력감은 학습된 낙관성과 대비되는 개념으로 학습에 있어 가장 부적인 상관관계를 가지는 변인이다. 정서도 학습이 된다. 긍정적인 정서학습을 통해 학습동기를 유발할 수 있다. 각성수준은 시험불안과 관계있다. 시험을 앞두고 적절한 각성 수준은 시험을 잘 치르게 하는데 긍정적 영향을 미친다. 시험을 준비하는데 전혀 걱정하지 않는 것은 시험 준비 전략적 측면에서 볼 때 분명히 문제가 있다.

비전학습법

비전학습법은 미래에 대한 구체적이고 생생한 비전을 마음속에 그리고, 자신의 현재적인 학업역량과 긍정적인 내적 에너지를 끌어올리는 생활 속에서 매 순간 과감한 실천을 통해 눈에 보이고 손에 잡힐만한 성과(ends-in-view)를 점차적으로 이루어가는 것이다. 학업 성취에 영향을 미치는 긍정적인 에너지와 긍정적인 정서상태는 학습자의 심리적 상승작용과 내적인 힘에 영향을 준다. "Where there is no vision, the people perish(Proverb 29:18)." 이는 Solomon의 명언인데, '비전이 없는 자는 무너진다'는 의미이다. 아이들은 비전이 없으면, 자기조절에 실패하게 되고 무력감을 학습하게 된다. 비전세우기는 자기효능감 및 학업적 효능감을 갖게 되는 시발점이다. 우리가 잘 알고 있는 피글말리온 효과(pygmalion effect), 교사의 긍정적인 기대(Rosenthal, R. & Jacobson, L.), 학습된 낙관성(learned optimism, Selligman, M.), 자기 충족적 예언(自成例言, self-fulfilling prophecy, Merton, R.), 플라세보 효과(placebo effect), 긍정적인 자기 강화(positive self-reinforcement), 자기교시훈련(self-instruction training) 등을 통해 낙관성 학습의 중요성을 알 수 있다. 특히, 교사의 긍적적인 기대는 아이들의 학업성취도에 영향을 준다. 1968년 하버드대학교 사회심리학과 교수인 로젠탈(Rosenthal, R.)과 제이콥슨(Jacobson, L.)은 한 초등학교에서 전교생을 대상으로 지능검사를 실시하고 검사 결과와 상관없이 한 반에서 20% 정도의 학생을 무작위로 추출하였다. 교사들에게 그 학생들이 '지적 능력이나 학업성취의 향상 가능성이 높은 학생들'이라고 믿게 하였다. 실험 결과 긍정적인 기대를 한 학생들이 학업성취도가 높았다. 『교실에서의 피그말리온: 교사의 기대와 아동의 지적 발달』(1968)은 교사가 학생의 능력이나 성격 등을 어떻게 판단하고 기대하느냐에 따라 학생들의 학업 성적은 물론이고 학교와 학습생활의 적용에도 영향을 미친다는 교육적인 의미를 밝힌 것이다(심리학용어사전, 2014. 4., 한국심리학회). 한편, 스티그마 효과(Stigma effect)는 한 번 나쁜 사람으로 낙인찍히면 스스로 나쁜 행동을 하게 된다는 의미에서 낙인 효과(烙印效果)라고도 한다.

비전을 세운다는 것은 자기를 찾아가는 여정에 있어 매우 중요하다. 과녁이라는 목표가 없는 쏜 화살은 의미가 없다. 미래의 비전을 세우고 가시적 목표를 단계적으로 이루어가다 어느 시기가 되면 어느새 도달점에 이르게 된다. 'R=VD(Realization, Vivid, Dream)'의 공식은 '사람은 생생하게 꿈꾸는 그대로 된다'는 것을 의미하는데, 이미 나폴레옹은 이 공식을 유년 시절에 깨달았고 막스 플랑크, 베르너 하이젠베르그, 에르빈 슈뢰딩거, 폴 디랙, 볼프강 파울리, 존 휠러, 데이비드 봄 등은 이 공식을 인정하였다(이지성, 2007). 이 VD를 실천하는 기법으로는 파워비전의 정신적 토대를 구축하기 위한 '희망비전 세우기의 뿌리'를 찾고, 자고 나면 자꾸만 커지고, 마음의 눈으로 구체적으로 볼 수 있는 'Growing Vision'을 상상하고, 또한 간절히 바라며 이루어질 줄로 믿는 것이다. 그리고 매일의 생활 속에서 이를 이루기 위한 목록을 하루 단위, 주단위, 연 단위, 5년 주기, 10년 주기로 나누어 작성하여 실천하는 것이다. 이것이 매일의 생활 속에서 가시적 목표를 이루어 가서 언젠가는 자신의 비전을 현실로 만드는 것이다. 눈을 감아도 눈에 보이고, 눈을 떠도 눈에 보이는 생생하고, 손에 잡힐 듯 생동감 있게 하는 것이 바로 비전학습법이다. 물론, 이 학습법의 효과는 톨만(Tolman, E. C.)의 미로실험이 의미하는 인지도(cognitive)의 작성, 이중부호화 이론(dual coding theory), 시각적 사고(visual thinking), 맹시의 경우도 어떠한 것을 생각하면 시각피질이 활성화되는 인지신경과학의 실험과 같은 이론들이 뒷받침한다. 이러한 이론적 배경에서 학업성취에 도움이 되는 교육방법 및 교수기법, 학습방법 등을 추출하여 사용할 수 있다.

차동엽(2012)은 '무지개의 원리'를 성공의 법칙과 행복의 법칙이라 하고, 이러한 법칙들을『탈무드』와 '셰마 이스라엘'의 유다인의 성공의 원리를 반구 특성 즉, 좌뇌, 우뇌, 그리고 뇌량의 특성들을 통합하여 '만사형통의 7법칙'이라 하고 <표 13-3>과 같이 제시하였다. 이 법칙은 고금의 지혜를 뇌의 특성을 준거로 지성 계발, 감성 계발, 의지 계발, 인격화로 나누고, 이에 대한 현대 자기계발 지혜의 원리를 각각 제시하고 있다.

<표 13-3> 만사형통의 7법칙: 무지개의 원리(출처: 차동엽, 2012)

고금의 지혜	현대의 자기계발 지혜
지성 계발(힘을 다하여: 좌뇌)	무지개 원리1-긍정적으로 생각하라. 무지개 원리2-지혜의 씨앗을 뿌려라.
감성 계발(마음을 다하여: 우뇌)	무지개 원리3-꿈을 품으라. 무지개 원리4-성취를 믿으라.
의지 계발(목숨을 다하여: 뇌량)	무지개 원리5-말을 다스려라. 무지개 원리6-습관을 길들이라.
인격화(거듭거듭: 전인)	무지개 원리7-절대로 포기하지 말라.

다음 [그림 13-5]의 '무지개 원리 부채꼴 도해'에서 1원리부터 6원리까지가 감성, 지성, 의지와 관련하여 순서적으로 배치되어 있고, 마지막 7원리는 전체를 처음부터 끝까지를 아우르면서 적용되는 것으로 그려져 있다.

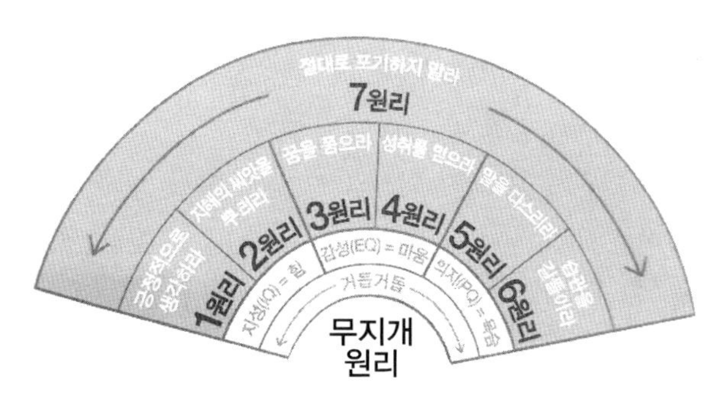

[그림 13-5] 무지개 원리의 부채꼴 도해

이와 같은 만사형통 7법칙과 무지개 원리의 부채꼴 도해가 시사하고 있는 자기계발 지혜의 실천은 반구특성화의 작용을 넘어 뇌의 가소성을 확장하고 감성, 지성, 의지를 상승시켜 긍정적 에너지를 갖게 함으로써 결국 성공과 성취를 가져오게 한다는 것이다. 이 무지개 원리를 공부에 적용하여 보면 상당히 설득적이고 실천력이 있다.

<표 13-4> 무지개의 7원리를 적용한 공부의 7법칙(류영룡, 2020)

현대의 자기계발 지혜	공부의 지혜
무지개 원리1-긍정적으로 생각하라. 무지개 원리2-지혜의 씨앗을 뿌려라.	공부 원리1-공부를 잘할 거라고 생각하라. 공부 원리2-할 수 있다는 씨앗을 심어라.
무지개 원리3-꿈을 품으라. 무지개 원리4-성취를 믿으라.	공부 원리3-미래 비전을 세우라. 공부 원리4-학업 성취를 믿으라.
무지개 원리5-말을 다스려라. 무지개 원리6-습관을 길들이라.	공부 원리5-자신에게 한 말을 실천하라. 공부 원리6-공부를 습관화하라.
무지개 원리7-절대로 포기하지 말라.	공부 원리7-절대로 포기하지 말라.

비전학습법 절차는 비전세우기, 류선생 5단계 레벨 업 학습(Ryu's 5-up level learning), 상위교육 역량강화, 심상에 의한 총체적 개념과 문제유형의 조직화, 인출, 전이의 순서이다. 첫째, 비전세우기이다. 자신의 잘못된 습관, 부정적인 사고, 그리고 부정적인 행동을 생활가운데 발견하여 파기선언하고 미래의 비전을 말로 선언하고 글로 써서 실천하는 것이다. 지난 상처로 인해 마음속에서 자신의 미래 비전을 가꾸는 에너지가 소진되었다면, 비전 선언으로 미래 동력

에너지를 다시 채워야 한다. 마음의 밭을 옥토(沃土)로 만들고 미래의 소중한 씨앗을 심어야 한다. 그리고 생활가운데 좌로나 우로 치우치지 말고 온 정성과 마음을 다해 그 씨앗을 키워내야 한다, 마음에 심은 비전의 씨앗은 생명력이 있으므로, 자고 나면 자고 나면 자꾸만 커진다. 이 씨앗을 키우는 힘은 선함과 정직이다. 이것들은 우리의 마음 밭을 옥토로 바꾸고 뿌리를 튼튼히 내리게 하고 마르지 않는 생명 샘물에 가까이 있게 한다. 매일의 생활에서 안주하지 않고 결단하며 날로 새롭게 하는 파워비전(power vision)은 자신의 꿈의 크기가 갈수록 줄어들지 않고 자고나면 자꾸만 커지고 자라나는 생명력이 있게 한다.

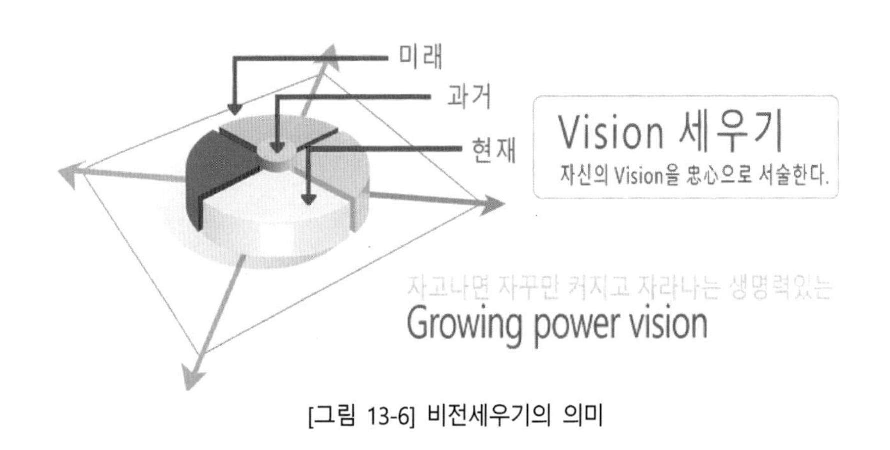

[그림 13-6] 비전세우기의 의미

파워비전의 뿌리는 비전세우기의 정신적인 토대이다. 그 핵심은 '인간의 존엄성'이다. 아이들이 인간은 존귀하고 가치 있는 존재이므로 나도 그렇다고 믿고 인정하는 것이다. 그리고 그 하위 요소는 의(義), 민족애(民族愛), 성실성(誠實性), 정직성(正直性)이다. 의로움은 나를 이웃과 사회로 연결하고 열린 마음을 갖게 한다. 민족애는 동시대를 사는 우리들의 풍요로운 삶을 위해 해야 하고 갖추어야 할 문화나 문명에 대한 상상력을 동원할 것이다. 성실성은 일의 시작과 끝을 있게 하고 지속시키는 열정을 수반하여 열매를 맺게 한다. 정직성은 일을 스스로 하거나 함께 도모할 때 믿음을 주고 서로를 사사로운 생각에 구속되지 않게 하여 자유로운 생각을 갖게 한다. 자신의 비전을 설정하고, 마음에 심고, 슬로건으로 작성하고, 그리고 매일의 생활 속에서 실천해야 한다.

제14장

어떻게 문제해결을 협력적으로 할 것인가?

어떻게 협력적으로 문제를 해결할 것인가? 교육공동체는 새롭게 생성되는 문제와 과제를 협력적으로 해결하는 '협력적 문제해결 역량'을 강화해야 한다. 협력적 문제해결은 서로의 지식과 정보를 공유하고 교육공동체를 조직하고 유지하면서 상호작용을 통해 주어진 과제나 문제를 해결하는 것이다. 이 장에서는 상위교육의 세부역량인 협력적 문제해결을 강화하기 위해서 협력적 문제해결의 의미, 협력적 문제해결 방안, 협력적 문제해결 기법을 다루기로 한다(류영룡, 2020).[28)]

첫째, 협력적 문제해결의 의미는 무엇인가? 핵심역량기반 교육과정과 PISA 2015 문제해결력 평가에서 강조된 요인과 과정은 다음과 같다. 이것은 협력적 문제 해결 역량으로 이해를 공유하고 유지하기, 문제해결을 위해 적절한 행동 취하기, 팀 조직 설정하고 유지하기이다. 협력적 문제 해결을 위한 3가지 측면은 학생 배경, 맥락, 핵심기능으로 나뉘고, 각각의 하위요인으로 학생 배경에는 사전지식과 특징, 맥락에는 과제 특성, 문제 시나리오, 매체, 팀 조직, 그리고 핵심 기능에는 협력 기능과 문제해결 기능 등이 있다.

둘째, 협력적 문제해결 방안은 무엇인가? 교육적 토론을 하는 것이다. 이것은 교육을 잘하는 힘을 기르는 교육역량 강화 토론으로 경쟁에서 이기는 찬반 토론(debate)이 아니라 상호 협력을 통해서 비판적 사고를 기르는 것이다. 교육하는 과정에서 교육을 개선하면서 다양한 교육의 상황과 교육적 맥락에서 제기되는 문제를 협력적으로 해결하는 상위교육을 실천하는 것이다. 학습자나 교수자가 현재의 품위수준, 교육적 소재, 그리고 교육적 진화 과정에 적합하고 교육의 상황과 교육적 맥락에 시의적절한 방법을 찾아 문제해결에 적용하는 것이다. 최근 교육공학 기법과 교수매체를 다양하게 익히고 사용하는 것이다. 협력적 문제해결을 위한 교실수업 방안으로 규칙의 제정을 정하여 지키도록 하고 자기조절과 자임을 통해 문제를 해결하는 것이다.

셋째, 협력적 문제해결 기법은 무엇인가? 협력적 해결 기법은 상호교수와 사고력 향상이다. 상호교수는 문제해결 과정에서 서로에게 문제해결을 위한 비계 설정을 비롯하여 가능한 모든 역량을 동원하여 서로를 가르치는 것이다. 사고력은 곧 문제해결을 의미한다. 일반적인 문제해결 절차와 전략을 익혀야 한다.

1

협력적 문제해결

협력적 문제해결은 서로의 지식과 정보를 공유하고 교육공동체를 조직하고 유지하면서 상호작용을 통해 주어진 과제나 문제를 해결하는 것이다. 이것은 핵심역량기반 교육과정과 PISA 2015 문제해결력 평가의 요인과 과정에서 강조되었다. 이들 요인과 과정은 다음과 같다. 협력적 문제해결 역량으로 이해를 공유하고 유지하기, 문제해결을 위해 적절한 행동 취하기, 팀 조직 설정하고 유지하기를 들고 있다. 그리고 협력적 문제 해결을 위한 3가지 측면은 학생 배경, 맥락, 핵심기능으로 나뉘고, 각각의 하위요인으로 학생 배경에는 사전지식과 특징, 맥락에는 과제 특성, 문제 시나리오, 매체, 팀 조직, 그리고 핵심 기능에는 협력 기능과 문제해결 기능 등이 있다. 이러한 문제 해결 역량의 세세한 하위 요소들을 잘 분석하고 예상 가능한 문제의 사례를 들어 사전, 도중, 그리고 사후의 교육을 통해 문제 해결 역량을 길러주어야 한다. 협력적 문제해결력은 두 명 이상의 가상 인물들이 문제에 대한 해결책에 도달하기 위해서 자신이 가진 지식, 기능, 노력을 끌어내고, 동시에 문제 해결에 필요한 이해와 노력을 공유하는 과정에 효과적으로 참여하는 개인의 능력이다. [그림 14-1]은 PISA 2015 문제해결력 평가의 요인과 과정을 나타낸 것이다.

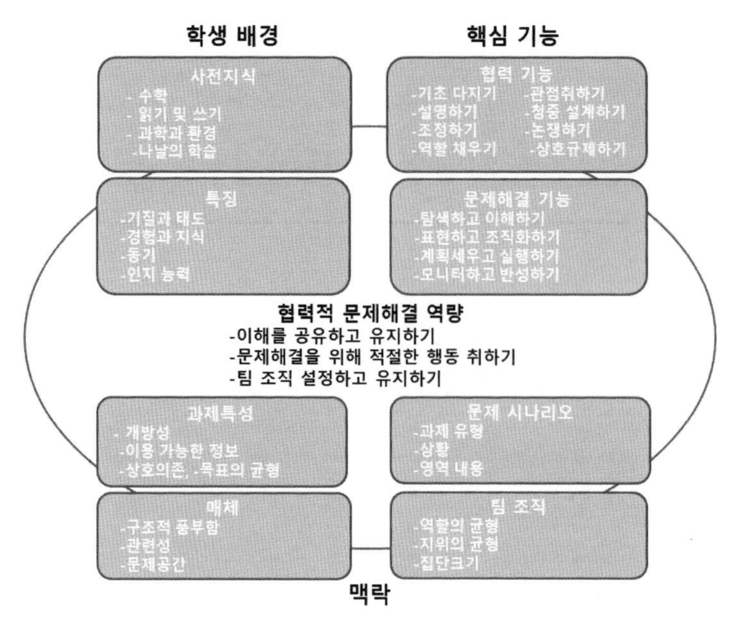

[그림 14-1] PISA 2015 문제해결력 평가의 요인과 과정(출처: OECD 2013c, p, 13)

비형식적 공부모임으로서 교육공동체를 들 수 있다. 자연인 갑과 을이 서로 교육적 교섭을 벌여 일대일로 교육을 하는 경우도 있지만, 서로의 교육적 욕구를 충족시키기 위해서 교육적 모임을 구성할 수 있다. 교육공동체는 제도교육 내에서 비형식적 교육의 형태인 방과 후 학생모임, 교육동아리, 함께 배움 등의 형태로 이루어질 수 있으며, 제도권 밖에서 교육공동체는 교육의 소재와 교육목적, 구성원 등의 변인에 따라 다양한 형태로 이루어질 수 있다. 즉, 교육공동체는 교육적 교섭을 벌이는 과정에서 교육목적, 교육내용, 그리고 참여자의 수준을 정하고 교육활동을 벌이는 교육적 관계를 맺어 지속하는 형태를 말한다. 제도교육의 형식적 교육에서는 학생들의 다양한 교육적 욕구의 충족과 교육적 수준의 상향 및 차이의 극복을 지원하는 것이 어렵다. 협력적 교육공동체는 제도교육의 형식적 교육의 제한 영역을 보완·대체하며 제도권 밖의 교육모임으로서 교육주체들의 다양한 교육적 욕구를 충족시킨다.

이러한 교육모임을 구성하고 유지하며 발전시키기 위해서는 교육공동체를 특수교육목적에 따라 조직하고 운용 규칙과 전략을 만들어야 한다. 자신들의 모임에 적합한 교육역량을 진단하고 강화하는 교육을 자체적으로 실시해야 한다. 그리고 교육공동체에 필요한 교육역량을 기르는 교육프로그램에 참여하거나 전문가를 초빙하여 교육을 받아야 한다. 교육공동체의 유지·강화를 위해서는 조직 방법, 운영 매뉴얼, 구성원의 협력, 적응 능력 즉, 사회적 기술, 대인관계능력, 정서적 문제 등을 교육해야 한다. 운영 매뉴얼은 상위교육의 핵심역량을 내용과 함께 강화하는 방법, 교육계획 및 기본 설계 방안, 조직의 운영규칙, 생성된 문제를 해결하는 역량강화 방안을 총체적으로 포함해야 한다. 교육공동체는 새롭게 생성되는 문제와 과제를 협력적으로 해결하는 '협력적 문제해결 역량'을 강화해야 한다.

교실수업에서 모둠별로 협력적인 문제해결을 하기 위해서는 각 학급 특성과 참여 학생들의 성향에 적합한 적절한 규칙을 서로 합의하여 만들어 지켜야 한다. 이를테면 교실규칙을 정하고 모둠별 규칙을 다음과 같이 정할 수 있다(류영룡, 2020). 교실 규칙의 예로서 바른말 사용하기, 모둠 활동에 적극적으로 참여하기, 발표 시에 정확하게 의사소통하기, 짝 그룹 활동이나 모둠 활동 시에 타인의 의견을 수용하고 인정하기, 자신들의 주체성과 공동체성 규칙 만들기, 삶과 배움의 간극 좁히기, 교실 수업 이외의 교육적 상황 만들기, 교육 주체로서 자신들의 고유한 빛 깔 인정하기, 서로 조화를 이루기, 높임말 사용, 발표순서 지키기, 참 과제 및 실제적 과제 제시, 현장학습하기, 사회공동체에 참여, 봉사활동하기, 공동체의 약속 시간 잘 지키기, 공동체 생활의 규칙을 수용하고 지키기, 자기를 절제하고 타인을 배려하기 등을 들 수 있다. 모둠별 규칙의 예로 모둠 동료의 말을 경청하기, 맡은 역할에 최선을 다하기, 서로 배려하기, 다양한 자료 찾기 및 동료에게 제공하기, 모둠 활동에서 각자의 역할 수행하기, 타인의 의견을 수용하고 자신과 비교하기, 역할 나누기(조사, 발표, 정리 등), 상대방을 존중하기, 공감하기, 격려하기, 다양한 의견을 인정하고 수용하기 등을 들 수 있다.

2

협력적 문제해결 방안

협력적 문제해결 방안으로 새로운 교육방법의 개발 사례(류영룡, 2008, 2015, 2020)를 소개하면 다음과 같다. 첫째, 교육적 독서 토론(the pedagogical discussion of reading text)이다. 이것은 일반적인 독서토론과 같이 하나의 텍스트를 정하여 그것을 읽고 와서 교육모임에서는 텍스트에서 다루고 있는 특정 주제나 문제를 제기하고 그것에 관하여 토론하는 것이다. 하지만, 일반적인 찬반토론과 달리 교육적 독서토론은 교육적 요소가 들어 있다. 즉, 이것은 교육을 잘하는 힘을 기르는 교육역량 강화 토론이다. 이를 위해서는 경쟁에서 이기는 토론이 아니라 상호 협력을 통해서 비판적 사고를 상호교수 하는 것이다. 이것의 형식은 짝 그룹(pair-group) 토론, 조별(team) 토론, 전체(holistic) 토론이다. 범교과 토론(Debate Across the Curriculum, DAC) 과정과 적용 방안을 다룬 『교실토론 Many Sides: Across the Curriculum』이 최초로 저술되었는데, 이 책은 교실 안팎에서 비판적 시고를 향상시키는 협력학습의 좋은 예이다(Snider, A. & Schnurer, M, 민병곤 외 역, 2015). 이것은 토론이 경쟁적인 것과 함께 협력적인 것으로서 교육하는 과정에서 협력에 의한 교육의 가치를 실현할 수 있고, 특정 교과가 아닌 범교과적으로 토론이 교육의 방법이 될 수 있다는 것을 의미한다.

둘째, 상위교육(meta education)이다. 이것은 교육하는 과정에서 교육을 개선하면서 다양한 교육의 상황과 교육적 맥락에 적합한 교육방법을 개발하는 것이다. 이것의 의미는 다음과 같다. 첫째, 기존의 교육방법과 교수자의 경험을 토대로 그것들의 강점과 약점을 분석하여 새로운 교육방법을 개발하고 이를 교육활동에 적용하여 검증하고 보완하는 것이다. 하늘아래 새로운 것이 없다. 기존의 교육방법을 실제로 교육활동에 적용하고 교수자 자신에게 최선이면서도 아이들에게도 적절한 방법을 늘 찾아야 한다. 또한, 이것은 교육을 잘하는 능력을 기르는 것이다. 교육의 내재율을 잘 지키고, 교육하는 과정에서도 교육의 고유한 가치가 발현되고, 교육을 하면 할수록 교육에 참여하려는 동기가 유발되어 교육을 통해서 자신의 교육역량을 높여가는 것이다. 즉, 상위교육은 교육을 통하여 핵심역량을 기르는 것이다. 이러한 교육역량을 토대로 교육을 더 잘하는 힘을 길러 아이들이 원하는 비전을 실현할 수 있도록 하는 것이다.

셋째, 학습자나 교수자가 현재의 품위수준, 교육적 소재, 그리고 교육적 진화과정에 적합하고 교육의 상황과 교육적 맥락에 시의적절한 방법을 찾아 문제해결에 적용하는 것이다. 선생님들께서 가끔 하시는 말씀이 있다. '그 방법은 나하고 잘 맞지 맞아!', '우리 학생들의 학업능력에 적합하지 않아!' 어떠한 교수-학습 방법은 학습 방법의 여러 변인 가운데 하나이다. 자신에게 잘 맞은 하나의 방법이 타인에게도 잘 맞는 것은 아니다. 좋은 학습 방법이란 현재 교육활동에 참여하는 학생의 수준과 잘 맞아서 교육활동에 몰입할 수 있고, 학습과제를 해결하고 교육목표를 성취하는데 최적화된 방법이다. 한 차시의 수업에서도 교육적 맥락은 수시로 변한다. 수업 설계에 반영된 방법 이외에도 교사나 학생의 몸에 착 달라붙어서 구조를 이루고 있어 그때마다 쓸 수 있는 능력을 찾으려고 늘 힘써야 한다. 모든 것은 변화한다. 또한, 우리가 아는 모든 것도 변화한다. 교육방법도 늘 변화한다.

넷째, 최근 교육공학 기법과 교수매체를 다양하게 익히고 사용하는 것이다. SMART는 자기주도적(Self-directed), 학습 흥미(Motivated), 수준과 적성(Adaptive), 풍부한 자료(Resource Enriched), 정보기술 활용(Technology Embedded)의 5가지 요소로 이루어진 21세기 학습자 역량 강화를 위한 지능형 맞춤 학습 체계이다. 이외에 학습 방법으로 e-learning, blended learning(b-learning), M-Learning, u-Learning, Hybrid Learning, AIWBES(Adaptive and Intelligent Web-based Educational System), AI based learning 등이 있다. 다양한 교수매체로는 시공간에 무관하고 무료로 이용이 가능한 MOOC(Massive Open Online Course)와 K-MOOC, VR(Virtual Reality), AR(Augmented Reality), MR(Mixed or Merged Reality), XR(eXtended Reality) 등이 있다.

다섯째, 협력적 문제해결을 위한 교실수업 방안으로 규칙의 제정을 정하여 지키도록 한다. 실제적으로 교육의 상황과 맥락에 적합한 하위 규칙들을 학생생들이 스스로 토의하고 토론하여 민주적인 의사소통 방안과 협력적 문제해결 방안을 만들 수 있다. 교사들은 아이들이 토의 및 토론을 통해 교실에서 협동교육 공동체의 규칙을 모둠별 학습 규칙 정하기와 교실 규칙 정하기로 나누어 하위 규칙들을 정하여 서로 공감하며 수용하도록 해야 한다. 모둠별 규칙에서는 동료들에 대한 존중과 배려, 역할 나누기에 따른 자기 책임이 중요하다. 이를 위해서는 학생들에게 자기 조절 능력(self-regulation ability)을 기르는 교육활동을 실행할 필요가 있다. 전체수업 규칙 정하기에서는 교실 생활에 있어서의 규칙, 교육활동 참여에 대한 독려, 교사의 아이들에 대한 주체성 및 개성의 존중, 참 과제 및 실생활과 관련한 과제 제시, 현장체험을 통한 상황학습, 공동체 구성원의 조화와 차별의 배제, 타인의 다양한 의견 수용 및 인정하기를 통한 기본적인 민주시민의 자질 함양하기, 봉사활동을 통한 사회공동체의 구성원으로서의 역할을 인지시킬 필요가 있다.

3

협력적 문제해결 기법

협력적 문제해결 기법은 상호교수와 사고력 향상이다. 상호교수는 문제해결 과정에서 서로에게 문제해결을 위한 비계설정을 비롯하여 가능한 모든 역량을 동원하여 서로를 가르치는 것이다. 사고력은 곧 문제해결을 의미한다. 어떻게 사고력을 기를 것인가도 문제해결에 있어 중요하다. 이 외에 협력적 문제해결 방법으로 PBL(Problem Based Learning; Project Based Learning)이 있다. 문제 기반 학습은 실생활과 관련된 문제를 중심으로 수업을 구조화하여 학습자가 문제해결 과정을 통해서 관련된 내용지식은 물론 문제해결 전략을 학습하는 것이다. 학생은 비구조화 된 문제를 중심으로 자기주도학습을 하고, 교사는 모델링과 코치에 의한 문제해결과 모둠활동의 구조를 촉진하는 역할을 한다. 프로젝트 기반 학습은 주어진 프로젝트를 기반으로 협력적 문제해결 과정으로 학습을 하는 것이다.

다음의 <표 14-1>은 교육공동체에서 협력적 상호교수를 위한 기법과 실천 방안이다. 이 표는 M초등학교의 '교사의 교육역량 강화 현장연수'의 토론 결과를 정리한 것이다. 이것은 교육현장에서 실제로 교육활동을 담당하면서 협력적 상호교수의 기법을 다룬 것으로 필요성과 실제적 활용 가능성 측면에서 매우 중요한 의미가 있다. 공동체 상호교수 기법으로 스마트 러닝(SMART Learning:

Self-directed, Motivated, Adaptive, Resource enriched, Technical embedded), 하브루타 수업, 거꾸로 교실 수업, 비주얼 싱킹 수업, 생각 그물 수업, 각 모둠이 다른 모둠들에 비계설정하기, 모둠 내에서 선발달자가 다른 아이들에게 비계설정하기, 공유 동아리 만들기, 교사의 생각과 학생의 생각을 서로 교환하기, 상호 의사소통하기, 동료 학습자에 의한 작은 선생님 제도 운영, 동료학습을 통한 공동문제 해결하기 등을 제시하고 그 실천 방안을 마련하였다.

<표 14-1> 교육공동체에서 협력적 상호교수를 위한 기법과 실천 방안 토의 결과(류영룡, 2020)

공동체 상호교수 기법	공동체 상호교수 실천방안
· 스마트 러닝(SMART Learning): Self-directed, Motivated, Adaptive, Resource enriched, Technical embedded · PBL(Project Based Learning; Problem Based Learning) 하브루타 수업, 거꾸로 교실 수업, 비주얼 싱킹 수업, 생각 그물 수업 등. · 각 모둠이 다른 모둠들에 비계설정하기 · 모둠 내에서 선발달자가 다른 아이들에게 비계설정하기	· 스마트러닝으로 학습자의 스스로 동기유발 및 풍부한 학습 자료의 제시, 학습상황에 적응적 대처능력 기르기, 다양한 자료를 정보기술을 활용하여 탐색하는 능력 기르기(자기 주도적으로, 흥미롭게, 내 수준과 적성에 맞는, 풍부한 자료와, 정보기술을 활용하여 공부하기) · 다양한 수업기법이나 교육방법을 교육의 상황과 교육적 맥락에 시의적절 하게 적용하기 · 팀별 활동 후 발표를 통하여 우수한 모둠이 자연스럽게 다른 팀의 비계설정이 되어 이끌어 주기 · 아이들이 도우미로 발판이 되어 서로를 이끌어 주기, 문제 구조화 및 재정의 하기, 해결 실마리 찾기, 단서 발견하기, 해결 과정 이끌기, 발명적 안내하기
· 상호교수 · 학습 공유 동아리 만들기 · 교사와 학생의 상호주관성을 확대하기 · 작은 선생님 제도 운영 · 동료학습을 통한 공동문제 해결하기	· 동료 학생들끼리 역할을 바꾸어 서로 가르치기 · 학습 내용을 공유하는 협력적 동아리 만들기 · 교사의 생각과 학생의 생각을 서로 교환하기, 상호 의사소통하기 · 선발달한 학습자가 동료를 지도하기 · 질문공탁, 시범, 도움 등을 통한 공동문제 해결하기

일반적인 문제해결 절차

다음의 [그림 14-2]는 문제의 종류, 문제기반 학습(PBL), 문제해결의 단계, 문제해결의 전략, 문제해결을 촉진하는 요인과 문제해결을 방해하는 요인에 대해 인지도를 기반으로 하여 위상도(cognitive map based topology)로 나타낸 것이다.

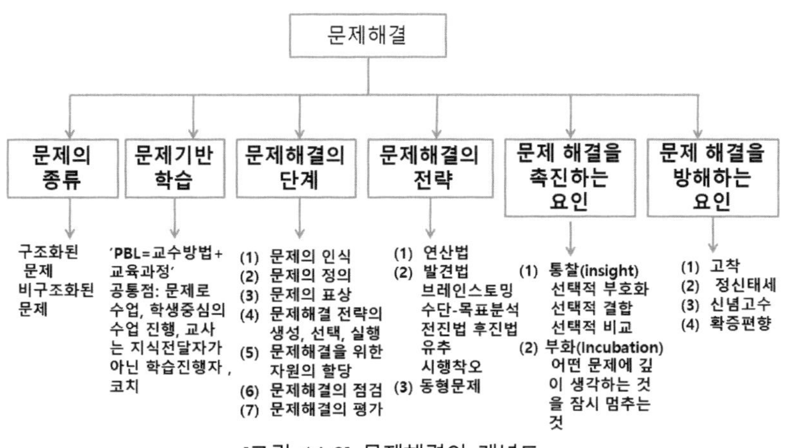

[그림 14-2] 문제해결의 개념도

문제 해결에 있어 일반적으로 유용한 전략들은 무엇인가? 아이들은 자신이 가지고 있는 문제에 대한 인지구조를 가지고 새로운 문제를 해석하고 문제해결 전략을 마련해야 하는 상황에서 무엇을 해야 하는가? 이에 대한 답변으로 숙달된 문제 해결자들의 전략에 기반하여 효과적인 몇 가지 문제해결 전략을 제시하고, 이를 특수 교과에 적용해본다.

첫째, 다음의 [그림 14-3]에서 처음 네모 안에 제시된 몇 가지 전략들은 매우 적절한 문제표상(이해하기)을 형성할 수 있도록 도와준다. 둘째, 가운데 네모 안에 제시된 전략들은 학생들의 문제해결을 도와주는 것으로 후진형 또는 수단-목표 분석이다. 이것들은 목표 상태와 관련된 영역에 대한 해답 모색을 제한하는 효과적인 수단으로, 많은 잘못된 출발을 없앤다. 끝으로, 마지막 네모 안의 체크리스트들은 문제에 대한 답하기 전략들이다. 아이들 자신들의 답과 문제에서 요구하는 답의 일치여부를 따져보는 것이다. 우리는 여기서 문제해결에서 알고 있는 것, 그 과정에서 새롭게 알게 된 것, 해결의 실마리 및 그것을 발견한 방법 내지는 절차, 아하-경험(ahha-experience), 알고리즘 및 풀이 절차, 해결과정에서 주의사항 등을 꼼꼼히 기록하는 것을 잊지 말아야 한다. 이것은 지식을 활성화하여 메타인지 능력을 기르고, 문제해결 과정 동안 컴퓨터의 외장 하드처럼 외부 기억 보조 장치로 작용한다. 그리고 문제의 해결 단계에서 표를 만들거나 그림을 그리는 것은 문제해결에 있어 수단과 목표를 분석하는 것으로 문제의 부분인 조건들이 전체와 어떠한 관련이 있는가를 따져보는 것으로 문제를 구조화하고 해결의 절차를 계획해보는 것이다. 또한 '거꾸로 해보아라'는 문제에서 요구하는 미지수를 분해하고, 이것이 조건과 어떠한 관련이 있는가를 알아보기 위해서 관련된 지식과 아이디어를 결합하여 해결의 실마리를 찾고, 그리고 절차에 따라 해결해가는 방법을 찾는 것이다.

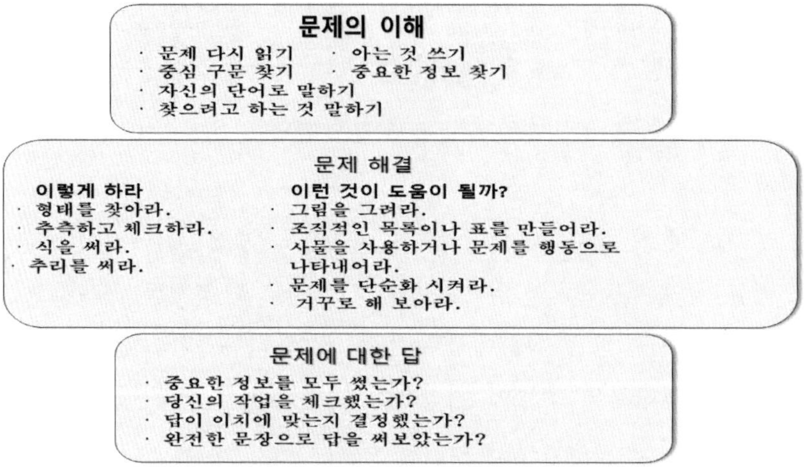

문제의 이해
- 문제 다시 읽기
- 아는 것 쓰기
- 중심 구문 찾기
- 중요한 정보 찾기
- 자신의 단어로 말하기
- 찾으려고 하는 것 말하기

문제 해결

이렇게 하라
- 형태를 찾아라.
- 추측하고 체크하라.
- 식을 써라.
- 추리를 써라.

이런 것이 도움이 될까?
- 그림을 그려라.
- 조직적인 목록이나 표를 만들어라.
- 사물을 사용하거나 문제를 행동으로 나타내어라.
- 문제를 단순화 시켜라.
- 거꾸로 해 보아라.

문제에 대한 답
- 중요한 정보를 모두 썼는가?
- 당신의 작업을 체크했는가?
- 답이 이치에 맞는지 결정했는가?
- 완전한 문장으로 답을 써보았는가?

[그림 14-3] 수학 문제 해결에서 일반적으로 유용하다고
생각되는 전략들 (Charles & Laster, 1984)

둘째, 문제해결 전략 가운데 IDEAL이 있다. 다음의 [그림 14-4]는 이의 전략을 나타내고 있다. I는 문제를 통해 해결의 가능성을 확인하는 것이다. D는 문제해결에 있어 목표 지점을 정하고 문제를 표상하는 것이다. E는 문제해결의 전략을 탐색하는 것이다. A는 문제해결의 결과를 예상하고 실행하는 것이다. L은 문제해결의 과정을 검토하고 학습하는 것이다. IDEAL은 문제해결의 일반적인 전략이다. 문제를 해결하기 위해서는 문제를 먼저 이해하고, 문제를 재정의해야 한다. 그리고 문제해결의 첫 번째 단계로서 문제를 명확히 하는 것이다. 이것은 두 번째 네모의 방법을 이용하면 된다. 그 다음은 문제의 정보를 모두 이용하여 구하는 해결책을 찾는 단계이다. 이것을 수학문제의 해결 전략에 대입하면 다음과 같다.

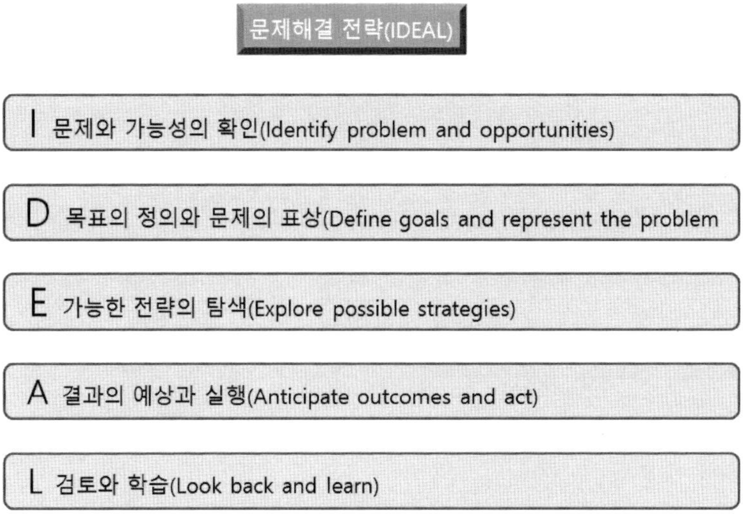

문제해결 전략(IDEAL)

I 문제와 가능성의 확인(Identify problem and opportunities)

D 목표의 정의와 문제의 표상(Define goals and represent the problem

E 가능한 전략의 탐색(Explore possible strategies)

A 결과의 예상과 실행(Anticipate outcomes and act)

L 검토와 학습(Look back and learn)

[그림 14-4] 문제해결의 전략(출처: Bransford & Stein, 1993)

<수학적 적용>

ⅰ) I는 문제를 장기기억에 부호화하고 이와 관련된 문제나 지식을 머릿속에서 점검하면서 해결의 가능성을 탐색한다. 문제를 장기기억에 부호화하지 않으면 문제를 표상할 수 없다. 즉, 문제가 머릿속에 있어야 문제와 관련된 지식 및 유사문제를 떠올려 전략을 탐색할 수 없다.

ⅱ) D는 구하고자 하는 미지수를 목표 지점으로 정하고 문제에서 그 지점과 관련된 조건들을 떠올린다. 노둣돌을 놓아 개울물을 건넌다고 할 때, 미지수는 목표지점이고 조건은 노둣돌이며, 관련된 지식의 표상과 이전의 유사 문제를 해결해본 경험은 개울을 건너기 위한 노둣돌을 적재적소에 놓는 전략이나 단서를 결정하는 능력이다.

ⅲ) E는 목표 지점에 도달하기 위해 조건들을 통해 실마리를 찾고 해결의 절차를 정한다. 실마리는 문제해결의 시작점이다. 이것은 "해결과 조건을 가깝게 하려면 무엇을 먼저 시작해야 하는가?, 미지수를 구하기 위해서는 어떤 조건으로부터 시작해야 하는가?" 에 대한 물음에 답을 구하는 지점이다.

ⅳ) A는 문제 해결의 절차에 따른 결과를 예상하고 실제로 풀이를 진행한다. 실마리로 시작하고 그 다음은 이렇게 저렇게 하여 조건들과 단서를 연결하고 결과를 예측하는 것이다. 이것은 처음 시작점 이후 해결의 순서 및 절차를 정하는 것과 함께 절차와 방법을 정하고 배열하는 것이다.

ⅴ) L은 풀이 과정을 되돌아보고 아는 것과 새롭게 아는 것을 구분해 본다. 문제 해결이 미흡하거나 실패했을 경우에는 문제 해결을 위해 아직도 모르는 것과 알아야 할 것을 생각해본다. 그리고 문제해결의 과정을 피드백하여 실마리 발견의 착안점, 해결과정에서 부딪히는 어려움을 극복한 방법, 문제의 구조 및 의미, 문제에서 새롭게 정의된 식의 의미 등을 인지구조로 만든다.

셋째, 수학문제 해결전략으로서 알고리즘과 발견술을 들 수 있다. 알고리즘(algorithm)은 정확한 문제해결을 보장하는 특정 순서이고, 발견술(heuristics)은 문제 해결을 위한 알고리즘이 없을 때 이를 대체할 만한 새로운 방법을 찾는 것이다. 전자와 후자 모두 영역 특수성을 띤다. 따라서 문제 해결을 위한 다양한 발견술을 아이들에게 가르쳐서 사용할 수 있도록 해야 한다. 문제해결 과정에서 상황과 맥락에 적합한 발견술은 해결의 실마리 찾기를 시도하는 과정에서 나타나는 시행착오를 줄여준다. <표 14-2>는 문제해결에 있어 직면하게 될 상황과 맥락에 적합한 발견술을 정리한 것이다. 이것은 일반 교과에서도 문제해결을 위한 협력학습에서 실마리를 찾고 문제의 해결과정의 절차에서 필요할 때 적용하여 활용할 수 있다.

<표 14-2> 문제해결의 상황과 맥락에 적합한 발견술(류영룡, 2020)

문제해결의 상황과 맥락	문제해결을 위한 발견술
교육활동의 역동성이 소진 상태	독려하기, 칭찬하기, 재촉하기, 격려하기, 배려하기, 서로 인정하기
수학적 개념의 수용과 문제의 의미 분석 활동	문제를 부호화하기, 잠재적 의식 끌어내기, 회상시키기, 경험 떠올리기, 유추하기, 표상하는 의식을 밖으로 표현하기, 수학이론의 배경지식 이야기하기, 패러다임 정리하기, 생각의 흐르는 물길 트기, 저장된 지식을 반복적으로 인출하여 생각을 숙성하기
문제의 단서를 찾는 활동	번쩍번쩍 아이디어 찾기, 미지인 목표지점 가시화하기, 시냇물 건너기의 디딤돌 놓기, 다리 놓기, 미지수와 조건을 결합하기, 미지수와 조건을 가깝게 하기, 그림, 표, 그래프를 활용하여 문제의 의미를 표상하기
문제풀이를 계획하는 단계	목표 설정하기, 간결하게 표현하기, 분해하기, 해체하기, 결합하기, 구체화하기, 적절한 알고리즘 선택하기
문제풀이를 실행하는 단계	거꾸로 풀기, 미지수를 구체화하기, 알고리즘 정돈하기, 논리적 사고의 뼈대나 결합된 의미구조를 부양하기, 풀이과정 반성하기(풀이과정에서 문제의 조건을 모두 사용하였는가?, 논리적 비약은 없었는가?, 여러 개의 수학영역을 잘 결합하여 논리적으로 표현하였는가?, 수 식이나 기호, 그림, 표, 그래프 등은 적절히 사용하였는가?)
문제풀이 과정에서 막히는 경우	지금-여기서 필요한 부분을 남기고 나머지 버리기(전경과 배경을 구분하기), 가장 기본으로 돌아가기, 극단적인 경우를 예로 들기, 생각을 확장하기, 다시 일반화하기
공부한 내용을 내면화하는 단계	지금 다시 말하기, 요점만을 정리하여 말하기, 새롭게 알게 된 것 말하기, 재 발명한 내용 말하기, 자신의 생각을 정교화하기, 점유되어 추상화된 지식 말하기

제15장

어떻게 상위교육을 평가할 것인가?

어떻게 상위교육을 평가할 것인가? 교육평가는 교육내재를 전경으로 하고 교육외재를 배경으로 해야 한다. 교육평가의 대상은 학교태만이 아니다. 교육평가의 대상은 교육 자체, 교육의 여건, 그리고 교육의 기능의 세 가지 국면이다. 또한 교육평가의 대상으로 교육하는 인간, 교육적 활동, 상위교육, 교육의 환경을 예로 들 수 있다. 교육평가의 준거는 교육적 가치가 실현되는 각각의 하위활동에서 찾아야 한다. 이것은 다양한 생활공간에서 교육적 삶을 영위하는 인간이 교육활동에서 교육의 내재율과 교육내재를 잘 지켜서 교육의 소재와 품위에 관계없이 충실하게 교육이 이루어졌는지를 평가하는 것이다. 물론 교육외재에 대한 평가도 필요와 목적에 따라 평가해야 한다.

첫째, 교육평가의 의미는 무엇인가? 교육평가는 교육 자체에 대한 가치판단이다. 교육평가는 교육의 내재변인에 포함하는 여러 요소와 그 요소가 지니는 가치가 그 준거가 된다. 교육여건에 대한 평가는 외재변인이 교육발전에 미치는 영향에 대한 가치판단이다. 교육의 기능에 대한 평가는 사실에 대한 입증을 필요로 하는 것이다. 종래의 원인에 따른 결과 위주의 수치해석에 근거하는 평가를 넘어서 교육주체들의 교육적 발전과 그들이 원하는 결과를 얻기 위한 교육외재의 선택에 대한 가치판단이 교육기능의 평가에서 함께 이루어져야 한다.

둘째, 새 평가 방안은 무엇인가? 새 교육평가의 관점을 지향하는 대안적 방안으로 교육적 맥락에 적응, 행동이 아닌 품위, 교육의 구조를 이루는 내재변인, 하면 할수록 교육을 잘하는 새로운 평가 준거, 과정중심평가, 그리고 새 평가 방안의 평가인 상위평가를 새로운 평가 틀로 제시할 수 있다. 과정중심평가는 서열과 경쟁을 심화시키는 결과 평가에 반한 것으로 개별 학습자의 능력과 학습 발달 정도를 개별적인 학생의 맞춤 기준을 통해 평가한다.

셋째, 어떻게 상위교육을 평가할 것 무엇인가? 상위교육의 평가 방안으로 교육구조 변인에 의한 평가. 상위교육의 핵심역량에 의한 평가를 들 수 있다. 교육구조 변인에 의한 평가 방안은 교육의 네 가지 구조 변인에 정합적인 교육의 요소를 대응시킨 그 하위요인에 의한 평가이다. 교육의 5UP 핵심역량에 의한 평가는 교육어의 활용, 교육원리의 실현, 교육혁신 능력, 교육양상에 적응, 교육공동체 운용의 역량에 의한 평가이다.

1

교육평가의 의미

교육평가의 의미와 대상

올바른 의미의 교육평가는 무엇인가? 교육평가의 대상은 무엇인가? 그리고 교육평가가 올바르게 이루어졌는가를 어떻게 평가할 것인가? 이들 물음에 대한 답을 구하기 위해서는 먼저 교육의 의미, 교육의 구조, 그리고 평가 대상과 새로운 평가 준거에 대해 살펴보아야 한다. 교육의 진정한 의미는 성과가 아니라 과정에 있다(장상호, 2020, p. 725). 일찍이 듀이는 '경험을 재구성하는 과정'을 교육이라고 하였다. 그 과정은 여러 하위활동으로 이루어진다. 이들 각각의 활동은 물론 교육의 가치를 담보하면서 이루어져야 한다. 이러한 조건은 육적 동질성을 실현할 수 있는 필요조건이라고 할 수 있다. 즉, 교육의 가치가 실현되는 각각의 하위활동은 교육평가의 준거가 되는 것이다. 이를 좀 더 확장하면 진정한 교육의 평가의 준거는 다양한 생활공간에서 교육적 삶을 영위하는 교육적 주체인 인간이 지켜야 할 규칙과 교육내재이다. 그것은 다름 아닌 교육의 내재율과 교육의 요소이다. 이러한 내재율과 요소가 지켜지는 교육은 교육의 동질성 측면에서 교육의 소재와 품위에 관계없이 교육활동을 수행한 당사자에게는 행복한 과정인 것이다.

교육평가의 대상은 교육 자체, 교육의 여건, 그리고 교육의 기능의 세 가지 국면이다(장상호, 2020, p. 725). 또한, 교육평가의 대상으로 교육과 인간, 교육적 활동, 메타교육, 교육의 환경을 예로 들 수 있다(장상호, 2009). 교육 자체에 대한 평가는 교육의 내재변인에 포함하는 여러 요소와 그 요소가 지니는 가치가 그 준거가 된다. 교육여건에 대한 평가는 외재변인이 교육발전에 미치는 영향에 대한 가치판단이다. 교육 본위의 삶에 여타의 세계 즉, 그 여건들이 교육적 삶에 공헌하는 수단으로서의 가치를 따지는 것이다. 그리고 교육의 기능에 대한 평가는 사실에 대한 입증을 필요로 한다. 이는 가설의 설정, 변인의 선택, 자료수집, 실험설계, 증거수집, 얻어진 사실에 대한 가치판단의 절차를 거쳐 일반화 작업을 거친다(장상호, 2020). 종래의 원인에 따른 결과 위주의 수치해석에 근거하는 평가를 넘어서 교육주체들의 교육적 발전과 그들이 원하는 결과를 얻기 위한 교육외재의 선택에 대한 가치판단이 교육기능의 평가에서 함께 이루어져야 한다. 이러한 관점을 지향하는 대안적 방안으로 교육적 맥락에 적응, 행동이 아닌 품위, 교육의 구조를 이루는 내재변인, 하면 할수록 교육을 잘하는 새로운 평가 준거, 그리고 새 평가 방안의 평가인 상위평가를 새로운 평가 틀로 제시할 수 있다.

현행 교육평가관의 비판

사이비 교육평가는 교육외재를 교육내재로 포장하고, 후자를 외면한다(장상호, 2020, p. 718). 학교태(schooling)를 교육평가의 대상으로 한다. 학교의 교육독점 횡포의 사례는 학교졸업장과 성적이다. 이는 결과위주의 교육관에서 비롯된다. 소위 교육평가전문가는 과학주의 또는 실증주의 평가에 평가 자체를 제한하고 정답과 오답의 준거를 가치중립이라는 말로 치장한다. 입시위주교육을 반영하여 학교의 주된 책무성이 곧 성적평가에 의한 서열화라는 불합리한 사회적 합의를 수용하여 시행하고 있다. 이의 근거를 경쟁에 의한 계층의 상승, 업적주의, 기회의 균등 등으로 삼고 있다. 하지만, 이러한 성적평가의 준거는 과연 공정하고 정의로운가? 공정을 위한 사다리를 구경하지도 못하고 사다리

근처에도 가보지 못하는 경우에 '개천에서 용 난다'는 상식이 통하는가? 기득권을 유지하기 위한 평가의 준거와 지표는 올바른 평가의 의미와 준거와는 거리가 멀다. 일찍이 류형원은 나라 전체의 교육을 개혁하는 것을 꿈꾸었고, 공거제를 주창하여 한성과 한성 이외 지방의 교육 과정을 같게 하고, 지역인재의 발탁을 위한 쿼터제의 시행, 능력에 따라 관리를 선발하는 개혁안 등을 제안했다. 하지만, 이러한 개혁적인 제도의 실현과 정착은 아직도 요원하다.

왜 그러한가? 이는 기존의 교육평가가 교육외재의 여러 측면을 반영하여 선발과 배치, 교육정책의 입안과 평가 등의 교육평가의 기능을 내세워 결과주의 교육관의 교육목적과 교육목표를 효율적으로 달성하려하기 때문이다. 이러한 평가관은 교육학자와 교육가의 '교육=실천' 또는 '교육∩과정'이라는 인식론적 토대를 저버린 것에 다름 아니다. 교육가는 교육을 본위에 두고 그 나머지를 배경으로 하여 교육의 자율성과 교육의 본질적 가치를 지켜내야 하기 때문이다.

교육의 양 날개인 상구와 하화의 과정인 협동교육을 외면하고 국가 및 자본가의 교육독점 논리로 경쟁만을 부추기는 교육은 개혁되어야 한다. 독일의 교육개혁은 이의 실현 가능성을 증명하고도 남는다. 현재 한국의 상황을 보면 고교교육과정의 정상화와 공정한 입시경쟁의 명목 하에 시행되는 정책들이 오히려 고교의 서열화를 부추기고 있고, 오히려 학생생활기록부가 공정하지 못하니 기회균등을 위하여 정시를 확대할 것을 주문하고 있다. 그리고 고교서열화의 연장인 대학의 서열화가 교육부의 대학역량평가라는 정책으로 실시되며 이어 적극 동조하는 정도에 따라 예산도 차등 지원하고 있다. 이러한 평가는 학생들의 교육적 역량 및 욕구를 외면하고 교육여건 및 교육결과를 주요 평가 틀로 삼고 있다. 이는 교육주체의 역량과 교육기관이 처한 지역적 상황과 맥락을 외면하는 정량적 평가이다. 이러한 평가는 지역의 특성을 반영하지 않아 교육 불평등 및 교육격차의 합리화 수단이 되고 있다. 결과적으로 이러한 교육관에 입각한 교육여건의 평가는 교육을 업적주의 및 공정과 정의에 합목적인 수단으로 둔갑시키는 토대를 제공하고 있다. 따라서 결과주의 또는 기능주의 교육관에 입각한 교육평가관은 많은 문제를 낳는다. 예컨대, 교육의 제반 문제를 해결하기 위한 대안의 제시 및 중요한 정책 결정을 대중을 동원한 정책토론 및 정책 숙려제를 통해 구조적인 모순을 방기한 채 대중과 영합하여 병적 원인의 근본을 살펴 치유하는 수준을 넘어서는 대증하약식 처방으로 우선 드러나는 상처를 봉합하는 과정을 반복하고 있다.

이의 결과는 어떠한가? 먼저, 교육 불평등과 기회불균등이 늘어나고 있다. 이는 코비드19 시기의 일시적인 현상이 아니다. 요즘 교육격차가 늘어나고 있다고 한다. 이의 해결책으로 교육학자들이 방송에 나와 제시하는 방안이 일제 고사의 부활이고, 다양한 교육방법 및 교수매체의 개발이라고 한다. 그리고 '벚꽃 피는 순서대로 망한다'는 지방대학이 좀 더 천천히 수명을 다하도록 하는 처방을 내놓고, 그것을 위해 정량적 처방을 통해 집중적으로 육성할 대학과 전공영역을 자구책으로 구하도록 강제한다. 어느 방송국의 기자는 방송에서 제1기 교육학자의 땜질식 처방을 해결책으로 제시하고 있는 것이 씁쓸한 한국교육의 단면이다. 이를 어떻게 해야 하는가? 제2기 교육학자는 왜 침묵하는가? 기존의 교육평가관과 현행 한국의 교육평가관의 비판을 통해 교육구조에 정합적인 하위요인 및 요소에 의한 준거를 마련해야 한다.

기존의 평가모형은 교육의 외재적 가치만을 중시하는 목표달성 모형이다. 교육목표 실현과 행동의 변화를 계량화된 평가모형을 평가준거로 하는 Tyler식 모형이 대표적이다. Stake & Scriven의 판단모형은 교육프로그램이나 교육 자료와 같은 가치, 기술(description)과 판단(judgment)이 평가의 준거이다. Stufflebeam의 의사결정모형의 평가준거는 의사결정의 대안이다. 기존의 수업평가 척도는 교사의 요구를 반영한 평가, 객관적 대상으로서의 학생 평가, 수업 후의 결과적 평가 등으로 수렴된다. 한편, Eisner의 교육평가는 평가의 목적을 학생들의 교육적 삶을 개선하는 것으로 삼는다. 그는 예술세계 심미관인 교육적 감식력(educational connoisseurship)을 교육평가에 도입한다. 즉, 교사나 교수방법에 대한 통찰, 학생과의 대화내용, 학교의 역사와 배경, 교과서, 수업과 시험 내용, 학습기회 등을 평가하는데 있어서 감식, 아름다운 수업, 우아한 설명을 평가의 준거들로 삼고 있다. 그의 평가의 특징은 교육현상에 대한 이해, 교육에 대한 인식의 확장, 결과보다는 과정 중심이다(곽진숙, 2000). Eisner의 교육 평가관을 요약하면, 주된 관심사가 학교 밖에서 학생들의 삶에 관한 것, 문제에 대한 완성된 해결책 보다 해결방법 중시, 공동체의 가치, 개인평가와 집단평가, 하나의 정답보다 가능성이 있는 다수의 답의 수용하는 평가, 교육과정과의 관련성 기반 평가, 학생들의 수행과정에서 분리된 요소만이 아닌 전체성 평가, 배워 아는 것을 표현하는 양식을 선택하는 것을 허용하는 것 등이다. 그리고 그의 교육적 비평(educational criticism)은 교사 자신이 가장 중요한 평가 자원이고 비평 영역은 묘사, 해석, 평가, 주제 등이다. 하지만, 그의 평가관은 여전히 학교태와 교육을 등치(schooling=education)시킴으로써 학교에서 벌어지는 모든 것이 교육이고 그것들이 평가 대상에 포함되어 있어 자율적인 세계로서 교육의 개념이 부재한다. 이것은 교육의 내재적 가치를 표면적으로 주장하고 있다는 것을 의미하므로 허구성을 갖는다(강만철, 2008).

과정중심 평가

과정중심평가의 의미는 무엇인가? 그 준거는 무엇인가? 교육의 과정을 중심에 둔다는 것은 무엇을 의미하며 어떻게 정의하고 교육주체들 간에 합의를 이룰 수 있는가? 이러한 물음에 답하기 위해서 먼저 미래교육의 상황 및 양태를 살펴보기로 한다. 과정중심평가 도입 배경은 인공지능, 로봇기술, 사물인터넷, 빅 데이터의 축적과 활용, 생명과학기술 등 과학 기술이 발달과 4차 산업혁명 시대의 도래라고 할 수 있다. 4차 산업혁명시대에 발맞추려하는 교육은 미래교육의 패러다임을 선도적으로 이끌어 가야한다. 미래교육의 핵심역량으로 6가지를 제시하고 있다. 그것은 2015 핵심역량 교육과정으로 자기관리 역량, 지식정보 처리 역량, 창의적 사고 역량, 심미적 역량, 의사소통 역량, 공동체 역량이다. 이들 역량의 목적은 미래 사회가 요구하는 '핵심역량을 갖춘 창의·융합형 인재'를 양성하는 것이다.

과정중심 평가가 교육계의 화두이다. 왜 그러한가? 이는 지극히 당연한 물음이다. 과정에 충실한 교육은 결과를 떠나서 교육의 본질과 가치를 온전히 보전하기 때문이다. 교육의 결과를 추구하는 교육은 교육에 종사하는 당사자에게는 부가적인 의무이다. 교육이 이루어지는 현장에서는 무엇이 올바른 교육인가? 과정과 원리에 충실한 교육인가 아니면 결과만을 바라는 교육인가? 교육이 결과를 평가하기보다 과정에 중점을 두고 교육의 과정에서 일어나는 모든 것을 평가해야 한다. 즉, 과정중심평가는 서열과 경쟁을 심화시키는 결과평가에 반한 것으로 개별 학습자의 능력과 학습발달정도를 개개인 학생의 맞춤 기준을 통해 평가한다. 이러한 평가관이 교육주체에게 모두 수용되고 보편화되려면, 교육의 고유한 본질 및 가치가 전제되고 교육에 종사하는 모든 사람에게 다음과 같은 평가 준거들이 수용되어야 한다. 첫째, 교육은 과정이므로 기초선(base line)에 비추어 얼마만큼 성장을 이루었는가가 준거가 되어야 한다. 둘째, 결과보다는 과정에서 문제해결 과정 즉, 학습자의 배움과 성장에 초점을 맞춘 평가가 이루어져야 한다.

일반적으로 제시하고 있는 과정중심평가의 특징은 다음과 같이 요약할 수 있다. 첫째, 성취기준에 기반을 둔 평가이다. 둘째, 수업 중에 이루어지는 평가이다. 셋째, 수행 과정의 평가이다. 넷째, 지식, 기능, 태도를 아우르는 종합적인 평가이다. 다섯째, 다양한 평가방법을 활용한다. 여섯째, 학습자의 발달을 위한 평가 결과를 활용한다.

과정중심평가와 기존의 평가방식과 몇 가지 점에서 차이점을 갖는다. 첫째, 수업과 평가가 동시에 이루어진다. 둘째, 평가의 결과를 학생의 성장과 발달을 위한 피드백으로 활용 할 수 있다. 셋째, 학생의 문제해결과정에 중점을 둔다. 넷째, 교육과정-교수・학습-평가의 세 측면이 시간적・내용적으로 연계된다. 다섯째, 학생의 성장과 발달이 목적인 발달적 평가관에 철학적 배경을 두고 있다. 과정중심평가와 형성평가의 차이는 다음의 <표 15-1>과 같다.

<표 15-1> 형성평가와의 차이점

	과정중심평가	형성평가
목적	피드백을 통해 학생의 성장을 지원 교수학습 진행의 적절성	교수학습 진행의 적절성
시기	수업 중 평가	수업 중 평가
방법	비형식적 평가, 형식적 평가	비형식적 평가, 형식적 평가
평가주체	교사 및 동료	교사

2015 개정 교육과정을 이해하고 실행하는 과정에서 과정중심평가 방법으로 거꾸로수업(플립드 러닝, Flipped learning), 하브루타 수업, 슬로우리딩(온 책 읽기)수업, VIGU 수업모형 등을 사례로 드는 경우가 있다. 이것은 수업 모형으로서 과정중심평가 방법과는 거리가 있다. 과정중심평가는 각각의 수업의 과정에서 수행되는 것을 평가 준거로 삼고, 이에 따라 평가가 이루어져야 하는 것으로 이해되어야 한다. 제4차 산업혁명 사회에서 과정중심평가의 요소는 교사의 역량과 동일하다고 할 수 있다. 이들 요소는 컴퓨팅 사고력, SW교육역량, AI교육의 적응력으로서 상위교육의 핵심역량가운데 미래교육역량과 같다.

이러한 과정중심평가는 변화하는 교육환경에 따라 현장교사들은 교육과정 재구성 능력, 교수-학습, 평가의 삼위 일체화된 수업 모형을 시급하게 개발해야 하는 시점에 이르렀다. 교육과정 재구성은 교육과정 문해력, 교육과정 리터러시 능력이 주된 영역이다. 이것은 국가, 지역, 학교 교육과정에 대한 해석하고, 교육과정을 설계하고, 그리고 교육과정, 수업, 평가를 연계하고 조망하는 교사의 역량을 의미한다. 과정중심평가는 실제 문제를 해결해 나가는 수행과정과 수행여부를 평가하는 구성주의 평가관의 특징과 일치한다. 과정중심평가에서 강조하는 '결과에 이르는 과정'은 비고츠키가 이야기하는 근접발달 영역(ZPD), 비계설정(scaffolding)의 과정으로 볼 수 있다.

2

새 평가 방안의 탐색과 사례

과정중심평가 방안

과정중심 평가 방안의 마련은 교육과정의 재구성, 교수·학습, 평가에 대한 새로운 이해와 준거로부터 시작되어야 한다. 핵심역량 개발을 위한 교육과정, 교수·학습 및 교육평가 연계 방향 설정은 교육과정의 재구성, 교수-학습 일체형 수업모형의 개발, 교육 과정(process) 자체 평가 지침의 마련을 통하여 탐색을 하고 수렴해야 한다.

교육과정의 재구성의 기본 방향은 다음과 같다. 첫째, 교육과정의 재구성은 단순히 많은 양의 지식의 축적을 넘어서 보유한 지식을 교육의 상황과 교육적 맥락에서 적절히 활용할 수 있는 능력을 기르는 방향으로 이루어져야 한다. 현행 교육과정은 지식의 각 역영이 분절되어 구성되어 있어 교육 활동 과정에서 수준 높은 지식과 융합적 지식이 문제해결에 쉽게 전이되지 않는다.

둘째, 기존 교육과정에서 교과의 양과 질을 달리하는 방향으로 재구성되어야 한다. 교사는 현행 교과 교육과정의 양과 수준의 적절성 여부를 검토하고 수월성 교육과 기초학업역량 교육을 구분하여 학습자의 요구와 수준에 맞도록 재구성해야 한다.

셋째, 학교교과의 핵심역량의 세부역량을 강화(empowerment)하는 방향으로 재구성되어야 한다. 이 세부역량은 교육활동에서 필요한 역량을 강화하여 학업 성취도뿐만 아니라 핵심역량 강화의 기제이다.

넷째, 상위교육의 핵심역량을 강화하는 방향으로 재구성되어야 한다. 교육은 교과 내용만을 소재로 하는 것이 아니다. 교육은 교과의 내용 습득과 핵심역량의 강화 이외에도, 교육이 지니는 교육적 가치를 목표로 가진다. 즉, '교육을 하면 할수록 재미있고 잘 할 수 있다'는 학업적 효능감, '지식이 실제 삶의 문제해결에 전이되고 새로운 지식을 창출하는 토대가 된다'는 수용적 태도 및 지식의 유용성 인식 등의 가치를 가진다. 상위교육은 교육활동 과정에서 필요한 핵심역량과 세부능력, 하위요소를 지식과 함께 가르치고 배우는 것이다.

다섯째, 교육과정의 재구성은 교수-학습 모형, 교육평가 방안과 관련하여 일체화된 형태로 재구성되어야 한다. 교육은 학습자의 기존의 경험과 지식수준에 맞추어 수행하는 일련의 과정(process)이기 때문이다. 특히, 교육 내용이 함께 배움 수업이나 배움 중심 수업 등의 학습자 중심의 수업 모형과 적합하게 구성되어야 한다. 또한 교육과정 재구성의 시기에 교육평가의 준거나 세부 평가 요소도 마련되어야 한다. 이때에 주의할 것은 먼저 기초선(baseline)을 정하고 교육과정에서 수행되거나 길러지는 능력, 교육활동 과정에서 그 자체를 개선하는 시도와 노력, 협업적 문제해결력 등을 체크하여 향상 정도를 반영하는 평가 틀을 만들어야 한다.

교육과정 재구성, 교수-학습 및 평가의 일체화 방안은 무엇인가? 핵심역량 개발을 위한 교육과정, 교수-학습 및 교육평가 연계 방안은 다음과 같다(이근화 외, 2013). 첫째, 교육과정의 독특한 체계를 존중한다고 해도 교과 교육과정 전반에 걸친 재구조화 노력이 필요하다. 특히 기존 교과 교육과정의 양과 수준에 있어 폭 넓은 개선이 요구된다. 둘째, 각 교과의 독특한 체계를 존중한다는 말 속에는 핵심역량 계발은 위한 교과 교육과정을 구성하는데 있어 획일적인 반영 방식을 찾기보다는 교과별로 특화된 접근이 필요하다.

이와 함께 전제되어야 할 중요한 가정은 교육의 동질성이 실현되어야 한다는 것이다. 교육의 동질성은 교육의 내용과 학습자의 수준에 관계없이 참여한 사람이 교육의 원리를 지켜는 충실한 교육이 이루어져서 모두가 교육의 가치를 만끽하는 것을 의미한다.

한편, 핵심역량에 의한 교육평가는 교육의 결과로서 핵심역량을 평가하는 것이지만 이것을 과정중심평가의 준거로 사용할 수 있다. 과정중심평가에서 핵심역량가운데 과정에서 관찰가능하고 수량화할 수 있는 준거를 사전에 평가준거로 제시하고 그 준거에 따라 과정에서 평가자가 관찰하고 수량화하면 된다. 즉, 학생들 간의 동료평가의 준거와 교사 평가의 준거를 몇 점 척도로 제시하고 측정하는 것이다. 이를테면, 문제해결 과정에서 8단계에 따라 아이디어를 내고 일정한 역할을 수행하면 각각 몇 점을 부과하거나 대화분석을 통한 참여수준, 사고의 과정 및 집단적 사고 과정, 팀원들 간의 상호작용, 발표를 통한 비판적 사고 등의 평가 준거에 따라 관찰하고, 이에 따라 점수를 부과하면 된다.

핵심역량에 따른 평가 방안은 다음과 같다. 자세한 세부 평가 요소는 미주를 참고하기 바란다. 첫째, 문제해결 능력(problem solving) 능력 평가이다. 문제해결의 단계를 정하여 단계별 평가를 하고, 요소(component)의 평가로 선택형 또는 서답형 문항을 평가를 하고, 그리고 문제해결 전 과정 및 주어진 준거에 따라 평가한다.[29] 둘째, 의사소통과 협력 평가 방안은 소집단 활동에서 학생의 행동을 관찰하고, 주어진 준거에 따라 의사소통과 협력을 평가하는 것이다. 이것은 Mercer(1996)의 대화분석을 통한 협동의 수준과 Webb(1998)의 학생 참여수준에 따른 행동분석으로 평가할 수 있다.[30] 셋째, 창의성(creavity) 평가이다. 이것은 발산적 사고와 수렴적 사고(Guilford), 길포드의 발산적 사고 측정(Alternative Uses Task), Torrance(TTCT), 언어 TTCT, 도형 TTCT 등으로 평가할 수 있다.[31] 넷째, 협력적 문제해결 평가이다. 이것은 집단사고를 통해 주어진 과제 해결하는 것을 평가하는 것이다. Pazosa 외는(2010) STEAM의 문제해결의 구인을 문제해결의 접근과 집단 상호작용 형식으로 정의하고, 집단원들과의 상호작용 10개 항목을 준거로 제시하였다.[32] 넷째, 자기 주도적 학습이다. 이것은 자기 주도적 학습 준비도 척도(Guglielmino's Self- Directed Learning Readiness Scale; SDLRS)로 평가할 수 있다.[33] 다섯째, 평생 학습검사(Oddi's Continuing Learning Invery; OCLI)로 평가한다.[34] 여섯째, 비판적 사고를 평가한다.[35]

새 평가를 위한 방안 및 준거

새 평가를 위한 대안의 마련을 위해서는 다음과 같은 요인의 검토가 필요하다. 첫째, 교육의 본질과 가치가 교육을 수행하는 과정에서 얼마만큼 드러나는가? 둘째, 교육을 하면 할수록 더 잘하는 교육의 조건은 어떠한 국면인가? 셋째, 협동교육과정에서 발견되는 교육의 문제점을 어떻게 극복해 가는가? 넷째, 올바른 교육적 관계 맺음과 교육활동에서 역할 수행의 조건은 무엇인가? 이들 물음에 대한 답을 구하는 과정은 다음과 같은 개념 및 주제의 탐색과 논의로부터 시작되어야 한다. 그것들은 교육의 과정에서 역량에 따른 평가 요소, 교육평가의 대상인 인간과 교육, 메타교육, 교육의 내재율, 교육의 가치, 그리고 교육활동의 강화 등이다. 그리고 평가 대상인 교육자체, 교육여건, 교육의 기능에 대한 범주와 하위요인들에 따른 새 평가 준거를 세부적으로 탐색해야 한다.

논자는 교육구조의 여러 하위요인과 하위요소에 의한 평가, 2015 교육과정의 핵심역량에 대한 비판적 대안으로 메타교육의 5UP 핵심역량의 요인과 하위요소에 의한 평가, 상위교육의 핵심역량의 요인과 요소를 토대로 하는 대안적인 평가 틀과 준거를 제시한다. 이러한 작업은 '하면 할수록 잘하는 상위교육의 이론과 실제'를 기존 평가관과 비교하고 비판하여 새로운 대안을 제시함으로써 제2기 교육학의 교육현장에의 적용을 통해 새 교육학의 대중화에 기여할 것이다. 이를 위해서는 교육본위에 입각한 교육평가의 하위요인에 의한 이론적 검토를 통해 새 척도의 하위요인을 구성하고, 새 척도의 교육적 기능을 연구절차에 따라 양적 연구와 질적 연구를 혼합하여 검증해야 할 것이다.

3

상위교육의 평가

상위교육의 평가 방안으로 교육구조 변인에 의한 평가. 상위교육의 핵심역량에 의한 평가에 의한 평가를 들 수 있다. 이 절에서는 이 두 가지의 평가 방안의 요인과 그에 다른 평가 문항을 상정하여 제시한다. 첫째, 교육구조 변인에 의한 평가 방안이다. 교육의 네 가지 구조 변인에 정합적인 교육의 요소를 대응시키고 그 하위요인을 제시한 것이다. 즉, 교육의 주체-교육적 인간, 교육의 목적-교육의 가치, 교육의 방법-교육적 인식, 교육의 소재-품위/메타교육과 같이 대응된다. 각각의 하위요인들과 그에 따른 평가 문항은 다음과 같다.

i) 교육의 주체는 교육적 인간이다. 이것의 하위요인은 교육하는 인간, 교육적 열정, 과정적 체험, 교육적 진화, 개방적 정신, 청출어람이다. 그리고 이들 평가문항은 다음과 같다.

- 자신을 교육의 주체로 여기는가?
- 자신은 교육활동에 능동적으로 참여하였는가?
- 자신은 교육에 대한 열정이 많다고 생각하는가?
- 자신은 교육활동을 통해 지식을 체험하는가?
- 나는 교육을 하면 할수록 발달을 이루고 있는가?
- 나는 열린 마음으로 교육적 활동을 하는가?

· 자신은 교육을 받아 선진보다 더 뛰어나고 싶은가?

ii) 교육의 목적은 교육의 가치이다. 이것의 하위요인은 몰입, 기쁨, 즐거움, 심열성복, 환열설복, 줄탁동시, 인재시교, 수인이교, 근기설법이다. 그리고 이들 평가문항은 다음과 같다.

· 자신은 교육활동이 즐겁다고 여기는가?

· 자신은 교육활동 과정에서 보람과 기쁨을 느끼는가?

· 자신은 교육활동에 열의와 성의를 다 바쳐 하는가?

· 자신은 후진을 설득적으로 가르치고 있는가?

· 후진의 수준이 향상되는 때를 기다리면서 가르치는가?

· 후진의 점진적 발달에 맞추어 교육하는가?

· 후진의 품성과 능력에 맞는 교육을 하는가?

iii) 교육의 방법은 교육적 인식이다. 이것의 하위요인은 교육적 진리 검증, 교육의 내재적 원리 실현, 상호주관성의 확대, 학문 방법론이다. 그리고 이들 평가문항은 다음과 같다.

· 자신은 협동교육 활동에 적극적으로 참여하는가?

· 자신은 교육활동에 잘 적응하고 있는가?

· 자신은 개인적으로 모르는 것을 배우기 위해 노력하고 있는가?

· 자신은 기초학습능력을 증진시키는 노력을 하고 있는가?

· 자신은 교육역량을 강화하기 위한 교육프로그램에 참여하고 있는가?

iv) 교육의 소재는 품위/메타교육이다. 이것의 하위요인은 수준의 상승 및 하강, 교육적 시숙, 교육의 혁신, 교육적 역량 강화이다. 그리고 이들 평가문항은 다음과 같다.

· 자신은 협동교육 모임을 만들어 운용하고 있는가?

· 자신은 소그룹 모임을 만들어 협력학습을 하고 있는가?

· 어려운 과목을 모임을 만들어서 하는 것이 효과적이라고 생각하는가?

· 자신은 교육활동 모임에 책임을 느끼는가?

· 자신은 교육활동 모임을 잘 이끌어갈 수 있는 능력이 있다고 생각하는가?

· 자신은 공부모임에서 일정한 역할을 맡아 자신에게 주어진 일를 성실하게

수행하고 있는가?

둘째, 교육의 5UP 핵심역량에 의한 평가 방법이다. 이것은 교육의 5UP 핵심역량인 교육어의 활용, 교육원리의 실현, 교육혁신 능력, 교육양상에 적응, 교육공동체 운용의 다섯 가지 역량의 하위요인에 의한 평가이다. 각각의 하위요인과 그에 따른 평가 문항은 다음과 같다.

i) 교육어의 활용의 하위요인은 교육활동의 촉진, 교육내용의 점유, 효율적 의사소통, 맥락적 언어사용이다. 그리고 이들 평가문항은 다음과 같다.

· 자신은 교육활동을 촉진하는 언어를 사용하는가?
· 자신은 교육내용을 점유할 때 자신만의 언어를 활용하는가?
· 자신은 교육활동에서 효율적인 의사소통을 위해 노력하는가?
· 자신은 교육적 맥락에 따라 시의적절한 언어를 사용하는가?

ii) 교육원리 실현의 하위요인은 교육공동체의 규칙 수립, 구성원의 교육규칙 준수, 개인적 배움활동의 원리 및 규칙의 준수이다. 그리고 이들 평가문항은 다음과 같다.

· 자신은 교육활동의 규칙을 정해서 실천하고 있는가?
· 자신은 교육활동의 규칙이 꼭 필요하다고 생각하는가?
· 자신은 구성원에게 교육활동의 규칙을 지키기를 독려하는가?
· 자신은 후진과 동료들이 교육활동의 규칙을 지키고 있다고 생각하는가?
· 자신은 교육활동의 규칙을 잘 준수하고 있는가?

iii) 교육혁신 능력의 하위요인은 교육과정혁신 (教育過程革新), 교육적 체험의 공유, 인격적 지식의 전수, 사적지식/암묵적 지식 공유이다. 그리고 이들 평가문항은 다음과 같다.

· 자신은 교육활동을 하는 도중에 문제를 발견하고 고치려고 하는?
· 자신은 교육활동 과정에서 얻은 자신만의 지식이나 정보를 후진 및 동료들과 나누려고 하는가?
· 자신은 교육활동 과정에서 얻은 자신만의 경험이나 통찰을 후진 및 동료들과 나누려고 하는가?
· 자신은 교육활동에 얻은 말로 표현되지 않는 개인적인 지식을 후진 및 동

료들과 나누고 있는가?

ⅳ) 교육양상에 적응의 하위요인은 협동교육에 적응 (짝 그룹 상호교수, 소그룹 배움 공동체, 모둠학습, 교실수업), 개인적 상구활동에 적응(개별학습, 기초학업역량 제고, 교육역량 강화)이다. 그리고 이들 평가문항은 다음과 같다.

· 자신은 협동교육 활동에 적극적으로 참여하는가?
· 자신은 교실수업 잘 적응하고 있는가?
· 자신은 개인적으로 모르는 것을 배우기 위해 노력하고 있는가?
· 자신은 기초학업역량을 증진시키는 노력을 하고 있는가?
· 자신은 교육역량을 강화하기 위한 교육프로그램에 참여하고 있는가?

ⅴ) 교육공동체 운용의 하위요인은 배움 공동체의 조직, 조직의 운용 능력의 제고, 구성원의 역할 분담 및 책임이다. 그리고 이들 평가문항은 다음과 같다.

· 자신은 협동교육 모임을 만들어 운용하고 있는가?
· 자신은 소그룹 모임을 만들어 협력학습을 하고 있는가?
· 어려운 과목을 모임을 만들어서 하는 것이 효과적이라고 생각하는가?
· 자신은 교육활동 모임에 책임을 느끼는가?
· 자신은 교육활동 모임을 잘 이끌어갈 수 있는 능력이 있다고 생각하는가?
· 자신은 공부모임에서 일정한 역할을 맡아 자신에게 주어진 일을 성실하게 수행하고 있는가?

끝으로, 교육은 실천(praxis)이다. 교육은 생명력이 있는 유기체이다. 그래서 교육은 과정이 중요하다. 교육의 과정에서 교육이라는 유기체의 생명력을 더욱 강화하고 존속시키는 교육이 현실화 되어야 한다. 교육의 과정에서 문제가 생기면 교육이라는 유기체는 성장할 수 없다. 상위교육은 교육의 혁신 능력을 키우는 교육의 교육이다. 이것은 하면 할수록 잘하는 교육이다. 교육은 그 소재만을 전달하거나 전수하는 것이 아니다. 지식 경쟁을 조장하고 심화하는 교육은 교육현장에서 모두에게 불행이라고 느껴지고 있다. 비전이 없는 곳에 사람은 멸망한다고 했다. 우리는 얼마나 이러한 비전 없는 교육현장을 그대로 방치할 것인가? 교육평가도 하면 할수록 잘하는 교육역량과 교육의 내재변인을 외면해서는 안 된다.

◆ 참고문헌

강만철(2008). Eisner 교육평가 개념의 비판적 검토. **한국교육원리연구,** 13(2). 139-162.

강현석(2005). 합리주의적 교육과정 체제에서 배제된 내러티브 교육과정의 가능성과 탐색. **교육과정연구,** 23(2), 83-115.

강현석(2007). 교사의 실천적 지식으로서의 내러티브에 의한 수업비평의 지평과 가치 탐색. **교육과정연구,** 25(2), 1-35.

강현석(2009). Bruner의 교육과정이론에서 지식의 재해석: 지식의 구조와 내러티브의 관계. **교육철학,** 38, 1-34.

고광병(2005). 초등학교 과학 수업에서 인지적 모니터링 학습 전략이 학업성취도와 메타인지에 미치는 효과. 한국교원대학교 박사학위 논문.

고상숙, 고호경(2002). 수학학습에서 학생들 간의 상호작용을 위한 체크리스트 개발. **수학교육학연구 12(4)**, 443-456.

고상숙, 강현희(2007). 수학수업에서의 담론을 통한 수학적 개념 형성에 관한 연구. 수학교육. 49(4), 423-443.

고유경(2011). 라망알라빠뜨 교사교육에 참여한 초등학교 교사의 과학 및 과학교육에 대한 인식 변화 연구. 청주교육대학교 석사학위논문.

곽진숙(2000). 아이즈너의 교육평가론. **한국교육원리연구 5(1)**, 153-994.

교육과학기술부(2012). 수학교육 선진화 방안. 2012.1.10 홍보담당관실 보도자료.

김보선(2010). 기독교적 인식론에 근거한 이야기 기독교교육과정 연구. 장로회신학대학교 대학원 석사학위논문.

김상욱(2011). 문해력, 국어능력, 문학능력. **한국초등국어교육, 46**, 41-69.

김선희, 이종희(1998). 중학생을 대상으로 한 수학적 의사소통의 지도 효과에 관한 연구. **수학교육학연구**, 8(1), 145-162.

김선희・이종희(2003) 중학생들의 수학적 언어수준. **수학교육학연구**, 23(2). 123-141.

김신애(2018). 교육의 내적 논리에 비추어 본 정보기술기반 맞춤형 학습지원시스템의 가능성과 한계에 관한 시론. **교육원리연구**, 23(1). 1-21.

김신애, 방준성(2019). 인공지능 시대의 교육을 위한 '또 하나의 관점'. **교육원리연구**, 24(1), 83-105.

김아영, 박인영(2001). 학업적 자기효능감 척도 개발 및 타당화 연구. **교육학연구**, 39(1), 95-123.

김영은, 이문복, 이정찬, 안지연(2018). **학생 역량 강화를 위한 초학문적 융합 수업 현장 실행 연구**. 한국교육과정평가원 연구보고 RRI 2018-1.

김영채(2007). **창의력의 이론과 개발**. 서울: 교육과학사.

김태은, 우연경, 이재진(2016). 창의 융합형 인재 양성을 위한 수업 혁신을 위한 지원 방안. 한국교육과정평가원 연구보고 2016-1, p. ⅴ.

김해동(2015). **교실속의 비주얼 씽킹**. 맘에드림.

김홍원(1993). 상위인지, 귀인양식 및 과제성취도에 미치는 영향. 성균관대학교 대학원 박사학위논문.

김홍원(1998). 자기교시 훈련이 상위인지, 귀인양식 및 과제성취도에 미치는 영향. 성균관대학교 대학원 박사학위 논문.

노상우(1997). 의사소통 개념의 비판교육학적 수용과 그 교육적 의미. **교육학 연구** 5, 35(4), 37-35.

노원경, 박지선, 오택근(2017). 일반고 학습부진학생 교수학습 지원 방안(Ⅱ): 수학, 영어 교수학습 지원전략 개발을 중심으로. 한국교육과정평가원(연구보고 RRI 2017-5).

노은희, 신호재, 이재진, 정현선(2018). **교과 교육에서의 디지털 리터러시 교육실태 분석 및 개선 연구**. 한국교육과정평가원 연구보고 RRC 2018-7.

니시카와 준(2016). **함께 배움**. 백경석 (역). 서울: 살림터.

도마베치 히데토(2017). **숫자 없이 모든 문제가 풀리는 수학 책: 세상을 심플하게 꿰뚫어보는 수학적 사고의 힘**. 한진아 (역). 서울: 북클라우드.

드 페를롱(2007), 김중헌·최병곤 (역). **텔레마코스의 모험1, 2**. 서울: 책세상.

류영룡(2008). **비전수학학습법**. 광주: 인아웃.

류영룡, 이용남(2011). 수학적 지식의 점유와 교육어의 기능적 원리. **교육연구**, 34, 77-106.

류영룡(2012). 수학화과정에서 교육어 연구. 전남대학교 일반대학원 석사학위 논문.

류영룡(2012). 수학화 과정에서의 교육어 연구. 전남대학교 대학원 석사학위 논문.

류영룡(2014). 교육적 메타포의 교육학 탐구에 대한 적용. **교육원리연구**. 19(2). 151-172.

류영룡(2015). 메타수학교육어 검사의 개발 및 타당화. 전남대학교 일반대학원 박사학위 논문.

류영룡(2016). 다산의 '강진제자 교육방식'의 교육학적 의미. **교육원리연구**. 21(1). 49-72.

류영룡(2017). 정서변화와 교육활동의 관계에 대한 일 고찰. **교육원리연구**. 22(1). 49-70.

류영룡(2020). 어떻게 수학을 가르치고 배울 거인가?: 최근 메타 수학교육 실천전략. 서울: 교우사.

마이클 혼·헤더스테이커(2020), 장혁·백영경 (역). **블렌디드**. 서울: 에듀니티.

바슐라르(1993), 민희식 (역). **불의 정신분석/초의불꽃**. 서울: 삼성출판사.

박상욱, 이은경, 전성균, 정채관(2018). **컴퓨터・정보 소양 함양 방안 탐색**. 한국교육과정평가원 연구보고 RRC 2018-8.

박영배(2004). **수학교수・학습의 구성주의적 전개**. 서울: 경문사

박윤정, 권혁진(2008). 수학적 의사소통으로서의 쓰기활동이 고등학교 학생들의 수학학습에 미치는 효과. 한국수학교육학회지 시리즈 A <수학교육>, 47(1), 27-47.

박선영, 김회용(2012). 퇴계(退溪)와 듀이(Dewey)의 지식공부론 비교를 통한 현대 지식공부의 방향 탐색, **대동철학**, 61, 439-459.

박창규, 권은경, 김종성, 박동진, 원경림(2019). **코칭 핵심 역량**. 서울: 학지사.

박철영(2012). 수학 인식론적 신념 검사의 개발 및 타당화. 전남대학교 대학원 박사학위 논문.

배철환(2003). 학교장의 의사소통 유형과 학교조직 효과성의 관계. 국민대학교 교육대학원 석사학위 논문.

백남진, 온정덕(2016). **역량 기반 교육과정의 이해**. 서울: 교육아카데미.

백조현, 박수홍, 강문숙(2010). 스토리텔링기반 수학과 수업설계전략 모형 개발 : 확률과 통계를 중심으로. **교육혁신연구**, 20(1), 113-141.

사또 마나부 저, 손우정 역(2003). **배움으로부터 도주하는 아이들**. 서울: 북코리아.

사또 마나부(2014). **아이들을 어떻게 가르칠 것인가(박찬영 역)**. 서울: 살림터.

사또 마나부(2016). **수업이 바뀌면 학교가 바뀐다(손우정 역)**. 서울: 살에듀니티
서근원, 송종현(2014). 수업혁신의 대안적 접근 탐색. **교육종합연구**, 12(2), 57-77.
스즈키 다이세츠(2001), 서명석 (역). 가르침과 배움의 현상학. 서울: 경서원.
신명희, 강소연, 김은경, 김정민, 노은경, 서은희, 송수지, 원영실, 임호용(2014). **교육심리학(3판)**. 서울: 학지사.
신영희, 김두규, 허균(2013). 수업언어분석을 통한 우수교사와 일반교사의 수업형태 차이 연구 : Flanders의 언어상호작용 분석을 중심으로. **수산해양교육연구**, 25(3), 587-598.
신용복(2016). 담론: **신용복의 마지막 강의**. 파주: 돌배게.
신용복(2016). **강의: 나의 고전 독서법**. 파주: 돌베게.
신재한(2016). **뇌기반 자기주도적 학습의 이론과 실제**. 파주: 교육과학사.
양미경(2018). '기억의 외주화' 시대: 의미와 과제. **교육원리연구**, 23(1), 23-47.
양명희(2000). 자기조절 학습의 모형 탐색과 타당화 연구. 서울대학교 대학원 박사학위 논문.
엄태동(2003). **초등교육의 재개념화**. 서울: 학지사.
엄태동(2006). **교육의 본질과 교육학**. 서울: 학지사.
엄훈, 정종성(2016). 초기문해력 측정을 위한 간편 읽기 검사 개발. **독서연구**, 40, 259-277.
엄훈(2017). 초기문해력 교육의 현황과 과제. **한국초등국어교육**, 63, 83-109.
염민호(2006). 대학생 기초능력 증진을 위한 교육프로그램 개발과 제도적 지원. 2006 국회공동학술대회 대학교육의 질적 개선과 제도적 지원. 23-58. 서울: 국회법제실.
염민호, 정나래(2010). 대학 '교수·학습지원센터' 경영 사례 연구: C대학교 K센터를 중심으로. 교**육행정학 연구,** 28(1). 103-129.
오이겐 헬리겔(2004), 정창호 (역). **활쏘기의 선**. 서울: 삼우반.
온정덕, 김경자, 박희경, 홍은숙, 황규호(2015). **2015 개정 교육과정 총론 해설서(초등학교) 개발 연구**. 교육부.
우영진, 박병주, 이현진, 최미숙(2013). **디자인씽킹수업**. 성남 : 아이스크림 미디어.
우정호, 남진영(2008). **수학적 지식의 구성에 관한 연구**. 수학교육연구, 18(1), 1-24.
우정호(2018). **수학 학습-지도의 원리와 방법**. 서울: 서울대학교출판부.

우치갑, 이미향, 김장환, 이영옥, 강은이, 정병호(2016). **비주얼씽킹수업**. 수원: 디자인펌킨.

유시민(2019). **유시민의 글쓰기 특강**. 파주: 아름다운 사람들.

유연옥 역(2012). **창의성과 발달**. 서울: 학지사.

유현석(2016). 초등학생의 수학 인식론적 신념과 시험불안의 관계에서 수학 시험준비 및 시험수행 전략의 조절효과 분석. 전남대학교 대학원 박사학위 논문.

윤여각(2000). 교육연구에서 질적 접근의 논리와 방법. **교육학연구**, 38(3), 133-158.

윤현진, 김영준, 이광우, 전제철(2007). 미래 한국인의 핵심역량 증진을 위한 초・중등학교 교육과정 비전 연구(Ⅰ); 핵심역량 준거와 영역 설정을 중심으로. 한국교육과정 평가연구원.

이경화(2019). 기초문해력과 읽기 부진 지도. 청람어문교육, 71, 223-245.

이경화 외역(2014). **교실에서의 창의성 교육**. 서울: 학지사.

이근호, 김기철, 김사훈, 김현미, 이명진, 이상희, 이인제(2013). **미래 핵심역량 계발을 위한 교과 교육과정 탐색: 교육과정, 교수학습 및 교육평가 연계를 중심으로**. 한국교육과정평가원 연구보고 RRC 2013-2.

이정화 (역). **뇌 기반 학습 새로운 패러다임의 교수법**. 서울: 시그마프레스.

이봉주(2002). 메타인지적 능력 활성화 방안. 한국교원대학교 박사학위 청구논문.

이봉주(2004). 문제해결 과정에서 메타인지적 활동 안내를 통한 고등학생의 메타인지 능력 활성화 가능성 탐색. **수학교육**, 43(3), 217-231.

이성호(1999). **교수방법론**. 서울: 학지사.

이영예, 안권순(2013). 초등학생의 자아존중감과 성격 특성이 학교생활적응에 미치는 영향. **청소년학연구, 20(11)**, 257-281.

이은주(2010). 메타인지를 활용한 직접적 탐구 기능 수업 전력에 대한 연구. 이화여자대학교 대학원 박사학위 청구논문.

이이(2012). **擊蒙要訣. (현토완 역. 『동몽선습・격몽요결』**. 서울: 전통문화연구회.)

이용남(2001). 교육원형 탐구: 판소리의 사례. **교육원리연구**, 6(1). 37-55.

이용남(2009). 교육소설 『텔레마코스의 모험』의 의의 및 한계 분석. **교육원리연구**, 14(1), 83-96.

이용남, 류영룡(2014). 교육적 메타포의 교육학 탐구에 대한 적용. **교육원리연구**, 19(2), 151-172.

이용남, 신현숙(2011). **교육심리학**. 서울: 학지사.
이정모 외(1999). **인지심리학**. 서울: 학지사.
이자영, 남숙경, 이미경, 이지희, 이상민(2009). Rosenberg의 자아존중감 척도: 문항 수준 타당도분석. **한국심리학회지 : 상담 및 심리치료, 21(1)**, 173-189.
이종희, 김선희(2002). **수학적 의사소통**. 서울: 교우사.
이종희, 김선희(2002). 수학적 의사소통의 지도에 관한 실태조사. **학교수학**, 4(1), 63-78.
이종희, 김선희, 채미애(2001). 수학적 의사소통의 평가 기준 개발. **수학교육연구**, 11(1), 207-221.
이종희, 최승현, 김선희(2002). 수학적 의사소통을 강조한 수학학습 지도의 효과. **초등수학교육**, 41(2), 157-172.
이주호, 정제영, 정영식(2021). **교육혁명**. 서울: 시원북스.
이지성(2009). **꿈꾸는 다락방**. 파주: 국일출판사.
이지성(2018). **꿈꾸는 다락방2**. 서울: 차이정원.
이황(2013). **『自省錄/言行錄/聖學十圖』(고산 역해. 『자성록/언행록/성학십도』**. 서울: 동서문화사.
임재훈(2004). **플라톤의 수학교육철학**. 서울 :경문사
임지영(2013). 스토리텔링 수학 교수법: 수열을 중심으로. 중앙대학교 석사학위 논문.
임지은(2012). 의사소통 능력을 강조한 교사교육에 참여한 초등과학교사의 인식 변화와 실천 연구. 한국교원대학교 교육대학원 석사학위 논문.
임칠성, 심영택, 원진숙, 이창덕(2004). **교사화법과 교육**. 서울: 집문당.
임형택(2000). **실사구시의 한국학**. 파주: 창비.
임형택(2011). 전통적인 인문 개념과 정약용의 공부법. **다산학**, 18, 7-34. 다산학술문화재단.
제이슨 솅커(2020), 박성현 (역). **코로나 이후의 세계**. 고양: 다빈치 하우스-미디어 숲.
장상호(1991). 교육학 탐구영역의 재개념화. **교육학 연구**, 5(1), 91-92.서울대학교 교육연구소.
장상호(1994). **또 하나의 교육관**. 이성진(편). 『한국교육학의 맥』(pp. 291-326). 서울: 나남출판.
장상호(1994). **(Poliny)인격적 지식의 확장**. 서울: 교육과학사

장상호(1996). 교육적 관계의 인식론적 의의. **교육원리연구**, 1(1), 1-50. 교육원리연구회.

장상호(2005). **학문과 교육(중Ⅰ): 교육이란 무엇인가.** 서울: 서울대학교 출판부.

장상호(2005). **학문과 교육 상**. 서울: 서울대학교출판부

장상호(2005). **학문과 교육. 하**. 서울: 서울대학교출판부

장상호(2009a). **학문과 교육(중Ⅱ)**: 교육본위의 삶. 서울: 서울대학교 출판부.

장상호(2009b). **학문과 교육(중Ⅲ)**: 교육연구의 새 지평. 서울: 서울대학교 출판부.

전지훈(2008). 중학교 3학년 학생들의 도형역역에서의 수학적 언어 수준 비교연구. 이화여자대학교 석사학위논문.

정두희(2021). **3년후 AI 초격차 시대가 온다**. 서울: 청림출판.

정민(2006). **다산의 지식 경영법**. 파주: 김영사.

정민(2011a). **다산의 재발견: 다산은 어떻게 조선최고의 학술 그룹을 조직하고 운영하였는가?**. 서울: 휴머니스트.

정민(2011b). 다산의 강진 강학과 제자 교학방식. **다산학**, 18, 117-163.

정민(2014). Flipped Classroom 학습이 초등학생의 수학과 학업성취도와 태도에 미치는 영향. 한국교원대학교 교육대학원 석사학위논문.

정민(2015). **다산선생 지식경영법**. 파주: 김영사.

정범모(1968). **교육과 교육학**. 서울: 배영사.

정숙경(1988). 초인지 획득방접의 훈련이 학습전략행동에 미치는 효과. 부산대학교 대학원 박사학위 논문.

정용선(2009). **장자의 해체적 사유**. 파주: 사회평론.

정은실(1995). Polya의 수학적 발견술 연구. 서울대학교 대학원 교육학 박사학위논문.

조주연(1998). 뇌 가소성(Brain Plasticity)이 교육에 주는 시사점 고찰. **교육학연구**, 32(3), 23-38.

조벽(2013). **조벽 교수의 명강의 노하우 & 노와이**. 서울: 해냄출판사.

차동협(2012). **무지개의 원리**. 파주: 국일미디어

천경록(2016). 초등 사회과 교과서의 학습읽기 전략 실태. **새국어교육**, 110, 39-65.

천경록(2017). 초등 과학 교과서의 학습읽기 전략 실태와 개선 방안. **청람어문교육**, 61, 33-58.

최성욱(2015). 교육본위 수업 평가지표 탐색. **한국교육원리연구,** 20(2). 123-146.

최승현, 곽영순, 노은희(2011). **학습자의 핵심역량 제고를 위한 교수학습 및 교사교육 방안 연구: 중학교 국어, 수학, 과학교과를 중심으로**. 한국교육개발원. 연구보고 RRI 2011-1.

최영수(2009). Bruner의 전·후기 이론에 따른 교육과정 통합 연구. 경북대학교 박사학위 논문.

최영수, 강현석(2011). Bruner의 내러티브 이론에 비추어 본 교육과정의 통합 탐색. **교육사상연구**, 25(3), 189-220

최은미(2012). 협동학습이 사회적 심리적 유익에 미치는 영향. **수학교육**, 51(1), 63-76.

최은희, 김민경 (2006). 메타인지 전략을 활용한 수업에서의 초등학생의 수학적 추론과 표현에 미치는 효과 연구. **교과교육학연구**, 10(1), 191-207.

최진승(1988). 일반불안, 시험불안, 학업불안, 수학불안과 수학성적과의 공접 및 인과관계 분석. 경북대학교 대학원 박사학위 논문.

카스타네다(1990), 박상준 (역). **인디언 옥수수**. 서울: 도서출판 장원.

카스타네다(2014), 김상훈 (역). **초인 수업**. 서울: 정신세계사.

카스타네다(2919), 김상훈 (역). **돈 후앙의 가르침: 멕시코 야키족의 초원적 지식체계**. 서울: 정신세계사.

한길준·정승진(2002). 언어적 접근에 의한 수학적 기호의 교수-학습지도 방법연구. **수학교육 논문집**, 14, 43-60.

한국교육과정평가원(2015). **핵심역량 증진을 위한 교육과정 실행 방안**. 연구보고 RRC-2015-8.

한국교육과정평가원(2016). **핵심역량 신장을 위한 교실수업에서의 학생평가 방안: 의사소통 역량과 공동체 역량을 중심으로**. 연구보고 RRE-2016-10.

한국교육과정평가원(2017). **미래사회 대비 핵심역량 함양을 위한 국가 교육과정 구상**. 연구보고 RRC-2012-4.

한승희(1997). 내러티브 사고 양식의 교육적 의미. **교육과정연구**, 15(1). 400-423.

황혜정(1996). 안내적 발견 학습 방법에 따른 수학과 문제해결력 신장을 위한 CAI 프로그램. **수학교육 논문집**, 6(2), 87-98.

황혜진(2016). 거꾸로 교실 수학 학습에 대한 교사와 학생의 인식조사. 제주대학교 교육대학원 석사학위논문.

허균(2009). 현장 우수 수업 사례에 대한 Flanders 언어상호작용 분석 연구. **수산해양교육연구**, 21(4), 49-507.

허경호(2003). 포괄적인 대인 의사소통 능력 척도 개발 및 타당성 검증. **한국논술학보**, 47(6), 380-427.

허성희, 최난경, 정인숙, 한윤선(2019). **누구나 따라하면 키워지는 핵심역량 교수법**. 파주: 한국학술정보.

홍금희, 최재호 (2011). 담화 중심 수학 수업의 효과 분석. **한국초등수학교육학회지**, 15(3), 559-577.

홍순태, 이상국 (2013). 협동학습과정에서 나타난 한국대학생들의 언어적 상호작용 분석. **영어영문학 연구**, 55(3), 555-594.

홍준표(2012). **응용행동분석**. 서울: 학지사.

홍진곤(2012). 주체, 구조, 담론, 그리고 수학학습. **수학교육학연구**, 22(4), 459-475.

孔子(/1983), **『論語』.(우현민 역해. 『논어』**. 서울: 한국서적공사.)

魯迅(/2009). **『故鄕』. (민병덕 역. 『고향』**. 서울: 정산미디어.)

莊子(/2010). **『莊子』(김학주 역. 『장자』**. 파주: 연암서가.)

Albert, L. R. (2000). Outside-in inside-out: seventh-grade students' mathematical thought processes. *Educational Studies in Mathematics, 41*, 109-141.

Allport, G. W. (1961). **Pattern to growth in personality**. New York: Holt.

Amen, D. G. (2019). *Change Your Brain*. 김성훈(역). 공부하는 뇌. 서울: 반니.

Anderson, J. R. (1990). *Cognitive psychology and its implications*. New YORK: Freeman.

Ares, R., Cooley, E., & Dunn, C. (1990). Self-concept, attribution, and presidence in learning-disabled students. *Journal of School Psychology*, 28(2), 153-163.

Arslan, C., & Yavuz, G. (2012). A study on mathematical literacy self-efficacy beliefs of prospective teachers. *Procedia-Social and Behavioral Sciences, 46*, 5622-5625.

Arvaja, M., Salovaara, H., Hakkinen, P., & Jarvela, S. (2007). Combining individual and group-level perspectives for studying collaborative knowledge construction in context. *Learning and Instruction, 17*, 448-459.

Banich, M. T., & Compton, R. J. (2014). *Cognitive Neuroscience(3rd ed.)*. (김명선, 강은주, 강연옥, 김현택 (역). 인지신경과학(3판). 서울: 박학사.)

Belmont, J. M., Butterfield, E. C., & Ferrtti, R. P. (1982). To secure transfer of training instruct in self-management skills In D. K. Detternman & R. J. Sternberg (Eds.). *How and how much can intelligence be increased?* Norwood, NJ: Ablex.

Bergman, J., & Samms, A. (2012). *Flipped Your Classroom: Reach Every Student in Every Day*. USA; International Society for Technology in Education.

Bergman, J., & Samms, A. *Flipped Learning: Gateway to Student Engagement (2015)*. (정찬필, 임성희 (역). 거꾸로 교실: 진짜 배움으로 가는 길. 서울: 에듀니티.)

Bloom, B. S. (1976). *Human characteristics and school learning*. New York; MaGraw-Hill.

Borich, C. D.(2004). *Effective Teaching Mathods(5ed.)* Upper Saddle River, NJ: Pearson.

Borasi, R. & Siegel, M. (2000). *Reading counts: Expanding the role of reading in mathematics classrooms*. NY: Teachers College Press.

Branford, J. D., & Stein, B, S. (1993). *The IDEAL problem solver*. New York: Freeman.

Bruner, J. S. (1960). *The process of education*. Cambridge, MA: Harvard University Press.

Bruner, J. S. (1966). *Toward a theory of instruction*. New YORK: Norton.

Bruner, J. S. (1993). *Schools for thought: A science of learning for the classroom*. Cambridge, MA: MIT Press.

Bruner, J. S. (1996). *The culture of education*. Cambridge, MA: Harvard University Press. Merrill/Prentice Hall.

Castaneda, C., (1968). The Teachng of Don Juan: A Yaqui Way of Knowledge. POCKET BOOKS: New York.

Chapman, C., & Vagle, N. (2015). *Motivating Students : 25 Strategies to Light the Fire of Engagement*. (정종진, 김영숙, 류성림, 성용구, 성장환, 유승희, 임남숙, 임청환, 허재복 (역). 학습동기: 학생들의 동기유발과 몰입을 위한 25가지 전략. 서울: 시그마프레스.)

Charles, R. L., & Lester, F. K. (1984). An evaluation of a process-oriented instructional program in mathematical problem solving in grades 5 and 7. *Journal for Research in Mathematics Education, 15,* 15-34.

Coope, p. J., & Simonds, C. J.(2002). *Communication for the Classroom Teacher 'Allyn & Bacon'.* (이창덕, 전인숙, 이정우, 김주영, 김지연 역, 교실 의사소통. 서울: 교육과학사.)

Connell, J. D. (2008). *Brain-Based Strategies to Reach Every Learner.* (정종진, 임청횡, 성용구 역, 뇌기반 교수-학습 전략. 서울: 학지사.)

Covington, M. V., Crutchfield, R. S., Davies, L., & Olton, R. M., Jr. (1974). *The productive thinking program: A course in learning to think.* Columbus, OH: Charles E. Merrill.

Dale, E., (1969), *Audio-visual methods in teaching*. New York: Dryden Press.

Dansereau, D. F., Collins, K. W., McDonald, B. A., Holley, C. D., Garland, J., Diekhoff, G., & Evans, S. H. (1979). Development and evaluation of a learning strategy training program. *Journal of Educational Psychology, 71*, 64-73.

Dewey, J. (1916). *Democracy and Education*. New York: The Macmillan Company.

Dewey, J. (2021). *Democracy and Education*. New York: The Macmillan Company. (이홍우 (역). 민주주의와 교육. 파주: 교육과학사.)

Egan, K. (1983). *Educational psychology: Plato, Piaget and scientific psychology.* London: Methuen & Co. Ltd.

Eggen, P., & Kauchak, D. (2016). *Educational psychology: Window on Classrooms(8th ed.).* (신종호, 김동민, 김정섭, 김종백, 도승이, 김지현, 서영석 (역). 교육심리학: 교육실제를 보는 창. 서울: 학지사.)

Eisner, E. W. (1985/1988). *The Art of Educational Evaluation: A Personal View.* (김기석 외 공역. 교육논설. 서울: 교육과학사.)

Ernest, P. (1991). The philosophy of mathematics education. London: The Falmer Press.

Esmonde, I. (2009). Ideas and identities: Supporting equity in cooperative mathematics learning. *Review of Educational Research, 79(2),* 1008-1043.

Fowler, J. W., & Peterson, P. L. (1981). Increasing reading persistence and altering attributional style of learned helpless children. *Journal of Educational Psychology, 73,* 251-260.

Freudenthal H.(2008). *Revisiting Mathematics Education*. 우정호(역). (프로이덴탈의 수

학교육론. 서울 :경문사.)

Gagé, N. L., & Berliner, D. C. (1979). *Educational Psychology(2rd ed.).* Chicago: Rand McNally.

Gagné, E. D., Yekovich, C. W., & Yekovich, F. R. (1993/2005). *Cognitive psychology of school learning.* (이용남 외(역). 인지심리와 학교학습. 서울: 교육과학사.)

Gagne, R. M. (1985). *The conditions of learning and theory of instruction.* New York: Holt, Rinehart, & Winston.

Galofalo, J,,. & Lester, F. K. (1985). Metacognition, cognitive monitering, and mathematical performance. *Journal for Research in Mathematics Education, 16(3),* 163-176.

Gardner, R. W. (1960). Personality organization in cognitive controls and intellectual abilities. *Psychological Issues, 1.* (Monograph 5).

Gee, J. P., & Green, J. (1988). Discourse analysis, learning, and social ractice: A methodological study. *Review of Research in Education, 23*, 119-169.

Giaquinto, M. (2015). *Visual Thinking in Mathematics.* (류성림, 조정수, 김진환, 이광호, 박선용, 최재호(역). 수학에서의 시각적 사고. 서울: 경문사.)

Guilford, J. P. (1967). *The nature of buman intelligence*. New York: McGraw-Hill.

Hardiman, M. (2003). *Connecting brain research with effective teaching.* Lanham, MD: The Scareccrow Press.

Heyd-Metzuyanim, E., & Sfard, A. (2012). Identity struggles in the mathematics classroom: On learning mathematics as an interplay of mathematizing and identitying. *Internatonal Journal of Educational Research, 51-52*, 109-127.

HØjggard, T. (2012). Competences and the fighting of syllabusitis. 12th International Congress on Mathematical Education Topic Study Group - 32. 8 July - 15 July, 2012, COEX, Seoul, Korea.

Jensen, E. (2011). *Brain-Based Learning : The New Paradigm of Teaching.* (손정락, 이정화 (역). 뇌 기반 학습 새로운 패러다임의 교수법. 서울: 시그마프레스.)

Jensen, E. (2011). *Brain-Based Learning : The New Paradigm of Teaching.* 손정락,

Kline, S. L., & Ishii, D. K. (2008). Procedural explanations in mathematics writing: A framework for understanding colledge students' effective communication practices.

Written Communication, 25(4), 441-461.

Koh S. S., & Koh H. K. (2002). The development of checklist for students' interaction with others in learning mathematics. *The Journal of Research in Mathematics, 7(4),* 443-455.

Kreutzer, M. A., Leonard, C., Flavell, J. H. & Hagen, J. W. (1975). An Interview Study of Children's Knowledge about Memory. *Monographs of the Society for Research in Child Develope, 40(1),* 1-60

Kurtz, B. E,, & Borkowski, J. G. (1984). Children's Metacognition: Exploring Relations among Knowledge, Process, and Motivational Variables. J*ournal of Experimental Child Psycology, 37(2),* 335-354.

Langer, E. (1997). *The power of mindful learning.* Reading. MA: Addison-Wesley.

Luft, J. (1963). *Group process. An Inteoduction to Group Dymanomiics.* Myfield Publishibg co.

Marshall, S. P. (1990). *What students learn (and remember) from word problem instruction.* Paper presented at the annual meeting of the American Educational Research Association, Boston, MA.

Mootee, I. (2019). *Design Thinking for Stratenic Innovation: What They Can't Teach you at Business or Design School.* (현호영 (역). 하버드 디자인 씽킹 수업 하버드 디자인 스쿨의 비즈니스 혁신 프로그램. 부산: 이엑스리뷰.)

National Council of Teachers of Mathematics. (1991). *Principles and standards for school mathematics.* Reston, VA: Author.

National Council of Teachers of Mathematics. (2000). *Principles and standards for school mathematics.* Reston, VA: Author.

Newman, R. S., & Stevenson H. W. (1990). Children's achievement and causal attributions in mathematics and reading. *Journal of Experimental Education, 58,* 197-212.

Odrmrod, J. E. (2003). *Educational psychology.* Upper Saddle River, NJ: Pearson Education, Inc.

Odrmrod, J. E. (2011). *Educational psychology: Developing Learners, 7th Edition.* (이명숙, 강명하, 박상범, 송재홍, 임진영, 최병연, 홍진기 (역). 교육심리학 7판. 서울: 아

카데미프레스.)

Osborn, A. F. (1953). *Applied imagination.* New York: Scribner's.

OECD (2000). *Measuring student knowledge and skills.* The PISA 2000 assessment of reading, mathematical and scientifical literacy. Paris: OECD.

O'Neil, H. F. & Abedi, J. (1996). Reliability and Validity of a State Metacognitive Inventory: Potential for Alternative Assessment. *The Journal of Educational Research, 89(4),* 234-245.

Pintrich, P. R. & De Groot, E. V. (1990). Motivational and Self-Regulated Learning Components of Classroom Academic Performance. *Journal of Educational Psychology, 82(1)*, 33-40

Polanyi M. (2001). *Personal Knowledge.* (표재명, 김봉미 (역). 개인적 지식. 서울: 아카넷.)

Polanyi, M. (1969). *Knowing and being: Essays by Michael Polanyi.* London: Routledge & Kegan Paul.)

Pólya, G. (2008). *How to solve it?.* (어떻게 문제를 풀 것인가? 우정호 (역). 서울: 교우사.)

Rosenthal, R., & Jacobson, L. (1968). *Pygmalion in the classroom.* New York: Holt, Rinehart & Winston.

Ryle, G. (1949). *The concept of mind.* New York: Barnes and Noble.

Schoenfeld, A. D. (1985). *Mathematical problem solving.* Orlando, FL: Academic Press.

Seliman, M. E. P., & Csikszentmihalyi, M. (2000). Positive psychology: An introduction. *American Psychologist, 55*, 5-14.

Seligman, M. E. P., Seen, T. A., Park, N., & Peterson, C. (2005). Positive psychology progress: Empirical validation of interventions. *American Psychologist, 60(5),* 410-421.

Sfard, A. (2012). Developing mathematical discourse-some insight from communicational research. *Internatonal Journal of Educational Research, 51-52*, 1-9.

Shapiro, S. L. & Carlson, L. E. (2009). The *Art and Science of MINFULNESS Integraing Mindfulness Into Psychology and the Helping Professions.* Washington, DC: American Psychological Association

Sierpinska, A. (2010). *Understaning in Mathematics*. 권석일, 김석준, 남진영, 박문환, 장혜원, 한대희, 홍진곤 (역). 수학에서의 이해. 서울: 경문사

Simons, F. R. J. (1996). *Metacognitive Strategies : Teaching and Assessing. In Erik De Corte, & Weinert, F. E.(Eds.), International Encyclopedia of Developmental and Instructional Psychology.* Pergamon, NY : Elsevier Science LT.D, 441-444.

Slavin, R. E. (2013). *Educational psychology, Theory and Practice, 10th edition.* (강갑원, 김정희, 김종백, 박희순, 이경숙, 이경화 (역). 교육심리학: 이론과 실제, 제10판. 서울: 시그마프레스.)

Snider, A. C. & Schnurer, M. (2014). *Many Sides: Across the Curriculum, revised edition.* (민병곤,박재현, 이선영 (역). 수업의 완성 교실토론. 서울: 사회평론.)

Solso, r. l. (2001). *Cognitive psychology (6th ed.)* Boston: Allyn & Bacon.;

Spielberger, C. D. (1980). *Test Anxiety Inventory: Preliminary professional manual for the Test Anxiety Inventory("Test Attitude Inventory")* -TAI. Palo, CA: Counsulting Psychologist Press).

Sternberg, R. J. (1999). *Hand Book of Creativity*. Cambridge, England : Cambridge University Press.

Sternberg, R. J. et al., (2000). *Practical intelligence in everyday life.* Cambridge, England : Cambridge University Press.

Sternberg R. J., & Grigorenko, E. L. (2007). *Teaching for successful intelligence* (2nd ed.). Thousand Oaks, CA: corwin.

Sternberg, R. J., & Williams, W. M. (1996). *How to develop student creativity*. Alexandria, VA: Association for Supervision and Curriculum Development.

Sternberg, R. J. & Williams(2010). *Educational Psychology, 2nd Edition.* (김정섭, 신경숙, 유순화, 이영만, 정명화, 황희숙(역). 교육심리학. 제2판 서울: 시그마프레스.)

Trilling, B, & Fade, C. (2012). *21st Century Skills: Learning for Life in Our Times.* (한국교육개발원 (역). 21세기 핵심역량-이시대가 요구하는 핵심스킬. 서울: 학지사.)

Turner, R. (2011). Exploring mathematical competencies. *Developments, 24(5)*, 32-76.

Vygotsky, L. S. (1962). *Thought and language. Cambridge.* MA: MIT Press.

Vygotsky, L. S. (1978). *Mind in society. Cambridge.* MA: Harvard University Press.

Vygotsky, L. (1978). *Mind in society: The development of higherpsychological processes(Cole, M., Strener, J. V., Scribner, S., & Souberman, E., Trans., & Eds.).* Cambridge: Harvard University Press.

Vygotsky, L. (1999). *Lev Vygotsky: Critical assessments.* New York: Routledge.

Weiner, B. (1979). A theory of motivation for some classroom experiences. *Journal of Educational Psychology, 71(1),* 3-25.

Weiner, B. (1986). *An attributional theory of motivation and emotion.* New York: Springer-Verlag.

Willis, J. (2012). *Research-based Strategies to Ignite Student Learning.* (이찬승, 김계현 (역). 수업혁명2 학습동기유발편. 서울: 한국뇌기반교육연구소.)

Wolf, M. (2009). *The Story and Science of the Reading Brain.* 이희수(역). 책읽는 뇌. 파주: 살림.

Wood, M. B., & Kalinec, C. A. (2012). Student talk and opportunities for mathematical learning in small group interactions. *Internatonal Journal of Educational Research, 51-52*, 109-127.

Young-Dae Lim, BANG-Hee Kim, & Jinsoo Kim((2016). Development of Free Semester Program in Middle School using a Visual Thinking. *Asia-pacific of Multimedia Services Convergent with Art, Humanities, and Sociology Vol.6. No.6, June (2016).* pp. 131-143.

Yussen, S. R. & Bird, J. E. (1970). The Development of Metacognitive Awareness in Memory, Communication and Attention. *Journal of Experimental Child Psychology, 28(2),* 300-313.

Zimmerman, B. J. & Pons, M. M. (1986). Development of a Structured Interview for Assessing Student Used of Self- Regulated Learning Strategies. *American Educational Research Journal, 28(2),* 300-313.

◆ 미주

1) ≪맹자(孟子) 진심상(盡心章) 상편; 군자삼락(君子三樂) - '득천하영재이교육지(得天下英材而敎育之)'.
2) 교(敎) - 상소시하소효(上所施下所效), 육(育) - 양자사작선(養子使作善).
3) 자왈: 묵이지지, 학이불염, 회인불권, 하유어자재(子曰: 默而識之, 學而不厭, 誨人不倦, 何有於我哉).
4) ≪논어(論語)≫의 학이편(學而篇): 학이시습지불역열호 유붕자원방래불역낙호 인부지이불온불역군자호(學而時習之不亦說乎 有朋自遠方來不亦樂乎 人不知而不慍不亦君子乎).
5) 이 책의 역자인 서명석은 선문답을 통하여 교육적 담론을 끌어내고 있다. 질문함이란 앎의 의지이며 해결됨이란 그 의지를 가지고 늦춤 없이 당장 행동하는 것이다. 의지함은 해결된 상태에 존재하는 것이다. 해결은 결코 행동을 위한 끝맺음이 아니라 모든 행동에 앞선 그리고 모든 행동을 꿰뚫는 행동의 결정적인 시작이다(서명석 역, pp. 20-21).
6) 莊子, 秋水 編: 井蛙不可以語於海者, 拘於虛也. 夏蟲不可以語於冰者 篤於時也. 子獨不聞夫埳井之蛙乎? … 適適然驚, 規規然自失也.
7) 교육의 구조를 상구와 하화를 양 날개로 하는 협동교육 모형에서 교육의 요소들(장상호, 2009a)과 교육의 주체, 교육의 목적, 교육의 소재, 교육의 방법의 네 가지 관점에서 파악을 시도한 교육구조(이용남, 류영룡, 2014)의 관점에서 대응시킨 것이다.
8) "메타인지는 인간의 지각이나 기억 또는 추론 등의 인지 활동을 해명하고 있는 것에 불과하다(Nisbet & Shucksmith, 1986; Smith, 1982). 또한 메타학습에서 거론되고 있는 학습은 주어진 학습과제를 효율적으로 해결하거나, 학업성취도 평가에서 높은 점수를 얻기 위한 방략 또는 전략 등을 의미하는 것이다."(엄태동, 2006, p. 309).
9) "상구(上求)와 하화(下化)는 '상구보리 하화중생(上求菩提 下化衆生)'에서 차용해서 가르침과 배움이라는 일상어와 교수-학습이란 심리학적 용어 대신 '새 술은 새 부대에'라는 관점에서 협동교육의 양 날개를 이루는 개념으로 새롭게 재 개념화한 것이다. 수레바퀴 모형에서 하화와 상구의 하위 범주들은 교육활동이 전진하는 것을 형상화한 '상구-하화의 기준선(↑)'으로 각각 상의관계(相依關係)를 이루는 상구교육과 하화교육의 요소를 의미한다. 대각선으로 행위의 동기(利他-自利), 변형의 방향(保守-革新), 품차의 양해(尊愚-尊賢), 단계의 배열(逆次-順次), 협동활동의 형식(援助-自助),

품차의 입증(他證-自證) 등의 대위관계(對位關係)는 하화교육과 상구교육이 결합되는 협동교육을 나타낸다. 이들 관계의 개념들이 교육활동에서 발현되면, 이들 요소는 교육의 고유한 가치를 드러내는 교육의 내재율이 된다. 이모형은 협동교육을 통한 교육 주체의 품위 변혁을 상징적으로 표현하고 있을 뿐만 아니라 교육활동의 내재율을 함축하고 있다."(이용남, 류영룡, 2014, p. 159).

10) "교육을 운영하는 주체는 '교육적 인간'이다. 이는 개인인 갑과 을이 교육적 관계를 맺고, 교육의 내재율에 맞추어 교육에 참여하는 개인이다. '교육의 가치'는 인간이 자신의 품위를 검증하고 상향하기 위한 교육적 실천의 전 과정에서 발현한다. '교육적 인식론'은 교육주체의 상대성을 전제로 한 교육을 통하여 진리를 잠정적으로 검증한다. 인간은 자신이 가진 현재의 '품위'를 소재로 청학・청교하고, '메타교육'을 교육의 이차적 소재로 한다. 상구자는 자신의 현품에 견주어 차상품을 가시적 목표로 삼고 상구하여 자신의 '품위를 재구조화'하면서 상향한다. 이러한 관점을 토대로 하면, 교육의 구조를 이들 네 가지를 교육의 주체, 교육의 목적, 교육의 방법, 교육의 소재와 대응하는 교육의 일차적인 요소로 상정할 수 있다."(이용남, 류영룡, 2014, p. 158).

11) 교육본위론에서 상구와 하화를 각각 ascending education, descending education으로 표기하고 있다. [그림 9]와 [그림 10], <표 -->에서 AE, DE, A, D, A-D는 각각 상구교육, 하화교육, 협동교육이다. A(X)는 X를 소재로 하는 상구교육, A(A)는 상구를 소재로 하는 상구교육, D(D)는 하화의 하화로서 화화를 소재로 하는 하화교육을 의미한다.

12) 공자는 제자들이 인(仁)에 대한 물음에 대하여 그것의 움직일 수 없는 본질을 설명하는 경우가 거의 없었는데, 제자의 발전단계와 진도에 알맞은 답 즉, 그것을 묻는 수준에 따른 대답을 해주었는데, 수인이교와 인재시교가 여기에서 유래했다(장상호, 중2, p. 231).

13) 신용복(2016)은 군자불기(君子不器)에 대해 '군자는 그릇이 되어서는 안된다'는 뜻으로 군자의 품성에 관한 것으로 유가사상이 제시하는 인간상이지만, 기(器)는 특정한 기능을 가진 하층민의 전문성이라는 직업윤리라는 관점에서 신자유주의적 비인간적인 성격을 드러내는 구절이라고 한다. 하지만 여기서는 다만 군자불기를 '품위의 관점에서 점유화하여 인격을 이루는 구조의 수준을 높이는 의미'로 해석한 것이다.

14) 교육적 시숙(教育的 時熟, educative maturation)이란 석가와 제자, 예수와 제자, 스승과 제자와 같이 품위 수준이 너무 큰 경우 제자가 도저히 스승의 품위에 도달할 수 없으므로 제자가 스승의 품위에 어느 정도 근접할 수 있을 때까지 시간 확보와

적절한 시기의 선택, 그리고 교육적 소재의 선택이 필요하다는 것을 의미한다. 피아제(Piaget)의 인지적 갈등 유발(알 듯 말 듯함), 비고스키(Vygotsky)의 근접발달영역(ZPD)의 비계설성(scaffolding), 키에르케고르(Kierkegaard)의 간접전달(indirect communication)과 신인(god-man), 인커그니토(incognito), 소크라테스의 변증술(辨證術, Dialtike), 예수의 5달란트와 비유적 표현, 루소와 피아제의 어린이에 맞는 교육, 듀이의 가시적 목표(ends-in-view), 석가의 차제설법(次第說法) 또는 대기설법(對機說法), 공자의 수인이교(隨人異教) 또는 인재시교(因材施教) 등은 경험의 성장을 가져오는 활동 자체에 대해 충실히 수준에 맞게 교육함의 중요성을 강조한 것으로 교육적 시숙과 교육의 내재율에 의한 단계적 교육과 맥락을 같이 한다.

15) 교류교육은 서로 다른 수도계 X, Y에서 그 소재를 어느 것으로 선택하느냐에 따라 선진과 후진의 위치가 서로 바뀌는 두 자연인 사이에 일어날 수 있는 교육의 특수한 형태이다(장상호, 2009, PP. 340-341). 이는 갑과 을이 서로에게 자신에게 뛰어난 점은 하화를 통해 상대방에게 전해주고, 부족한 점은 상대의 도움을 받는 가운데 상구를 통하여 개선해가는 교육의 양상이다(장상호, 1991, 1996).

16) ATC21S 21세기 역량 http://www. atc21s.org/(2018. 2. 28. 검색).

17) 가드너는 두뇌 손상을 입은 환자들의 상이한 인지적 능력을 연구하여, 인간은 서로 연관성이 적은 일곱 가지 영역의 다중지능을 가지고 있다는 결과를 소개하였고, 후에 두 가지 지능영역을 추가하여 모두 아홉 가지 하위영역으로 이론을 확대하였다. 그 특성 영역의 다중지능은 언어지능(linguistic intelligence), 논리수학지능(logical-mathematical intelligence), 공간지능(spatial intelligence), 음악지능(musical intelligence), 신체운동지능(bodily-kinesthetic intelligence), 대인관계지능(interpersonal intelligence), 개인내적지능(intrapersonal intelligence)의 일곱 가지에 자연지능(naturalist intelligence)을 추가한 다음, 다시 아홉 번째 지능으로 실존 지능(existential intelligence)을 소개하였다.

18) 해마와 주위의 비내피질을 포함하는 해마 체계는 서술기억과 일화 기억에 중요한 역할을 한다. 짙은 파란색으로 표시되어 있는 편도체는 정서기억에 중요한 역할을 한다. 초록색으로 표시되어 있는 선조체는 절차/암묵기억에 관여한다. 빨간색으로 표시되어 있는 배외측 전전두피질 영역들은 작업기억에 관여하는 한편 오렌지색으로 표시되어 있는 복외측 전전두 영역은 부호화와 인출에 중요한 역할을 한다. 노란색의 좌반구 두정피질은 인출에 관여하는 것으로 여겨진다. 지각 정보에 관한 기억 즉, 대상지각은 갈색으로 표시된 하측두 영역과 같은 감각피질에 의존하는 한편, 운동 기억은 황갈색으로 표시된 일차 운동피질과 같은 운동영역에 의존한다((Babich, M. T. & Compton, R. J., 2011, *Cengage Learning*. 김명선 외 공역, p. 310)

19) “첫째, 단계별 교육은 학습의 요령과 우선순위를 익히는 것으로 인지 발달 단계에 따른 연쇄 학습법이다. 이는 계통적으로 지식의 습득의 필요성을 강조한 것이다. 둘째, 전공별 교육은 제자들의 성품과 특징을 살펴 전공을 두어 가르치는 것으로 전공에 따라 학습내용도 달리하였다. 이는 상구자의 개별성을 강조한 것으로 개인의 역량을 살펴 특정 분야에 집중하는 방식이다. 셋째, 맞춤형 교육으로 제자의 처지와 인성 및 개성을 살펴, 그에게 꼭 맞는 교육프로그램을 제시하고, 칭찬과 꾸지람으로 상황에 따른 처방을 내려주는 동기유발형 교육을 말한다. 넷째, 실전형 교육은 평소 초서(鈔書)를 통해 바탕공부를 다진 후, 구체적 작업 매뉴얼을 제시해 실전 연습을 시키는 교학방식이다. 다섯째, 토론형 교육은 문답과 토론의 쌍방향 교육이다. 질문을 통해 제자들의 사고 수준을 점검하고 다시 교육에 반영하는 눈높이 교육을 가능케 했고, 상호 토론을 이끌어 논리적 사고와 문제의식을 심화 시켰다. 여섯째, 집체형 교육은 전체 작업공정에서 역량에 따라 작업을 안배하되 개성을 고려하여 역할을 분담하고, 과제에 따라 전담 책임을 두어 공동으로 작업을 진행하는 방식을 말한다.”(정민, 2011b, pp. 117-163).
20) 이장은 류영룡(2020)의 『어떻게 수학을 가르치고 배울 것인가? 최신 메타 수학교육 실천전략』에서 발췌하여 수정・보완 한 것입니다.
21) 유연옥 역(2012). 창의성과 발달. 서울: 학지사(p. 108-109).
22) 김태은, 우연경, 이재진(2016). 창의 융합형 인재 양성을 위한 수업 혁신을 위한 지원 방안. 한국교육과정평가원 연구보고 2016-1, p. v.
23) Sternberg & Grigorenko, 2007; Sternberg & Williams, 1996 참조
24) 김영채(2007). 창의력의 이론과 개발. 서울: 교육과학사, p. 486.
25) 이장은 류영룡(2020)의 『어떻게 수학을 가르치고 배울 것인가? 최신 메타 수학교육 실천전략』에서 발췌하여 수정・보완 한 것입니다.
26) 검사지의 출처:
    1. 양명희(2000). 자기조절 학습의 모형 탐색과 타당화 연구. 서울대학교 대학원 박사학위 논문.
    2. Printrich, P. R., Smith, D. A. F., Garcia, T., & Mckeachie, W. J. (1991). A manual for use the motivated strategies for learning questionnaire(MSLQ). (ERIC Decument Reproduction Service No ED 388 122).
27) 이장은 류영룡(2020)의 『어떻게 수학을 가르치고 배울 것인가? 최신 메타 수학교육 실천전략』에서 발췌하여 수정・보완 한 것입니다.
28) 이장은 류영룡(2020)의 『어떻게 수학을 가르치고 배울 것인가? 최신 메타 수학교육 실천전략』에서 발췌하여 수정・보완 한 것입니다.
29) 문제해결의 8요소 평가는 문제를 확인하고 정의하기, 해를 찾는데 필요한 정보와

조사방법 판단하기, 우선적으로 수행해야 할 것을 결정하기, 필요한 정보를 획득하는 최선의 방법을 결정하기, 자료의 수집과정에서 문제점 또는 자료의 자체의 오류를 찾아내기, 자료를 조직・분석・해석하기(Shann, 1976)이다. PISA(2003)의 6 단계 과정 평가는 문제의 해결과정인 문제를 이해하기, 문제의 특성을 찾기, 문제를 표상하기, 문제를 해결하기, 해에 대해서 반성하기, 문제의 해에 대해 의사소통하기이다. PISA(2012)의 4단계 평가는 탐색과 이해하기, 표상과 형성하기, 계획과 실행하기, 감시와 반성하기이다.

30) 의사소통과 협력 평가 방안으로는 Mercer(1996)의 대화분석을 통한 협동의 수준(분쟁적 대화, 누적 대화, 탐색적 대화), Webb(1998)의 학생 참여수준에 따른 행동분석(높은 수준, 중간수준, 낮은 수준, 매우 낮은 독립 수준) 등이 있다.

31) 창의성(creavity) 평가에는 발산적 사고와 수렴적 사고(Guilford), 길포드의 발산적 사고 측정(Alternative Uses Task: 고유성, 유창성, 유연성, 정교성), Torrance(TTCT: 길포드 4개 요소+주제의 추상성, 미성숙 종료에 대한 저항성), 언어 TTCT(질문하고 추측하기, 작품 향상시키기, 독특한 용도, 독특한 질문, 가상해보기), 도형 TTCT(그림 구성학, 그림 완성하기, 선 또는 원 그리기) 등이 있다.

32) 협력적 문제해결 평가는 집단사고를 통해 주어진 과제 해결하는 것을 평가하는 것이다. STEAM의 문제해결의 구인을 문제해결의 접근과 집단 상호작용 형식으로 정의하고, 그 준거로 10개 항목을 제시하였다(Pazosa, Micarb, & Light, 2010). 즉, 그것들은 집단원들과의 상호작용을 준거로 문제해결의 접근 능력과 관계된 행동으로 답변의 길이, 답변의 이론적 근거, 개념에 대한 검토, 추가적인 토론, 답변에 대한 이해, 집단 상호작용 형식과 관계된 행동으로 집단의 상호작용, 대화의 점유, 방향의 설정, 집단의 중신, 책임의 균형이다.

33) 자기 주도적 학습은 자기 주도적 학습 준비도 척도(Guglielmino's Self- Directed Learning Readiness Scale; SDLRS)로 평가할 수 있다. 이것의 8개의 요인은 학습기회에 대한 개방성, 효과적인 학습자로서의 자아개념, 학습에서 주도성과 독립성, 자신의 학습에 대한 책임감의 수용, 학습에 대한 애정, 창의성, 미래 지향성, 기본적인 학습 기능과 문제해결 기능을 사용하는 능력이다.

34) 평생 학습검사(Oddi's Continuing Learning Invery; OCLI)의 3개 하위척도는 순행적 욕고 대 역행적 욕구, 인지적 개방성 대 방어성, 학습에 대한 헌신 대 무관심 또는 거부감이다.

35) 비판적 사고는 바람직한 결과물이 나타날 확률을 높이기 위한 기술이나 전략의 사용(Lai & Viering, 2012)하여 평가할 수 있다.

◆ 색인

(ㄴ)

(ㄷ)

(ㅁ)

(ㅂ)

(ㅅ)

(ㅇ)

(ㅈ)

(2)

(4)

(A)

(D)

(E)

(I)

(S)

상위교육의
이론과 실제

초판인쇄 2022년 02월 28일
초판발행 2022년 02월 28일

지은이 류영룡
펴낸이 채종준
펴낸곳 한국학술정보㈜
주 소 경기도 파주시 회동길 230(문발동)
전 화 031) 908-3181(대표)
팩 스 031) 908-3189
홈페이지 http://ebook.kstudy.com
E-mail 출판사업부 publish@kstudy.com
출판신고 2003년 9월 25일 제406-2003-000012호

ISBN 979-11-6801-390-2 93370